셰익스피어의
이탈리아 기행

THE SHAKESPEARE GUIDE TO ITALY by Richard Paul Roe
Copyright © 2011 by Richard Paul Roe
Korean translation copyright © Dasan Books, 2013
All rights reserved.

This Korean edition was published by
arrangement with HarperCollins Publishers,
through EYA(Eric Yang Agency)

이 책의 한국어판 저작권은 에릭양 에이전시를 통해
HarperCollins Publishers와 독점계약한
(주)다산북스가 소유합니다.
신 저작권법에 의하여 한국 내에서 보호를 받는 저작물이므로
무단전재와 무단복제, 전자출판 등을 금합니다.

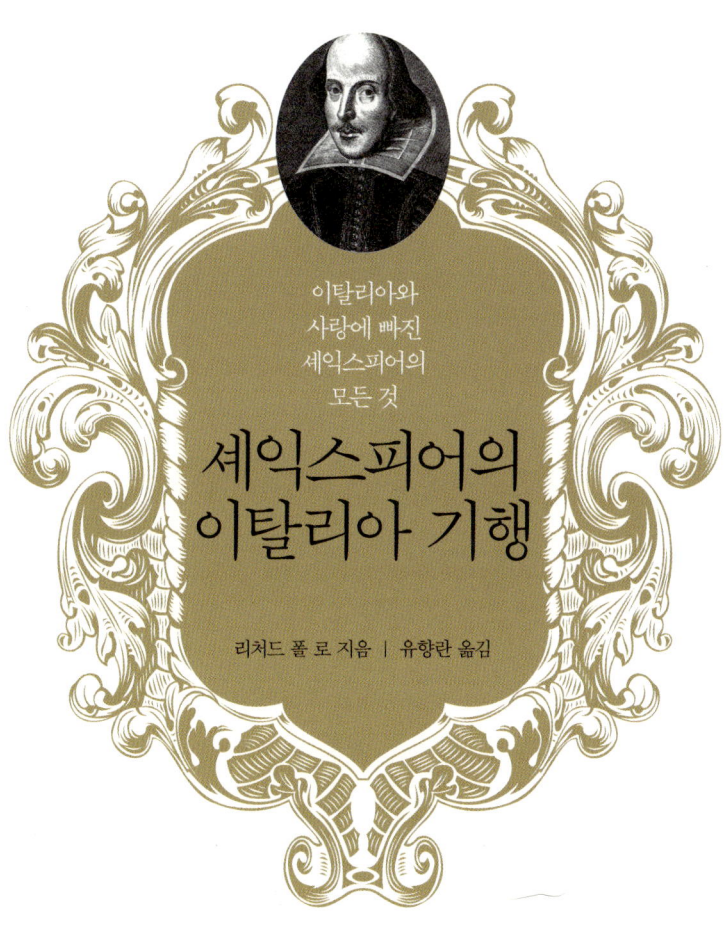

이탈리아와
사랑에 빠진
셰익스피어의
모든 것

셰익스피어의 이탈리아 기행

리처드 폴 로 지음 | 유향란 옮김

온브제

차례

헌사 · 7
머리말 · 8
들어가는 말 · 12

*1*장 베로나 · 18
로미오와 줄리엣 — 베로나에서 꽃핀 애절한 사랑

*2*장 밀라노 · 58
베로나의 두 신사 1부 — 밀라노 가는 길

*3*장 밀라노 · 96
베로나의 두 신사 2부 — 밀라노, 도착과 출발의 도시

*4*장 피사 - 파도바 · 130
말괄량이 길들이기 — 피사에서 파도바까지

*5*장 베네치아 · 170
베니스의 상인 1부 — 베네치아, 도시이자 제국

*6*장 베네치아 · 208
베니스의 상인 2부 — 재판 그리고 반전

7장 베네치아 · 230
오셀로 — 이방인과 거리, 칼과 구두

8장 사비오네타 · 260
한여름 밤의 꿈 — 사비오네타의 한여름

9장 피렌체 · 272
끝이 좋으면 다 좋아 — 프랑스와 피렌체

10장 메시나 · 308
헛소동 — 뒤로 넘어져도 코가 깨지다

11장 시칠리아 · 346
겨울 이야기 — 진실과 오해

12장 불카노 · 374
템페스트 — 바람과 불의 섬

에필로그 · 416
해설 · 417
저자 주석 · 425
참고문헌 · 437

이 책은 미국, 이탈리아, 영국에 있는 수많은 분들의 격려와 지원이 없었다면 쓸 수 없었다. 오랫동안 헌신적으로 시간과 소감, 조언, 전문적 지식을 아낌없이 나누어준 분들이 일일이 다 헤아릴 수 없을 정도로 많다.

그 중 특히 제니스 울리히 로트에게 감사드린다. 편집자로서 그녀의 뛰어난 능력 덕분에 나의 단조로운 문장이 생기를 얻었음을 고백한다.

또 유별난 작업 과정중에 나를 돕고 안내해준 이탈리아의 문서기록보관 담당자, 큐레이터, 박물관장, 통역가, 비서 여러분께 감사드린다. 특히 이탈리아 학자들과 교수들에게 큰 은혜를 입었음을 밝히며 그들이 제공한 귀중한 통찰력에 깊이 감사드린다. 그들의 이름은 이 책의 해당 장에 언급돼 있다.

이 책을 집필하는 내내 연구조교이자 사무조교 역할을 맡았던 내 딸 힐러리 로 메터닉, 그리고 마지막으로 아내인 제인에게 감사한다. 여보, 여기 우리가 함께 걸어온 우리 인생이 있소.

리처드 폴 로

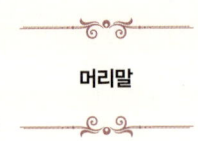

머리말

살면서 가장 뿌듯하고 만족스러운 경험 중 하나는 느긋하게 일정을 잡아 유유자적하게 여행을 떠나는 것. 게다가 그것이 미스터리와 기대로 가득한 지적 탐험이라면 두말할 나위가 없다.

독자인 당신이 들고 있는 이 책은 바로 그런 여행의 산물로, 2010년 12월 1일에 세상을 떠난 나의 아버지 리처드 폴 로가 여행의 주인공이다. 이 책의 집필을 시작할 무렵의 아버지는 경험 많은 노련한 변호사로서, 직접 보고 만질 수 있는 구체적 증거가 사건의 핵심에 도달하는 최고의 자료라는 점을 알았다. 그는 "사실만 말하시길 바랍니다, 부인"이라는 간결한 말로 살인사건 증인의 장황하고 복잡한 말을 정리하는 검사에게 박수갈채를 보낼 분이다.

아버지는 오랫동안 풀지 못했던 의문에 초점을 맞췄다. 윌리엄 셰익스피어처럼 지적인 사람이 이탈리아에 관해 어떻게 그처럼 부정확해 보이는 사실을 작품 속에서 반복적으로 사용했던 것일까? 한 번도 영국을 벗어난 적이 없어서 이탈리아에 대해 잘 몰랐기 때문일까? 그런데 과연 이게 사실일까? 아버지는 그렇게 생각하지 않았다.

아버지는 중세와 르네상스 역사, 문학에 대한 깊은 조예로 무장하는 한편, 변호사로서 풍부한 경험을 무기 삼아 원정길에 올랐다. 이탈리아를 배경으로 하는 희곡들—아버지는 그 작품들을 '이탈리아 희곡'이라고 불렀다—에 등장하는 장소나 지방의 특색이 정말로 잘못된 것인지 아닌지 몸소 조사하러 떠난 것이다. 그렇게 이탈리아를 종횡무진 탐색한 결과, 놀라운 사실들이 속속 드러나기 시작했다. 마치 오랜 세월 침묵 속에 묻혀 있던 고대 유물이 고고학자의 손에 발굴되는 것 같다고나 할까. 이 원정 여행에서 얻은 결론은 하나뿐이었다. 셰익스피어의 이탈리아 희곡의 등장인물들이 언급한 설명 또는 묘사들이 놀랄 만큼 정확하게 실제 현장을 반영하고 있었다는 점. 400년이나 흐른 지금도 이탈리아 희곡에 언급되었던 거의 모든 장소를 방문할 수 있다는 사실에 아버지는 줄곧 감탄을 금치 못했다.

다른 사람들이 그 탐색 여행 결과에 관심을 표하는 걸 보면서 아버지는 몹시 흐뭇해했다. 그의 책은 다양한 차원으로 읽힐 수 있다. 이탈리아 희곡을 좀 더 잘 이해할 수 있는 보충자료, 작품의 배경이 된 이탈리아의 각 장소들을 함께 여행하는 풍부한 지식의 동반자, 또는 16세기 지중해 일대의 정치와 문화를 들여다보는 창문과도 같은 역할을 하고 있다. 혹은 적어도, 셰익스피어가 영국 밖으로 한 걸음도 내딛지 않았다는 일반적인 믿음을 재고하게 하는 진지한 변론으로 읽힐 수도 있을 것이다.

아버지가 이 책을 쓴 근본적인 목표는 이 이탈리아 희곡들을 쓴 게 누구이든 간에, 그가 스트랫퍼드어폰에이번Stratford-upon-Avon의 윌리엄 셰익스피어와는 달리, 영국을 벗어나 유럽 대륙을 밟았던 게 틀림없다는 주장을 뒷받침할 근거를 접근하기 쉬운 형태로 제시하는 것이었다. 그가 이 책에 극히 조심스레 밝혔듯이 우리가 내릴 수 있는 유일한 결론은, 이탈리아를 배경으로 하는 셰익스피어의 희곡을 누가 썼든 간에, 우리가 수백 년 동안 사랑해온 이 작품들을 쓴 사람은 자기 눈으로 직접 이탈리아를 보았을 수밖에 없다는 사실이다.

힐러리 로 메터닉

셰익스피어의 제1이절판에 수록된 희곡들의 주요 지리적 배경

사극이 아닌 허구적 작품 중 이탈리아를 배경으로 한 것이 열 편이고, 잉글랜드를 배경을 한 것이 한 편이며, 각기 다른 외국을 배경으로 한 작품이 열 편이다. 왜 이탈리아가 다른 곳들보다 열 배나 더 많을까?

이탈리아(허구 10편)
로미오와 줄리엣
베로나의 두 신사
말괄량이 길들이기
베니스의 상인
오셀로(1막만)
한여름 밤의 꿈(언급만 이루어짐)
끝이 좋으면 다 좋아(프랑스도 등장)
헛소동
겨울 이야기
템페스트

영국(허구 1편, 사극 10편)
윈저의 유쾌한 아낙네들
존 왕
리처드 2세
헨리 4세 1부
헨리 4세 2부
헨리 5세
헨리 6세 1부
헨리 6세 2부
헨리 6세 3부
리처드 3세
헨리 8세

고대 로마(3편)
코리올라누스
티투스 안드로니쿠스
율리우스 카이사르

고대 브리튼 | 웨일스
리어왕
심벨린

다른 나라(10편)
법에는 법으로   빈(파리?)
뜻대로 하세요   프랑스
실수 연발   에페수스
사랑의 헛수고   나바르
십이야   일리리아(라구사)
트로일로스와 크레시다   트로이
아테네의 티몬   아테네
맥베스   스코틀랜드
햄릿   덴마크
안토니우스와 클레오파트라   이집트

들어가는 말

　셰익스피어의 희곡 속에는 은밀하게 숨겨진 이탈리아가 있다. 그러나 독창적으로 묘사된 그 존재는 지난 400년 동안 호기심 많은 극소수의 사람들 외에는 아무도 알아차리지 못했을 뿐 아니라, 그에 대한 의구심조차 없었다. 셰익스피어의 작품 속에 묘사된 이탈리아는 정확하고 구체적이면서 매우 훌륭하다. 나는 롬바르디아와 베네치아 공화국의 영토를 돌아보고 아펜니노 산맥을 넘어 토스카나로 갔다가, 시칠리아 제도를 훑어보기 위해 서쪽으로 날아갔다. 큰맘 먹고 시칠리아 해안 바로 바깥쪽에 있는 티레니아 해상의 매혹적인 섬을 방문하기도 했다.

　이런 곳들에 대한 셰익스피어의 묘사와 설명은 한번 가보고 싶다는 생각이 들 정도로 자세하고 구체적인데, 이탈리아에 가면 거의 대부분의 장소를 아직도 찾아볼 수 있다. 그럼에도 셰익스피어의 이탈리아가 지금까지 한 번도 제대로 인정받지 못한 것은, 그곳을 찾아 나서기 위해서는 상당한 용기가 필요할 정도로 그 존재를 부정하는 믿음이 널리 퍼져 있기 때문이다. 비평가들은, 작가가 이탈리아에 대해 제대로 썼다고 인정하는 얼마 안 되는 것들에 대해서도 그가 영국에 있는 정보원으로부터 얻어들은 정보일 게 틀림없다고 말한다. 스트랫퍼드어폰에이번 출신 작가이자 그 이름도 유명한 윌리엄 셰익스피어는 한 번도 이탈리아에 가본 적이 없으며, 그렇기 때문에 이탈리아를 배경으로 한 희곡에서 그 나라에 대해 실수를 거듭했다는 것이다.

곧이어 밝히겠지만, 사실 그의 희곡에 등장하는 이탈리아의 장소와 사물들에 대한 상세하고 풍부한 언급은 독특하고 유일무이한 것이라서 작가가 몸소 이탈리아를 여행했다는 사실을 증명하고도 남는다. 오늘날 이탈리아 희곡집을 교과서 삼아 이탈리아를 여행하다보면, 이 흥미진진한 나라와 그 문화에 대한 작가의 방대한 지식이 적나라하게 드러난다.

셰익스피어의 '제1이절판First Folio'에는 그의 희곡이 희극, 역사극, 비극으로 구분돼 수록되어 있다. 하지만 만일 배경이 되는 지리적 요소에 따라 새로 구분한다면, 우리는 이탈리아를 배경으로 하는 희곡들을 쓴 사람이 누구였든 간에, 그가 자기 나라만큼이나 이탈리아에 대해서도 큰 개인적인 관심을 두었다는 사실을 알 수 있을 것이다.

열세 편의 희곡은 작가의 모국을 배경으로 하고 있다. 여기에는 '역사'극들도 포함되는데, 대개 라파엘 홀린셰드Raphael Holinshed의 1578년판 『잉글랜드, 스코틀랜드, 아일랜드 연대기Chronicles of England, Scotland and Ireland』를 바탕으로 하고 있으며, 그 주요 장면들은 당연히 잉글랜드에서 벌어진다. 좀 더 과거로 거슬러 올라가서 고대 브리튼을 배경으로 하는 『리어왕』과 고대 웨일스를 배경으로 하는 『심벨린Cymbeline』 같은 작품도 있다. 그런데 이 세상 어디를 배경으로 해도 좋을 허구인 경우, 작가는 단 한 편만 영국을 배경으로 삼았다. 『윈저의 유쾌한 아낙네들』이 바로 그것이다.

　이탈리아를 배경으로 한 희곡 역시 열세 편이다. 열 편은 중세 르네상스 시대가 배경이고, 나머지 세 편 『코리올라누스Coriolanus』 『티투스 안드로니쿠스Titus Andronicus』 『율리우스 카이사르』는 고대 로마제국을 배경으로 한다. 물론 이들 작품 역시 시간적으로나 공간적으로나 작가의 해박한 지식을 자랑하는 데 손색이 없다.

　이 밖에도 열 편의 희곡이 더 있는데, 각기 다른 외국이 배경으로 설정되었다. 그 유명한 『햄릿』은 덴마크를, 『안토니우스와 클레오파트라』는 이집트를 배경으로 하는 식이다.

　요약해보면, 가상의 내용을 담은 희곡 중 이탈리아를 배경으로 하는 것이 열 편이고, 한 편은 영국이 배경이며, 그 밖에 각기 다른 외국이 배경인 작품이 열 편이다. 그렇다면 무엇 때문에 이탈리아가 열 배나 더 많을까? 대단히 창의적인 이 작가가 작품의 배경을 마음대로 설정할 수 있었는데도, 조국인 영국을 포함해 다른 어느 나라보다 이탈리아를 열 배나 더 많이 선택한 이유는 대체 무엇일까?

　많은 비평가들이 작가가 설정한 이탈리아 배경이 실제로는 영국에 있는 장소를 가리키는 것이며, 단지 이름만 이탈리아 식으로 붙인 거라고 생각해왔다. 하지만 이제부터 '이탈리아 희곡'이라고 부를 작품들을 이탈리아에 직접 가서 연구하고 조사한 결과, 작가가 언급하고 묘사한 장소와 사물들은 오로지 이탈리아에만 존재하는 유일무이한 것이라는 사실이 드러났다. 어떻게 이런 일이 있을 수 있을까?

최근 제1이절판에 실린 희곡들의 원작자에 대한 논란이 광범위하게 일고 있다. 윌리엄 셰익스피어의 이름으로 출간된 작품들의 저자가 실은 셰익스피어가 아닌 다른 사람이라고 주장하는 많은 책들이 여러 나라에서 출판되었다. 상당수가 아주 최근에 출간된 책들인데, 이런 주장이 앞으로도 계속 이어지리라는 것은 불을 보듯 뻔하다.

'스트랫퍼드의 윌리엄'이 '실제 저자'라고 주장하는 다수의 책을 포함해 이와 같은 모든 책들은 모두 똑같은 문제점을 안고 있다. 그 주장이 단지 추측에 불과하다는 점이다. 그들은 자기들이 내세운 저자 후보가 작품 속에 엮여 있는 수많은 독특한 특징들을 다른 사람들—혹은 당시 현존했을 책들(그 중 실체가 밝혀진 것은 단 한 권도 없다)—을 통해 '알 수 있었거나' '알았을 것'이거나 안 게 '분명하다'고 주장한다. 이 같은 논란은 이른바 '셰익스피어 원저자 논란'이라는 논쟁을 불러일으켰다.

작가의 정체성 문제를 다룬 이런 책이나 논문치고, 셰익스피어가 작품 속에 구체적으로 제시한 특이한 사항들에 대해 과학적 검토 자료를 제공한 것은 하나도 없다. 그럼에도 그가 이탈리아의 장소, 풍경, 구체적인 디테일들, 역사, 지리, 독특한 문화 양상, 공간과 사물, 관습과 성향 등에 대해 그토록 정통하다는 사실은 사뭇 놀라울 뿐이다.

객관성을 높이기 위해 이 책은 작가의 정체성에 관한 현존하는 모든 논쟁을 피하고, 그를 그냥 '작가'나 '저자'라고 부르겠다. 다만 몇몇 부분에 추측성 연구결과가 등장하는데, 그 경우에도 내 추측—혹은 의견—의 바탕을 이루는 논리적 근거를 분명하게 밝혀두었다. 이 약간의 추측을 제외하면, 이 책에 실린 모든 내용은 확인이 가능한 엄정한 사실과 보고에 의거하고 있다. 책의 내용을 뒷받침하기 위해 그림, 사진, 도표, 지도 등을 제시한다.

그렇다면 '이탈리아 희곡'들의 실제 작가가 누구든 간에, 그는 과연 이탈리아에 대해 무엇을 알고 있었을까? 그는 당시 매체에서는 얻을 수 없는 어떤 정보를 알려주고 있을까? 그가 지닌 이 독특하고 개인적인 지식의 실체는, 실제로 그 나라를 여행하고 그 나라의 일들에 관한 해박한 지식을 지니고 있는 사람에 대해 무엇을 드러내고 있을까?

일반적으로 작가가 맨 처음 쓴 희곡으로 알려진 『로미오와 줄리엣』부터 시작해보자. 이 작품은 다른 측면으로 보았을 때도 첫 번째라고 할 수 있다. 베로나는 현명한 영국 여행자가 알프스 산맥을 무사히 넘은 뒤 브렌네르 고개Brenner Pass로 내려올 경우, 가장 처음 밟게 될 이탈리아의 첫 번째 도시이기 때문이다.

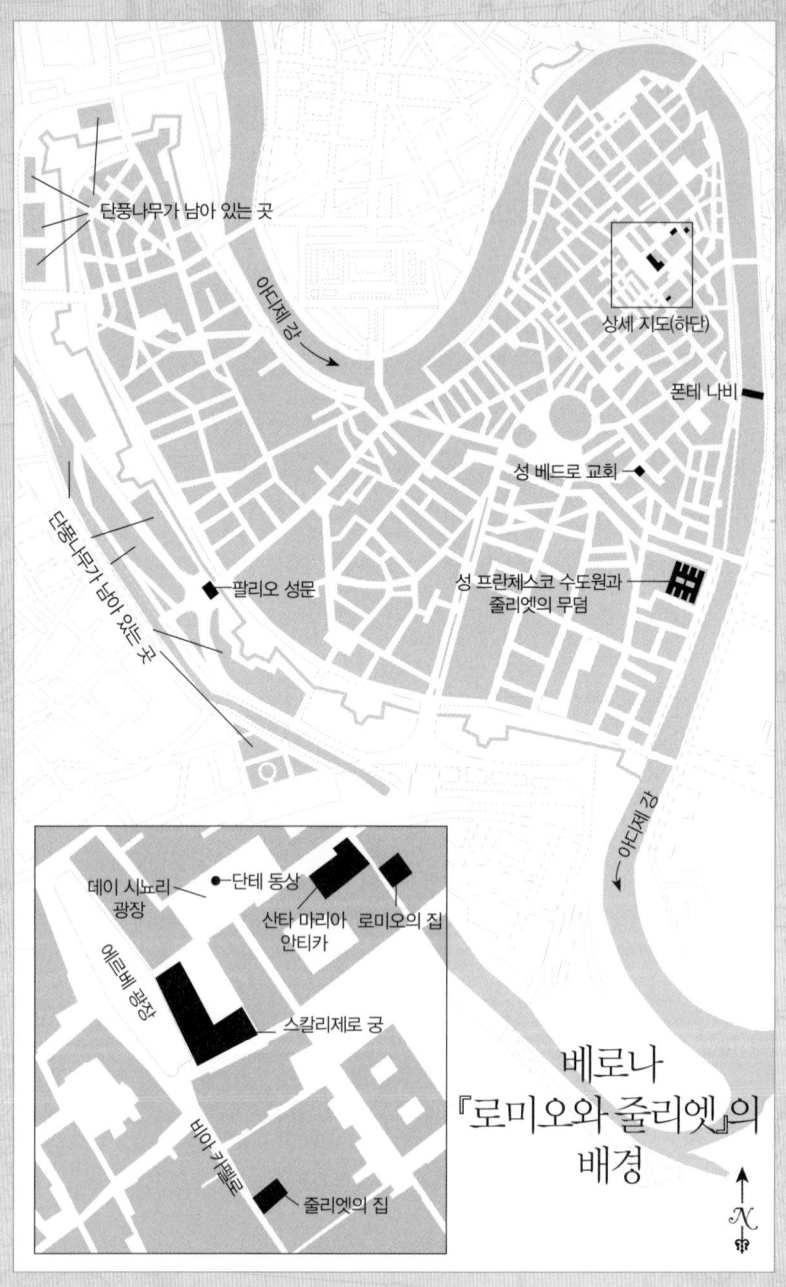

로미오와 줄리엣

"베로나에서 꽃핀 애절한 사랑"

나는 이번엔 이탈리아에 왜 가는지를 누구에게도 털어놓지 않았다. 내 친구들은 다들 내가 기회만 생기면 이탈리아에 간다는 사실을 알고 있는데, 그것은 내가 베로나에서 벌일 바보짓을 위장하는 데 좋은 가림막이 돼주었다. 그나저나 그게 그렇게도 어리석은 짓일까? 내가 줄곧 궁금하게 여겨 온 문제는 과연 착각이었을까? 이건 오직 베로나를 다시 가봐야 알 수 있는 문제들이었다. 그것만은 확실했다.

그리하여 나는 베로나에 도착했고, 여기 온 데 대해 기쁜 마음으로 호텔 문을 나서면서 엇갈리는 감정으로 가슴이 두근거리기 시작했다. 이제부터 시작될 탐구여행에 대한 기대로 흥분한 한편, 보기 좋게 실패할지 모른다는 두려움도 부인할 수 없었다. 그러나 지난 400년 동안 아무도 발견하지 못했던, 아니 찾으려고도 하지 않았던 것을 발견할지도 모른다는 생각에 온통 사로잡혀 있었다.

계획대로라면, 출발은 터무니없을 정도로 단순했다. 그러니까 나는 단풍나무를 찾아볼 생각이었다. 다른 곳은 다 제쳐둔 채 베로나에서 오직 한 군데, 서쪽 성벽 바로 바깥의 단풍나무를 찾아 나설 작정이었다. 몇 세기 동안 바로 그 장소에 우거졌던 작은 숲의 자취인 토종 단풍나무를.

『로미오와 줄리엣』 1막 1장에는 단풍나무가 등장한다. 그런데 이 작품을 쓴 영국의 천재가 사실을 말하고 있다고 생각한 사람은 아무도 없었다. 그가 말한 베로나의 바로 그곳에 단풍나무가 자라고 있다고는 아무도 생각지 않았다. 1장에서 로미오의 어머니 몬태규 부인은 거리에서 조카를 만난다. 그의 이름은 벤볼리오로, 로미오의 절친한 친구이기도 하다. 부인이 벤볼리오에게 로미오가 어디 있을 것 같으냐고 묻자, 그는 이렇게 대답한다.

> 백모님, 거룩한 태양이 동쪽의 금빛 창에서
> 얼굴을 내밀기 한 시간 전에
> 마음이 심란해서 집 밖을 거닐고 있었습니다.
> 그런데 시가지 서쪽 단풍나무숲 아래에서
> 그 이른 새벽에
> 산책을 나온 로미오를 보았습니다.

∽

이 대사를 쓴 작가는 이 불후의 명작의 줄거리를 순전히 혼자 착안한 게 아니었다. 많은 사람들이 그가 만들어냈다고 생각하지만, 사실은 그렇지 않고, 단지 빌려왔을 뿐이다. 이 이야기는 오래전부터 전해 내려오는 이탈리아의 설화였다. 1535년에 이 이야기를 최초로 출판한 루이지 다 포르토Luigi da Porto라는 사람의 기록에 따르면 그렇다. 그는 여러 사람들로부터 이 이야기를 많이 전해 들었다고 말하고 있다. 하지만 단풍나무에 대해서는 단 한 마디도 언급하지 않는다. 하기야 그는 베로나 토박이가 아니라 비첸차의 귀족이었으니까.

　1535년에 다 포르토가 채록한 설화가 출간되자, 곧 다른 이탈리아 사람이 그 이야기를 차용하고 윤색했다. 마테오 반델로Matteo Bandello라는 뛰어난 이야기꾼이었는데, 그 역시 단풍나무에 대해서는 일언반구도 하지 않았다. 이어 피에르 보에스튀오Pierre Boaistuau라는 프랑스 작가가 자신의 기발한 생각과 이탈리아에 대한 엉터리 묘사를 덧붙여 반델로의 이야기를 프랑스어로 옮겼지만, 그 역시 단풍나무에 대해서는 입도 뻥긋하지 않았다.

　보에스튀오의 이야기는 곧 영국에도 전해졌고, 그곳에서는 더 많은 변형이 이루어졌다. 윌리엄 페인터William Painter는 그 이야기를 소박한 산문으로 바꿔 쓴 반면, 아서 브루크Authur Brooke라는 시인은 완전히 흥분하여 판타지와 방백과 설교로 가득한 지루하고 장황한 시로 탈바꿈시키는 바람에 무려 3천 2백 행이라는 어마어마한 길이의 시가 탄생했다. 브루크는 자신이 반델로의 글을 참고했다고 선언했지만, 사실은 그렇지 않았다. 보에스튀오의 글을 근간으로 삼은 것이다. 그의 시에 보에스튀오가 윤색한 내용이 등장하므로 그 사실을 알아내는 건 그리 어렵지 않다. 브루크의 시 역시 단풍나무에 대해 언급할 여지가 많았으나 단 한 번도 나오지 않았다. 페인터의 산문에는 아무도 관심을 보이지 않았는데, 아무튼 기록을 위해 덧붙이자면, 그 산문에도 역시 단풍나무는 등장하지 않았다.

이 모든 과정은 작가의 『로미오와 줄리엣』이 창작되기 전에 일어난 일들이다. 셰익스피어를 연구하는 학자들은 작가가 『로미오와 줄리엣』의 소재를 브루크의 장대한 시에서 얻었으며, 이 저명한 작가가 한 번도 이탈리아에 간 적이 없었다고 주장한다. 따라서 지형학적 서술에서 오류를 범했을 가능성이 충분히 예상된다는 것이다. 그들은 작가가 이탈리아에 관한 온갖 터무니없는 내용을 바탕으로 자기만의 괴상한 이탈리아를 만들어냈다고 말한다. 그런데 납득할 수 없는 일이 하나 있다. 유독 작가의 『로미오와 줄리엣』에서만, 배경이 되는 베로나 시의 서쪽 성벽 바로 바깥쪽에 단풍나무숲이 등장했다는 점이다. 그 외의 다른 어떤 이탈리아어 판이나 프랑스어 판이나 영어판 작품에도 단풍나무숲은 등장하지 않는다.

༄

운전기사는 나를 태운 채 시내를 가로질러 베로나 변두리의 크리스토포로 콜롬보 거리 Viale Cristoforo Colombo로 차를 몰았다. 이어 콜론넬로 갈리아노 Colonnello Galliano 거리를 향해 남쪽으로 방향을 틀더니 슬슬 속도를 줄이기 시작했다. 그곳은 가로수가 늘어선 대로였는데, 오래전 밀라노 공항으로 달리는 길에 본 적이 있지만, 어떤 나무인지 알아보지 못한 채 그냥 지나쳤다.

운전기사가 도로를 따라 서행하다가 이윽고 차를 세우더니 자랑스레 손짓하며 외쳤다. "보세요, 선생님! 나무들이 저기 있네요! 정말로 여기 서쪽 성벽 바깥에 우리 단풍나무가 자라는군요." 거기엔 정말로 단풍나무가 있었다. 햇살 아래 반짝이는 다른 나무를 단풍나무로 착각한 것일 수도 있다는 두려움에 숨을 죽인 채, 나는 얼른 차에서 뛰어내렸다. 잎사귀의 널따란 돌출부와 얼룩덜룩한 줄기를 더 자세히 살펴보기 위해, 또 작가가 사실을 알고 말했다는 게 진실임을 분명히 확인하기 위해. 벤볼리오의 말은 옳았다. 그리고 나 또한 바보짓을 한 게 아니었다.

이제 나무들은 군데군데 나뉜 채 서 있었다. 옛날부터 있던 오랜 숲은 무분별하게 진행된 도시화 과정에서 넓은 대로와 교차로와 건물들에 의해 무자비하게 잘려나갔다. 하지만 로미오가 거닐던 숲의 후예들은 그 당시 우거졌던 바로 그 자리에서 여전히 자라고 있었다. 근대화로 인해 망가진 모습을 지우고, 마음의 눈으로 과거 숲의 모습을 재현해보니, 어느새 나무들은 400년도 더 전에 사랑의 열병을 앓았던 한 젊은 청년의 포근한 은신처로 돌아가 있었다.

작가는 비록 하찮고 보잘것없으나 이 도시의 지형에 관한 정확한 사

베로나의 서쪽 성문 세 개 중 하나인 포르타 팔리오 가운데 아치형 통로 사이로 단풍나무가 보인다.

포르타 팔리오의 바깥쪽에서 본 단풍나무.

실을 알고 있었다. 그는 강력한 드라마라는 연못 속에 '실제로 존재하는 숲'이라는 자그맣고 기이한 돌멩이 하나를 일부러 던져넣었다. 하지만 거창한 이념과 마음 졸이는 사랑 이야기에만 정신이 팔려 있던 사람들은 아무도 이 작은 돌멩이를 알아차리지 못했다. 작가가 제시한 사소하지만 색다른 사실, 이 베로나 서쪽의 단풍나무를.

사람들은 작가가 이탈리아에 대해 무지하다고 말한다. 그러나 진실은 휘몰아치는 감동적인 대사가 아니라 별 대수로울 것 없는 대사를 통해 드러난다. 그것은 사람들이 간과하는 대사 속에 숨어 있다. 따분하거나 엉뚱한 대사, 너무 빨리 흘러가거나 논리에 맞지 않고 부적절하게 들려서 금방 잊히는 대사들 속에. 이런 대사들은 클라이맥스를 향해 치닫는 대사가 아니라 등장인물이 자신이 아는 바가 무엇인지를 말하는 대사이다. 하지만 이는 귀를 기울이고 들어야 하는 이야기이다.

지명 또한 그럴 것이다. 지명을 통해 누가 무지한 사람이고 누가 그곳에 갔던 사람인지가 드러난다. '빌라프란카villafranca'도 그 같은 경우다.

※

작가의 모든 선배―루이지 다 포르토를 제외한―들은 로미오와 줄리엣 이야기를 자세히 거론할 때마다 하나같이 베로나 시 외곽에 있는 한 지명을 들먹인다. '빌라프란카'라는 이 지명은 초기의 책들에도 등장하는데, 그 배경은 다음과 같다. 캐퓰렛 경과 딸 줄리엣 사이에 갈등이 일어나는데, 줄리엣이 결혼 문제에 대해, 특히 파리스 백작과의 결혼에 대해 짜증을 내며 투덜거린다. 자신은 이 사람을 한 번도 본 적이 없는데, 어떻게 그에게 흥미를 느낄 수 있겠느냐는 것이다. 그래서 앞서 나온 책들에는 아주 중요한 대목에서 아버지가 줄리엣에게 빌라프란카로 가라고 명령하는 내용이 나온다. 그는 파리스 백작이 그녀를 보러 거기로 올 것이라고 말한다. 이 이야기를 할 때 반델로 역시 빌라프란카라는 말을 사용했다. 하지만 파리스 백작이 거기 있다는 말만 했을 뿐 그 이상의 자세한 언급은 없었다. 이야기꾼들이 이 장소에 대해 독창성을 발휘한 것―그리고 오류를 범한 것―은 반델로 이후의 일이었다.

'빌라프란카'는 '자유도시freetown'이다. 이곳은 지역 지배자의 보호 아래 유리한 조건으로 시장과 거래와 풍물장터를 열 수 있는 곳으로, 대부분의 거래는 세금을 내지 않아도 되었다. 그것 말고는 빌라프란카에 대해 특기할 만한 것은 전혀 없었다. 보통 말하는 자유도시라고 하기도 어려웠다. 하지만 작가의 『로미오와 줄리엣』에 나오는 빌라프란카에는 무언가 중요한 점이 있었다. 단풍나무와 마찬가지로, 작가는 빌라프란카를 통해 그 이전의 이야기에서는 찾아볼 수 없는 색다른 사실을 자신의 작품 속에 엮어 넣었다.

아서 브루크는 그의 시—작가가 소재를 얻은 원천으로 추정되는 시—의 1,974번째 행에 이르러서야 영국 독자들에게 빌라프란카를 소개했다. 그는 '빌라프란카'라는 이탈리아 식 이름을 '프리타운'이라는 영어식 이름으로 바꿨다. 그러면서 캐퓰렛에게 도시 외곽에 위치한 그것을 '프리타운이라고 불리는 우리 성'이라고 말하게 함으로써 그것이 그의 것임을 밝혀두었다.

그 문제에 관해서 작가는 브루크의 표현은 물론이고, 그 이전의 어느 누가 쓴 프리타운에 대한 것도 베끼거나 차용하지 않았다. 브루크의 프리타운은 영국 사람들에게 낭만적으로 보였을 수도 있다. 하지만 이탈리아 북부 사람이나 베로나의 역사를 탐구하고 유적을 탐색하기 위해 베로나에 온 사람들 눈에는, '베로나 외곽 빌라프란카에 위치한 캐퓰렛 성'이란 그저 황당무계한 생각일 뿐이었다.

작가는 시간을 질질 끄는 일 없이 그의 프리타운을 곧바로 작품 속으로 끌어들인다. 『로미오와 줄리엣』 1막 1장이 시작되자마자, 그러니까 단풍나무숲이 언급되기도 전에 곧장 프리타운 이야기가 나온다. '오래된 프리타운'이 바로 그것이다. 작가가 이곳에 대해 말한 바에 따르면, 그것은 가상의 캐퓰렛 성이나 귀족들의 시골 은신처와는 아무 상관도 없다. 대신 봉토 수여나 중세 영주들의 권력이라는 더 중대한 문제와 관련돼 있다.

✌

　이 연극의 첫 장면은 피를 보기 위해 거리에서 기회를 엿보는, 적개심에 불타는 충성스럽고 위험한 남자들의 등장으로 시작된다. 바로 원수지간인 두 집안, 몬태규 가와 캐퓰렛 가의 하인들이다. 그들은 거리에서 부딪히자 살인을 저지르기 위해 칼을 뽑아든다. 이어 그들의 실제 상전인, 요란하게 거들먹거리는 캐퓰렛과 오만한 몬태규가 소동에 휩쓸린다. 그런데 나이깨나 먹은 어리석은 상전들은 사람들의 기대와 달리 소동을 말리기는커녕 사태를 더 악화시킨다. 그 바람에 일이 성가시게 꼬였으니, 베로나를 통치하는 영주, 그들의 대군주인 에스칼루스가 몹시 격분해서 나타난 것이다. 그의 분노는 현장의 모든 사람을 얼어붙게 하고, 시가지의 평화를 교란하던 행위는 즉시 중단된다.
　쩌렁쩌렁 울려 퍼지는 에스칼루스의 연설이 모든 사람의 주의를 사로잡는다. 그 바람에 그가 연설 말미에 무법자 귀족들에게 내린 아리송한 명령이 눈에 띄지 않게 묻힐 정도다.

　　캐퓰렛은 나와 함께 가고
　　몬태규, 당신은 오늘 오후에 이번 일에 대한
　　나의 생각을 좀 더 밝힐 것인즉
　　오래된 프리타운에 있는 법정에 출두하시오.

　이렇게 이 장면에 프리타운이 등장하는데, 작품을 통틀어 딱 이만큼만 묘사돼 있다. 줄리엣과 관련해서는 일언반구도 없고, 파리스도 마찬가지이다. 오로지 프리타운만 나온다. 아무튼 프리타운이 무엇이든 간에, 이제 우리는 그것에 대해 조금은 알게 되었다. 그곳이 오래된 곳이고 에스칼루스 영주가 '법정common judgement place'이라고 선언한 장소라는 것을. 여기서 'common'은 '평범하다ordinary'는 뜻이 아니라 '공공의public'라는 뜻이다. 그 이상의 이야기는 나오지 않는다. 그렇다면 프리타운이 이렇게 일찌감치 언급된 이유는 무엇이며, 두 사람에게 서로 다른 명령을 내린 건 또 무엇 때문인가?

캐퓰렛은 즉시 에스칼루스 영주와 함께 베로나 거리를 거닌다. 영주는 이 늙은 불한당에 대해서는 아무 염려도 하지 않지만, 몬태규에게는 나중에 따로 프리타운의 법정으로 청문회를 받으러 오라고 지시한다. 이 작품의 서사序詞를 읽고 우리는 이 두 귀족이 '똑같이 지체 높은' 두 가문의 우두머리라는 사실을 안다. 그런데 이 두 귀족은 면전에서 완전히 서로 다른 대접을 받는다. 왜 그런지에 대한 실마리는 어디에도 나와 있지 않다. 게다가 작가는 설명만 제대로 하지 않은 게 아니라 무대를 텅 비우다시피 하면서 느닷없이 화제를 바꾼다. 에스칼루스는 등장할 때만큼이나 갑작스레 퇴장해버리고, 관객은 백모에게 단풍나무숲에 대해 말하고 있는 벤볼리오에게 주의를 돌리게 된다.

프리타운. 작가는 이것을 '오래된old' 것이라고 묘사했다. 대체 어떤 식으로 오래되었다는 말일까? 오래된 관습에서와 같은 오래된, 이라는 뜻일까, 아니면 물리적으로 오래되었다는 것일까, 그것도 아니라면 유서 깊다는 의미일까? 혹시 이 모든 것을 다 포괄하는 의미는 아닐까? 이 설화를 가지고 책을 썼던 어떤 작가도 그것을 오래되었다고 하거나 법정 이야기를 끄집어낸 적이 없었다. 타르타로Tartaro 강 기슭에 있는 이 도시는 적어도 암흑시대 이래 줄곧 그 자리에 있었다. 고대 로마시대에는 작은 마을이었을 것이다. 아무튼 작가는 이렇게 연극의 처음부터 선배들의 길을 벗어나고 있다. 그러니까 프리타운을 '오래된' 곳이라고 적시하면서 영주의 법정으로 설정해놓았다.

이게 다 무슨 이야기일까? 허무맹랑한 헛소리일까? 앞서 나온 에스칼루스의 명령에 대해 이제까지 어떤 의문도 제기되지 않았고 아무도 호기심을 갖지 않은 듯하다. 그가 몬태큐에게 그날 오후 정확히 어디로 가라고 한 건지, 또 왜 그랬는지에 대해 누구 하나 관심을 보이지 않았다.

극의 시작 부분에 작가는 에스칼루스의 그 대사를 굳이 쓸 필요가 있었을까? 로미오와 줄리엣 이야기를 다룬 다른 작가들은 한참 뒤에 가서야 캐퓰렛의 입을 빌려 빌라프란카를 언급했다. 하지만 작가는 곧장 에스칼루스의 대사를 통해 그것을 언급했는데, 오로지 그의 작품에서만 볼 수 있는 접근 방식이다. 그는 왜 뜬금없는 이 4행의 대사를 썼을까?

이 문제를 해결할 방법은 하나뿐이었다. 내가 직접 베로나의 빌라프란카로 가서, 이제까지 아무도 조사하는 수고를 들이지 않았던 사실을 내 힘으로 찾아보는 수밖에. 이번에는 베로나의 호텔 문을 나설 때도 전혀 심란하지 않았다. 대신 공정하고 냉정하고 객관적인 자세로 조사에 임하자고 단단히 마음먹었다. 예상치 못한 일이 기다리고 골치 아픈 말썽거리나 막다른 골목길이 비일비재한 현실이지만, 그래도 불굴의 자세로 전문가답게 임하겠노라고 다짐했다. 내게는 풀어야 할 문제가 있었고, 이제 그 답을 찾을 시간이었다. 지도와 책과 서류와 카메라, 그리고 '비상사태'에 대비하여 사과 두 알을 챙긴 뒤 나는 이 오래된 프리타운을 찾아 차를 타고 베로나 성벽을 출발했다. 특히 그곳에서 영주의 재판을 입증할 만한 무언가를 발견하고 싶었다.

빌라프란카 디 베로나Villafranca di Verona는 베로나 남서쪽으로 약 16킬로미터쯤 되는 이탈리아 북부의 광활하고 비옥한 평야지대에 있는데, 몬태규 가에서 차를 타고 두세 시간쯤 걸리는 곳이다. 인기 있는 관광지인 만토바 행 고속도로 근처인데도 막상 거기까지 가는 여행자는 가뭄에 콩 나듯이 드물었다. 그곳은 큰 도시라기보다 시골 마을이라고 하는 게 더 나았다. 차는 앞서 다짐했던 대로 공평무사하게 조사할 준비를 마친 나를 태운 채 수월하게 중심가로 진입했다. 하지만 차창 너머로 눈앞에 펼쳐지는 광경을 보는 순간 내 결심이 흔들렸다. 나는 깜짝 놀라고 말았다. 눈앞에 다가오는 광경을 보자마자 나는 그 '법정'이라는, '오래된 프리타운'이 무엇인지 금방 알 수 있었다. 그것은 도시가 아니라 그 도시 안에 있는 어떤 것이었다. 도시 이름은 동시대인들이나 까마득한 후손들에게 그 위치를 확인시켜주는 단순한 방법에 불과했다. 이 순간이야말로 일종의 '비상사태'였기에 나는 사과에 손을 뻗지 않을 수 없었다.

빌라프란카, 곧 오래된 프리타운은 흙으로 만든 육중한 보루 위에 세워진 거대한 벽돌 건축물이었다. 전체적으로 어마어마한 크기의 중세 성으로, 높은 망루, 성벽을 둘러싼 다양한 크기의 성문, 가까이 하기 어려운 성벽과 누벽, 높이 자란 플라타너스 나무들과 거친 모서리 등이 황량한 적갈색 벽돌 건축물 안에 자리 잡고 있었다. 하지만 여러 세기 동안 세파에 시달린 결과, 방벽은 뚫려 있었고, 그 안에 있던 성의 본채와 저택들도 다 무너져 내린 상태였다. 하지만 거기, 거대한 성채가 이탈리아 봉건시대를 좌우하던 스칼라Scala 가문의 왕권을 아직도 떠받치고 있었다. 실제로는 더 이상 존재하지 않으나 상징적으로는 영원히 존재하는 그 왕권을.

현대적인 신시가지를 바라보는 위풍당당한 성문 앞에는 몇 세기가 흐른 지금까지도 널찍하고 평평한 개방 구역이 그대로 남아 있었다. 물론 지금도 상품을 진열했던 노점과 천막과 부스들을 다시 받아들일 준비를 한 채 그 자리에 여전히 남아 있긴 하지만, 한때 이곳은 더 넓은 구역을 차지했을 것이다. 안온하게 감싸안는 성벽 아래에서 성의 훌륭한 지배자들의 비호를 받으며 오랜 세월 존재해왔을 것이다. 그렇다면 그 지배자들은 누구였을까? 과연 이 작품에 등장하는 에스칼루스 영주 같은 사람이 그때도 있었을까?

루이지 다 포르토는 로미오 몬테키Romeo Montecchi와 줄리에타 카펠레티Giulietta Cappelletti의 이야기를 쓰면서 베로나 출신인 페레그리노Peregrino라는 남자의 말을 인용했다. 그가 기록으로 남긴 것이 바로 이 사람에게서 들은 이야기이다. 페레그리노는 다 포르토에게 '스칼라 가문의 친절하고 자비로운 바르톨로메오Bartolomeo 영주가 무척이나 아름다운 우리나라를 다스리는 동안' 이 슬픈 사건이 벌어졌다고 전해주었다. 델라 스칼라Della Scala, 그리고 에스칼루스Escalus. 알고 보면 이 둘은 같은 이탈리아 가문이다. 에스칼루스는 델라 스칼라를 의미하는 라틴어의 한 형태로, 아주 오랫동안 사용된 이름이며, 이 이야기를 전한 다른 사람들도 같은 이름을 사용했다. 이 밖에도 이 가문은 다른 이름들을 가지고 있다. 이탈리아에서 가장 흔한 이름을 들라면 아마도 스칼리게로Scaligero일 텐데, 그것의 영어식 이름이 스칼리거Scaliger이다.

이 델라 스칼라/스칼리거 가문은 13세기에 베로나 전역의 드넓은 영토를 정복하면서 막강한 영향력을 발휘하기 시작했다. 정복 활동의 상당 부분이 스칼라 가문의 마스티노Mastino 1세에 의해 이루어졌는데, 마침내 1260년에는 베로나까지 그의 영지에 포함되었다. 마스티노가 장수와 명예를 누리다가 1301년에 사망하자, 그 뒤를 이어 스칼라 가문의 후계자가 된 사람이 바로 그의 조카 바르톨로메오였다. 그는 대중의 환호 속에서 가문을 계승할 만큼 인기가 높았지만, 그 자리에 그리 오래 머무르지 못하고 1304년에 사망했다. 그러므로 페레그리노는 이야기 속의 에스칼루스가 바르톨로메오라는 사실만 밝힌 게 아니라 로미오와 줄리엣 이야기의 시대 배경을 바르톨로메오 치하 3년 중 한 해로 국한시켜놓았다. 하지만 베로나 사람들은 지금도 누구에게 물어보든 조금도 지체하지 않고 "그건 1302년에 일어났어요."라고 한층 구체적으로 대답한다. 이 같은 정확한 연도는 베로나에 전해지는 확고한 전설에서 중요한 부분을 차지하고 있다.

빌라프란카 디 베로나가 실린 이탈리아 도로 지도에는 대개 '카스텔로 스칼리게로Castello Scaligero'라는 또 다른 표시가 붙어 있다. 이는 오로지 지도상의 그 지점에 스칼리거 소유였던 성이 있음을 뜻하는 것이다. 스칼리거 가문 사람들은 성을 많이 세웠는데, 이런 지도는 구별되지 않는 똑같은 표시로 그 성들의 위치를 나타내는 경우가 많다. 지도 제작자들은 역사를 기록하지 않는다. 그들은 지도를 그릴 뿐, 역사는 다른 이들의 손에 맡긴다. 어쨌거나 빌라프란카 디 베로나에 있는 성은 그냥 또 다른 카스텔로 스탈리게로가 아니었다. 바로 이 성이 스칼리거 권력의 중심지인 영주의 궁정이 있던 구역이고, 재판이 열리던 법정이었다.

이 성은 1202년에 세워져 스칼리거 왕권의 본산지 역할을 하다가 1354년 칸그란데Cangrande 2세가 베로나 성벽 안에 세운 거대한 카스텔베키오Castelvecchio에게 그 자리를 물려주었다. '오래된 프리타운'으로부터 스칼리거 궁을 이전한 사람이 바로 칸그란데 2세다. 하지만 바르톨로메오가 다스리던 1302년에도 카스텔로 스칼리게로는 세워진 지 이미

100년이나 지난 뒤였다. 전통도 가문도 권력도 그리고 중세의 전례도 다 그만큼 오래되었다는 이야기이다. 몬태규는 그날 오후 어디로 가야 할지 물어볼 필요가 없었다. 『로미오와 줄리엣』에 나오는 몬태규가 그것을 알고 있었다면 작가도 물론 알았을 것이다. 아울러 에스칼루스가 프리타운을 '오래된' 곳이라고 말하는 게 온당하다는 것도 알았을 것이다.

'오래된 프리타운'. 스칼리거 가문이 세운 웅장한 중세 성곽으로 베로나의 빌라프란카에 있다. 장터는 위 사진의 앞쪽 부분에서 열렸다.

한편 작가는 에스칼루스의 명령을 통해 좀 더 많은 것을 드러내고 있다. 그것은 중세뿐 아니라 르네상스 시대를 거쳐 한참 뒤까지도 모든 영국인—실제로는 모든 유럽인들까지—이 관심을 갖게 될 문제였다. 피에 굶주린 캐퓰렛과 몬태규를 갈라놓을 때 에스칼루스는 봉건적 규칙을 존중했어야 했다. 하지만 그는 그것을 어긴다. 그것도 남들이 다 보는 노상에서. 그는 똑같이 지체 높은 두 귀족의 '체면'을 똑같이 세워주지 않았다. 두 사람에 대한 그의 명령은 하늘과 땅만큼이나 차이가 난다.

21세기 벽두에 이 책을 쓰는 나야 그 이유를 오로지 짐작할 수밖에 없지만, 여하튼 에스칼루스는 16세기 관객을 위해 연극의 첫 장면에서 사태를 분명하게 정립해준 셈이다. 그 지시를 통해 에스칼루스는—실생활에서는 어땠든 간에—공정하지 않을 뿐 아니라 '똑같이 지체 높은' 두 귀족과 통치자 간의 오래된 전례를 이제 막 깨뜨리게 될 영주가 베로나를 통치하고 있다는 사실을 드러냈다. 이 같은 부당 행위는 관객에게 파멸이 닥쳐오고 있음을 알려줄 것이다. 우리는 나중에 캐퓰렛이 다시 한 번 특혜를 입고, 로미오 몬태규는 심리 한 번 받아보지 못한 채 추방당하는 꼴을 보게 된다. 나아가 편견과 증오와 부당한 행위가 몰고 올 비극적 결과도 보게 된다.

᎙

이 외에도 작가는 그의 작품에서 베로나에 대해 무엇을 더 말해줄 수 있었을까? 가보지도 않은 채 꾸며낸 것이 아니라 알려지지 않은 사실에 해당하는 것 중에서. 그동안 내내 마음에 걸리는 단어가 또 하나 있었는데, 단풍나무숲보다 복잡하고 '오래된 프리타운'의 의미보다 파악하기 어려운 것이었다. 간과되기 일쑤였으며 그리 중요하지 않은 지명으로, 줄곧 작가의 상상력의 산물로 취급당했던, 3막 후반에 등장하는 '성 베드로 교회'가 바로 그것이다. 그곳에 담겨 있을지 모를 진실을 찾아내기 위해선 또다시 베로나로 답사여행을 가야 했다. 또 가기 전에 옛 교구敎區 제도를 조사하고 시가지와 주요 건물들의 위치를 마음속에 단단히 새겨둘 필요가 있었다. 아직도 베로나 시민들은 그 사건이 그 도시에서 일어났다고 이야기하는데, 아무튼 1302년에 존재했던 거리, 광장, 교회들, 그리고 중요한 세속 건물들의 위치를 알아두어야 했다. 왠지는 모르지만 답사에 나설 때 그런 장소들을 미리 마음속에 정리해두는 일이 생각한 것보다 훨씬 더 중요해지곤 했다.

로미오와 줄리엣 이야기는 베로나 사람들에게 아주 자세히 알려져 있다. 그것은 세대를 이어가며 전해 내려온 그들의 이야기이자 그 지방의 자랑스러운 전설이다. 또 실제 있었던 사건으로 그 비극적 이야기를 기록한 어떤 책들보다도 훨씬 오래된 이야기이다. 오늘날에도 베로나 시민들은 그 사건이 일어난 장소를 짚어줄 수 있는데, 죽음을 무릅쓴 사랑이 펼쳐졌던 도시를 방문한 순례자들을 위해 그 장소들 중 상당수가 여행안내서에 세계 각국 언어로 설명되어 있다.

나는 작품에 등장하는 에스칼루스 영주가 '오래된 프리타운'이라고 말하는 대사를 보고 작가가 베로나의 전설을 알고 있었다는 걸 깨달았다.

또 그가 단풍나무숲―비록 자세히 말하지는 않았지만―에 대해 언급한 걸 보고 작가가 직접 여기 베로나에 와본 게 아닐까 하는 생각이 들었다.

호기심이 일었다. 내 눈으로 직접 베로나의 전설과 작가의 대사를 비교해봐야 했다. 그러다가 내가 알고 있는 그의 창작 방식에 생각이 미치자, 나는 작가가 이탈리아 희곡에 '슬그머니 집어넣은' 모든 것들을 현장에서 찾아낼 수 있으리라고 거의 확신하게 되었다.

궁극적 목표는 작가가 분명하게 이름을 밝힌 그 '성 베드로 교회'를 찾아내는 것이었다. 비록 극 속에서 그곳을 배경으로 하는 장면은 하나도 없지만(단지 줄리엣을 협박하기 위해 그 이름을 들먹였을 뿐이다), 그것은 분명 캐퓰렛 가의 교구 교회였고 또 베로나 판 애끓는 사랑 이야기에 완벽하게 맞아떨어져야 했다. 작가가 그 같은 정확성을 고집한 이유는 그가 베로나의 전설을 존중해서만이 아니라, 더 중요하게는 베로나 시가지 구획을 정확하고 세밀하게 알고 있음을 드러내기 위해서이다.

비교 조사에 나서기 전에 나는 보급판 『로미오와 줄리엣』을 들고 호텔 로비에 앉아 편집자가 달아놓은 주석을 차례차례 지워나갔다. 완전히 새로운 방식으로 접근하고 싶었기 때문이다. 이탈리아에 한 번도 와보지 않았을 사람들이 나중에 덧붙인 설명에 영향을 받고 싶지는 않았다. 나는 등장인물의 대사를 통해 알아낼 수 있는 배경에만 밑줄을 쳤다. 이를테면 벤볼리오가 말한 단풍나무숲 같은 것들에.

그러면서 『독자들의 셰익스피어 백과사전The Reader's Encyclopedia of Shakespeare』에 나온 다음과 같은 충고를 마음속에 단단히 새겼다.

현대에 출판된 엘리자베스 시대 희곡들은 막과 장의 구분 및 장소 확인 문제에서 전반적으로 오해의 여지가 많다.

한쪽 주머니에는 밑줄을 그은 『로미오와 줄리엣』을, 다른 쪽 주머니에는 귀퉁이를 접은 베로나 여행안내서를 넣은 채, 우산을 쓰고 부슬부슬 비가 내리는 베로나 거리로 나서면서, 나는 전부터 그렇지 않을까 하고 짐작해왔던 것들에 대해 확신을 갖기 시작했다.

『로미오와 줄리엣』에는 '공공장소'를 배경으로 하는 장면이 여러 군데 등장한다. 등장인물들의 대화가 그곳이 어디인지 분명하게 밝혀주고 있다. 이 공공장소 중 특히 두 곳이 유명한데, 둘 다 장소를 확인해보고 싶은 마음을 부추기는 곳이다.

바르톨로메오는 시뇨리Signori 광장에 멋진 궁전을 가지고 있었는데 그곳에는 아직도 그 건물이 남아 있다. 또 다른 유명한 장소는 시뇨리 광장에서 널따란 아치 길을 통과하자마자 이어지는 에르베Erbe 광장이다. 시뇨리 광장이 허브나 과일, 채소 등을 파는 곳인데 비해 에르베 광장은 아직도 여러 부문의 시정市政이 이루어지는 곳이다. 어쩌면 『로미오와 줄리엣』에서 이 광장들이 한두 장면 혹은 그보다 많은 장면의 배경이 되었을지도 모른다는 생각이 든다.

예전에 베로나에 머물고 있을 때 그곳 토박이에게 이 두 광장 중 하나가 두 원수 집안의 결투 장소가 되지 않았을까 하고 물어본 적이 있었다. 그러자 즉시 다음과 같은 대답이 돌아왔다.

"캐퓰렛 가와 몬태규 가의 불량배들이 무례했는지는 몰라도 멍청하지는 않았어요. 결투 장소로 바르톨로메오와 시 당국의 코앞을 선택하는 일은 절대로 없었을 겁니다. 그들이 싸웠던 곳은 멀리 스트라도네 산 페르모Stradone San Fermo에 있는 비아 카펠로Via Capello 끄트머리인데, 당시 그 스트라도네는 '일 코르소il Corso'라고 불렸지요."

어떻게 그렇게 잘 아느냐고 묻자 이번에도 역시 조금도 지체하지 않고 대답이 돌아왔다. "여기 사람들은 언제나 알았던 일인데요, 뭘." 그것은 입에서 입으로 전해 내려오는 베로나의 전설이었던 것이다.

『로미오와 줄리엣』과 여행안내서를 끼고 여기저기 돌아다니던 중, 나는 베로나 사람이 알려준 곳들이 모두 인접한 두 광장의 동쪽과 남쪽에 있다는 사실을 발견했다. 남쪽으로 흘러가는 아디제Adige 강 동쪽에 속한 지역이었다. 나는 작품에 나오는 장면들과 여행안내서에 설명된 특정 지점들이 완전히 일치한다는 사실을 깨달았다. 다만 작가가 다른 모든 것들과 동떨어져 서쪽에 위치한 그 단풍나무숲을 끌어들인 점에는 고개를

시뇨리 광장. 벽돌 건물에는 아직도 베로나 정부 청사와 경찰 본부가 들어서 있다. 아치 사이로 스칼라 가문의 무덤과 가족 교회가 있는 '아르케 스칼리게리'가 보인다.

갸우뚱하지 않을 수 없었다.

나는 바르톨로메오의 코앞이었던 시뇨리 광장이나 에르베 광장 어디에서도 캐퓰렛과 몬태규 간의 소동이 벌어지지 않았다는 사실을 확인하고 내심 흐뭇했다. 그러면서도 거기 세워진 단테의 동상을 다시 한 번 보기 위해 곧장 그곳을 뜨지 않고 잠시 시뇨리 광장을 어슬렁거렸다. 베로나에서는 아주 오래전부터 그를 기념하고 있다. 동상은 1865년에 세워졌지만, 사실 이는 로미오가 줄리엣을 처음 보았던 바로 그 1302년에 그 도시에서 일어난 자랑스러운 사건을 기념하기 위한 것이었다. 단테가 고향 피렌체에서 사형선고를 받자, 우리의 '에스칼루스 영주'인 바르톨로메오는 그에게 첫 은신처를 제공했고, 그 결과 베로나는 오랫동안 그의 안식처가 되었다. 이 때문에 다 포르토의 친구인 페레그리노가 영주를 '친절하고 자비롭다'고 말한 게 아니었나 싶다. 물론 작가는 영주를 그렇게 친절한 사람으로 그리지 않았지만.

캐퓰렛과 몬태규에 관한 이야기에는 단테가 하필 그때 이 도시에 오게 된 우연한 사건이 무엇인지 짐작할 단서가 하나도 없다. 어쨌거나 단테는—그의 생몰 시기에 대한 학문적 논란에도 불구하고—몬태규와 캐퓰렛 간의 갈등이 한창 절정에 이르렀던 바로 그 시기에 베로나에 있었을 것이다. 실제로 어쩌면 그는 사건의 일부를 직접 목격했을지도 모른다. 단테는 그의 『신곡』 연옥편 4절에서 게르만을 통치하던 알브레히트 1세에게 다음과 같이 충고한다.

오라, 관심을 보이지 않는 그대여, 어서 와서 보라.
이미 비참해진 몬테키, 카펠레티를……

왼쪽. 단테의 동상은 1865년에 시뇨리 광장에 세워졌다. 오른쪽. 바르톨로메오, 즉 '에스칼루스 영주'의 무덤은 시뇨리 광장 한쪽 구석에 있는 스칼라 가문 가족 교회인 산타 마리아 안티카 교회 외벽 위에 있다. (안으로 들어가려면 주임 사제에게 신청해야 한다. 이 석관이 '아르케 스칼리게리'로 알려진, 유명한 스칼라 가족무덤의 철제 울타리 안쪽 깊숙한 곳에 있기 때문이다. 철제 울타리는 델라 스칼라 가문의 이름—'사다리의'라는 뜻인—을 의미하는 사다리 상징으로 장식되어 있다)

    시뇨리 광장 건너편 모퉁이에는 스칼라 가문의 가족 교회인 산타 마리아 안티카Santa Maria Antica라는 작은 중세 교회가 아직도 그대로 서 있다. 어쩌면 단테도 그 교회의 미사 시간에 전례문 낭송을 들었을지도 모른다. 스칼라 가족묘지의 높다란 철제 울타리 안에 있기 때문에 잘 보이지는 않지만, 교회 담장 바깥쪽의 움푹 들어간 곳에는 바르톨로메오의 석관이 안치되어 있다. 로미오와 줄리엣 시절부터 있었던 모습 그대로.

    길모퉁이를 돌아서 동쪽으로 몇 걸음만 가면 몬테키, 즉 몬태규의 저택이 나온다. 베로나 시내에 있던 로미오의 집이다. 지어진 연대, 중세풍 설계, 전체적인 배치 등, 그 집에 관한 모든 것이 이야기와 꼭 들어맞는다.

시뇨리 광장을 지나 아치를 통과해 다시 에르베 광장으로 돌아온 다음 왼쪽으로 돌자, 광장이 좁아지면서 두 갈래 길이 나타났다. 오른쪽으로 난 비아 마치니Mazzini는 로마시대부터 중요한 상가였으며 그 길을 따라 남쪽으로 가다보면 고대 로마 원형경기장이 나온다. 한편 왼쪽으로 난 길은 아디제 강을 향해 동쪽으로 뻗어 있는 비아 카펠로이다. 광장에서 그리 멀지 않은 그 거리 23번지는 베로나 순례여행에서 빼놓을 수 없는 명소 중의 명소로, 바로 그 유명한 전설적인 줄리엣의 집이다.

줄리엣의 집이 방문객들로 미어터지지 않는 날은 거의 없다. 물론 불멸의 사랑에 바치는 세계적으로 위대한 성지 중 하나이기에 충분히 예상되는 바이다. 세상 어디에도 이 같은 곳은 없다. 그러므로 소심한 나머지, 기껏 여기까지 와놓고 안뜰을 지나 집 안에 들어서지 않는다면 저만 손

왼쪽. 스칼라 궁은 시뇨리 광장에 있는데 하늘을 찌를 듯한 람베르티 타워가 장관이다. (『베로나: 그 안과 밖』, 스토리티 에디치오니, 1966, 67쪽) 오른쪽. 로미오의 집. 베로나 시내에 있는 몬태규—몬테키 가족의 집.

해라고 하겠다.

　몬태규-몬테키 저택과 달리 이 집은 캐퓰렛 가의 저택이라는 기록이 남아 있지 않다. 그냥 베로나에 전해 내려오는 말에 따라 그렇게 믿는 것이다. 혹자는 거리의 옛 이름인 비아 카펠로가 카펠레티, 카풀레티, 카펠레토, 카펠로 등과 더불어 캐퓰렛이라는 이름의 다른 형태임을 지적하기도 하는데, 거리 이름에 그곳에 거주했던 주요인사의 이름을 붙이거나 새로 바꾸는 일이 잦았기 때문이다. 하지만 그것 하나만으로는 줄리에타 카펠로, 또는 카풀레티라는 이름의 젊은 미녀가 1302년에 여기 살았다는 증거가 되지 못한다. 비록 그 집이 중세 건물이고 놀랄 만큼 이야기와 일치하긴 하지만.

　이 집이 그저 거리 이름을 딴 여인숙에 불과했다고 말하는 조롱꾼들도

비아 카펠로 23번지에 있는 줄리엣의 집. 발코니는 1930년대에 덧붙여진 것이다. (저자 소장 그림엽서)

있는데, 이들의 말을 베로나 사람들에게 전하자 순식간에 이런 반응이 돌아왔다. 많은 오래된 집들이 한때 '숙식을 제공하는' 여인숙으로 전락한 경우가 많았는데, 이 집도 700여 년을 거치면서 용도가 변경됐다는 것이다. 100년 전만 해도 이곳은 싸구려 셋집으로 사용되면서 방들은 누추한 칸막이로 나뉘고, 안뜰은 쓰레기로 가득 차 있었다고 한다. 이것 역시 아무런 증거도 되지 못한다.

스칼라 궁 남쪽이 보이는 에르베 광장.

하지만 여기에서 알게 된 사실이 하나 있었다. 20세기 초 이탈리아 정부는 이 집이 더 이상 퇴락하지 않도록 보호조치를 취했다. 이 집의 '1층'에는 아주 이상적인 큰방, 혹은 거실이 있는데, 여기서 1층이란 미국식으로는 2층이고, 이탈리아 사람들은 이런 방을 피아노 노빌레piano nobile라고 부른다. 이 방은 연회 같은 행사를 위한 장소로, 로미오가 줄리엣을 처음 본 곳도 바로 이런 곳이다. 방은 쾌적하게 복원되어 있었다. 하지만 그 집에는 작가가 쓴 대사와 정통으로 모순되는 명백한 특징이 있는데, 사람들이 거의 알아차리지 못한다.

모든 사람들이 흠모하는 유명한 줄리엣의 발코니는 캐퓰렛 저택의 정면, 현관 위쪽에서 마당 입구를 내려다보고 있다. 하지만 집 안으로 들어가보면 정말 희한하게도 발코니는 거실에 딸려 있다.『로미오와 줄리엣』을 연극으로 본 사람이라면 과수원이 내다보이는 발코니에 익숙해져 있

캐퓰렛 저택의 거실. 로미오가 줄리엣을 처음 만난 곳도 이런 곳이었을 것이다. (실비아 홈스 사진)

을 터이다. 2막 2장의 대사를 보면 로미오는 2층에 있는 줄리엣에게 청혼하기 위해 안뜰로 들어온 게 아니라 담을 타고 기어올라 와서 캐퓰렛 과수원으로 들어간 게 확실하다. 그렇다면 줄리엣의 집 발코니에서 내다보이는 과수원은 어디 있단 말인가? 작가가 실수한 걸까? 아니면 편의상 현실을 무시하고 쓴 걸까?

과수원? 발코니? 뭔가 이상한 게 있었지만 그 문제에 집중하기에 줄리엣의 집 마당은 관광객들로 너무 시끄럽고 복잡했다. 차분하고 주의 깊게 작품을 살펴볼 필요가 있었다.

『로미오와 줄리엣』에는 로미오가 과수원에 있고 줄리엣이 2층에 있는 것으로 똑같이 설정된 장면이 세 번이나 나온다. 만일 수백 년 전 줄리엣의 집에 과수원이 있었다면, 도시에 건물과 담장이 늘어나면서 사라지게 되었을 것이다. 오랜 세월에 걸쳐 진행된 극심한 도시화 현상 때문에 1302년에 있었을지도 모르는 과수원이 남아 있을 확률은 없다. 하지만 이탈리아 부잣집의 경우, 아담한 과수원은 시내 저택에 없어서는 안 될 중요한 부속 공간이었다. 그런데 이제 그곳에는 대문과 현관 사이에 포장된 작은 안마당이 있을 뿐이다. 나는 과수원에 대한 생각을 접지 않을 수 없었다.

그렇다면 발코니는? 더구나 발코니가 현관 위에 있다는 게 한층 더 마음에 걸렸다. 『로미오와 줄리엣』에는 '발코니'가 나오지 않는다. 어디에도 없다. '발코니'라는 단어는 이 작품뿐 아니라 작가의 다른 어떤 희곡에서도 찾아볼 수 없다. 나아가 그의 작품으로 알려진 어떤 시에서도 발견할 수 없다.

『로미오와 줄리엣』에 나온 작가의 표현은 분명하다. 줄리엣은, 작가 자신의 표현대로라면 항상 그녀의 방 '창가'에 등장한다. 작가는 줄리엣의 방에 발코니를 달아주지 않았는데, 내 생각에도 그렇게 예쁜 딸에게 편리한 발코니가 딸린 방을 준다는 건 아버지로서 경솔한 처사가 아닐 수 없다. 현재 있는 발코니는 진짜 중세 유물이 확실하지만, 이는 1930년대에 관광산업 진흥을 위해 원래 다른 건물에 달려 있던 것을 떼어다 비아 카펠로 23번지의 현재 위치에 옮겨 단 것 뿐이다. 어쨌거나 오늘날 전 세계 관광객들이 예찬하는 줄리엣의 발코니는 원래부터 그 자리에 있었던 게 아니다.

성 프란체스코 수도원(산 프란체스코 알 코르소). 로렌스 수사가 로미오와 줄리엣의 결혼식을 집전한 곳이다.

~

아직 풀어야 할 숙제가 두 가지나 남아 있었다. 그중 하나는 과거 성 프란체스코수도원—산 프란체스코 알 코르소San Francesco al Corso—이었던 곳에 있는 줄리엣의 무덤을 다시 방문하는 일이었다. 베로나 남쪽 중세 성벽 바로 너머에 있으며 비아 델 폰티에레del Pontiere와 맞닿은 아디제 강과도 가까운 곳이다. 또 하나는 '성 베드로'라는 이름의 중세 교회를 찾아내는 일로, 이곳은 빌라프란카처럼 작가가 작품 속에 등장시킨 또 다른 지명이다.

비아 카펠로 23번지에 있는 줄리엣의 집을 나선 뒤, 나는 수도원을 향해 거리의 막다른 끝까지 걸어가 오른쪽으로 꺾어져서 스트라도네 산 페르모에 다다랐다. 중세에는 이 도로가 도시의 남쪽 성벽으로 이어지면서 거기서 길이 끝났다. 이제 그 성벽은 허물어진 채 뚫려 있고, 길은 과거의 방어용 요새 너머까지 계속 이어진다. 그런데 그 길을 따라 계속 나아가면 내 목적지, 즉 줄리엣의 고해신부인 로렌스/로렌초 수사의 방이 있는 수도원과는 점점 더 멀어지게 된다.

수도원으로 갈 준비를 하면서 나는 시뇨리 광장의 경찰지구대로부터 수도원까지 걸어서 가는 가장 쉬운 방법을 배웠다. 바로 근처에 있는 비아 스트라도네를 출발해 아무 길모퉁이에서나 왼쪽으로 꺾어져 강가에 이를 때까지 계속 걷다가 강을 따라 오른쪽으로 꺾어진 다음 수도원을 향해 제방을 따라 가는 것이었다. 나는 경관이 알려준 대로 걸어갔다. 그는 줄리엣이 고해신부인 로렌스 수사를 만나러 갈 때 그랬던 것처럼 줄리엣의 집에서부터 걸어서 수도원까지 가고 싶다면 이 길이 가장 빠르고 안전한 길일 것이라고 했다. 1302년에 살았던 처녀라면 이 길로 갔을 거라고 하면서.

과거 프란체스코 수도회 수도원이던 산 프란체스코 알 코르소는 그럴듯한 이야기에 딱 어울리는 위치에 있었는데, 옛 도시 성벽 바깥쪽으로 그리 먼 곳은 아니었다. 고해성사를 하고 싶어하는 조신한 귀족 처녀가 걸어갈 만한 거리였다. 수도원은 오래전에 문을 닫은 뒤 사용되지 않은

로렌스 수사가 거하던 수도원의 회랑. 아치 뒤편 한쪽 구석에 줄리엣이 묻혔을 캐퓰렛 가의 지하 납골당으로 이어지는 계단이 있다.

채 방치돼 있다가 19세기에 이탈리아 기병대 기지가 되었다고 한다. 전에는 무덤과 비석들로 가득 차 있었다는 수도원 회랑은 지금은 전부 다 이전하여 하나도 남아 있지 않았다. 방과 홀은 숙소와 막사가 되었고 넓은 마당은 훈련장과 연병장으로 사용되었다. 하지만 줄리엣과 파리스 백작, 그리고 로미오가 죽은 곳을 보려고 단단히 결심한 방문객들은 이 정도의 변화에 단념하지 않았다. 지금도 그대로 남아 있는 근처의 지하 납골당은 아치로 된 회랑에서 계단을 내려가면 바로 닿는 곳이었다. 오래 전에 수도원이 철폐된 모국을 위해 작품을 쓴 영국 작가가 회랑을 교회 부속묘지라고 잘못 부를 수도 있다는 점만 인정한다면, 작품 속의 대화는 산 프란체스코 알 코르소의 회랑 및 커다란 부속 지하 납골당과 거의 정확하게 들어맞는다.

작가가 '카펠의 무덤'이라고 부르는 장소는 줄리엣의 조상들 뼈로 '채우고도' 남을 만큼 널따란 곳이다. 두 개의 방이 연결된 이 지하실은 한 곳에 육중한 분홍색 대리석 관이 하나 달랑 놓여 있을 뿐 실내는 텅 비어 있다. 석관은 아무것도 들어 있지 않은 채 열려 있는데, 오랜 세월 기념품을 찾는 관광객들에게 시달린 나머지 가장자리와 모서리가 떨어져나갔다. 이 석관은 줄리엣이 영원한 안식을 취한 전설적인 장소로 유명하지만, 실제로 작품

캐퓰렛 가의 지하 납골당. 성 프란체스코 수도회 수도원 회랑에서 지하 납골당으로 이어지는 계단이다.

에는 이 같은 분홍색 유물 같은 건 나오지도 않는다. 또 거기에 놓여 있어서도 안 될 것이다. 베로나에서조차 이 대리석 관이 만들어진 시기와 그것이 누구의 것이고 또 어떻게 이곳에 오게 되었는지에 대해 논란이 일고 있기 때문이다.

진실이 무엇이든 간에 석관은 내 관심 대상과는 거리가 멀었다. 진짜 줄리엣이 그 안에 누워 있었다면, 그것은 모든 일이 밝혀지고 나서 석관을 만들어달라고 석수장이와 계약을 맺은 다음의 일이었을 것이다. 사실 이 정말 그렇다면 말이다. 솔직히 말하면 나는 줄리엣의 무덤이 영 찜찜했다. 텅 비어 있는 것도 그렇고, 새로 덧붙인 관광객용 출입계단에, 생뚱맞은 유사 고딕 양식으로 만든 돌로 된 창틀까지 다 언짢았다. 나의 탐색은 작가의 마지막 대사와 죽은 채 들것에 누워 있는 사랑스러운 줄리엣에서 시작되어 끝나는 것이기 때문이다.

이제『로미오와 줄리엣』과 함께한 내 모험도 막바지에 이르렀다. 베로나 시내 지도를 새롭게 조사하고, 주교 관구 사무실을 방문하고, 약간의 독서를 하고, 내가 좋아하게 된 경찰지구대를 잠시 방문해야 했다. 마지막으로 풀어야 할 수수께끼가 있었으니, 단풍나무처럼 작가의『로미오와 줄리엣』에만 언급된 또 하나의 단어가 있었다. 다른 어떤 책에서도 찾아볼 수 없는 단어였으나, 단풍나무와

줄리엣의 무덤(추정).

마찬가지로 아무도 그것에 주의를 기울이지 않았다. 어차피 그것도 작가가 꾸며낸 것 중 하나 아니겠어? 라는 식으로. 배우들이 그 이름을 큰소리로 거듭 외치다시피 했지만—실제로 세 번씩이나—아무도 신경 쓰지 않은 것이다. 바로 '성 베드로 교회'로, 후대의 편집자들이 3막 5장이라고 지정한 부분에 처음으로 거론된다.

이 장면에서 우리는 이 교회의 이름을 처음으로 듣게 된다. 나는 그것을 찾아내야 했다. 그것이 런던의 책상머리에서 생각해낸 허구가 아니라는 것을 믿어야 했다. 작품에 나오는 단풍나무나 오래된 프리타운, 또 작품에 반영된 베로나 일대의 불가사의한 분위기가 정확한 사실임을 발견한 후엔 더욱 그랬다. '불가사의한 분위기'란 어떤 증거도 되지 못하지만, 그럼에도 나는 작가만이 제공할 수 있는 또 하나의 확실한 랜드마크를 원했다. 작가 특유의 것으로, 정확하면서도 베로나의 있어야 할 자리에 있는 것이라야 했다. 그러니까 베로나에서 성 베드로 교회를 찾아내는 걸로 끝나는 게 아니라 그 교회가 작품 속의 대사와 정확하게 맞아떨어져야 했다.

나는 작가가 이탈리아 희곡들을 쓰면서 독특한 경험을 하지 않았나 하는 생각을 하기 시작했다. 그리고 이탈리아 모험에서 발견한 이런저런 사실을 통해 내 생각이 옳다는 게 확인되었다. 모호하거나 독특한 장소를 '트릭'처럼 빗대어 거론하거나 묘사하는 게 그의 방식이었다. 그런 지명들은 얼핏 보면 꾸며낸 것이거나 실수처럼 보이지만 조사해보면 실제로 존재한다는 게 밝혀졌다. 그런 곳들은 극 속의 장면을 위해 반드시 필요한 장소는 아니다. 오히려 오늘날 우리가 '오프 카메라'*라고 부를 만한 곳으로, 작품의 줄거리와는 별로 무관한 (혹은 아예 상관이 없는) 곳인 경우가 많다. 이탈리아에 대한 독특하고 정통한 지식을 드러내기 위해 거론된 곳들인 것이다. 이탈리아 희곡 책을 들고 답사여행을 계속하는 동안, 나는 내 생각이 옳다는 것을 확인하기 위해 정신을 바짝 차리겠다고 다짐했다. 여기 베로나에 있는 동안 작가가 말한 성 베드로 교회를 찾아다닐 작정이었다.

모든 일은 그 '3막 5장'에서 일어난다. 줄리엣의 아버지는 딸에게 몹시 화가 나 있다. 기껏 딸과 파리스 백작의 혼담을 결정해놓았는데 줄리엣이 망설이고 있기 때문이다. 여기서 한 번도 아니고 연달아 세 번씩이나 파리스 백작과의 결혼식이 열릴 곳으로 성 베드로 교회의 이름이 언급된다. 이렇게 지명이 세 번씩이나 되풀이되는 것은 주의를 기울이라는 작가의 요구인 듯 느껴졌다. 관객들에게 보내는 신호라고나 할까.

'성 베드로 교회'에서 결혼식을 올릴 것이라는 말을 처음으로 꺼낸 사람은 줄리엣의 어머니이다. 이어 줄리엣이 그 이름을 되풀이한다. 마지막으로 만일 줄리엣이 제 발로 결혼식에 가지 않겠다면 강제로라도 끌고 가겠다고 협박하면서 아버지가 교회 이름을 말한다. 작가를 제외하고는 어느 누구도, 심지어 베로나 사람들까지도 이야기를 더 흥미진진하게 만들기 위해 이 성 베드로 교회를 언급한 적은 없었다.

그곳에서 실제로 결혼식이 거행되지도 않았고 연극에 단 한 장면도 나오지 않으므로, 사람들은 세 번씩이나 나오는 교회 이름을 그냥 흘려버리거나 꾸며낸 것으로 간주한다. 『로미오와 줄리엣』의 복잡한 내용에 어

---

* '카메라에 잡히지 않는 곳'이라는 뜻.

베로나에서 꽃핀 애절한 사랑

울리려면 그와 같은 교회는 어떤 특징을 가져야 할까? 가보지도 않은 채 꾸며낸 것이라는 생각을 불식시키고 작품에 현실감을 부여할 수 있는 요소는 무엇일까?

그것은 프란체스코 수도회 소속 교회여야 할 것이다. 예나 지금이나 교단은 독점적이면서 자기들의 관할과 특권을 지키기에 급급했는데, 혼인식을 집전하게 될 로렌스 수사는 프란체스코 수도회 소속이었다. 어떤 계층의 처녀든, 특히 딸에 대한 보호의식이 강한 부모를 둔 처녀들은 관례적으로 자기 교구 교회에서 혼인식을 올릴 것이다. 감상적인 이유 때문이라기보다는 그들 가족의 기록이 다 보존되어 있고, 호의적인 사제가 모든 일을 관장하고, 동네 사람들이 결혼식을 축하하기 위해 모이는 곳이 교구 교회이기 때문이다. 이 모든 요소들이 두 사람을 영원히 묶어주는 합법적인 예식을 확인해주는 역할을 한다. 그리고 자신을 보호하기 위해 그런 확인 작업을 요하는 쪽은 대개 신부 측이었다. 따라서 신랑 측이 아니라 신부 측 교회에서 결혼식을 올리게 된다.

과연 중세 베로나에 성 베드로라고 불리던 교회가 있었거나 혹은 아직도 남아 있을까? 뜻밖에도 그런 교회가 무려 네 개나 되는 바람에 오히려 일이 복잡해졌다. 카스텔로의 산 피에트로, 아르키볼토의 산 피에트로, 산 피에트로 마르티레, 그리고 산 피에트로 인카르나리오. 전부 다 14세기에 그곳에 있었고, 그중 세 군데는 그 전부터 거기 있었다고 한다. 교회를 일일이 다 방문하고 그에 관한 기록을 찾아보고 그 역할을 알아내야 했다. 결국 나는 그 일에 착수했고, 그 결과 다음과 같은 사실이 밝혀졌다.

카스텔로의 산 피에트로는 스칼라 가문의 거대한 도시 요새인 카스텔베키오 안에 있다. 교구 교회와는 전혀 상관없는 곳으로, 편리하게 고해성사를 하거나 미사를 보며 성찬식을 하고 싶어하는 병사들을 위한 군인 교회였다. 게다가 바르톨로메오 델라 스칼라, 즉 에스칼루스 영주가 베로나를 통치하던 시기에는 존재하지도 않았다. 카스텔베키오 건축 공사가 시작된 것은 바르톨로메오가 사망하고 50년이 지난 1354년경이었다. 더구나 그 교회는 줄리엣의 집에서 서쪽으로 너무 멀리 떨어져 있는 듯했다. 내가 증거로 제시한, 이 이야기의 전통적인 장면을 다루는 양식과는 동떨어진 것이었다.

아르키볼토Archivolto의 산 피에트로는 『로미오와 줄리엣』보다 훨씬 전인 13세기에 세워졌다. 교회 출입문 위에 '천국의 문지기'인 성 베드로 좌상이 있는 작고 매력적인 성당이었다. 이 중세 건물은 예로부터 가끔씩이긴 해도 웅장한 베로나 대성당인 산타 마리아 마트리콜라레Santa Maria Matricolare의 보조 역할을 해오고 있는데, 비좁은 길을 사이에 두고 대성당 남문 건너에 서 있다. 이것도 교구 교회와는 전혀 상관이 없었고, 또 줄리엣의 동네로부터 서쪽으로 좀 더 멀리 떨어져 있다.

산 피에트로 마르티레San Piero Martire는 좀 다른 유형의 중세 교회이다. 이곳은 도미니크 수도회의 커다란 교회당에 부속된 것으로, 1290년경에 세워져서 성 아나스타샤에게 헌정되었다. 이 조촐한 교회 혹은 예배당은 수도원의 부속 건물로 성 아나스타샤 광장 왼쪽에 서 있는데, 원래는 산 조르조 데이 도미니카니San Giorgio dei Dominicani라고 불렸다. '산 피에트로 마르티레'라는 사람은 종종 '베로나의 베드로'라고도 불리는데, 프란체스코 수도회가 아니라 도미니크 수도회 수사였다. 또 성 아나스타샤 광장 역시 줄리엣의 집에서 동쪽이 아니라 서쪽에 있다.

이제 마지막으로 남은 산 피에트로 인카르나리오San Pietro Incarnario는 도저히 찾을 수 없을 것 같았다. 만일 시뇨리 광장 경찰지구대의 친절한 경관이 연필로 그려준 약도가 없었더라면 정말로 찾지 못했을 것이다. 잘 그린 약도는 아니지만 그래도 제법 쓸 만했다. 경관은 약도를 그려주면서 내가 한때 중세 교회였던 건물을 알아보지 못할 수도 있다고 주의를 주었다.

나는 약도를 손에 들고 경찰지구대를 출발해 에르베 광장을 거쳐 비아 카펠로로 진입한 다음, 줄리엣의 집을 지나 강을 향해 걸어가다가 스트라도네 산 페르모에서 오른쪽으로 꺾은 후 계속해서 걸었다. 그런데 길을 걷다보니 전에 와본 것 같은 느낌이 들었다. 이 길은 줄리엣이 로렌스 수사의 수도원을 찾아가는 초입 부분이다. 로미오와 줄리엣은 그 수도원을 함께 방문해 수도원 교회에서 로렌스 수사의 집전하에 비밀 결혼식을 올렸다.

하지만 내가 받은 약도에 따르면 그렇게 멀리 갈 필요가 없었다. 몇 블록 가지 않아 이내 목적지에 도착했는데 경관이 말해준 그대로였다. 내 눈앞에 흰 회반죽으로 외벽을 바른 작

'성 베드로 교회'인 산 피에트로 인카르나리오. 원래 955년에 세워졌지만 오랜 세월을 지나는 동안 개축되었다.

은 교회 건물이 나타났다.

교회는 스트라도네 스키피오네 마페이(스트라도네 산 페르모의 일부 구역을 달리 부르는 이름) 모퉁이에 위치했는데, 신기하게도 이 거리에 '비아 산 피에트로 인카르나리오'라는 이름이 붙어 있었다. 나는 깜짝 놀랐다. 지난번에 수도원을 찾아가던 중 강가로 가기 위해 꺾어졌던 바로 그 길 모퉁이였기 때문이었다. 그때는 시간이 촉박해서 서두른 나머지 교회 이름이 곧 도로명이었는데도 알아보지 못했다. 이곳이 캐퓰렛 가의 본당 本堂이라는 점은 의심할 여지도 없었다. 물론 작품에 세 번씩이나 언급된 성 베드로 교회라는 것도.

1302년에 이 성 베드로 교회는 흰색 회반죽 건물이 아니었다. 여러 세기가 흐르는 동안 원래 모습이 상당히 변하면서 현재와 같은 혼합된 건축 양식을 보이게 된 것이다. 교회는 지친 여행객, 특히 탐색에 집중하고 있는 여행자의 눈길을 다시 돌리게 할 만한 매력을 지니고 있지 않았다. 특별히 아름답지도 않을 뿐더러 딱히 고풍스럽지도 않았다. 그래도 목을

길게 빼고 살펴보니 중세 시대의 본래 모습이 남아 있기는 했다. 원래의 종탑이 그대로 있었던 것이다.

이 성 베드로 교회는 사실상 오랫동안 교회로서의 역할을 수행하지 않았다. 그리고 네 개의 산 피에트로 교회 중 유일하게 대대적인 보수공사를 거친 교회이다. 이 공사는 19세기 후반에 한 번, 20세기 들어 또 한 번 이루어졌다. 1882년에 엄청난 홍수 피해를 입었고 제2차 세계대전 중에는 일부가 파괴되었기 때문이다. 교회는 여러 세기를 거치면서 심각하게 훼손되었지만 그래도 여전히 그 자리에 서 있다. 홍수 때문에 축소되고, 전쟁 때문에 개조되고, 더 이상 교구 교회 노릇도 하지 않게 된 지금은 그저 회의 장소로 사용될 뿐이다.

하지만 교구 기록을 살펴보면, 16세기와 로미오와 줄리엣 사건이 일어난 시절, 둘 다 이 교회가 실제로 교구 교회였다는 사실이 나와 있다. 955년에 세워진 뒤 13세기에 프란체스코 수도회 관할에 속한 이래 600년 동안 그랬다고 한다. 내가 진짜로 성 베드로 교회의 위치를 찾아낸 것이다. 그것은 작품 속에 나타난 모든 특징과 완벽하게 일치했는데, 『로미오와 줄리엣』에 발휘된 작가만의 또 다른 은밀한 수법이라고 하겠다.

베로나의 장소들이 작품 속에 등장하는 방식에 충실하게, 이 성 베드로 교회는 줄리엣의 교구 교회일 뿐 아니라 바로 사랑스러운 줄리엣의 집에서 고해 신부의 수도원으로 가는 길 도중에 위치해 있었다.

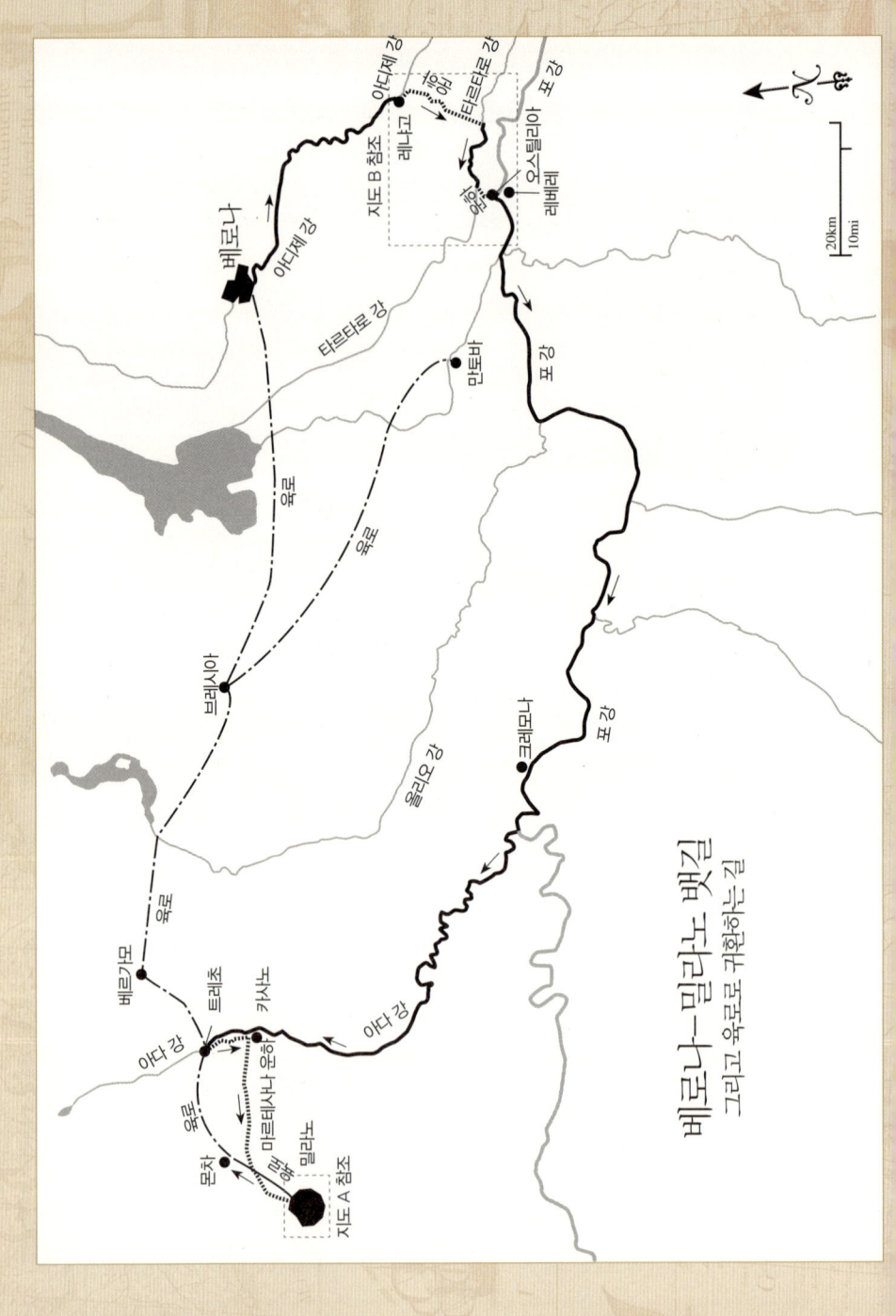

베로나의 두 신사 1부

"밀라노 가는 길"

『베로나의 두 신사』의 주인공은 발렌타인과 프로테우스라는 이름의 두 청년으로, 둘 다 귀족의 아들이기에 '신사'로 불린다. 그들의 모험여행은 가볍고 유쾌했으며, 실제로도 오랫동안 그렇게 여겨져왔다. 비록 그 모든 것이 작가의 풍부한 상상력의 소산으로 치부되기는 했지만, 이 작품에는 겉으로 보이는 것보다 훨씬 많은 내용이 담겨 있다.

이 희곡은 셰익스피어의 전 작품을 통틀어 이탈리아 문물에 대한 묘사나 언급이 가장 다채롭고 뛰어난 작품이다. 실제로 만일 비평가들이 이탈리아 희곡을 딱 하나만 골라서 비평해야 한다면 이 작품이 바로 그 대상일 것이다. 비평가들은 이 작품에 나오는 이탈리아의 모습이 순 엉터리라고 비난하는데, 전혀 존재하지도 않는 해안과 항구가 나오고, 일어나지도 않은 역사적 사건이 등장한다는 것이다. 그뿐 아니라 작가가 어떤 대사에서는 파도바를 밀라노라고 잘못 부르고, 밀라노에는 대공밖에 없는데도 황제 운운하는 등 이탈리아에 대해 너무 건성이라는 이유로 그를 비난한다. 그러면서 관련된 장소에서 잠깐만 지내봐도 그런 대실수는 범하지 않았을 것이라고 덧붙인다.

하지만 『로미오와 줄리엣』의 배경이 실제라는 사실을 발견한 나로서는 이미 한 가지 점만은 확실했다. 아무것도 꾸며낸 것이 없다는 사실이다. 그렇다면 『베로나의 두 신사』에 언급된 장소와 사물과 사건들은 도대체 어떻게 된 걸까? 정말로 생뚱맞아 보이는 그것들이 과연 사실일까?

베로나는 이 작품이 시작되는 곳으로, 따라서 무식한 실수로 추정되는 일들도 여기에서 시작된다. 『로미오와 줄리엣』에 대한 조사를 마치고도 시간이 좀 남자, 나는 그대로 베로나에 머물며 소일할 작정이었다. '바로 이런 경우에 대비해' 표시를 해둔 『베로나의 두 신사』 보급판과 약간의 조사 자료도 챙겨온 터였다.

앞서 베로나 거리를 돌아다닐 때는 그 드라마틱한 사건에 등장하는 에스칼루스 영주, 로미오와 줄리엣, 유모, 그리고 다른 모든 등장인물의 모습을 쉽게 떠올릴 수 있었다. 그런데 이번 『베로나의 두 신사』는 인물도 사건도 도무지 감이 잡히지 않았다.

『베로나의 두 신사』를 여행안내서 삼아 베로나를 돌아다닐수록 그 책의 유용성이 점점 더 의심스러워졌다. 처음에는 대부분의 베로나 거리와 건물들이 시내에 있는 우아한 르네상스 양식의 유적들을 무색하게 할 만큼 멋진 중세풍이라 그런 줄 알았다. 그러다가 작품을 자세히 검토하는 과정에서 진짜 이유가 분명해졌다. 책에 베로나의 장소, 거리, 건물들을 구체적으로 언급하거나 설명한 내용이 전혀 없어서 답사를 하거나 사진을 찍을 수조차 없었던 것이다. 『로미오와 줄리엣』의 경우 특정 장소에 대한 언급과 묘사가 충분한 덕에 그 지역과 역사를 조사하고 싶은 사람이라면 누구라도 그것을 찾을 수 있었다. 그런데 『베로나의 두 신사』는 사정이 달랐다.

  이 작품에서 작가는 베로나를 이탈리아 무역과 운송의 주요 본거지 중 하나로 취급했다. 그러고 나서 그는 베로나와는 전혀 다른 도시인 밀라노로 관심을 돌리고 그곳 사람과 장소와 문물에 대해 말한다. 작가는 그 도시에 대해 최대한 설명할 수 있도록 대담무쌍한 베로나 청년 둘을 밀라노로 보낸다.

  연극의 막이 오르면 젊은 신사 두 사람이 무대 위로 등장한다. 이제 막 밀라노로 떠나려는 발렌타인이 그냥 고향에 머무르라고 사정하는 절친한 친구 프로테우스에게 작별을 고하고 있다. 발렌타인의 말을 잠시 들어보자.

  친애하는 프로테우스, 날 설득하는 건 이제 그만둬.
  집 안에만 죽치고 있으면 우물 안 개구리일 뿐이지.
  (……)
  난 자네와 함께
  세상 풍물을 구경하고 싶다고.
  집 안에 틀어박혀
  젊은 날을 허송세월하는 것보다 훨씬 나을 거야.

이 말은 재산이 있고 활동적인 영국의 젊은 신사가 당시 상류층―이를테면 엘리자베스 1세의 대재상 벌리Burghley 경 같은―이 지닌, 이탈리아 여행이 사람을 타락시킨다는 등의 청교도적 시각에 대항해 제안했을 법한 주장이다. 발렌타인은 이런 이야기를 조금 더 끌어가다가 대화 말미에 서서 떠나고 싶은 마음에 다음과 같이 말한다.

자, 다시 한 번 작별인사를 하세. 아버님이 정박지road에서
날 기다리고 계신다네, 내가 타는 걸 보시겠다고.

이어 마지막으로 덧붙인 인사말에는 이런 말이 나온다. "밀라노로 편지를 써서 자네 소식 전해줘." 이제 우리는 알게 되었다. 발렌타인이 내륙도시인 베로나에서 역시 같은 내륙도시인 밀라노로 배를 타고 간다는 사실을.

발렌타인의 아버지는 보행자와 마차를 위한 포장도로나 흙길 도로road에 있는 게 아니다. 발렌타인은 오해의 소지가 다분한 해양 용어를 사용하고 있다. 여기서 'road'의 의미가 '항구seaport'라고 주를 단 판본은 '리버사이드 셰익스피어The Riverside Shakespeare'만이 아니다. 선원이라면 누구나 다 아는 이 단어는 엄밀히 말하면 도로가 아닌 무엇이다. 엘리자베스 시대건 현대건 어떤 선원도 그것을 도로라고 생각하지 않을 것이다. 해협을 따라 가든, 크고 잔잔한 강을 따라가든 간에 그런 곳에는 '정박지roads'(최근의 몇몇 사전은 '항외 정박지roadsteads'라고 부르기도 한다)라고 불리는 넓은 곳이 있다. 정박지는 배들이 정박할 수 있도록 지정된 곳으

베로나 풍경 속에서 '폰테 나비(배다리)'의 모습을 볼 수 있는 그림. 베르나르도 벨로토(1720~1780)의 작품이다.

로, 배는 거룻배의 도움을 받거나 근처 부두로 이동해 화물이나 승객을 싣고 내린다. 반면 항구port는 육지로 둘러싸인 잔잔한 바다에 있는 작은 항구haven나 항만harbor을 가리키는 말로, 흔히 방파제가 설치되어 있다. 항구는 바다나 큰 호수에 부는 폭풍을 피하는 피난처일 뿐 아니라 장거리 무역과 운송에 필요한 편의시설을 제공하기에 적합한 곳이기도 하다.

항해 및 해상 용어에 대한 작가의 해박한 지식은 유명하다. 예를 들어 그는 『베니스의 상인』 1막 1장에서 탁월한 지식을 발휘하는데, 거기에서 솔라니오는 안토니오를 '마냥 지도를 들여다보며 항구ports와 부두piers와 정박지roads를 찾는' 사람이라고 표현한다. 이 명사들은 동의어가 아니다. 작가는 『베로나의 두 신사』 어디에도 베로나에 항구port나 '해항seaport'이 있다고 쓰지 않았다. 밀라노에 대해서도 마찬가지였다.

로마시대부터 베로나는 위쪽에 자리한 브렌네르 고개를 지나는 여행

20세기에 다시 세워진 현대식 폰테 나비.

자들을 위한 해운과 교통, 무역의 중심지로 매우 중요한 도시였다. 아디제 강 덕분에 사람들은 배를 타고 이탈리아의 많은 도시를 왕래할 수 있었다. 베로나에서 배를 타고 아디제 강 입구를 통과해 지중해의 아드리아 해 내포內浦에 도착하면 세계 어디로든 갈 수 있었다. 1580년, 프랑스의 유명한 수필가 미셸 드 몽테뉴는 베로나의 정박지를 보고 『여행기』에 '거대한 부두'라고 기록했다. 정박지와 그에 딸린 부두는 '폰테 나비 Ponte Navi(배다리)'라고 불리는 커다란 석교의 바로 하류 지점에 위치해 있었다. 다행히 이탈리아의 거장 베르나르도 벨로토[1] Bernardo Bellotto가 남겨 놓은 그림 덕에 지금도 이 다리의 모습을 볼 수 있다.

이 유서 깊은 폰테 나비는 이미 오래전에 사라지고 없다. 1805년 알프스 산맥에서 흘러내려온 격류가 다리를 심각하게 파손시킨 것이다. 이어 1882년에는 베로나 전역이 범람하는 재앙이 닥쳤다. 이 두 차례의 사고 이후 서서히 복구되던 다리는 제2차 세계대전 중에 돌이킬 수 없이 파괴

되고 말았다. 이제 옛날 다리가 서 있던 자리에서 강을 건너는 방문객들에게는 유선형의 철제 밧줄만 보일 뿐이다. 하지만 감상적인 이들이라면 이미 오래전에 기차와 대형 트럭에 밀려난 배들이 아직도 승객과 화물을 싣고 오르내리는 모습도 눈여겨볼 수 있다.

약간은 낯선 '정박지'라는 말과 함께 발렌타인은 '타다shipp'd'라는 단어를 사용한다. 그 당시에 '타다'라는 말은 육로로 가는 게 아니라 배를 타고 간다는 뜻이었다. 이 단어가 기차나 트럭, 항공여행까지 포함하게 된 것은 요즘의 일이다. 우리는 이미 발렌타인이 밀라노로 가려고 한다는 사실을 알고 있는데, 직접 가보지 않고 이탈리아 북부 지도만 봐도 베로나와 밀라노가 항해할 만한 바다와는 한참이나 떨어진 내륙도시라는 게 금방 드러난다.

베로나에서 가장 가까운 바다는 아드리아 해이다. 아드리아 해는 지중해의 내포로, 베로나에서 동쪽으로 100킬로미터 떨어져 있으며 밀라노와는 반대 방향이다. 베로나에서 160킬로미터 떨어진 밀라노에서 가장 가까운 바다는 지중해의 서쪽 내포인 티레니아 해이다. 밀라노에서 아펜니노 산맥을 넘어 남쪽 끝까지 내려가 제노바 만에 이르면 이 바다가 나온다. 작가는 2막에서 발렌타인만 배를 태워 밀라노로 보낸 게 아니라 또 다른 등장인물인 프로테우스까지 똑같이 배를 태워 밀라노로 급파함으로써 베로나에서 밀라노까지 항해여행이 가능하다는 사실을 주장한다.

작가의 지리적 오류를 비난하는 수많은 글들 중에서 100년 전에 씌어진 다음의 글이 가장 대표적이다.

셰익스피어는 분명히 그 지역의 지리에 대한 개념을 명확히 품고 있으며 자신의 생각을 정확하게 유지했다. 문제는 그 대부분이 실제 지도가 아니라 관념 속의 지도라는 점이다. 예를 들면, 베로나는 바다 위의 항구로 밀물과 썰물이 있고 거기서부터 밀라노까지 항해하는 배가 있다. 발렌타인의 아버지는 아들이 배를 타는 것을 보려고 정박지에서 아들이 오기를 기다린다. 또 [프로테우스의 하인인] 란스는 '조류를 놓칠 것처럼 보인다.'

허레이쇼 브라운, 「베니스 역사 연구」

이 같은 주장은 오늘날에도 줄기차게 되풀이하는데, 브라운처럼 논문에서 거론하는 경우도 있고, 대학 강의에 자주 사용되는 걸출한 판본인 '리버사이드 셰익스피어'처럼 각주로 등장하는 경우도 있다. 잠깐 그 내용을 보자.

셰익스피어는 베로나를 항구도시라고 상상했던 것 같다.

'road'의 의미를 제대로 해석한 비평가들조차 작가가 베로나를 가짜 바닷가에 놓았다고 믿는다. 그들이 그렇게 믿는 이유는 2막에 거듭해서 나오는 '조류tide'라는 단어로 인해 바닷물을 떠올리기 때문이다.

이 단어는 2막의 그 짧막한 2장에서 프로테우스의 입을 통해 처음으로 나온다. 프로테우스는 자신도 아버지의 명령에 따라 밀라노로 가야 한다는 사실을 알았다. 그래서 작별을 고하기 위해 연인 줄리아에게 달려가는데, 그의 작별인사 가운데 다음과 같은 내용이 나온다.

아버님께서 날 기다리고 계시오. 지금 당장 대답하지 않아도 돼요.
지금이 가야 할 때tide요.
당신, 눈물이 복받쳐서는tide 안 돼요!
그 홍수tide 때문에 내 발이 떨어지지 않을 테니까. 줄리아, 안녕!

오늘날에는 'tide' 하면 바다의 밀물과 썰물을 가장 먼저 떠올리지만, 늘 그런 뜻이었던 건 아니다. 이 앵글로색슨어는 원래 '때time'를 의미했으며 따라서 '시간hour'이나 '순간moment'이라는 의미도 가지고 있었다. 또 먼 옛날부터 tide는 점차 바다의 밀물이라는 의미뿐만 아니라 글자 그대로든 비유적으로든 '쇄도'나 '홍수'와 같은 의미도 나타내게 되었다. 유진 슈메이커Eugene F. Shewmaker는[2] 『셰익스피어의 언어Shakespeare's Language』에서 tide를 '최고조, 가장 적당한 때'라고 정의하고 있다. 그러면서 그는 『트로일로스와 크레시다』 5막 1장에 등장하는 "내게는 중요한 일이 있다./가장 적당한 때가 바로 지금이다"라는 구절을 인용한다.[3]

프로테우스가 줄리아에게 하는 말은 진심에서 우러나온 것이긴 해도 관객에게는 다소 경박하게 들린다. 프로테우스가 'tide'라는 말을 가지고 익살을 부리고 있기 때문인데, 이 같은 말장난은 이어지는 3장에서 란스와 함께 계속된다. 실제로 2막 2장과 3장에서 작가는 연달아 'tide'라는 말을 가지고 재담을 부리는 데 재미라도 붙인 듯 보인다.

프로테우스가 줄리아에게 하는 작별인사에 나오는 'tide'는 서로 다른 세 가지 의미를 지닌다. 정신을 바짝 차리고 있던 관객이라면, 만일 프로테우스가 서로 다른 세 가지 단어를 사용한다면 다음과 같았으리라는 사실을 알 수 있을 것이다.

아버님께서 날 기다리고 계시오. 지금 당장 대답하지 않아도 돼요.
지금이 가야 할 때time요.
당신, 눈물이 복받쳐서는rush 안 돼요!
그 홍수flood 때문에 내 발이 떨어지지 않을 테니까. 줄리아, 안녕!

3장은 무대에 단 한 사람이 등장하면서 시작된다. 프로테우스의 젊고 어리숙한 하인인 란스이다. 무언가를 떠올리게 하는 이 이름은 또다시 관객을 헷갈리게 하기 위해 선택된 이름인 듯하다. 이 이름을 들으면 대개 바다를 떠올리기 십상인데, 썰물이 들 때 해변의 모래에 몸을 파묻는 까나리sand launce와 발음이 흡사하기 때문이다. 여하튼 내 눈에는 이 작품의 편집자들이 주석을 달아놓은 것과 달리, 길에 서 있는 란스가 아니라 베로나의 부둣가에서 안달복달하며 꾸물거리는 그의 모습이 보인다.

프로테우스와 밀라노까지 동행하라는 명령을 받고 란스는 집을 떠날 생각에 잔뜩 겁에 질려 있다. 이제까지 한 번도 그런 적이 없었기 때문이다. 게다가 사랑하는 개 '크랩'*의 운명 때문에 슬픔에 젖어 있다. '크랩'이라는 이름은 바다와 관련된 또 하나의 교묘한 이름으로 마치 암호와도 같다. crab의 철자를 거꾸로 읽으면 '짖는다bark'는 단어와 발음이

---

* crab. 게라는 뜻.

비슷하다. 그런데 또 'bark'는 '배ship'와 동의어이다. 여기서 란스는 주절대면서 시간을 끌고 있다. 잠시 후 무대 위로 프로테우스의 아버지 안토니오의 저택 집사장인 판시노가 등장한다. 말하자면 그는 란스의 상전인 셈인데 무슨 이유에선지 잔뜩 성이 나 있다. 그의 험악한 말 때문에 주눅이 들어 더 말귀를 못 알아듣게 된 불쌍한 란스는 tide의 동음이의어인 'tied'(묶이다)를 뒤섞어 사용하면서 횡설수설하기 시작한다. 앞에서 프로테우스에 의해 시작된 말장난은 이렇게 계속 이어진다.

판시노 : 란스, 가라고 어서! 올라타라니까. 네 주인께선 벌써 배에 타셨어. 얼른 노를 저어 뒤따라가야 돼. 그런데 왜 그래? 왜 우는 거냐고? 빨리 가래도, 이 멍청아. 꾸물거리다간 조수tide를 놓쳐.

란스 : 묶여 있는tied 놈 좀 잃어버리면 어때. 묶어놓은tied 놈치고 이렇게 인정사정 없는 놈은 난생처음 봤다니까.

판시노 : 그렇게 인정 없는 조수tide라는 게 대체 뭐지?

란스 : 그게, 여기 묶여 있는tied 제 개 크랩입니다요.

란스는 모호한 말이나 동음이의어를 알아듣지 못한다(작품 후반에서도 그는 다른 단어들을 오해한다). 게다가 두려움과 크랩에 대한 걱정으로 어떤 말도 제대로 들리지 않는다. 모래에 파고든 까나리처럼 두려움에 머리를 처박고 있는 거나 다름없다.

하지만 이제는 판시오도 질려버린다. 그는 호통을 치면서 더 의미가 분명한 다른 단어로 바꿔서 말한다.

쯧쯧, 이 멍청아! 네가 밀물을 놓치면 낭패란 말이다. 밀물을 놓치면 배를 놓치고, 배를 놓치면 네 주인을 놓친다니까.

'조수tide를 놓치는' 게 아니라 '밀물flood을 놓치는' 것으로 표현이 바뀌었다. 판시오는 제 딴에는 더 알아듣기 쉬운 말로 한답시고 최선을 다하고 있다. 그래도 란스에게는 여전히 뜻이 모호하기만 하다. '밀물' 역시 그에게는 헷갈리는 말이다. '밀물'이 '조수'의 동의어일 수도 있겠지만, 여기서 판시오는 이 단어로 바닷물의 움직임이 아니라 다른 뜻을 나타내는 듯하다. 그가 란스를 위해 더 알아듣기 쉬운 말로 바꾼 게 분명한데, 그렇다면 판시오(작가)는 '밀물'이라는 말로 무슨 뜻을 나타내려 한 것일까? 만일 그 의미를 분명하게 파악할 수 있다면 그것은 물이 밀려오거나 솟아오르는 것과 상관이 있는 게 틀림없다. 그런데 만일 그렇다면 도대체 어디서?

란스는 여전히 두려움에 떨며 구슬프게 울부짖는다.

밀물도 놓치고, 배도 놓치고, 주인도 놓치고, 일자리도 놓치고,
묶어놓은 개도 놓치고!
참내, 강물river이 말라버려도 내 눈물로 가득 채울 수 있걸랑.
바람이 일지 않아도 내 한숨으로 배를 몰고 갈 수 있다고.

이 대목에서 란스는 그가 막 나서려는 항해가 강에서 이루어진다는 점을 구체적으로 밝힌 셈이다. 그러나 이 순진한 총각이 늘 정직한 인물로 등장했음에도 불구하고, 그가 아주 똑똑하게 내뱉은 이 '강물'이라는 단어를 사실로 여기고 제대로 조사한 사람은 이제까지 아무도 없었다. 아둔한 란스에게 지친 판시오는 더 이상의 설명을 포기하고 그에게 어서

출발하라고 단호하게 명령한다.

말장난은 끝났지만 아직 풀리지 않은 수수께끼가 남아 있다. 판시오는 만일 란스가 즉시 출발하지 않으면 '밀물flood'을 놓칠 것이라고 말했다. 그가 처음에 '조수tide'라고 말했을 때는 '때'에 대해 말하고 있었다고 볼 수 있다. 이는 '가장 적당한 때'라는 의미로, 앞서 프로테우스가 줄리아에게 작별을 고하는 장면에 그 용례가 나왔다. 그런데 이제는 '조수'가 말 그대로 밀물이면서 가장 중요한 순간이라는 두 가지 뜻을 다 나타내는 것처럼 들리기 시작한다. 한 번도 여행해본 적이 없는 란스는 판시오가 말하는 '밀물'과 '조수'의 의미를 둘 다 이해하지 못한다. 하긴 그가 어떻게 이해할 수 있을까? 태어나서 처음으로 집을 떠나 여행다운 여행을 하려는 판인데. 사실 이렇게 이해—셰익스피어 작품 세계에 대한 이해를 포함해—가 떨어지는 사람은 란스 혼자만이 아니다.

그러므로 이제 우리는, 판시오가 빨리 출발하라고 재촉하고 크랩이 맹렬하게 짖어대며 꼬리를 흔드는 가운데, 란스가 베로나 부두를 떠나는 모습을 능히 상상할 수 있다. 눈물을 질질 짜고 코를 훌쩍거리며 새로운 허드렛일이 기다리고 있는 곳을 향해 강을 따라 노를 젓고 있는 모습을.

∽

아디제 강을 이용해 밀라노로 간다는 발상이 문제가 되는 이유는 얼마 후에 그 강이 동쪽으로 휘어져서 아드리아 해로 흘러들어가기 때문이다. 밀라노는 서쪽으로 한참이나 떨어진 도시이다. 왜 베로나에서 밀라노까지 육로를 이용해 곧장 서쪽으로 가지 않을까? 가는 도중에 비록 좀 끔찍하기는 해도 페스키에라, 로나토, 브레시아, 로바토, 베르가모 등 숙박할 수 있는 마을도 여러 군데 있다. 그동안 밀라노로 가는 길은 오로지 육로로 가는 방법만이 합리적인 것으로 인정돼왔다.

작가도 이런 사실을 몰랐던 것 같지는 않다. 그도 육로여행이 가능하다는 것을 알고 있었지만 그 어려움과 위험 또한 알고 있었다. 2막 7장에 그런 내용이 나온다. 프로테우스의 뒤를 쫓아 밀라노로 가서 그를 찾기로 결심한 줄리아가 하녀 루세타와 대화를 나누며 그녀에게 간청하는 부분을 읽어보자.

> 어떻게 하면 내가 체면도 잃지 않으면서
> 사랑하는 프로테우스 님이 계신 곳으로 여행할 수 있을지
> 좋은 방법 좀 가르쳐다오.

그러자 루세타가 대답한다. "세상에, 그 여행길은 아주 고달프고 먼 길이랍니다." 이 대화의 후반에 줄리아가 말한다.

> 내 길을 막지 말고 날 떠나도록 해줘.
> 나도 잔잔한 시냇물처럼 참고 견디면서
> 고달픈 걸음을 낙으로 삼고 걷다보면,
> 결국 님이 계신 곳에 가게 될 거야.
> 그럼 숱한 고난 끝에 축복받은 영혼이 낙원에서 쉬듯이
> 나도 거기서 마음 놓고 푹 쉴 테야.

줄리아는 배를 타고 밀라노로 갈 생각이 아니다. 그때까지만 해도 가

장 싸고 흔한 방법을 통해, 즉 내내 걸어서 여행을 할 작정이다.

❧

판시오와 말장난을 주고받던 란스는 프로테우스를 붙잡기 위해 서둘러 강으로 가라는 지시를 받았다. 이제 '밀물'이 무엇이든 간에 시내에서 찾을 수 있는 게 아닌 것만은 분명해졌다. 판시오가 말하는 밀물은 강 하류 어딘가에 있는 것이다.

나는 차를 빌려 타고 베로나를 출발해서 아디제 강변을 따라 레냐고Legnago로 가는 길 내내 가다 서다를 반복하며 사방을 두리번거렸다. 레냐고에서 강은 완전히 동쪽으로 휘어져버렸고, 나는 아무것도 찾지 못했다. 20세기 초에 강 가장자리에 흙으로 거대한 제방을 쌓아 경계를 만들면서 과거에 있던 것들을 다 덮어버렸기 때문이다. 레냐고는 더 이상 전과 같은 옛날 마을이 아니었다. 1882년, 마을을 초토화시킨 홍수가 지나간 다음 완전히 새로 건설되다시피 했다.

❧

베로나에서 밀라노까지 항해한 수수께끼를 풀 방법을 베로나나 레냐고 근방의 아디제 강가에서 찾지 못했다면, 아마도 그 반대편 지점에서 이 말도 많고 탈도 많은 항해에 대한 해답을 찾을 수 있으리라는 생각이 들었다. 밀라노나 그 인근 어딘가에서.

나는 프로테우스가 밀라노에 도착하는 장면인 2막 4장을 펼쳤다. 먼저 거기에 와 있으면서 그와 이야기를 나누고 싶어 안달이 난 발렌타인이 프로테우스를 환영하는데, 그 장의 마지막 부분에서 프로테우스가 양해를 구하는 내용이 나온다.

먼저 가 있게, 곧 따라 갈 테니.
정박지에 가서 필요한 물품을
배에서 내려야 하거든.
일이 끝나는 대로 즉시 찾아가지.

작가는 '정박지'를 하나 더 등장시켰다. 이제 우리는 젊은 신사들이 항해를 시작하고 마치는 지점에 정박지가 있다는 사실을 알게 되었다. 무심결에 나온 이 말을 통해 나는 베로나에서 밀라노까지 가는 전 여정을 짐작할 수 있었다. 그러니까 먼저 아디제 강을 이용해 배를 타고 가다가 '밀물'과 연관된 포$_{Po}$ 강으로 넘어간 다음, 어쨌거나 배를 타고 직접 밀라노까지 갈 수 있다는 사실이다. 그런데 밀라노에 있는 정박지라니? 밀라노에는 해안은 물론이고 배가 통행할 수 있는 강조차 없다. 그런데 어떻게 정박지가 있을 수 있단 말인가?

하지만 충분히 그럴 수 있는 일이었다. 밀라노에는 커다란 강은 아니지만 그보다 더 중요한 것이 있는데, 그것은 이미 발렌타인과 프로테우스가 항해하기 몇 세기 전부터 그곳에 존재해왔다. 이를 확인하기 위해서는 이탈리아 지도 한두 장이면 충분한데, 물론 비평가들과는 다른 방식으로 지도를 들여다봐야 할 것이다.

하필이면 이탈리아 지리에 대한 작가의 지식을 몹시 의심하게 만드는 내용이 2막 5장의 첫 대사로 등장한다. 발렌타인의 하인 스피드가 이제 막 밀라노에 도착한 프로테우스의 하인 란스와 마주치자 큰소리로 인사한다. "란스! 진심으로 말하는데, 파도바에 온 것을 환영하네." 이 대사야 말로 작가가 자신이 쓰고 있는 도시가 어떤 도시인지도 모른다는 비판의 근거가 되어왔다. 그러나 비평가들은 란스가 바보이고 스피드가 남을 놀려대기 좋아하는 사람이라는 사실을 잊었다. 이는 스피드가 란스를 놀리는 말인데도 리버사이드, 콜린스, 예일 등과 같은 출판사의 편집자들은 원칙을 저버린 채 원문의 '파도바'를 '밀라노'로 바꾸는 만행을 저질렀다. 스피드가 '진심으로 말하는데'라는 말을 통해 관객들에게 자신이 하는 말이 진실과는 거리가 멀다는 힌트를 주었음에도 불구하고, 작가가 대실수를 저질렀다고 확신했기 때문이다.

 이탈리아의 주요 강들은 이탈리아 쪽 알프스 지역에서 흘러 내려와 나란히 남쪽으로 흘러가다가 거대한 포 강에 합류한다. 눈이 녹아 흘러내린 강물로 넘칠 듯 찰랑대는 포 강은 동쪽으로 방향을 틀어 아드리아 해로 흘러들어간다. 밀라노를 주도州都로 하는 롬바르디아 주에서는 티치노Ticino 강이 매우 유명한데, 파비아 부근에서 포 강과 연결된다. 티치노 강은 배가 통행할 수 있지만 밀라노 서쪽까지 일직선으로 30킬로미터쯤 떨어져 있다. 한편 밀라노 동쪽으로 약 25킬로미터 떨어진 곳에 아다Adda 강이 있는데, 이 강 역시 크레모나 부근에서 포 강으로 흘러들어간다. 인근에 배가 통행할 수 있는 큰 강이 두 개나 있지만 둘 다 상당히 떨어져 있는 이런 상황에서 밀라노 시민들은 무엇을 어떻게 해야 할지 잘 알고 있었다.

 800년 전, 밀라노 시민들은 뭔가 조치를 취하지 않으면 비옥한 롬바르디아 평원의 늘어나는 농장들이 두고두고 관개용수 부족에 시달리게 되리라는 사실을 깨달았다. 결국 그들은 대역사를 단행했다. 오로지 시민들의 땀과 삽과 소달구지에 의지해 장장 52킬로미터에 달하는 운하를 판 것이다. 티치노 강을 출발해서 농지를 지나고 언덕을 돌아 밀라노에 이르는 모든 수로의 등고선을 맞추는 대역사였다. 1269년, 그들은 배들이 직접 밀라노 성문까지 들어올 수 있도록 이 운하를 확장했다. 그들은 그 성문을 '포르타 티치네세Porta Ticinese'라고 명명했고, 그 후로도 꾸준히 발전하여 오늘날에도 볼 수 있는 운하에는 대운하라는 뜻인 '나빌리오 그란데Naviglio Grande'라는 이름을 자랑스레 붙여주었다.

일반 선박은 물론이고 심지어 함대까지 포 강을 오르내렸다. 포 강은 발렌타인과 프로테우스가 배를 타고 여행에 나서기 몇 세기 전부터 사실상 내륙의 바다라고 할 수 있었다. 고대 로마의 플리니우스가 그의 책에 포 강에 대해 언급하기 전부터 아드리아 해에서 밀라노를 지나 130킬로미터나 더 서쪽에 있는 토리노까지 배가 다녔다. 그러다가 나빌리오 그란데가 생기자 돛배와 거룻배들이 포 강에서 티치노 강까지 오가면서 밀라노 성문에 닿을 수 있게 되었다. 그뿐 아니라 다른 배들도 티치노 강의 나머지 뱃길을 타고 마조레Maggiore 호수와 그곳 채석장까지 왕래할 수 있게 되었고, 채석장에서 하늘을 찌를 듯이 솟은 밀라노 대성당을 짓는 데 필요한 돌을 가져왔다.

밀라노 시민들은 도시의 오래된 방어용 해자를 확장해 시내 중심지를 빙 둘러싸는 원형 운하로 바꾼 다음 나빌리오 그란데 운하와 연결했다. 그런 다음 그 안쪽 운하에 '나빌리오 인테르노Naviglio Interno'라는 이름을 붙여주었다. 나빌리오 그란데의 물과, 옛날 해자 시대부터 물을 공급해주던 지역 하천의 물을 끌어들인 나빌리오 인테르노에는 맑고 깨끗한 물이 흘렀다. 적당한 간격을 두고 부두가 있는 데 닻을 내리거나 배를 정박

1623년경에 그려진 밀라노의 운하 시스템. 20세기 중반까지 밀라노는 역사적으로 이탈리아의 주요 해운 거점으로 분류되었다.

할 만한 넓은 장소까지 갖춘 나빌리오 인테르노는 거기 도착하는 배들에게는 정박지가 연달아 있는 거나 마찬가지였다. 심지어 트레비촌드, 팔레르모, 바르셀로나에서 온 배들도 아드리아 해에서 베니스의 세관 봉쇄만 통과할 수 있으면 승객과 화물을 실은 채 밀라노의 심장부까지 들어올 수 있었다.

하지만 이것만으로는 충분치 않았다. 포 강에서 밀라노까지 좀 더 짧고 편리한 노선이 필요했다. 결국 작가가 이곳에 오기 한 세기도 더 전에 밀라노 시민들은 운하를 하나 더 팠다. 이번에는 동쪽으로 총 29킬로미터에 달하는 운하로, 아다 강까지 닿았다. 그들은 이 운하를 '나빌리오 마르테사나Naviglio Martesana' 또는 '마르테사나'라고 명명했다. 이 운하와 아다 강을 이용함으로써 밀라노 시민들은 포 강을 왕래하는, 더 짧은 두 번째 노선을 갖게 되었다. 그런데 마르테사나는, 일부 배에는 문제가 없었지만 밀라노까지 항해하는 배에는 적당하지 않았다. 결국 1573년, 마르테사나 확장 공사가 이루어졌다. 레오나르도 다 빈치가 1세기 전에 고안한 '여닫이 갑문'이라고 불리는 운하의 갑문이 설치되었다. 이제 널찍한 여객선이나 화물선이 포 강에서부터 아다 강을 거쳐 확장된 마르테사나로 올라와 나빌리오 인테르노로 들어온 다음, 밀라노 한복판에 닿을 수 있게 되었다. 1573년, 밀라노에서 커다란 축제가 벌어지자 이 경이로운 공학 기술 작품을 보기 위해 경향 각지에서 수많은 방문객이 몰려들었다. 1928년, 도로를 닦기 위해 나빌리오 인테르노가 메워졌는데, 이 공사로 인해 밀라노로 들어가는 마르테사나 운하 입구가 폐쇄되었다. 하지만 운하는 아직도 도시 성벽 바깥쪽에 그대로 건재하며, 내가 타고 왔듯이 오늘날에도 배가 다닐 수 있다.

나빌리오 그란데의 계류장에 배가 도착하는 모습, 1905년경.

오늘날의 나빌리오 그란데.

작가는 두 젊은 여행자에게 어울리는 훌륭한 선택을 했다. 16세기뿐 아니라 그 전후에도 육로여행에 비해 내륙 수로를 이용한 여행이 훨씬 더 안전했다. 이탈리아 숲은 노상강도가 출몰하는 일이 잦았는데, 특히 밀라노 공국과 베네치아 공화국 사이의 숲은 악명이 높았다. 다리는 무너진 채 방치되어 있기 일쑤였고, 변덕스러운 여울이 사람과 말을 물속에 처박는 경우가 종종 발생했다. 게다가 도중에 시답잖은 영주들이 통행세를 강요하는 일도 부지기수였다. 아무튼 육로여행은 길을 잃고 헤매는 것 외에도 산지사방에 문제가 많았다. 비싸기는 하나 역마차를 이용하는 것만이 그나마 한 지역에서 다른 지역으로 이동하는 더 수월하고 빠른 방법이었다.

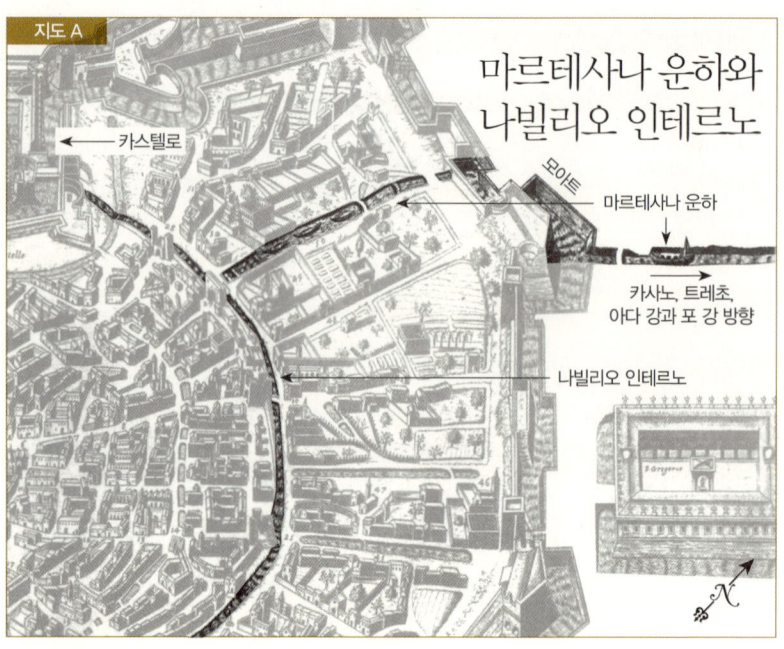

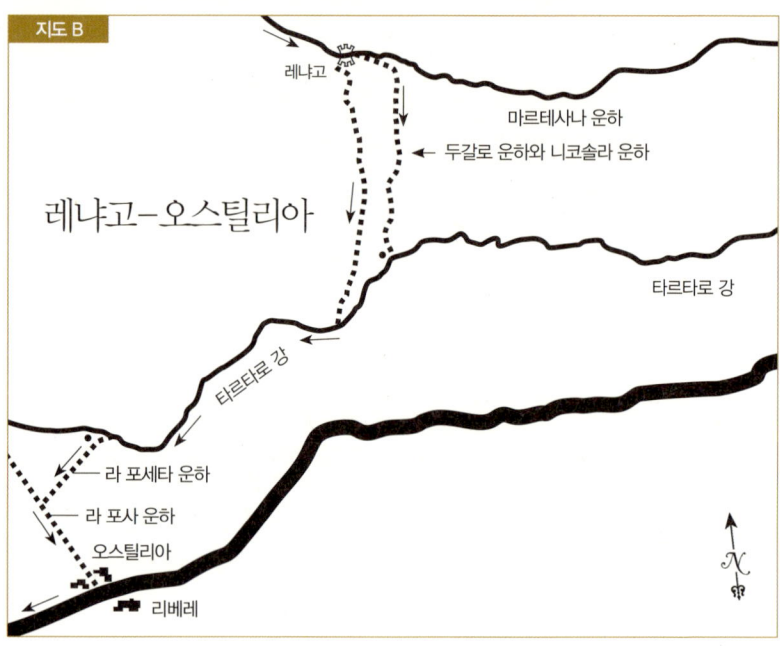

반면, 강이나 운하를 이용한 여행은 안정적이고 식량을 조달받을 수 있는 데다 편하기까지 했다. 여행객은 온갖 종류의 가방과 여장을 꾸려 갈 수 있고 빵, 술, 소시지도 가져갈 수 있으며, 해충이 스멀거리는 여인숙이나 노상강도가 판을 치는 숲도 피할 수 있었다. 게다가 하인도 대동할 수 있었다.

19세기 들어 철도가 놓일 때까지 여행객과 화물들은 중부 유럽의 강과 운하를 통해 운송되었다. 16세기의 선박여행을 육상여행과 비교해보면, 육로를 터벅터벅 걷는 짐말 한 마리에 8분의 1톤을 실을 수 있고 말 한 마리가 끄는 마차에는 8분의 5톤의 짐을 실을 수 있었다. 물론 둘 다 세월아 네월아 하며 느릿느릿 걷는다. 하지만 말 한 마리가 배를 끌 경우, 강을 따라서 30톤이 실린 거룻배 한 척을 끌고 갈 수 있고, 운하를 따라가면 50톤의 짐을 실은 거룻배를 끌고 갈 수 있었다. 운하나 강에서 노를 젓는 사공 한 명도 거의 그만큼의 일을 할 수 있었는데, 돈도 훨씬 적게 들고 말썽거리도 적었다. 귀족들은 대개 운하로 배를 타고 여행했다. 특히 다른 왕실을 방문할 때는 요란법석을 떨며 온갖 자질구레한 소지품들까지 끼고 다녔다. 따라서 강이나 운하로 배를 타고 여행하는 편이 더 바람직했다.

이렇게 밀라노의 운하들이 여러 세기 동안 매우 중요한 역할을 담당해온 결과, 19세기 중엽 모든 운하를 인수했던 이탈리아 정부는 1958년까지도 밀라노를 이탈리아의 가장 중요한 항구도시 가운데 하나로 꼽았다. 이탈리아가 통일되기 400여 년 전부터 밀라노는 이미 그런 도시로 대접받아왔다. 20세기 들어서도 밀라노는 제노바, 나폴리, 베네치아, 트리에

스테, 리보르노, 메시나 등과 어깨를 나란히 하며 이탈리아의 모든 항구 도시 가운데 화물 선적량 3위를 자랑하기도 했다.

❧

이상과 같은 사실들을 깨달으면서 머나먼 길을 '항해'했지만, 젊은 신사들이 베로나에서 밀라노까지 배를 타고 온 결정적 연결고리는 아직도 오리무중이었다. 먼저 나를 끈질기게 괴롭히는 문제를 풀기 위해 그들의 여정을 되짚어보지 않고는 발렌타인과 프로테우스의 동무가 되어 밀라노 여행을 즐길 수가 없었다. 그들은 아디제 강과 포 강 사이의 20킬로미터의 육로를 어떻게 통과해서 배에 도착했을까? 작품 속에 단서가 들어 있긴 하나 작가가 이탈리아 희곡에 즐겨 사용하는 방식대로 간접적으로 에둘러 나왔을 뿐이다. 그 단서란 바로 판시온이 란스에게 말한 '밀물'이었다.

……네가 밀물을 놓치면 낭패란 말이다. 밀물을 놓치면 배를 놓치고, 배를 놓치면 네 주인을 놓치고, 네 주인을 놓치면……

❧

베로나로 오기 얼마 전에, 나는 운 좋게도 오랜 친구인 재야 학자 루스 밀러Ruth Miller에게서 셰익스피어와 이탈리아에 관한 에드워드 설리번

밀라노의 마르테사나 운하(『Milano C'era una volta il naviglio』의 판화, Enzo Pifferi Editore, 1886년 초판).

마르테사나 운하에서 배를 끌고 가는 말(『I Naviglio Milanesi: Storia e prospettive』 Silvana Editoriale, 1982, 27쪽).

밀라노에 있는 포르타 티치네세(『Milano C'era una volta il naviglio』의 판화, Enzo Pifferi Editore, 1886년 초판).

Edward Sullivan 경의 논문 복사본을 얻을 수 있었다. 그의 논문들 중 1908년에 출간된 「셰익스피어와 북부 이탈리아 수로Shakespeare and the Waterways of North Italy」는 치밀한 연구를 바탕으로 그 운하들을 언급한 이탈리아 희곡들을 옹호하고 있다. 『베로나의 두 신사』를 기술한 대목의 경우, 설리번은 밀라노에 있는 나빌리오 그란데 운하와 마르테사나 운하의 기원과 특징만 기술한 게 아니라, 박식한 이탈리아 역사가와 여행자들의 저서를 인용하기도 했다. 소위 셰익스피어를 연구한다는 사람들 중 어느 누구도 하지 않은 일이었다. 그가 밀라노에 대해 기술한 부분을 조금 살펴보자.

> 1497년의 도시 선박 교통 실태를 보면 한편으로는 (나빌리오 델라 마르테사나를 이용해) 아다 강을 왕래했고, 다른 한편으로는 (나빌리오 그란데를 이용해) 티치노 강, 포 강, 마조레 호수 등을 왕래했다. 1520년에 카를로 파냐노가

왼쪽. 비아 세나토를 흐르는 나빌리오 인테르노(왼쪽 장 그림과 출처 동일). 오른쪽. 비아 세나토를 흐르는 나빌리오 인테르노의 1920년경 풍경(『I Naviglio Milanesi: Storia e prospettive』 Silvana Editoriale, 1982, 103쪽).

주장한, 밀라노가 바다로부터 멀리 떨어져 있기는 하나 쉽게 항구도시가 될 수도 있었을 것이라는 말이 옳다는 것을 입증하기에 충분한 조건이다.

『베로나의 두 신사』에서 항해의 시작과 끝에 나오는 '정박지'라는 눈에 띄는 단어와 그 중간에 나오는 판시오의 '밀물'이라는 말은 내게 해답을 찾을 때까지 이탈리아에 머무르라는 명령이나 마찬가지였다. 설리반의 논문에는 그가 직접 이탈리아에 다녀왔음을 시사하는 내용이 없었다. 하지만 나는 지금 탐색 준비를 하고 이탈리아에 와 있다. 그러니 이탈리아에서 가장 중요한 강인 아디제 강과 포 강을 연결하는 운하가 정말로 있어야 했다. 그냥 중요한 정도가 아니라 정해진 시간표에 따라 선박을 운항해야 할 정도로 아주 중요한 운하였을 것이다. 그러니까 갑문이 올

밀라노에 있는 나빌리오 그란데의 여닫이 갑문.

라가고(밀물 때) 내려가는 시간에 맞춰 배의 운항이 이루어져야 한다는 말이다. 그런데 밀물 때가 일정하기 때문에 선원들은 그 시간을 알고 있었을 뿐 아니라 그에 맞춰 아디제 강과 포 강 사이의 선박 운항을 계획할 수도 있었을 것이다. 란스가 부두에서 꾸물거리는 걸 보고 판시온이 "이 명청아! (……) 그러다 밀물 놓치겠다."라고 화를 낸 이유도 바로 이것과 상관이 있을 것이다.

전에 아디제 강변을 따라 탐색할 때는 베로나에서 레냐고를 향해 내려갔었다. 이번에는 더 멀리 남쪽까지 내려가 두 강 사이에 끼여 있는 모든 지역을 살펴볼 작정이었다. 지도를 펴놓고 레냐고에 컴퍼스의 중심을 맞추고 포 강에 닿도록 호를 그려보았다. 그랬더니 남서쪽으로 20킬로미터쯤 되는 포 강 기슭에 내 상상 속의 운하 반대편 종착점으로 아주 이상적인 장소가 있다는 것을 발견했다. 오스틸리아Ostiglia라는 옛 하항河港이었다.

설리번 경은 자신의 논문에 다음과 같이 각주를 달았다.

타르타로 강이 포 강에 합류하는 오스틸리아(구 오스티아)의 봇도랑 혹은 운하는…… 서기 1천 년경부터 존재했던 게 틀림없다. …… 주차르디니도 기술했듯이 1510년, 베니스 선박들이 [포 강으로부터] 아디제 강으로 피신해 들어올 때 이용한 운하도 십중팔구 이 운하였을 것이다. [프란체스코 주차르디니 Francesco Guicciardini의 유명한 16세기 저서 『이탈리아 역사 History of Italy』 참조]

레냐고 역시 유서 깊은 마을로, 오스틸리아와 마찬가지로 거기 자리 잡고 있어야 할 오래된 이유를 지니고 있었다. 이 마을의 경우는 두 강을 잇는 서쪽 육로를 위한 지점이거나 내 상상 속의 운하를 이용해 오스틸리아로 가는 가장 가까운 연결 지점이었을 것이다. 밀라노 시민들이

밀라노에 있는 레오나르도 다 빈치 기념물. 레오나르도는 여닫이 갑문의 설계자였다. 그의 설계 덕분에 밀라노는 좀 더 큰 배가 왕래할 수 있는 확장된 운하를 만들 수 있었고, 이는 16세기 이탈리아 경제에 중대한 영향을 미쳤다.

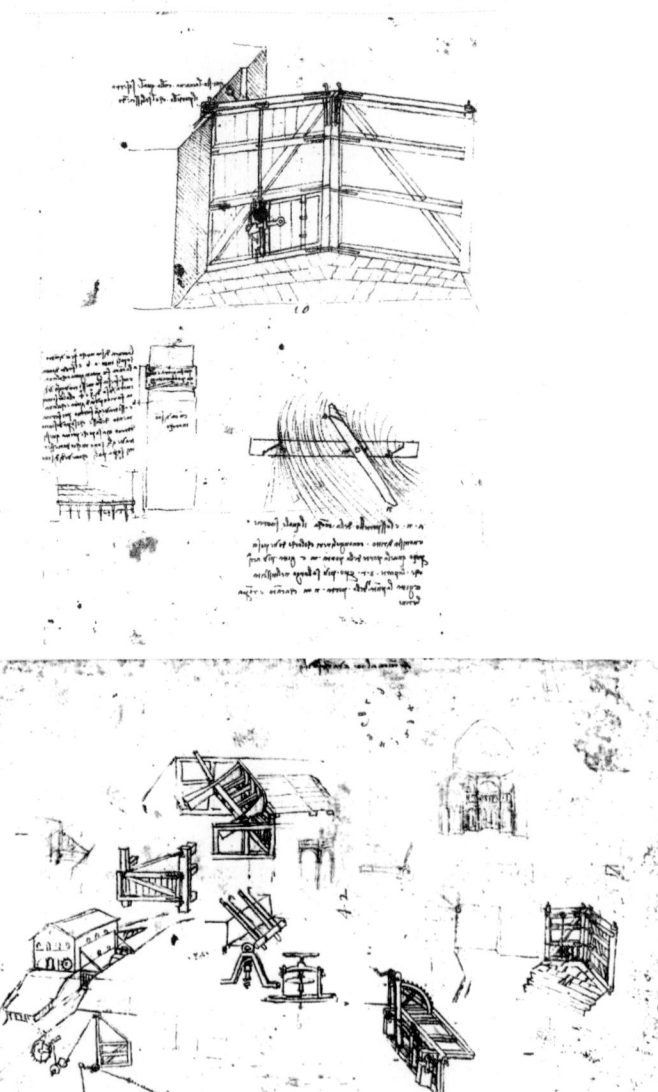

레오나르도 다 빈치가 설계한 여닫이 갑문으로 그가 직접 그린 설계 도면이다. 이 여닫이 갑문은 두 개의 갑문으로 구성되어 있다. 갑문은 운하 측벽에 고정된 채 움직이는데, 운하의 위쪽 높이를 향해 비스듬히 기울어진 채 만나도록 되어 있다. 이 설계 덕분에 운하의 폭이 두 배가 되었으며, 갑문을 작동하기도 쉽다. 다 빈치가 설계한 혁신적인 갑문은 지금도 사용되고 있다.

1269년에 52킬로미터의 운하를 파고 1470년에 29킬로미터의 운하를 팔 수 있었다면, 베로나 시민이나 만토바 시민들도 발렌타인이나 프로테우스가 이용할 수 있는 '겨우' 20킬로미터짜리 운하를 파지 못할 이유가 없을 것 같았다. 하지만 내가 가진 지도에는 그와 같은 운하가 없었다.

그런데 두 강 사이에 자리 잡은 시골에 농지 사이를 흘러가는 커다란 운하가 보였다. 하지만 그것은 도랑을 파고 제방을 쌓은 탓에 현대적인 용수로처럼 보였다. 아디제 강과 포 강 사이에서 주차르디니가 언급했던 좀 더 작은 타르타로 강도 찾아낼 수 있었는데, 앞쪽의 농지 사이를 통과한 다음 커다란 두 강 사이에서 동쪽으로 휘어지고 있었다. 하지만 그 강도 지금은 제방으로 정비된 까닭에 자연발생적인 강이라기보다 꼭 인공적인 용수로처럼 보였다.

설리번 경이 오스틸리아에 대해 언급하면서 운하를 '봇도랑fossa'이라고 부른 사실을 기억하고 나는 그 마을을 향해 차를 돌렸다. 마을은 내 상상 속 운하의 반대편 끝에 해당하는 지점이었다. 그런데 그곳에 도착해보니 애석하게도 그 같은 운하의 흔적은 어디에도 없었다. 대신 동행한 전문 통역사와 오스틸리아 노인들과의 인터뷰를 통해 나는 한때 그곳에 포 강과 연결되는 운하가 있었다는 사실을 알아냈다. 노인들은 그것을 '봇도랑'이라고 불렀다. 오스틸리아 사람들이 알기로 이 봇도랑은 타르타로 강까지만 이어졌고, 사용하지도 않는데 모기만 들끓어서 결국 1928년에 메워버렸다고 한다.

오스틸리아 주민들과 인터뷰를 하는 동안 나는 포 강 건너편의 레베레Revere라는 유서 깊은 도시에 오스틸리아 역사에 관한 책을 쓴 학자가

위쪽. 16세기의 부르키엘로burchiello는 모든 항해용 작은 배를 가리키는 말이다. 아래쪽. 거룻배를 타고 이탈리아 운하를 여행하는 모습. 과거 사람들에게 시간은 또 다른 의미를 지녔다. 거룻배를 타고 여행하는 것이 느리기는 했지만 육상여행보다—훨씬 더 안전한 것은 말할 필요도 없고—편안하고 공간도 넉넉했다. 배 뒤편에서 노를 젓고 있는 단 한 사람의 뱃사공을 주목할 것(에르마노 올미 감독의 영화 〈나막신 나무〉의 재현 장면. 이 사진은 『I Naviglio Milanesi: Storia e prospettive』 Silvana Editoriale, 1982, 44쪽에서 가져왔다).

있다는 사실을 알았다. 나는 지금은 당연히 현대식인 다리로 포 강을 건너서 현재는 시청사로 사용되는 레베레의 곤차가Gonzaga 궁으로 갔다. 거기서 시장으로부터 환영을 받고 우쭐해졌는데, 시장은 유쾌한 통역사와 함께 손수 나를 지노 마그리Gino Magri 교수에게 데려다주었다. 마그리 교수는 포 강을 연구하는 진지한 학자로, 친절하게도 그 자신과 다른 사람들이 라 포사La Fossa(봇도랑), 포 강 및 그것들과 관련된 흥미로운 장소들에 대해 쓴 책들뿐 아니라, 라 포사에 관한 자세한 내용이 담긴 문서들을 건네주었다. 1982년 오스틸리아에서 출판된 『오스틸리아 나폴레오니카Ostiglia Napoleonica』가 그의 주요 저서인데, 그 책을 매개로 우리는 더 구체적인 대화를 나눌 수 있었다.

대화의 한 대목에서 마그리 교수는 레냐고에서부터 배로 통행할 수 있다는 '라 포세타La Fossetta' 이야길 꺼내더니, 다른 대목에서는 '레냐고에서 배를 타고 오는 일반적인 방법'에 대해 언급했다. 나는 그런 언급에 대한 역사적 배경을 설명해달라고 부탁했다. 그러자 그는 아직 어린 소년이었던 1928년에 오래된 라 포사와 라 포세타가 메워지는 광경을 보았다고 대답했다. 그러면서 오스틸리아에서 1895년에 찍은 옛날 사진을 살 수 있는 곳을 알려주었다.

1405년, 베로나 지역이 베네치아 공화국의 일부가 되어 '베네토 롬바르도Veneto Lombardo'라고 불리기 시작하던 때, 알프스에서 아드리아 해에 이르는 아디제 강도 베네치아 공화국의 영토가 되었다. 그 결과 유서 깊은 레냐고는 '베네토 롬바르도'의 새로운 국경의 전략적 요새가 되었다.

1438년부터 39년까지 만토바의 후작 잔프란체스코 곤차가Gianfrancesco

'정박지'에 댄 거룻배의 모습. 운하여행은 이탈리아 북부 전역에서 화물, 승객, 승객들의 소지품을 운반하는 데 아주 중요한 역할을 했다. 상륙지 또는 '정박지'는 시내에 있었으며, 현대의 버스 정류장과 마찬가지로 각 운하를 따라 일정한 간격을 두고 위치했다(에르마노 올미 감독의 영화 〈나막신 나무〉의 한 장면. 이 사진은 『I Naviglio Milanesi: Storia e prospettive』 Silvana Editoriale, 1982, 48쪽에서 가져왔다).

Gonzaga는 베네치아와 전쟁을 치렀다. 잔프란체스코는 아디제 강을 항해하는 베네치아 전투선을 격파하기 위해 레냐고를 공격했다. 또 포 강으로부터 그의 전투선을 데려오기 위해 라 포사를 손보는 과정에서 라 포세타라고 불리는 지름길을 파기까지 했는데, 이는 라 포사의 한 지점에서 타르타로 강으로 건너게 되어 있었다(라 포사가 타르타로 강과 합류하는 각도는 그의 전투선에 불리하게 돼 있었다). 나로서는 이제 한층 더 막강한 단서를 갖게 된 셈이었다. 만일 잔프란체스코가 라 포세타로 라 포사의 거리를 단축시키고 아디제 강에서 베네치아 전투선을 공격할 작정이었다면, 그는 타르타로 강 어딘가에서 시작하는 운하를 이용한 게 틀림없었다. 물론 라 포세타와 합류하는 지점과 가까운 운하로 아디제 강으로 이어지는 것이었을 것이다. 그러나 구체적으로 어디에서 어떻게 이용했는지에 대해서는 마그리도 전혀 아는 바가 없었다. 다만 실제로 그와 같은 운하가 두 개 있었고, 그것들이 19세기 말과 20세기 초에 없어졌다는 사실만 기억할 뿐이었다.

　나는 마그리 교수에게 『베로나의 두 신사』라는 오래된 영국 연극에 밀라노로 가는 항해에 관한 내용이 나온다고 말해주었다. 또 『말괄량이 길들이기』라는 연극에는 밀라노와 베네치아 간의 적대관계에 대한 이야기가 나온다고 알려주었다. 그러자 마그리 교수는 오스틸리아, 라 포사, 라 포세타에서 타르타로 강까지 전부 만토바 영토였고, 대신 경계선을 이루는 강 건너편은 모두 베네치아 공화국 통치하에 있었다는 사실을 일깨워주었다. 그는 공공도서관에 가면 타르타로 강에서 레냐고까지의 모든 운하 시스템에 대한 정보를 얻을 수 있으며 베로나의 문서기록보관소에서

위쪽. 오스틸리아. 라 포사 운하가 보이는 시내 중심가의 비아 20 세템브레 거리. (1895년 사진. 저자 소장 그림엽서) 아래쪽. 오스틸리아. 라 포사 운하와 나란히 뻗어 있는 비아 베르티올리. (1895년 사진. 저자 소장 그림엽서)

도 유용한 자료를 얻을 수 있을 것이라고 알려주었다.

대화가 계속됨에 따라 나는 흥미로우면서도 중요한―그리고 다소 복잡한―사실을 알게 되었다. 그러니까 포 강과 타르타로 강, 아디제 강을 연결하는 운하 시스템이 정말로 존재했던 것이다. 그러나 그 흔적은 전혀 남아 있지 않았다. 나는 아디제 강을 목적지로 포 강을 항해하는 배라면 오스틸리아에서 포 강을 빠져나가리라는 사실을 알았다. 배가 오스틸리아를 지나 라 포사 운하로 진입한 다음 우회전해서 라 포세타로 진입하면 얼마 후 타르타로 강에 닿게 되리라는 것도. 배는 계속해서 '니코솔라Nichosola' 운하나 그것과 나란히 흐르는 '두갈론Dugalon' 운하를 향해 타르타로 강을 항해하다가 둘 중 하나로 진입하게 되고, 마침내 레냐고에서 아디제 강에 이르게 될 것이다. 나는 아무 소득도 없는 탐색여행에 사용했던 지방 지도를 참고하며 이 복잡한 수로를 그려보았다. 마그리 교수가 보더니 제대로 그린 것 같다고 고개를 끄덕였다.

베로나로 돌아오는 길에 전문 통역사와 함께 그곳 공공도서관에 들렀다. 사서가 도서 목록을 뒤진 끝에 4권의 책을 찾아서 대충 훑어봐주었다. 마그리 교수의 말을 확인해주는 듯한 내용이 군데군데 좀 있기는 했지만 막상 정말로 필요한 정보는 나오지 않았다. 그 주 후반에 통역사와 함께 베로나의 정부문서기록보관소에 가서 맥빠진 조사 작업을 하다가 소장 자료 중에서 '베네토 국가의 경계, 타르타로 강을 따라서Confine delle Stato Veneto coll. Eclesco Lungo il Fiume Tartaro'라는 제목이 붙은 지도를 발견했다. 나는 숨을 죽인 채 오랜 세월로 인해 낡아빠진 지도를 조심스럽게 펼쳤다. 아디제 강과 타르타로 강과 포 강이 운하로 이어지는 것을 본 순간 내 심장이 멎는 것 같았다. 마침내, 내가 오랫동안 품고 있던 확신이 옳았음을 입증하는 분명한 증거가 눈앞에 펼쳐진 것이다.

1713년에 제작된 지도는 아름답게 색칠이 되어 있었다. 그것은 마그리 교수의 설명을 확인해주었을 뿐만 아니라 흐뭇하게도 내가 그린 스케치를 거의 복사해놓은 듯했다. 나는 내 책에 자료로 제시하기 위해 베로나의 문서기록 보관소에 있는 이 지도를 복사해야 한다는 걸 깨달았다. 하지만 원판을 자세히 살펴보니 안타깝게도 인쇄할 수 있을 만큼 선명하지 않았다. 들고 다니던 판매용 지도의 축적에 따라 내가 직접 스케치하는 수밖에 도리가 없었다. 여하튼 그 문제는 차치하고, 과거에 사람들이 베로나와 밀라노 사이를 배를 타고 여행했으리라는 나의 직감은 맞아떨어졌다. 작품 속의 우리 두 젊은 신사만 그랬던 게 아니었다.

위쪽. 오스틸리아. 라 포사 운하는 비아 아이아 마다마에서 넓어지면서 직선이 된다. (1895년 사진. 저자 소장 그림엽서) 아래쪽. 오스틸리아, 라 포사 운하. (1895년 사진. 저자 소장 그림엽서)

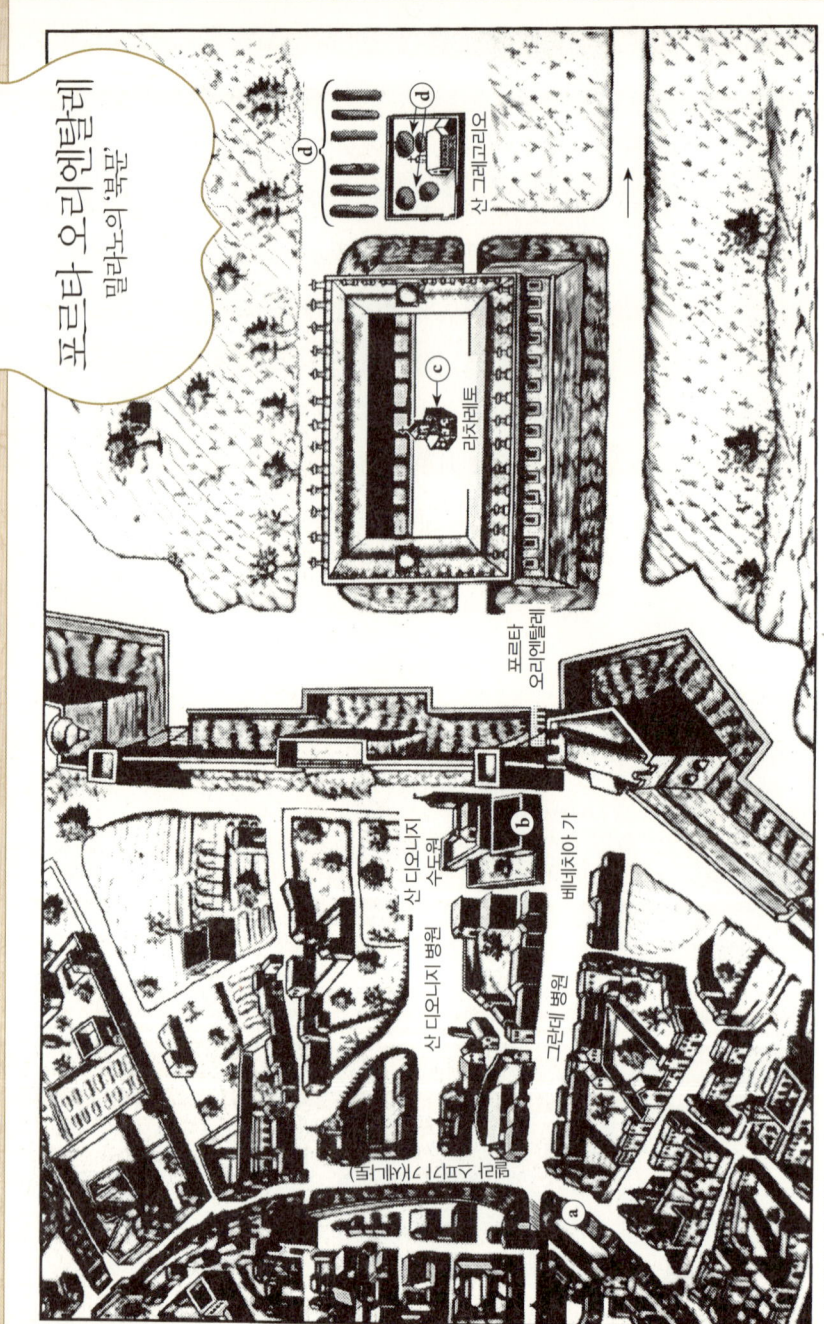

베로나의 두 신사 2부

"밀라노, 도착과 출발의 도시"

『베로나의 두 신사』 도입부에서 발렌타인이 배를 타고 떠날 때, 프로테우스는 일이 어떻게 돌아가는 건지 전체 내막을 듣지 못했다. 어쩌면 그는 발렌타인이 밀라노로 떠나는 진짜 이유를 이미 알고 있었는지도 모른다. 하지만 1막 1장에서 그들이 나누는 대화를 들어보면 꼭 그런 것 같지도 않다.

연극의 막이 오르면 프로테우스는 발렌타인에게 그냥 베로나에 있으라고 설득하기 위해 애를 쓴다. 이에 대한 발렌타인의 대답을 들어보자.

프로테우스, 날 설득하는 건 이제 그만둬.
집 안에 죽치고 있으면 우물 안 개구리일 뿐이지.
자네가 애인의 아름다운 눈길에 묶여 꼼짝 못하고 있지만 않다면
난 자네와 함께

세상 풍물을 구경하고 싶다고.
(집 안에 틀어박혀)
젊은 날을 허송세월하는 것보다야 그게 훨씬 나을 거야.

발렌타인이 무슨 일을 꾀하는지를 프로테우스가 아는지 모르는지 관객들은 전혀 알 수 없다. 아직은 그렇다. 하지만 1막 3장에 이르면 아마도 프로테우스가 알기 전에 관객들이 먼저 알아차리게 될 것이다. 그것은 단순히 '세상 풍물을 구경하고 싶다'는 정도보다 훨씬 더 중요한 일이다. 사실상 천재일우의 기회다.

그 3장이 시작되면 귀족인 프로테우스의 아버지 안토니오가 집사장 판시노와 함께 무대에 등장해 교훈적인 대화를 주고받는다.

안토니오: 판시노, 우리 형님이 수도원에서 자넬 붙들고 심각하게 이야길 하던데 도대체 무슨 이야기였나?
판시노: 어르신의 조카, 즉 나리의 아드님 이야기였습니다요.
안토니오: 아니, 내 아들놈이 어쨌다고?
판시노: 어르신께서는 왜 나리께서 아드님을 집 안에만 붙들어놓고 허송세월하게 하시는지 이상하다고 하셨습니다.
지체가 낮은 사람들도 자제들을 타지로 내보내서 출세시키려 하지 않습니까?
전쟁터로 내보내서 입신양명하게 하기도 하고,
먼 바다로 내보내서 섬을 발견하게 하기도 하고,
대학에 보내서 학문을 연구하게 하기도 하지요.
어르신 말씀이 프로테우스 도련님께서는 그중 어느 하나라도,

아니 그 모든 것을 다 이루실 분이니,

소인이 나리께 잘 말씀드려서

도련님이 더 이상 여기서 허송세월하지 않게 하라고 당부하셨습니다.

젊어서 여행을 안 하면

늙어서 크게 후회할 거라고도 하시더군요.

안토니오 : 그 일이라면 자네가 간청하고 말 것도 없네.

실은 나도 이 달 내내 그 생각으로 골치가 아팠다네.

그 애가 덧없이 시간만 죽이고 있다는 건 나도 잘 알지.

젊어서 고생은 사서도 한다는데 그런 경험을 쌓지 않고는

사람 구실을 제대로 못한다는 것도 안다네.

경험이라는 것도 부지런해야 얻는 법이고, 바쁘게 보내는 시간 속에서 성숙하는 법이지. 그러니 내 아들을 어디로 보내는 게 가장 좋겠나?

판시노 : 나리께서도 잘 아시다시피 도련님의 친구 발렌타인 님이 왕궁에서 황제를 모시고 있지 않습니까?

안토니오 : 그거야 나도 잘 알지.

판시노 : 도련님도 거기로 보내시는 게 좋을 것 같습니다.

거기서는 창 시합이나 마상 시합도 할 수 있고 훌륭한 강연도 들을 수 있고 지체 높은 분들과 대화도 나눌 수 있으니까요.

따라서 도련님의 나이에나 고귀한 가문에나 어울리는 여러 가지 훈련을 한꺼번에 받으실 수 있을 겁니다.

안토니오 : 자네 말이 맞아. 아주 좋은 충고를 해주었네.

자네 말이 내 맘에 쏙 들었으니 어서 실행에 옮겨야겠군.

당장 이 녀석을 황제의 궁으로 보내야겠네.

판시노 : 다행히 내일 알폰소 백작께서
　　　　지체 높은 분들과 함께 황제 폐하도 알현하고 시중도 드실 겸 여정에
　　　　오르신다고 합니다.
안토니오 : 마침 잘됐군. 프로테우스를 같이 보내야겠네.

　베로나의 이 젊은 신사들은 그들의 장래에 극히 중요한 일을 하기 위해 밀라노로 가려는 것이다. '황제 폐하를 알현하고 시중도 들기 위해서' 말이다. 물론 가는 도중에 마침 세상 풍물을 구경할 기회가 생긴다면 금상첨화일 것이다. 하지만 두 사람은 각자 출세하겠다는, 이탈리아 사람들 말처럼 '황제' 앞에서 훌륭한 존재una bella figura가 됨으로써 개인적인 야망을 달성하겠다는 특별한 사명을 띠고 고향을 떠난다.

　이탈리아 사람들은 공직 임명이든 작위나 서훈의 수여든, 그 무엇이든 간에 항상 개인의 야망에 대해 긍정적이었다. 목표 달성 방법을 정확하게 교육하기 위해 안내서를 낸 전문가까지 있을 정도였다. 바로 발다사레 카스틸리오네Baldassare Castiglione라는 사람으로, 그의 주요 저서인 『정신廷臣론Il libro del cortegiano』이 1528년 베니스에서 출판되었다.

　그런데 젊은이들이 착수하려는—황제 폐하를 알현하고 시중드는—일은 사리에 어긋나 보인다. 그들은 베로나 시민이며 따라서 자치국인 베네치아 공화국의 국민인데도 밀라노 공국의 수도에 버티고 있는 통치자에게 신하의 예를 올리려 하기 때문이다. 게다가 그들은 국경을 넘어 다른 나라로 가는데, 알고 보면 두 나라는 자주 티격태격하면서 항상 으르렁거리는 사이이다. 그러나 개인들이 어디와 연관되었느냐는 그리 걱정할 문제가 아니었다. 그런 절차상의 일은 16세기에는 결코 심각하게 여겨지지 않았기 때문이다.

발렌타인과 프로테우스는 그저 그들에게 기대되는 일을 하고 있을 뿐이다. 그들의 아버지들은 아주 훌륭한 선택을 했다. 판시노는 그들이 추구하는 일을 젊은 귀족들이 하기에 적합한 다른 일들, 즉, 전쟁에 나가는 것[1], 멀리 떨어진 곳에 있는 섬을 발견하는 것, 대학에서 학문을 연구하는 것 등과 동등하게 보았다. '그중 어느 하나라도, 아니 그 모든 것을 다 이루면' 되는 것이다. 작가는 그와 같은 일의 목록을 제시했을 뿐만 아니라 그중 어떤 것은 다른 작품에서 다루기도 한다. 『끝이 좋으면 다 좋아』에서 버트람 백작은 프랑스 사람이면서도 토스카나에서 벌어지는 '전쟁에 참가한다'. 『말괄량이 길들이기』에 등장하는 부유한 청년 루센티오는 파도바의 유명 대학에 진학한다.

이탈리아 외 다른 유럽의 귀족들 역시 1528년 직후에 『정신론』을 배우기 시작했지만, 태양의 나라 이탈리아에서는 그것을 받아들이는 면에서 예로부터 아주 자연스러운 차이점이 있었다. 이른바 참고 견디는 태도였다. 루이지 바르치니Luigi Barzini도 『이탈리아 사람들』이라는 재미있는 책에서 카스틸리오네에 대해 다음과 같이 썼다.

> 아마도 저자의 가르침이 이탈리아 국민의 의식에 너무 깊이 새겨진 나머지, 이제는 그들 본성의 일부가 된 것 같다. 혹은 그가 이탈리아 사람이기 때문에 당대에나 후대에나 모든 이탈리아 사람들이 알고 있는 내용을 성문화해놓은 데 불과하다는 게 더 맞는 말일지도 모른다.

어쨌거나 젊은 신사들은 마음속에 새긴 가르침이나 개인적 출세를 지향하는 타고난 본능과 함께 밀라노로 떠날 것이다. 따라서 일개 공작의 궁이나 왕의 궁이 아니라 궁궐 중의 궁궐인 황제의 궁에 가는 것보다 더 바람직한 경우는 없었다. 그곳에는 상상을 초월하는 기회가 얼마든지 있을 테니까. 게다가 이 궁은 바로 국경 너머 밀라노에 있으므로 접근하기도 아주 쉬웠다. 그들이 사는 도시의 부두에서 배를 타고 잔잔한 강이나 운하를 안전하게 항해하다보면 어느새 밀라노 시내 심장부까지 손쉽게 닿을 수 있었다.

그런데 이 굉장한 사건에 문제가 있다. 비평가들은 밀라노에 황제의 궁이 있다는 작가의 말이 엉터리라고 주장하면서 그 문제를 수도 없이 들먹였다. 또 '뉴 폴저 라이브러리' 판(1990) 『베로나의 두 신사』 190쪽의 '좀 더 긴 주'와 같은 의견을 발표하기도 했다.

1.3.28 황제: 셰익스피어가 밀라노 궁에 거한다고 제시한 통치자는 연극에서 때로는 황제로, 때로는 대공으로 언급된다. 편집자들은 신성로마제국의 황제 카를 5세가 한때 밀라노 공국도 다스렸다는 사실에 주목했다. 이것은 타당한 사실일 수도 있고, 또는 이 초기작에 등장하는 또 하나의 모순에 불과한 혼동일 수도 있다.

비평가들은 그들이 내린 결론을 철두철미 확신하면서, 로마제국이 망한 이래 밀라노는 어떤 제국의 수도였던 적도 없었다고 주장했다. 밀라노가 공국에 불과하다는 말은 사실이다. 따라서 그 통치자도 대공에 불과했다. 그들은 작가가 또 하나의 실수를 저질렀다고 말한다. 그런데 과연 그럴까? 작가는 이 여행자들이 황제를 알현할 것이라고 썼지만, 정작 작품에는 황제가 한 번도 등장하지 않는다. 『베로나의 두 신사』에 등장하는 유일한 권력자는 밀라노 대공이다. 작가가 밀라노의 역사와 실상에 무지한 탓에 황제 운운했다는 주장은 그를 비판할 때마다 상습적으로 나오는 레퍼토리이다.

　이 작가가 특정 대상을 자꾸 언급할 때는 무언가 수상쩍은 바가 있다는 뜻이다. 『로미오와 줄리엣』에 세 번씩이나 나온 '성 베드로 교회'가 가장 좋은 예이다. 『베로나의 두 신사』에서 그는 '황제'를 세 번 언급했을 뿐 아니라 그의 '궁'에 대해서도 '황제의 궁'이나 '제국의 궁'과 같은 식으로 세 번이나 이야기한다. 왠지 그는 이탈리아에 관해 또 다른 '실수'를 저지르고 심각한 곤경에 빠진 듯 보인다. 이 황제는 대체 누구일까? 또 그는 왜 밀라노에 있을 거라는 사람들의 기대와 달리 그곳에 없는 것일까?

　15세기에 들어 이탈리아는 경제적 번영과 더불어 르네상스 문화의 발흥으로 전 세계를 매료했다. 이탈리아 북부 지배자들은 비록 자기들끼리는 자잘한 충돌을 일으켰지만 외국의 간섭에 저항할 만큼 강력했다. 하지만 1494년이 되면서 상황이 달라졌다. 그해에 프랑스의 샤를 8세가 침략해 들어왔다. 그는 '일 모로Il Moro'라고 불리던 로도비코 스포르차Lodovico Sforza, 즉 밀라노 대공으로부터 골치 아픈 이웃들을 진압하기 위해 군대를 끌고 와서 도와달라는 요청을 받고 이탈리아로 들어온 것이다. 프랑스의 침략은 이탈리아의 많은 지역에 향후 30년 이상 지속될 지옥 같은 상황의 시작을 알리는 신호탄이 되었다. 프랑스 왕들이 대를 이어가며 침략과 약탈과 파괴를 거듭할 동안, 오합지졸의 이탈리아 국가들은 속수무책으로 당할 수밖에 없었다. 그러더니 다음에는 전혀 다른 또 한 사람의 샤를이 구조 원정대라고 선전하며 에스파냐와 독일, 스위스 연방으로부터 알프스와 피레네 산맥을 넘어 이탈리아에 군대를 보냈다.

카를 5세의 초상화(1548년 티치아노 그림). 황제는 자신이 좋아하는 검정색 에스파냐 옷을 입고 의자에 앉아 있다.

스스로 '카를로스Carlos'라고 칭한 이 특별한 샤를은 샤를마뉴 황제 이후 유럽에 등장한 가장 강력한 군주였다. 이 카를 5세는 에스파냐의 왕이 된 다음 (1516년) 신성로마제국 황제까지 되었다(1519년). 그의 통치권이 미치는 범위는 에스파냐와 중부 유럽 외에도 에스파냐가 차지한 신대륙의 모든 속령과 저지대,* 나폴리, 시칠리아, 사르디니아 왕국들을 망라했다. 그는 또 전략적으로 중요한 지중해의 섬들과 북부 아프리카 일부를 정복하거나 상속받았다. 게다가 이탈리아의 일부 공작들은 그를 봉건 영주로 섬긴다는 충성 서약까지 했다.

이탈리아에 들어와 있던 프랑스 군 및 그 동맹군들과 맞선 사람이 바로 이 카를 황제였는데, 동맹들 중 메디치 가 출신 교황인 클레멘스 7세는 로마에 있었다. 황제는 1525년 파비아에서 프랑스 왕인 프랑수아 1세를 격파했고, 무지막지한 그의 용병들이 로마를 공격하여 약탈했다. 역사상 '로마의 약탈'로 전해지는 이 비극적 사건 후로 로마는 오랫동안 폐허와 빈곤 상태를 면하지 못했다. 이 사건은 워낙 복잡다단해서 역사가들도 사건의 전모를 기술하는 걸 포기할 정도였다. 황제는 새로 교체된

---

* 유럽 북해 연안의 벨기에, 네덜란드, 룩셈부르크로 구성된 지역.

훈련된 병사들을 이용해 24개월 안에 교황 클레멘스 7세와 화해하는 한편, 무너진 메디치 가의 통치권을 회복하기 위해 저항하는 피렌체 공화국을 끈질기게 포위 공격했다.

마침내 1529년 8월 5일, 그 유명한 캉브레 조약Treaty of Cambrai 덕에 이탈리아는 평화를 되찾았다. 밀라노를 비롯해 대부분의 이탈리아가 에스파냐제국의 보호령이 되었다. 얼마 후, 황제는 개선 행진을 위해 이탈리아 땅을 밟았고, 1530년에는 그사이에 그의 편을 들게 된 클레멘스 7세의 집전하에 볼로냐에서 황제로 즉위하는 최고의 영예를 누렸다. 사실 카를 5세는 교황이 집전하는 즉위식 같은 것은 조금도 필요하지 않았다. 존 줄리어스 노리치John Julius Norwich도 『베네치아의 역사History of Venice』에서 아래와 같이 주장했다.

[이것은] 필수 불가결한 의식은 아니었다. 그의 조부인 막시밀리안을 비롯해 여러 전임 황제들이 이런 즉위식 없이 황제가 되었다. 카를 역시 그의 권력에 대한 이 최종적인 승인 절차 없이 이미 10년 동안이나 제위에 앉아 있던 터였다. 그럼에도 교황이 그의 머리에 왕관을 씌워줄 때까지 그는 정식으로 자신을 황제라고 부를 수 없었고, 또 신성한 사명감에 불타는 사람에게 직함과 성찬식은 둘 다 중요한 것이었다.

황제는 밀라노 공국의 지배를 공고히 하고 싶었다. 그 결과 황제가 그의 열두 살짜리 조카딸인 덴마크의 크리스티나Christina 공주를 다정하긴 하나 늙고 병든 공작과 결혼시켰음에도 불구하고, 밀라노 공작 프란체스코는 정식으로 그의 봉건 신하가 아니었다. 1533년 이탈리아 북부에 황제의 군대가 출현하자 공작은 결국 압력과 회유에 무릎을 꿇고 말았다.

그는 자신의 충성서약과 밀라노 공국의 항복을 받아들이라며 황제를 밀라노로 초대했다. 황제는 프란체스코의 초대를 우아하게 받아들였다.

황제가 정식으로 타당한 의식을 치르기 위해 밀라노에 도착할 예정이라는 소식이 돌자 밀라노는 말할 것도 없고 공국 전체와 머나먼 외국까지 온통 흥분의 도가니에 빠졌다. 다들 황제를 맞이할 준비를 하느라 정신이 없었다. 이탈리아 귀족과 백성들만 아니라 예술가와 장인들도 밀라노를 아름답게 꾸미기 위해 산지사방에서 모여들었다. 진작부터 오랫동안 황제의 은혜를 입고 있던 만토바 공작 페데리코 곤차가Federico Gonzaga는 환상적인 '제국의 개선문'을 세우도록 저명한 궁정 예술가인 줄리오 로마노Giulio Romano—작가가 이름을 밝힌 유일한 예술가[2]—를 파견하기까지 했다. 밀라노 시민들은 거대한 마상 시합장과 마상 창시합장을 여는 등 성대하고 다양한 오락거리를 마련했다. 황제의 문장이 새겨진 깃발이 도시의 모든 성문과 대성당의 육중한 출입문과 카스텔로 스포르체스코Castello Sforzesco 안팎에서 휘날렸다. 카스텔로 스포르체스코는 거대한 석조 건물로 지금도 르네상스 시대의 흔적이 어렴풋이 남아 있는데, 황제의 에스파냐 병사들이 진작부터 그 안에 주둔하면서 공작에게 은근히 압력을 가하고 있었다.

카스텔로 안에 있던 공작의 거처도 재정비되었다. 이 코르틸레 델라 로케타*—요새 안의 요새이므로 그런 이름이 붙었다—는 황제를 맞이할 채비를 갖추었고, 공작과 그의 식솔은 르네상스 양식의 산타 마리아 델레 그라치에 수도원에 임시 거처를 마련했다. 이 수도원은 40년쯤 전에 레오나르도 다 빈치가 '최후의 만찬'을 그린 덕에 이미 널리 알려져 있

---

* Cortile della Rocchetta. '작은 요새의 안마당'이라는 뜻.

밀라노 대공의 궁전인 코르틸레 델라 로케타는 카스텔로 스포르체스코 안에 있다.

었다.

세계적으로 유명한 밀라노 대성당은 축제를 위해 온갖 장식을 한데다 황제의 문장이 들어간 빗장까지 하사받았다. 다음은 대성당 중앙 출입문에 새겨져 있던 내용이다.

오스만제국을 물리치시고, 기독교사회에 평화를 회복하시고, 새로운 조약으로 이탈리아를 통일시키신 후에, 오, 참으로 오랫동안 앙망하던 고귀하신 황제여, 무수한 파괴 행위로 나약해진 이 도시를 위로하고 도우소서.

카를 5세는 1533년 3월 10일 밤늦게, 전통적으로 로마 황제가 입성하는 문인 포르타 로마나 Porta Romana를 경유해 밀라노에 도착했다. 황제를 환영하는 트럼펫 소리가 울려 퍼지고, 깃발이 나부끼고, 귀족들이 카를 황제와 똑같이 검정색 에스파냐 예복을 갖춰 입고 도열한 가운데 황제는 의식을 치르기 위해 대성당으로 가서 바로 그 중앙 출입문을 통해 안으로 들어갔다. 식을 마친 다음 그는 코르틸레 델라 로케타로 안내되었다. 그곳에는 그와 그의 수행원들을 위해 마련된 최고의 비품들뿐 아니라 왕관과 그에 어울리는 궁정 가구들도 제자리에 놓여 있었다. 다음 날 그는 공작의 충성 서약을 받았고, 그 뒤 이틀 동안은 휴식을 취하면서 약간의 공식 업무를 주재하고 여러 사람과 환담을 나누었다.

 그 다음 날인 3월 14일 아침, 황제는 측근들과 함께 도시 밖으로 사냥을 나갔다. 그런데 이삼 일 정도 나가 있을 예정이었던 그의 일행은 끝내 돌아오지 않았다. 대신 조용히 티치노 강과 포 강을 건넌 다음 아펜니노 리구레Appennino Ligure 산맥을 넘어 해안으로 내려와 제노바에서 에스파냐행 배를 탄 것으로 밝혀졌다.
 이런 사실은 일지에 기록된 것으로, 모든 공식 일지와 마찬가지로 기록자의 논평이 담겨 있지 않다. 하지만 프란체스코 귀차르디니는 저서 『이탈리아 역사』에서 황제는 '여러 가지 이유 때문에 에스파냐로 돌아가기를 열망했지만, 무엇보다도 아들을 얻고 싶다는 소망이 가장 큰 이유였다. 아내가 에스파냐에 남아 있었던 것이다'라고 주장했다.
 카를 5세는 두 번 다시 밀라노에 나타나지 않았다. 말하자면 이 작품에 등장할 수 없을 정도로 순식간에 도시에서 사라져버렸다. 그래도 발렌타인과 프로테우스가 다른 종류의 활동에 연루될 수 있을 만큼은 머물렀던 셈이다. 대공은 카스텔로 스포르체스코로 돌아왔고, 밀라노를 장식했던 물품들도 황제의 문장만 빼고 깨끗이 치워졌다. 밀라노 대성당 문에 붙여놓았던 감동적인 기원문도 철거되었다. 그럼에도 황제의 밀라노 방문 일시는 1533년 3월 10일 밤부터 1533년 3월 14일 아침까지라고 정확하게 기록으로 남아 있다.
 작가는 이 작품 속에 당혹스러운 밀라노 역사의 단편만 담은 게 아니

왼쪽. 밀라노의 일 라차레토. 처음 다섯 개의 아치 뒤의 방들은 오늘날 러시아 정교회가 사용하고 있다.
오른쪽. 현재 남아 있는 일 라차레토의 내부 모습.

었다. 이 작품은 황제뿐 아니라 자동으로 그의 고분고분한 아들 펠리페를 떠올리게 하는데, 펠리페는 이 작품이 쓰였던 당시 해가 지지 않는 나라들을 상속받았고, 영국에 대해 세 가지 원한을 품고 있었다. (1) 카를 5세 때부터 비롯된 분노로, 영국에서 카를의 고모이자 펠리페의 대고모인 아라곤의 캐서린Katherine이 당한 능욕이 그 첫 번째이다. 헨리 8세는 나중에 엘리자베스 1세의 어머니가 될 여자와 결혼하기 위해 캐서린을 내친 뒤 사실상 감금하다시피 했다. (2) 두 번째는 캐서린의 딸인 메리 튜더와 펠리페의 결혼을 놓고 영국인들이 그에게 저지른 무례함이다. '블러디 메리'라고 불리던 메리 튜더와의 결혼으로 그는 자신을 '영국의 왕'이라 선언할 수 있다고 여겼다. (3) 메리가 죽은 후 그가 엘리자베스에게 청혼했지만 거절당한 것이 그 세 번째이다. 카를 5세는 미처 영국을 정복하지 못한 채 프랑스에 대한 전면적인 포위 임무를 펠리페에게 남겨놓았다. 하지만 펠리페는 효도하는 데 실패하고 말았다.

황제는 떠나고 화창한 봄날은 다가오는데, 우리의 전도유망한 청년들은 밀라노의 모든 사람들과 더불어 하릴없이 남겨진 신세가 되고 말았다. 발렌타인은 먼저 와 있었고 프로테우스는 이제 막 도착했지만, 황제와 관련해 즐기고 누릴 만한 것이라곤 아무것도 없었다. 그들의 아버지들은 실망하겠지만 이 젊은이들은 조금도 개의치 않는 듯하다. 고향을 떠나 다른 도시로 온 것은 사고 치기에 아주 좋은 기회였고, 그 점에서 발렌타인은 유리했다. 그는 벌써 '밀라노 공작'의 딸인 실비아와 사랑에 빠졌는데, 바로 4막 2장 38행에 나오는 '실비아 아가씨는 누구일까?'라는 유명한 노래의 주인공인 미녀이다. 작품 속의 이 공작은 물론 역사상의 실제 공작이 아니다. 실제 공작에게는 딸이 없었다. 그러므로 우리는 다시 상상의 세계로 돌아왔다.

℘

1세기쯤 전에 비평가들은 『베로나의 두 신사』를 비평하면서 작가가 밀라노에 대해 적어도 한 가지는 정확하게 알고 있는 듯하다고 결론을 내렸다. 작가는 이 작품에서 비록 간접적이기는 하나 '성 그레고리Gregory'라는 실명을 사용해 밀라노 성벽 밖 교회에 대해 언급했다. 하지만 구체적으로 말하면 그가 4막 2장에서 언급한 것은 사실 교회가 아니라 '성 그레고리 우물'이다. 많은 비평가들이 그 우물이 실제로 존재한다고 하면서 작가가 그것을 알고 있다는 사실에 놀라움을 표한다. 다만 그것이 작은 수원水源이라거나 진짜 우물이라고 하는 등 의견이 분분하다.

작가가 영국 밖으로 나가본 적이 없다는 주장을 옹호하는 사람들은 작가가 16세기 밀라노 지도를 보면서 우물의 존재를 알아낼 수 있었을 거라고 '설명'한다. 이 지도는 '브라운과 호겐베르크Braun and Hogenberg'의 밀라노 지도로, 『세계의 도시들Civitates Orbis Terrarum』이라는 지도책에 실린 세계 도시 지도 중 하나이다. 독일에서 1572년과 1598년 사이에 출판된 이 지도책은 영국을 비롯해 세계 여러 나라에서 판매되었다. 그 지도를 보면 성 그레고리 교회가 엉뚱한 장소에 실려 있고, 우물은 나와 있지 않다. 한편 지도에는 도시의 북쪽 성벽 바로 바깥에, '포르타 오리엔탈레 Porta Orientale'라는 성문 옆에 자리한 거대한 사각형 건물이 나온다. 16세기 지도 제작자들은 특별히 중요하다고 생각하지 않는 한, 도시 성벽 바깥에 있는 것을 그리는 경우가 거의 없었다.

이 거대한 건물은 밀라노의 라차레토(전염병 격리 수용소)인데, 밀라노 시민들은 그냥 일 라차레토Il Lazzaretto라고 부른다. 그곳 한복판의 널따란 안마당에 '그레고리오Gregorio'라는 단어와 함께 교회 그림이 아주 작게 그려져 있다. 내가 가진 훌륭한 밀라노 안내서[3]에는 그 작은 교회가 당시 산 그레고리오가 아니라 '산타 마리아 델라 사니타Santa Maria della Sanita'라고 불렸다고 나와 있다.

라차레토는 이탈리아의 많은 도시에 존재했다. 이는 성서에 등장하는 나사로Lazarus의 이름을 따온 것으로, 나사로는 죽은 이들 가운데에서 부활한 나병 환자이다. 라차레토는 나병 환자를 감금하고, 전염병이 도는 끔찍한 시기에 병에 걸린 듯 보이는 여행자들을 억류할 목적으로 세워진 곳으로, 공포의 대상인 동시에 스스로도 두려움에 떨었던 병자들을 위해 마련된 장소이다. 병자들을 돌보고 그들이 기도하고 약을 복용할 수 있도록 도시 성벽 밖에 세워졌으나 결국 대부분의 병자들이 이곳에서 죽어 갔다. 한편 밀라노 성벽 안쪽이면서 라차레토 근처에 죽어가는 병자들을 돌보는 거룩한 수사들이 거주하는 대수도원이 있었다.

밀라노 라차레토의 규모는 이례적으로 매우 컸다. 사방이 각 450미터 정도인 라차레토는 대략 14만 제곱미터, 즉 14헥타르에 해당하는 면적을 자랑했다. 1880년에 거의 완전히 사라진 라차레토의 경계선을 이루는 담과 해자는 오늘날 4개의 도로로 바뀌었다. 비아 산 그레고리오, 비아 라차레토, 비알레 비토리오 베네토, 코르소 부에노스 아이레스가 바로 그것이다.

그곳은 수천 명의 환자를 수용할 수 있는 어마어마한 규모였는데 역사상 적어도 두 번은 실제로 그런 일이 있었다. 1575년, 이탈리아 각지에 전염병이 퍼지기 시작하더니 급기야 1576년 초에는 밀라노까지 이르렀다. 그러자 시 당국은 수많은 병자와 죽어가는 사람들을 라차레토로 내보냈고, 그 결과 전염병이 최고로 창궐한 시절에 그곳에는 16,000명이나 되는 병자들이 우글거렸다.

현대 밀라노 도로 지도에 이제는 사라져버린 라차레토 건너편에 산 그레고리오라는 이름의 교회가 나온다. 1900년경에 세워진 초대형 교회로, 16세기 도시 성벽 바깥쪽에 위치하고 있다. 그 교회 성물 안치소에서 미사를 준비하고 있던 사제를 만났는데, 다행히 미사 시작까지 시간이 좀 남아 있어서 그에게 중요한 질문 두 가지를 던질 수 있었다.

첫째 질문은 이 산 그레고리오 교회가 원래부터 지금 이 자리에 있었는지, 아니면 한때는 라차레토 한가운데 있었는지였다. 둘째는 교회가 어디 있었든 간에 거기에 우물이나 수원지 같은 게 있었느냐 하는 것이었다. 나는 사제에게 옛 라차레토 안의 산 그레고리오라는 교회에 우물이 있었다는 기록이 남아 있다고 알려주었다. 그가 "누가 그런 기록을 남겼나요?"라고 묻기에 나는 영국과 미국의 몇몇 작가들이라고 대답하면서 '성 그레고리 우물'이라는 이름이라고 덧붙였다. 나는 일부러 셰익스피어의 이름은 거론하지 않았다.

사제의 표정으로 보아 나를 미국에서 굴러들어온 성가신 미치광이쯤으로 여기는 게 분명했지만, 그래도 나는 그에게 알고 있는 것을 말해달라고 부탁했다. 사제는 친절했고 아마 그 순간 성단소로 나가야 하는 상황이 아니었다면 더 참을성 있게 내 부탁을 들어주었을지도 모른다. 질문이 미처 끝나기도 전에 그는 고개를 흔들었다.

아니, 그렇지 않아요. 우리 산 그레고리오 교회는 라차레토 안에 있었던 적이 없어요. 예나 지금이나 사람들은 으레 그 오래된 독일 지도를 믿더군요. 그런데 그게 틀렸어요. 산 그레고리오 교회는 항상 밖에 있었거든요. 원래 처음 교회 건물은 바로 이 거리, 이쪽 편에서 몇 미터 안 되는 곳에 있었어요. 지금 우리 교회는 뼈들 위에 놓여 있어요. 라차레토는 길 건너편 저쪽에 있었고.

그럼 물은요? 우물 말입니다.

없어요. 물 같은 건 없었어요. 샘물도 없고, 분수도 없고, 우물도, 수원지도 아무것도 없어요. 크고 작은 걸 막론하고 하나도 없었다니까요. 이 교회에도, 옛날 교회에도, 라차레토 안에도 일절 없었어요. 순전히 생으로 지어낸 말이지요.

나는 마지막 말 때문에 잠시 미소를 지었다. 이어 라차레토 안에 있던 작은 교회는 어떻게 되었느냐고 물었다.

그건 아직도 저 너머에 있어요! 병자들을 위해 미사를 올리는 공개 제단祭壇으로 시작됐거든요. 지금은 작은 교회인데, 산 카를로 보로메오 알 라차레토San Carlo Borromeo al Lazzaretto라는 이름이죠. 우리의 위대한 전염병 성자[4]인 일 페스테 디 산 카를로il Peste di San Carlo의 이름을 딴 거지요. 바로 저 너머 비아 레코에 있어요. 한번 가보세요.

그는 제의를 가다듬은 다음 성단소를 향해 걸음을 옮겼다. 그러다가 문득 무슨 생각이 떠올랐는지 서류장으로 달려가 종이 한 장을 꺼내주었다. "여기요, 이 그림이 맞아요. 당신이 가져도 돼요. 옛날 우리 수도원 자리는 아래쪽에 있어요." 그러더니 문가에서 "만초니를 읽어보세요"라고 덧붙인 다음 나갔다.

성가대의 노래가 시작되는 걸 들으며 나도 조용히 자리를 떴다. 그러다가 바깥 계단에서 문득 걸음을 멈췄다. 좀 전에 사제는 "지금 우리 교회는 뼈들 위에 놓여 있어요"라고 말했다. 그게 무슨 뜻이었을까? 나는 "뼈라니요? 무슨 뼈요?"라고 물어볼 기회를 놓쳤다. 아무튼 라차레토 안에 있던 작은 교회를 찾아 돌아다녔지만 아무 소득도 없었다.

༄

사제가 "만초니를 읽어보세요"라고 말할 때 나는 그것이 밀라노의 유명한 작가, 역사가, 정치가인 알레산드로 만초니Alessandro Manzoni가 쓴 획기적인 이탈리아 소설 『약혼자들I Promessi Sposi』이라고 확신했다. 오래전에 그 소설을 읽은 덕에 나는 밀라노의 끔찍한 전염병에 관한 내용이 있다는 사실을 떠올리고는 그 책의 영문판을 구해야겠다고 마음먹었다.

하지만 그 순간에는 더 긴급한 다른 용무가 있었다. 만일 정말로 산 그레고리오 우물이 있었다면, 어쩌면 전에 교회가 있었다던 그 거리에 그대로 있을지도 모른다는 생각이 스쳤다. 그리하여 그곳으로 달려가 우물을 찾아보았지만 헛수고로 끝나고 말았다.

다행히도 전에 밀라노 역사 전문가로 그 도시에 사는 엘리너 사이타 Eleanor Saita 박사를 소개받은 적이 있었다. 앞서 내가 사라진 황제에 대해 문의했던 사람도 바로 그녀였다. 이 두 번째 '밀라노 문제'를 설명하면서 나는 베네치아를 방문했을 때 들었던 이상한 이야기를 그녀에게 전해주었다. 나는 베네치아에 사는 한 친구에게 다가올 밀라노 여행 계획을 들려주면서 산 그레고리오라는 신비한 우물을 찾아볼 작정이라고 말한 적

산타 마리아 델라 사니타는 라차레토 한가운데에 있는데, 이곳의 아치는 전염병에 걸린 병자들이 침상에 누운 채 성체 거양을 볼 수 있도록 개방되어 있었다. 끔찍했던 두 번째 전염병이 지나가지 교회는 전염병 환자들을 헌신적으로 보살핀 카를로 보로메오Carlo Borromeo라는 귀족을 추모하기 위해 교회 이름을 '산 카를로 알 라차레토(1630년경)'로 개명했다.

이 있었다. 그러자 친구가 기겁을 하며 설명해주었다.

그것이 무엇이든 간에 아무튼 끔찍한 것만은 분명해요. 우리 할머님이 밀라노 출신이신데, 내가 어렸을 때 할머님이 마치 그 우물 이름이 지옥의 동의어나 되는 것처럼 말씀하시던 기억이 나거든요. 하지만 그 이상은 몰라요.

사이타 박사는 해답을 찾아보겠다고 약속했다.

'성 그레고리 우물'이 작품에 등장하게 된 상황을 어땠을까. 프로테우스는 발렌타인의 연인인 아름다운 실비아를 보는 순간 한눈에 홀딱 반해버린다. 그러나 어수룩한 발렌타인은 이 사실을 알아차리지 못한다. 그는 동향인 베로나 출신으로 밀라노에 와 있던 순진한 부잣집 아들 수리오 때문에 골치를 썩고 있었다. 수리오 역시 실비아에게 결혼 승낙을 받으려고 기를 쓰고 있기 때문이다. 설상가상으로 수리오는 그녀의 아버지인 공작으로부터 결혼 승낙까지 받아놓은 터였다. 프로테우스는 그를 제거하기로 결심한다.

그러면서 그는 아주 솔직하게 나온다. "나는 이미 발렌타인을 배신한 몸이니 이제 수리오한테도 똑같이 부당하게 굴어야 해." 그는 이미 수리오를 손아귀에 넣은 터였다. 발렌타인보다 훨씬 아둔한 수리오는 프로테우스가 그를 위해 실비아에게 청원해줄 거라고 믿는다. 그 결과 프로테우스와 은밀하게 계획을 짜는 게 좋겠다고 판단하고, 그에게 어디서 만날지 묻는다. 그러자 프로테우스가 대답한다. "성 그레고리 우물에서." 프로테우스, 다시 말해 작가는 내 베네치아 친구 할머니 말씀대로라면

Milano • 베로나의 두 신사 2부

일 라차레토와 성 그레고리 교회가 그려진 1629년의 밀라노 지도.

무시무시하기 이를 데 없는 곳을 약속장소로 정했다. 그는 자신의 경쟁자를 캄캄한 한밤중에 그곳으로 보냈다. 그것도 '뒷문'이라고 불리는 작은 문을 통해 안전한 도시로 돌아갈 대책도 마련해놓지 않은 채.

『베로나의 두 신사』 대사에는 되짚어가기 쉽게 설명된 길이 나온다. 그 길은 실비아와 그녀의 아버지의 집인 카스텔로 스포르체스코에서 시작해 연극의 마지막 장면인 밀라노 바깥 숲에서 끝난다. 내 짐작에 성 그레고리 우물은 그 길의 중간 어딘가에 있는 게 분명했다. 나는 작가가 이 길을 알고 있다고 확신했다. 처음에는 발렌타인과 스피드가 가고, 이어 실비아가 지나가고, 마지막으로 작품에 등장하는 기의 모든 사람들이 가게 될 이 길을. 나는 실비아의 세레나데나 줄리아에 대한 프로테우스의

밀라노, 도착과 출발의 도시

괘씸한 처사처럼 이 문제와 직접 연관되지 않은 사건이나 대화들은 다 제쳐놓고 오로지 그 길의 구체적인 특징에 집중했다. 그리고 도면에 작가가 설명한 대로 그 길을 똑같이 그려보았다.

등장인물들은 도시의 서쪽 성벽 안쪽에 위치한 웅장한 카스텔로 스포르체스코에서 숲으로 세 번이나 출발한다. 첫 번째는 발렌타인이 공작에게 붙잡혀 추방당하면서 시작되고(3막 1장), 두 번째는 실비아의 출발(5막 2, 3장), 세 번째는 공작, 프로테우스, 줄리아에 수리오까지 합류한 출발이다(5막 2장).

발렌타인이 출발할 때 표리부동한 프로테우스는 시내를 거쳐 '도시 성문'을 통과할 때까지 그를 데려다주겠다고 제안한다. 그러자 발렌타인은 란스에게 만일 자기 하인인 스피드를 만나면 얼른 북문으로 가 자신과 만나자고 전해달라고 지시한다. 얼마 후 란스는 지시받은 대로 스피드에게 전한다. "네 주인 나리께서 북문에서 너를 기다리고 계셔." 문제의 북문은 사실 '포르타 오리엔탈레'를 가리키는 것이다. 그것은 도시의 북쪽 성벽에 있으며 앞에 나왔던 브라운과 호겐베르크 지도에도 그 이름이 정확하게 나온다. 아니, 고금을 막론하고 거의 모든 밀라노 지도에 그렇게 나온다. 그러나 지금은 흔히 '포르타 베네치아Porta Venezia'라고 불린다. '오리엔탈레'는 물론 '동쪽'을 의미하고, '베네치아'는 그 문을 통해 갈 수 있는 머나먼 동쪽 지방이다. 따라서 그것은 문이 있는 곳을 뜻하는 이름이 아니라 문을 통과한 다음 길이 뻗어 있는 방향을 나타내는 명칭이다.

동쪽으로 가는 여행자는 북문을 이용하지 않을 거라고 주장하는 사람도 있다. 즉, 만토바에 가려면 동문으로 나가서 두 도시 사이에 펼쳐진 평야를 지나 곧장 동쪽으로 가야 한다는 것이다. 이 같은 생각은 만토바나 베네치아까지 가는 오래된 길과 그 지대를 잘 모르는 데서 비롯된 오해이다. 만토바나 베네치아로 가려면 먼저 한동안 북쪽으로 간 다음 동쪽으로 꺾어져야 한다. 밀라노와 만토바 사이 평야에서 수확되는 곡물은 대부분 광활한 논에서 경작되는 쌀이다. 사방으로 관개용 수로가 나 있는 한편 알프스에서 흘러내려온 하천과 강이 갈라지고 넓어지는 곳도 바로 이 평야이다. 그 바람에 하천을 건널 수 없는 경우가 빈번했고 다리를 놓을 수도 없었다. 여행객들은 마른땅, 하천의 폭이 좁거나 건너기 쉬운 곳, 다리나 나룻배가 확실한 곳, 또 길가에 마을이나 여인숙, 역말이 있는 곳으로 다녔다. 따라서 공작이 실비아를 찾기 위해 길을 떠나면서 다른 사람들에게 한 말은 옳다(5막 2장).

당장 말을 달려
만토바로 가는
고갯길[알프스 산 비탈 기슭의]까지 와주게.

작가는 길이 어떻게 이어지는지 정확히 알고 있었다.

4막 1장에서 발렌타인과 스피드는 북문을 통해 밀라노를 떠났다. 그러나 라차레토를 지나자마자 곧 우스꽝스러운 산적들을 만나게 된다. 일단 도시를 에워싼 성벽 밖으로 나가면 법과 질서도 끝난다는 것은 16세기 이탈리아 여행자들에게 널리 알려진 사실이었다. 게다가 밀라노 외곽, 특히 북쪽의 경우 완전히 산적 천지라는 건 아주 공공연한 사실이었다. 밀라노 공국과 베네치아 공화국의 국경지대인 이 지역에 출몰하는 산적 문제가 얼마나 심각했던지 대체로 비협조적 관계였던 양국 정부는 급기야 1572년 협정을 체결했고, 1580년에는 그 기한을 연장했다. 협정에 따르면 양국 관리들은 범죄자를 뒤쫓기 위해 상대방의 국경 너머 6마일까지 들어갈 수 있었다.

추방당한 두 사람은 정확히 어디에서 산적을 만났을까? 리버사이드 셰익스피어에 의하면 4막 1장에 나오는 이곳은 '장소 : 밀라노와 만토바 사이에 있는 숲'이다. 케임브리지 판도 똑같다. 하지만 예일 판 셰익스피어에는 좀 다르게 '밀라노와 베로나 사이의 숲'이라고 되어 있다. 유감스럽게도 대사에는 그 같은 환경을 입증할 만한 내용이 전혀 나오지 않는다. 작가가 확실하게 제시한 정확한 설명에 의하면 그곳은 숲이 아니다. 현장에 가보지도 않은 영국 편집자들이 엉터리로 주를 달아놓은 것이다. 다음은 산적2가 발렌타인에게 부탁하는 대목이다.

> 우리 두목이 돼주면 안 될까?
> 기왕지사 전화위복으로 삼을 겸
> 우리와 함께 이 황야에서 살지 않겠어?

『옥스퍼드 영어사전』에서는 '황야wilderness'를 '황무지나 미개지'로 '거칠고 미개한 지역이나 지방으로 사람이 살지 않거나 동물만 사는 곳'이라고 정의한다. 작가가 '황야'를 어떤 의미로 사용하는지 확인하기 위해 이 작품과 다른 작품들을 조사해보았더니 그가 이 단어를 '산림'이나 '숲'의 동의어로 사용한 적이 한 번도 없었다는 게 드러났다. 그런데도 편집자들은 숲이라고 해석해왔다. 이것은 과연 중요한 문제일까? 이탈리아에 대한 작가의 정확한 지식 여부가 중요한 문제라면, 의심할 나위 없이 중요하다.

어쨌거나 발렌타인과 스피드가 산적들을 만난 곳이 사람이 살지 않는 거칠고 미개한 지역으로, 산적들이 활개치고 다니는 풍경이 낯설지 않을 만큼 도시 성벽에서 멀리 떨어진 곳인 것은 분명하다.

카스텔로에서 황야에 이르는 길 중 발렌타인과 스피드가 지났던 구획은 접어두고, 이제 실비아와 에글러무어 경이 선택했던 약간 우회하는 길을 살펴보자. 4막 3장에서 실비아는 에글러무어에게 발렌타인과 합류하기 위해 도망가는 길에 동행해달라고 부탁한다. "저는 발렌타인 님이 계신다는 만토바로 가고 싶어요." 그러자 에글러무어 경이 묻는다. "그럼 어디서 만나 뵐까요?" 실비아는 "패트릭 수사의 암자에서요. 거기서 고해성사를 할 작정이에요."[5] 이는 지명도 아니고 수도원 이름도 아니고 수사의 아일랜드 식 본명이다.

이 작품이 쓰이기 얼마 전에 패트릭 오힐리 Patrick O'Hely라는 아일랜드 출신의 프란체스코 수도회 수사가 알칼라 Alcala 대학에서 공부하기 위해 에스파냐에 갔다. 그러던 중 오힐리는 영국의 아일랜드 지배를 타도하고 카를 5세의 서자인 오스트리아의 돈 존을 아일랜드 왕으로 옹립하려는 음모에 연루되었다.

오힐리는 에스파냐에서의 공부와 연구로 명성을 얻은 후 로마의 부름을 받았고, 1576년 7월 4일 교황 그레고리우스 8세는 그를 아일랜드 지역인 메이오 Mayo의 주교로 지명했다. 그는 로마에서 볼일을 마친 후 아일랜드 주교 관구로 가기 위해 육로로 길을 나섰다가 밀라노에 잠시 머물렀다고 전해진다. 알려진 사실들로 미루어 볼 때 그는 1575~76년에 밀라노를 휩쓸었던 전염병이 아직 그곳에 퍼지기 전에 그것이 끝나기를 기다리고 있었던 것 같다. 북쪽으로 가는 여행자들은 위험천만한 알프스를 넘기 전에 으레 밀라노에서 휴식을 취하며 체력과 비품을 보강하곤 했다. 그는 아일랜드의 케리 주에 도착하자마자 곧장 영국 당국에 체포되었고 1578년 8월 22일 교수형을 당했다.[6] 돈 존의 이복형인 펠리페 2세는 아일랜드의 그 어떤 음모도 절대로 승인한 적이 없다고 잡아뗐지만 영국은 그의 말에 콧방귀를 뀌었다(순전히 내 추측이지만, 이 작품에 나오는 패트릭 수사는 패트릭 오힐리 수사를 가리키는 게 아닌가 싶다).

만토바로 가는 길의 초입은, 동쪽으로 멀리 떨어진 브레시아에서 두 갈래로 갈라질 때까지는 예나 지금이나 베로나나 베네치아로 가는 길과 똑같다. 밀라노에서 두 도시로 가려면 예의 그 북문을 지나게 돼 있다.

에글러무어 경이 약속 장소인 패트릭 수사의 암자 근처 대수도원에 있는데 실비아가 허둥지둥 도착해서 말한다.

어서 가요, 에글러무어 님.
수도원 담을 따라가면 뒷문이 나와요.
그런데 누가 내 뒤를 쫓아오는 것 같아요.

중세와 르네상스 시대에는 야간에 도시 성문이 닫혔다. 대신 당국의 감시하에 성문 양쪽에 '뒷문'이라고 불리는 조금 작은 통로가 있었다. 정당하게 신원이 확인된 사람이나 흡족하게 뇌물을 바친 사람(『약혼자』 34장에서 로렌초가 그랬듯이)은 공식 통행시간이 지난 후에도 도시를 드나들 수 있었다. 실비아는 열려 있는 포르타 오리엔탈레로 지나가고 싶어 하지 않았다. 그녀는 "누가 내 뒤를 쫓아오는 것 같아요"라고 말하는데, 필경 그녀 아버지의 심복일 것이다. 그녀는 밤이 되어 일단 성문이 닫힌 뒤 '수도원 담을 따라가면 나오는' 작은 뒷문을 이용함으로써 그들을 속이고 달아나려 한다. 게다가 에글러무어가 이 장 처음에 "태양이 서편 하늘을 물들이고 있어요"라고 말했듯이 날도 곧 어두워질 것이다. 따라서 그때쯤이면 세상은 땅거미가 내리거나 어둠에 덮일 것이다.

나는 도시 북쪽 성벽 바깥쪽을 돌아다니며 (지금은 사라진) 원래 포르타 오리엔탈레가 서 있던 자리에서부터 서쪽에 있는 다음 문인 포르타 누오바Nuova까지 샅샅이 살펴보았다. 수도원이 있던 성벽 바로 안쪽과 인도적 시설들이 차지했던 성벽 옆 널따란 지역은 이제 상원의사당과 이탈리아 여행 클럽 본부, 자연사박물관, 천문관이 들어서 있었다. 드넓은 자르디니 푸블리치Giardini Pubblici 공원이 그 모든 건물들을 둘러싸고 있었다. 설령 과거에 뒷문이 있었다 해도 이제는 찾아낼 수가 없었다. 옛날 포르타 오리엔탈레 자리 서쪽 20미터쯤 되는 곳에서, 그리고 도시 성벽 바로 바깥쪽의 라차레토가 있던 자리 바로 맞은편에서 뭔가 흔적을 본 것 같기는 했지만, 과연 이 희미한 잔재가 '수도원 담을 따라가면 나오는 뒷문'일 가능성이 있을까?

이 길은 과로한 수사들이 수도원을 오가는 최단거리일 테고, 가장 눈에 띄지 않는 길일 것이다. 전염병이 나돌던 시기에 그들은 병자들을 돌보기 위해 밤낮을 가리지 않고 수도원과 라차레토를 오가야 했다.

물론 사전에 그 같은 약속을 하고 도시를 떠날 때 실비아와 에글러무어는 라차레토 건물 모퉁이를 지나서 만토바로 가는 길로 들어섰을 것이다. 내 생각에는 이 모든 일이 다 틀림없을 것 같았지만, 그래도 그런 뒷문이 있었다는 증거를 댈 수는 없었다.

나는 밀라노 지도를 더 조사해보기 위해 카스텔로 스포르체스코에 있는, 인쇄물과 지도 소장품으로 유명한 베르타렐리 컬렉션Bertarelli Collection에 갔다. 거기서 나는 내가 만난 시제나 그 옛날 패트릭 오힐리와 마찬가지로 수도원 역시 프란체스코 수도회 소속이었다는 사실을 알았다. 수도원과 수도원에 딸린 어마어마한 병원 및 시설들은 1573년 안토니오 라프레리Antonio Lapreri가 제작한 것과 같은 많은 지도에 알아볼 수 있게 실려 있다. 나는 같은 수도원 건물과 담장이 그려진 다른 지도들도 1699년까지 연대기 순으로 조사해보았다. 수도원의 이름은 프란체스코 수도회 수사인 성 디오니조*의 이름을 따서 지은 것인데, 알레산드로 만초니가 『약혼자들』에 그것을 설명해놓았다.

베르타렐리 직원들에게 내가 찾고 있는 것을 설명하자, 그들은 일반 판매용으로 제작된 지도에는 뒷문이 실려 있을 가능성이 거의 없다고 말했다. 하긴 도시 성벽을 몰래 드나들 수 있는 뒷문이 있다는 사실을 지도에 명시하는 건 무책임한 짓일 것이다. 내 생각에 뒷문이 있을 법한 자리는 수사들이 라차레토에 가장 쉽게 갈 수 있는 곳일 것 같다고 말하자 그들이 물었다. "그곳이 어딘지 이미 알고 있는 수사들 말고 누가 그걸 알 필요가 있었을까요?"

5막 1장에서 실비아가 에글러무어에게 뒷문으로 떠나라고 지시하자 에글러무어가 대답한다.

염려 마세요. 여기서 숲까지는 3리그밖에 안 되니까요.
그곳까지만 도달하면 거기서부터는 안심입니다.

에글러무어는 도시 바로 바깥쪽의 황무지를 말하고 있는 게 아니라

---

* Dionigio. 성 디오니시우스.

3리그를 더 가야 나오는 숲을 말하고 있는 것이다. 『옥스퍼드 영어사전』에 '리그league는 여행 거리의 측정 단위로 나라별로 다르나 일반적으로 대략 3마일 정도에 해당한다'라고 되어 있다. 아무튼 에글러무어에 의하면 그들은 일단 숲에 도착하면 안전해질 것이다. 또 숲이 밀라노 북쪽 성벽에서 9마일도 떨어지지 않은 곳에 있다는 사실도 알 수 있다. 작가의 정확함은 여기서 그치지 않는다. 실제로 16세기에 도시 성벽에서 숲까지의 거리는 구불구불 이어지는 길로 대충 7, 8마일가량 되었다. 만초니도 『약혼자들』에서 말했듯이 그 도로 중 똑바로 뻗은 부분은 라차레토와 나란히 접한 짧은 구획뿐이다.

5막 3장에서 산적들은 실비아를 붙잡았고, 에글러무어 경은 도망가버렸다. 이 작품을 펴낸 많은 편집자들의 주장과는 달리 그들은 숲에 있었던 것이 아니라 밀라노 외곽의 황무지에 있었다. 산적3이 산적1에게 지시하는 곳도 바로 그곳이다. "넌 이 여자를 숲의 서쪽 끝으로 데려가라." 16세기에 숲—산림—은 황무지의 북쪽이나 북동쪽에 있었는데, 도시 성문 밖으로 9마일쯤 지나야 나왔고 몬차Monza로 가는 도로가 도중에 그곳 일부를 통과했다. 오르막길이 시작되면서 베로나와 만토바를 향해 동쪽으로 꺾어지는 지점도 몬차를 지나고 난 다음이었다.

한편, 다시 카스텔로로 돌아가 5막 2장을 살펴보면 공작은 실비아가 고해성사를 하러 간다고 하고는 가지 않았다는 사실을 알게 된다. 대신 숲에서 그녀를 보았다는 소식을 듣는다. 다급해진 공작이 수리오, 프로테우스, '시배스천'(실제로는 줄리아라는 사실을 관객들은 이미 알고 있다)에게 지시한다. "당장 말을 달려 그것들이 도망간 만토바로 가는 고갯길까지 와주게." 공작은 실비아가 산적에게 붙잡힌 채 그때까지도 도로에서 좀 떨어진 숲의 서쪽 끝에 있다는 사실을 알지 못한다.

북문 혹은 수도원 담장 옆의 뒷문을 나와 황무지를 지나서 숲으로 들어가는 것으로써 연인들의 여정은 끝나고, 연극도 5막 4장으로 막을 내린다.

작가는 몬차 근처의 숲속으로 거의 모든 등장인물을 불러 모은다. 거기서 그들은 자신의 마지막 대사를 읊는다. '황무지'와 '숲' 혹은 '산림'의 차이와 그것들 사이에 3리그가 떨어져 있다는 사실을 통해 나는 작가가 밀라노 성벽 너머 지역의 상황을 직접 잘 알고 있었다는 것을 확인하고 내심 흐뭇했다.

∽

이제 밀라노와 그 공국을 떠나 캘리포니아로 돌아갈 시간이 되었다. 얼마 후 나는 엘리너 사이타 박사로부터 아주 커다란 봉투를 받았다. 그 안에는 내가 알고 싶어했고, 작가가 자신이 쓴 장소를 잘 알고 있었다는 사실을 다시 한 번 입증하는 모든 자료들이 들어 있었다.

전염병이 창궐하던 1575~76년에 수천 명의 병자들이 라차레토로 보내졌다. 거기에는 두 개의 문이 있었는데 포르타 오리엔탈레에서 가까운 문이 통상적인 출입구였다. 한편 라차레토 반대편에 있는 다른 문은 길 건너편의 성 그레고리 교회를 바라보고 있었다. 그 교회 너머는 광활한 '황무지'로, 그곳을 지나가는 도로는 처음 몬차 근처의 숲을 향해 북쪽으로 뻗었다가 얼마 후 동쪽으로 방향을 틀었다.

당시 거대한 라차레토에서 수많은 사람들이 죽었을 것이다. 그와 같은 절망적인 시기에 어떤 식으로든 기독교식 매장을 요했던 사망자들을 위해 바로 근처에 묘지가 있어야 했을 것이다. 시신은 손수레에 쌓인 채 계속 확장되는 성 그레고리 교회 묘지로 실려 갔을 것이다. 처음에는 교회 묘지에 깊은 도랑이 있었겠지만 곧 커다란 구덩이들이 파이고, 밤낮을 가리지 않고 한도 끝도 없이 손수레에 실려 온 시체들이 그 안에 아무렇게나 던져졌을 것이다. 성 그레고리 교회 묘지는 말 그대로 생지옥이 되고 말았다. 그것은 샘물이나 수원지가 아니라 교회 묘지와 수많은 무덤이었을 뿐인데, 그 모든 것이 포초 디 산 그레고리오Pozzo di San Gregorio, 즉 '성 그레고리 우물'[7]이라고 불리게 된다.

  작가는, 프로테우스가 수리오를 겁줘서 베로나의 집으로 돌려보내려는 장소로 밀라노에서 가장 불길한 곳을 골랐다. 바로 성 그레고리 우물로, 안전한 도시 성벽의 바깥이자 거대하고 황량한 라차레토 주변이다. 그러니까 여행자가 다니는 길과 동떨어진 채 무법자들이 판을 치는 황야가 시작되는 곳으로 수리오를 보낸 것이다. 작가를 대신하는 인물인 '프로테우스'는 수리오를 보내기 전에 밀라노 교외를 주의 깊게 살펴보았다. 수리오가 도망치다 산적들에게 납치당할 가능성까지도 포함해서.

  나는 이제야 비로소 사제가 말한 '뼈들이 있는 곳'이 무엇을 의미하는지 알게 되었다. 19세기에 세워진 성 그레고리 교회는 그 비극적이고 무시무시한 '성 그레고리 우물' 위에 서 있는 것이다.

  1533년 3월 14일에 일어난 카를 5세의 출발과 1577년에 끝난 전염병 사건을 나란히 배치했듯이, 작가가 서로 다른 시기에 일어난 역사적 사

건들을 동시에 등장시켰다 해서 관객들이 신경을 곤두세우지는 않았을 것이다. 왜냐하면 엘리자베스 시대 사람들의 시간 감각은 현대의 우리들만큼 민감하지 않았기 때문이다.

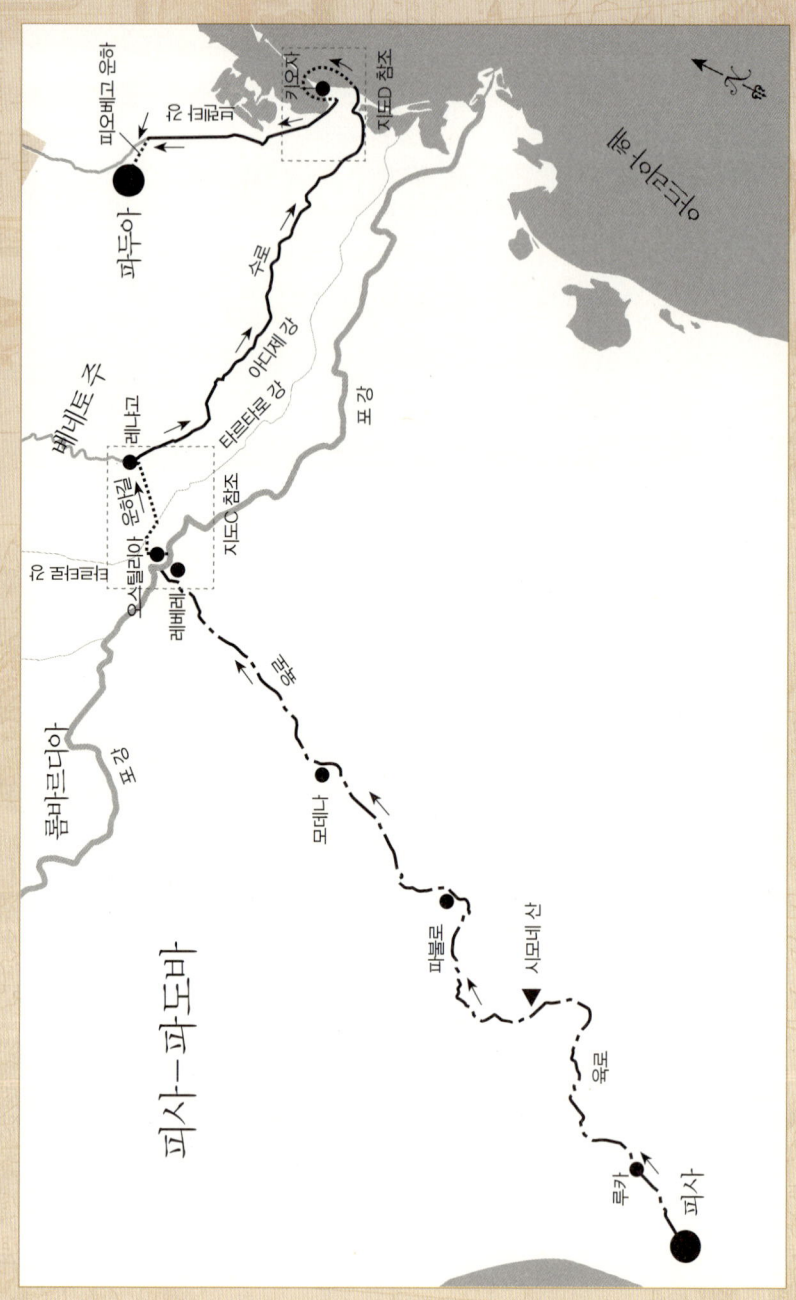

말괄량이 길들이기

"피사에서 파도바까지"

『말괄량이 길들이기』는 밥티스타 미놀라의 두 딸, '케이트'라 불리는 언니 카테리나와 동생 비안카를 향한 구애 작전을 그린 작품으로 유명하다. 그런데 거의 모든 장이 이탈리아 북동쪽의 대학 도시로 유명한 16세기 파도바를 배경으로 한다. 한편 본격적인 사건이 시작되기 전에 짤막한 두 장짜리 서극preface이 먼저 나오는데, 파도바가 아닌 영국을 배경으로 크리스토퍼 슬라이라는 술고래를 조롱하는 내용이다. 이 서극은 1725년 시인인 알렉산더 포프Alexander Pope가 작품을 편집하면서 이 부분에 '도입'이라는 제목을 붙일 때까지 아무런 제목도 없다가, 그 후로 계속 이 제목을 달게 되었다. 그러나 이 책의 주제는 영국이 아니라 이탈리아이기 때문에 이 '도입' 부분은 다루지 않을 예정이다.

파도바를 배경으로 『말괄량이 길들이기』의 막이 오르면, 무대 위에 두 청년이 등장한다. 먼저 말문을 연 사람은 루센티오이고 그 말을 듣고 있는 사람은 그의 하인 트라니오이다. 루센티오가 홍수처럼 쏟아내는 온갖 정보를 통해 우리는 그가 누구이고, 어디서 왔으며, 어디서부터 여행을 시작했고, 왜 왔으며, 전에 어디서 교육을 받았고, 아버지가 누구인지 등을 알게 된다. 아울러 이 수다를 통해 작가가 이탈리아에 대해 자세하고 구체적인 지식을 가지고 있다는 사실도 드러난다. 루센티오가 롬바르디아라는 이탈리아 북부의 광활한 지역에 대해 구체적으로 언급하는 장면이 바로 그 부분이다.

그동안 나는 그 부분을 루센티오가 즉석에서 꺼낸 말로, 이탈리아 '분위기'를 제공하기 위해 몇 마디 슬쩍 집어넣은 거라고 생각했다. 하지만 셰익스피어 작품에 나오는 대사치고 즉석에서 그냥 하는 말은 하나도 없다는 걸 줄곧 배워오지 않았던가. 그의 대사에는 반드시 이유가 있는데, 단지 이를 파악하기가 쉽지 않을 뿐이다. 루센티오의 대사 첫 4행에 나오는 롬바르디아를 살펴보자.

> 트라니오, 학문과 예술의 본고장인
> 파도바를 꼭 한번 보고 싶었는데,
> 드디어 내가 위대한 이탈리아의 즐거운 낙원,
> 풍요로운 땅 롬바르디아에 왔구나.

'드디어 내가 풍요로운 땅 롬바르디아에 왔구나 I am arrived for fruitful

Lombardy'라는 루센티오의 대사에서 누군가 전치사를 가지고 실수를 저질렀다. 제1이절판에 처음 인쇄되어 나온 이래 시종일관 'for'로 나오기는 하지만 아무래도 이치에 닿지 않는다. 예일 판에서는 'for'를 'in'으로 해석해야 한다는 각주와 함께 그 부분을 'I am arrived in fruitful Lombardy'로 바꾸어놓았다. 뉴 폴저 라이브러리 판도 기본적으로 여기에 동의한다. 하지만 편집 과정에서 이렇게 고친 것이 지리적 오류를 야기했다. 파도바는 롬바르디아가 아니라 그 동쪽인 '베네토'라고 불리는 지방에 있다.

이와는 달리 리버사이드 셰익스피어는 루센티오의 'am arrived for'가 'am on my way to(~로 가는 도중)'라는 뜻이라고 해석한다. 이 해석의 문제는 루센티오가 롬바르디아 주가 아니라 파도바가 있는 베네토 주로 가는 길이라는 게 확실하다는 점이다. 파도바는 어정쩡하게 잠시 들렀다 가는 곳이 아니라, 루센티오가 가겠다고 선언했고 이제 막 도착한 그의 목적지이다. 그의 긴 대사를 다 읽기만 해도 이 사실을 알 수 있다. 루센티오는 파도바에 체류하면서 그곳 대학에서 더 수준 높은 교육을 받기 위해 왔다고 말한다. 그러나 케이트의 동생인 비앙카를 보고 나서 그 도시에 머무는 이유가 완전히 바뀌어버린다.

그까짓 전치사 하나쯤 이상하게 사용하는 것이 그렇게 중요하냐고? 물론 중요하다. 그리고 나는 그것을 논리적으로 이해해야만 직성이 풀릴 것 같았다. 결국 모든 전치사를 일일이 다 훑어본 결과 타당한 것이라고는 'from' 하나뿐이었다. 그렇다면 작가는 정말로 루센티오가 롬바르디아 주'에서' 왔다고 쓴 것일까?

제1이절판에 실린 모든 작품의 초기 인쇄본에서는 무수한 단어상의 오류가 발견되었다. 하도 많은 나머지, 작가가 4절판이든 2절판이든 교정 보는 일에는 전혀 관여하지 않았다는 사실을 증명한 셈이 되고 말 았다. 『말괄량이 길들이기』의 경우, 학자들이 단어 사용을 정밀하게 연구 조사한 결과 20세기 말까지 350군데 이상에서 단어의 삽입, 대체, 수정 작업이 이루어졌다는 사실이 밝혀졌다. 물론 그에 대한 논란도 있었지만, 현대에 출판된 이 작품의 다양한 판본들은 그런 작업들을 대체로 수긍해왔다. 그 예로 'yours'를 'ours'로, 'seek'를 'feet'로, 'bony'를 'bonny'로, 'sconce'를 'askance'로, 'me'를 'in' 또는 'none'으로 바꾼 것 등을 들 수 있다. 제1이절판에 실린 36편의 작품들은 모두 이 같은 편집상의 수정 과정을 거쳤는데, 『말괄량이 길들이기』가 가장 많은 수를 기록했다.

∽

잠시 후 루센티오는 이렇게 말한다. "내가 피사를 떠나 파도바로 온 것은," 그가 롬바르디아 주에서 왔다는 내 결론이 옳다면 그는 롬바르디아 주에서 온 걸까, 아니면 피사에서 온 걸까? 아니면 양쪽 다인가? 과연 그는 같은 여행길에 양쪽 다로부터 파도바로 올 수 있었을까? 설령 도중에 롬바르디아 주를 거쳐 왔더라도, 피사가 훨씬 멀리 떨어져 있는데 왜 그는 굳이 롬바르디아 주를 입에 올렸을까? 그는 다른 곳을 경유해서 왔을 수도 있다. 아마도 작가가 이것을 중요하다고 생각하고, 정확하다고 여긴 그럴 만한 이유가 분명히 있었을 것이다.

16세기는 물론 지금도 현대식으로 포장돼 널리 애용되고 있는 고대 로마 가도를 이용해 루센티오는 롬바르디아를 지나 파도바에 쉽게 갈 수

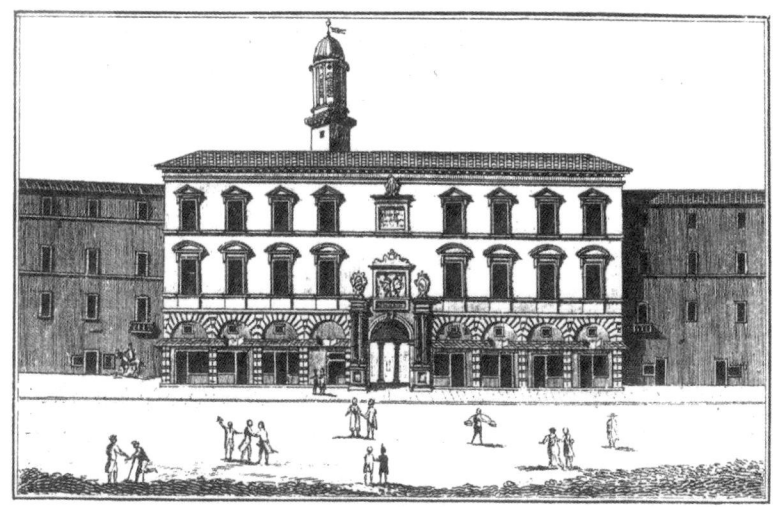
파도바 대학교. '일 보il Bo'라고 불리며 루센티오가 공부하러 온 곳이다. (『Guida per la Citta di Padova』, Venezia, 1817년)

있었다. 이탈리아에서 로마 가도가 상세히 표시된 고고학 지도를 구하는 건 어려운 일이 아니다. 루센티오가 피사에서 파도바까지 갈 때 이용했을 법한 옛날 길을 따라 여행하면서, 나는 오랫동안 전해 내려온 믿을 만한 가르침을 적용했다. 현대 이탈리아 도로가 고대 로마 가도와 상당히 일치하는 경우란, 고금을 막론하고 로마 가도가 가장 실용적인 도로임을 입증하는 증거라는 가르침이었다. 육중한 토목공사용 기계들이 통행하는 요즘 상황에도 말이다. 로마 가도와 현대 도로 노선이 일치하는 곳에서 자동차를 타고 달리는 여행자는 잠시나마 그 길 위에서 고대 로마제국을 여행하는 듯한 짜릿한 기분을 맛볼 수 있다. 로마 가도의 낡아빠진 돌들 위에 푹신한 타르만 입혔을 뿐 아무것도 변한 게 없는 도로이기 때문이다.

나는 루센티오의 여행이 시작된 피사로 갔다. 그곳에서부터 아펜니노 산맥을 가로질러 파도바에 이르는 다양한 노선을 따라 차를 타고 여기저기 돌아다녔다. 나는 르네상스 시대의 선택이 무엇인지 알고 싶었다. 토스카나(피렌체와 피사가 있음)와 북쪽의 롬바르디아 및 베네치아 령 베네토(파도바가 있음)를 분리하는 높다란 장애물을 넘기 위해 그 시대 사람들이 어떤 선택을 했을지 궁금했다.

그 결과 루센티오가 실질적으로 이용할 수 있는 세 가지 노선을 찾아냈는데, 모두 롬바르디아 주의 남쪽 경계선을 이루고 있는 거대한 포 강의 어느 지점에 도착하게 되어 있었다. 그러면 여행자는 롬바르디아 주에서 파도바까지 내륙 항로를 이용해 계속 여행할 수 있었다.

가장 짧은 노선은 예전의 로마 가도(지금은 포장되어 S12번 고속도로가 되었다)를 이용해 피사에서 출발하는 것이다. 이 도로는 루카Lucca까지 계속 이어지다가 아펜니노 산맥을 넘어서 포 강의 남쪽 평야로 내려온다. 거기서부터 거의 일직선으로 뻗은 도로를 달리다보면 레베레라는 중요한 도시에서 포 강 기슭에 도착하게 된다. 레베레는 오스틸리아에서 곧장 강을 건너면 나오는 도시이다. 『베로나의 두 신사』에서 발렌타인과 프로테우스가 지나갔던 바로 그 도시로, 그들은 이 작품과는 달리 베로나에서 밀라노로 거꾸로 배를 타고 갔다(본문 2장 참조). 두 신사는 (각기 따로) 베로나에서 배를 타고 아디제 강을 따라 레냐고로 가다가, 레냐고와 오스틸리아를 연결하는 (지금은 사라진) 운하로 진입했다. 그런 다음 오스틸리아에서 포 강에 도착해 곧장 밀라노로 들어왔는데, 물론 그 모든 여정을 편안하게 배를 타고 왔다.

이 작품에서 루센티오 일행은 바로 이 노선의 역방향을 취할 텐데, 느긋하게 배를 타고 (지금은 사라진) 똑같은 그 운하를 통해 오스틸리아에서 파도바까지 가게 된다. 루센티오가 피사에서 로마 가도를 이용해 육로로 여행하다가 오스틸리아에 이르러 배로 갈아탄 것은 단순히 편리함과 실용성 때문만은 아니었다. 루센티오가 살던 시대에는 로마 가도 외에도 파도바로 여행하는 데 이용할 수 있었던 모든 도로가 강이 범람하는 바람에 진흙탕 속으로 사라져버리는 일이 잦았다.

루센티오의 여정에서 가장 중요한 것은 그가 알고 행하고 말하는 것이 무엇인지 파악하는 것이다. 다시 말하면 작가가 알고 있는 것, 그에게 시킨 일, 그에게 하게 한 말이 무엇인지 아는 것이다. 레베레와 오스틸리아 둘 다 롬바르디아의 주요 지역인 만토바 공국에 있다. 반면 레냐고는 베네치아 공화국의 요새이다. 루센티오가 트라니오에게 "나는 풍요로운 롬바르디아'에서'(이렇게 수정하는 편을 권한다) 왔네"라고 하는 말에는 진실이 담겨 있다. 그는 오스틸리아에서 파도바까지 배를 타고 왔는데, 이는 피사에서 레베레까지의 초반의 고달픈 육로여행에 비하면 중대한 변화다. 말하자면 루센티오에게는 롬바르디아를 여정의 핵심 장소로 일컬을 정도로 중요한 차이가 있었다는 말이다.

루센티오와 트라니오가 첫 대사를 주고받은 다음 루센티오는 무대 뒤로 몸을 돌린 채 관객에게는 보이지 않는 누군가에게 큰소리로 말한다.

> 만일 비온델로, 네가 상륙해 있다면
> 우리는 당장이라도 숙소를 정하고
> 파도바에서 사귈 친구들을
> 모두 대접할 수 있을 텐데.

이렇게 파도바에 '상륙'한 사건 때문에 리버사이드 셰익스피어의 한 대목 같은 엉터리 비평이 생겨났다. "다른 많은 내륙도시와 마찬가지로 파도바 역시 셰익스피어로부터 항구를 하사받았다." 루센티오가 레베레에서 오스틸리아를 지나 파도바까지 가는 데 이용한 강과 운하들은 대부분 아직도 거기에 그대로 있다. 오스틸리아에서 포 강 사이와 레냐고에서 아디제 강 사이에 있었던 운하만 사라졌을 뿐이다. 루센티오는 다시 한 번 사실에 부합하는 말을 한 것이다.

발렌타인과 프로테우스가 오스틸리아에서 밀라노로 가기 위해 서쪽을 향해 상류로 거슬러 올라가는 여정에 이용했던 포 강은 실제로는 동쪽으로 흘러서 아드리아 해와 합류한다. 이 때문에 포 강 북쪽에서 나란히 흐르면서 한층 유속이 빠른 아디제 강과 달리, 포 강은 좀 더 길고 구불구불한 코스를 따라 한결 느릿느릿 흐른다. 배를 탄 채 계속되는 여행길에서 똑같이 중요한 역할을 수행하는 아디제 강 하구는 포 강 어귀보다 브렌타Brenta 강(브렌타 운하와 혼동하지 말 것)과 훨씬 더 가깝다.

피사를 출발하기 전에 루센티오는 파도바로 가는 수로와 육로에 대해 모두 알고 있었을 것이다. 그가 혼자서도 중얼거렸듯이, 그의 아버지는 '전 세계를 주름잡는 대무역상'이기에 아들에게 피사에서 파도바로 가는 가장 실용적인 노선을 가르쳐줄 수 있었을 것이다. 게다가 돈 많은 특권층 자제답게 그는 평소 하던 대로 생활할 수 있을 뿐 아니라 파도바에서 사귈 새 친구들을 '융숭하게 대접할 만한 숙소'를 원했을 것이다. 따라서 가방, 구두, 침구, 책, 옷, 촛대와 같은 많은 고급 소지품들을 지참했을 것이다. 발바닥이 화끈거리고 엉덩이가 쑤시는, 아펜니노 산맥을 넘는 고단한 여정을 마친 후, 루센티오는 그 많은 짐 보따리를 배에 화물로 싣고 해방감에 만세를 불렀을 것이다. 또 루센티오 일행은 해충에 시달리던 여인숙과 작별한 뒤, 머리 위에 차양을 치고 쿠션에 기대 앉아 식사도 하고 술도 마시는 등 여유를 만끽할 수 있었을 것이다. 그러므로 이제 우리

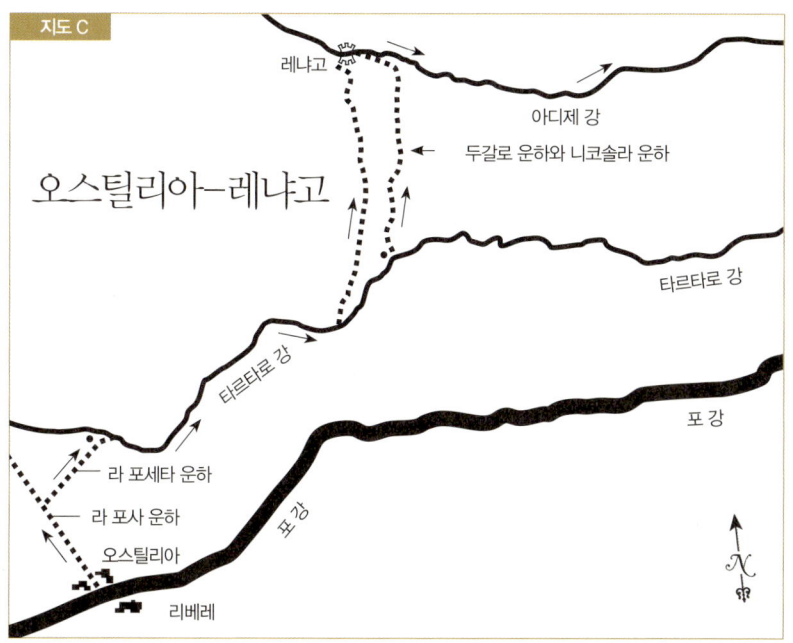

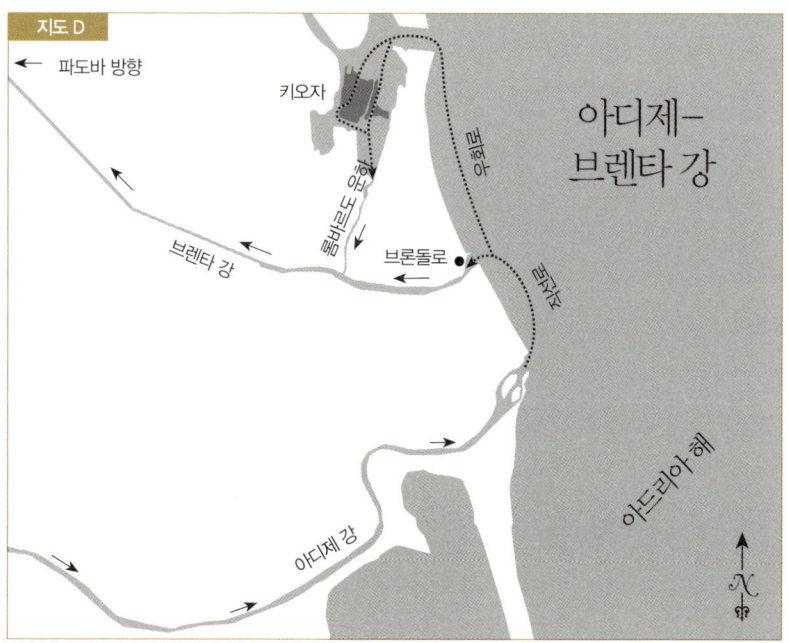

는 루센티오가 레베레나 오스틸리아에서 배를 빌리거나 산 뒤, 앞서 설명했던 운하와 타르타로 강 연결 노선들을 통해 파도바까지 가는 나머지 여정을 항해했다는 사실을 알게 되었다.

루센티오는 일단 아디제 강 하구를 출발해서 아드리아 해안을 따라 북쪽으로 나아가다가 왼쪽으로 돌아 곧장 브렌타 강으로 진입한 다음, 파도바를 향해 계속 항해했을 것이다. 종종 그러듯이 만일 강 하구에 침적토가 쌓여 통행이 어려워졌다면, 루센티오는 우선 근처의 키오자Chioggia 시에서 배를 타고 석호潟湖로 들어온 다음, 거기서 롬바르도Lombardo라는 운하를 이용할 수 있었을 것이다. 롬바르도 운하는 오래전에 브렌타 강에 연결되도록 판 것으로, 석호와 브렌타 강 사이의 습지 일부를 통과하는데, 골치 아픈 강 하구에서 상류로 거슬러 올라가는 지점에 있다. 루센티오는 거기서 브렌타 강 상류를 향해 약 30킬로미터쯤 계속 배를 타고 가다가 연결된 피오베고Piovego 운하로 진입했을 것이다. 그런 다음 운하를 통해 16세기 파도바 성벽을 에워싸고 있는 해자까지 쏜살같이 똑바로 달려갈 수 있을 것이다.

해자에 도착한 배는 모두 일단 오른쪽으로 돈 다음 계속해서 왼쪽으로 뺑 돌아가는 게 변함없는 불문율로, 그렇게 가다보면 '포르타 포르텔로Porta Portello'라는 거대한 도시 성문 앞의 넓은 선착장에 도착하게 된다. 거기에서 배들은 짐을 부리고 관세를 내고, 여행자들도 드디어 그 도시에 두 발을 내디딜 수 있게 된다.

그런데 루센티오가 탄 배는 그렇게 하지 않았다. 해자에 도착하자 배는 왼쪽으로 돌았다. 지금은 남아 있지 않지만 루센티오가 살던 시대에는 좌회전하고 얼마 지나지 않아 작은 운하가 나타났다. 그 작은 운하는 '포르타 사라치나Porta Saracina'라는 성문 옆의 성벽을 곧장 통과하는데, 당시 포르타 사라치나는 지금도 남아 있는 '라 스페콜라 La Specola'라는 건물 옆에 자리 잡고 있었다. 아무튼 이 작은 운하는 일찍이 중세에 세운 도시 해자에 그 커다란 16세기 해자를 곧장 연결하는 역할을 했다. 루센티오가 파도바를 여행할 무렵, 중세 해자는 파도바 시내를 순환하는 수로, 즉 운하가 되었다. 말하자면 밀라노의 중세 나빌리오 인테르노가 16세기 들어 시내에서 그와 같은 운하가 된 것과 마찬가지라고 하겠다. 파도바 토박이들은 아직도 그곳의 운하를 예전처럼 '강'이라고 부르는데, 이는 로마 시대에 그것들이 실제로 강의 지류였기 때문이다. 파도바의 경우에는 작고 구불구불한 바킬리오네 Bacchiglione 강이 바로 그것이다. 이런 운하와 나란히 이어지는 도로는 아직도 흔히 '리비에라(연안도로)'라고 불린다.

⁂

루센티오는 파도바 운하의 어느 선착장에 배를 댔을까? 물론 작가가 정확하게 말해주겠지만, 이를 이해하기 위해서는 앞서 인용된 루센티오의 대사를 다시 한 번 면밀하게 살펴봐야 한다. 그가 무대 밖의 비온델로라는 사람에게 소리치는 부분 말이다.

> 만일 비온델로, 네가 상륙해 있다면
> 우리는 당장이라도 숙소를 정하고
> 파도바에서 사귈 친구들을
> 모두 대접할 수 있을 텐데.

따라서 이 첫 번째 장면은 부두나 선착장, 방파제나 '정박지' 바로 옆일 필요가 있다. 루센티오가 배에서 부르는 소리를 비온델로가 쉽게 들을 수 있고, 요란법석을 떨지 않고도 짐을 부릴 수 있는 곳이어야 하기 때문이다. 또 일행이 쉽게 '숙소를 정할' 수 있는 곳이어야 한다. 루센티오가 '당장이라도'라고 한 말을 통해 우리는 숙소가 그가 서 있는 곳에서 얼마 떨어지지 않은 곳에 있음을 알 수 있다. 숙소는 그와 트라니오가 자세히 점검할 수 있을 만큼 가까울 것이다. 다시 말하면 집주인과 만나서 계약을 맺고 다시 밖으로 나와서 비온델로에게 상륙하라고 소리를 지를 수 있을 정도로 가깝다.

루센티오가 비온델로에게 지시를 내리자마자 다섯 명이 모두 뭐라고 재잘거리며 나타난다. 처음 트라니오는 그들이 자신들을 환영하러 온 사람들인 줄 알고 루센티오에게 "도련님, 도련님을 환영하는 행렬일 겁니다"라고 말하지만 그들 일행은 루센티오에게 전혀 관심을 주지 않는다. 처리해야 할 일이 있기 때문이다.

왼쪽. 피오베고 운하는 브렌타 강에서 파도바까지 곧장 직선으로 이어진다. 오른쪽. 피오베고 운하를 따라가면 16세기 파도바 성벽에 도착한다.

이들 다섯 사람은 밥티스타 미놀라와 그의 두 딸 카테리나('케이트'), 비안카 및 두 남자인데, 하나는 호텐쇼라는 친구이고 다른 하나는 그레미오라는 이름의 늙은 '어릿광대'이다. 곧 밝혀지겠지만 두 사람 다 비안카에게 청혼한 구혼자들이다. 누구 하나 낯선 젊은이들에게 관심을 기울일 만큼 한가하지 않다. 바로 자신들의 결혼 성사라는 해결해야 할 중요한 문제가 있기 때문이다. 그런데 이게 무슨 일일까? 사람들이 공개석상에서 사적인 문제를 의논하고 있단 말인가? 간단히 말하면, 그들은 16세기 이탈리아 사람들이다. 따라서 자신들이 공개석상에 있다고 생각하는 대신 밥티스타네 집의 '실외 거실'에 있다고 생각한다. 실외 거실이란 그의 집 현관에 이어진 거리나 광장 구역이다. 그와 같은 발상—그리고 실상—은 아직도 이탈리아의 작은 마을이나 시골에서 볼 수 있는데, 땅거미가 어스름하게 지기 시작하면 사람들이 자주 의자나 심지어 탁자까지 들고 나와서 밖에서 논다.

작가는 밥티스타네 집 문이 가깝지 않을 것이라는 의심을 아예 떨쳐버린다. 대화가 비안카의 결혼에 관한 구체적인 내용으로 넘어가자 밥티스타는 딸이 듣지 말아야 한다고 판단한다. 그래서 "비안카, 그만 들어가라"라고 말한다. "집으로 가라"도 "자리 좀 비켜줄래?"도 아니다. 그들은 밥티스타네 집 앞에 있고, 비안카는 안으로 들어가라는 소리를 듣는다. 그녀가 그 지시에 따르지 않자 그들의 위치가 강조된다. 밥티스타가 딸의 결혼 문제에 대해 협상하던 중 비안카에게 좀 더 교육이 필요하다고 주장하려는 대목에 이르자, 그는 하던 말을 잠시 멈추고 다시 한 번 지시한다. "그만 들어가라, 비안카." 바로 그곳에는 그 집 현관뿐 아니라 루센티오와 트라니오도 있다.

이제 우리는 이 개막 장면에 필요한 무대 장치 목록을 알게 되었다. 운하, 부두나 선착장, 상당한 수준의 여관, 거리일 수도 있고 광장일 수도 있는 모종의 공개적인 공간, 또 여러 채는 아니더라도 적어도 한 채의 개인 주택은 서 있어야 한다. 이탈리아의 시내 주택들은 16세기 유럽의 다른 시내 주택들과 마찬가지로 고금을 막론하고 혼자 서 있는 법이 거의 없다. 다른 집들과 정답게 꼭 붙어 서 있다.

그나저나 내가 만든 이 목록을 액면 그대로 사실로 받아들여도 될까? 파도바에 이런 곳이 정말로 존재하는 걸로 생각해도 되는 걸까? 게다가 이런 특이해 보이는 목록뿐 아니라, 여행자들의 배를 묶어두는 곳 바로 옆에 있는 여인숙이나 여관에서 민첩한 주인이 문을 열고 튀어나오는 기이한 상황도 있었으리라. 그럼에도 나는 작가가 정확한 사실에 입각해 썼다는 확신이 들었다. 나는 일찍이 이 작품을 읽으면서 유일무이하면서 특별한 참고 자료가 드러날 거라고 기대했다. 물론 인내를 가지고 세심하게 주의를 기울여야 했지만 결과적으로 작가는 나를 실망시키지 않

파도바의 상륙장 또는 '정박지'(사진 오른쪽 아래)로 루센티오의 배를 묶어둔 곳이다. (운하 너머 다리 위에서 찍은 저자 사진)

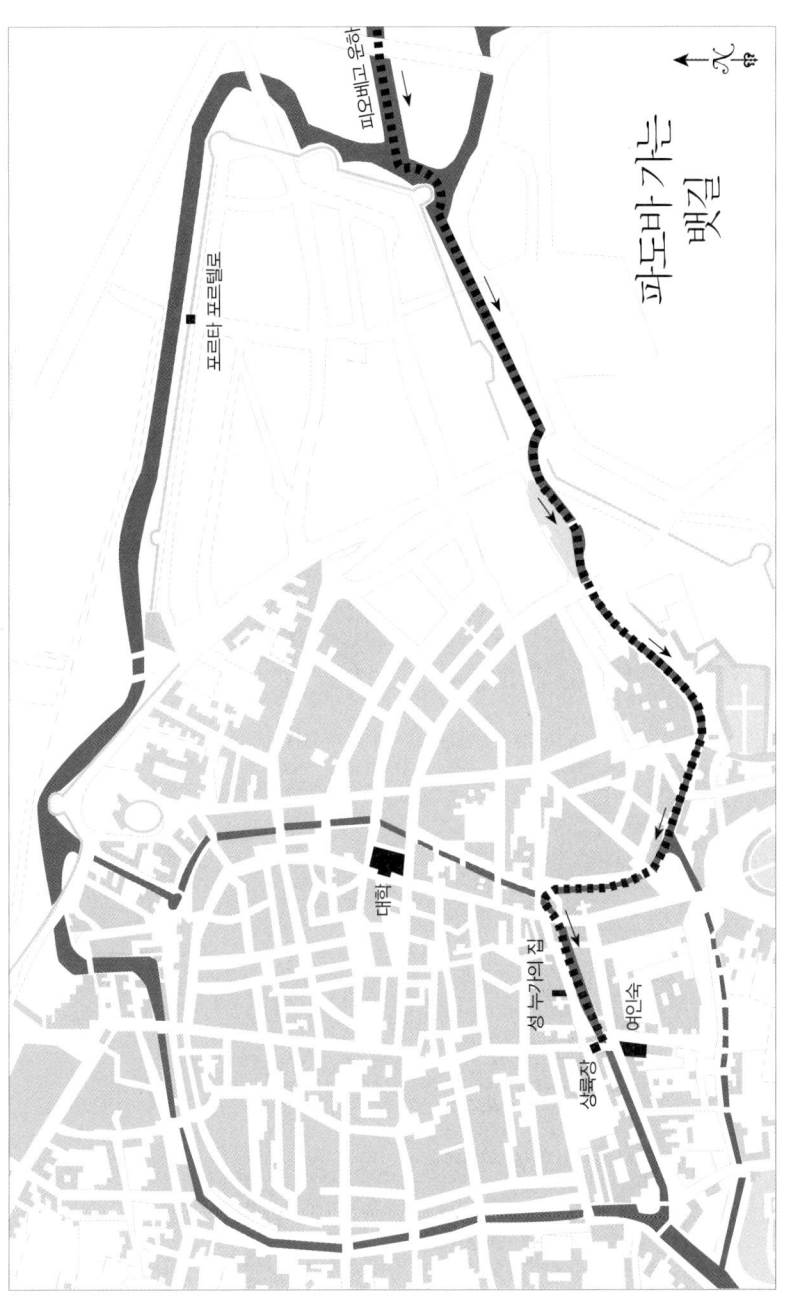

았다.

 이야기는 계속된다. 뻔뻔한 구혼자인 페트루치오가 케이트에게 약혼 승낙을 얻기 위해 인접한 베네치아 주 베로나로부터 도착한다. 천만다행히도 언니가 먼저 결혼해야 한다는 당시의 관습[1] 덕분에 페트루치오는 곧 그녀의 아버지와 지참금 문제에 관해 합의를 본다. 당시 이탈리아에서는 합의를 보자마자—때로는 그날 당장—결혼식을 올리는 게 일반적이었다. 3막 2장에 증인 중 하나인 그레미오가 케이트의 신속한 결혼식을 묘사하는 내용이 나온다. 이탈리아의 온당한 관습에 따라 결혼식은 케이트의 교구 교회에서 올렸을 거라고 짐작되는데, 물론 아주 크거나 중요한 교회일 수 없다. 그레미오가 결혼식을 묘사할 때 사제를 가리켜 '대목代牧'이라고 말하기 때문이다. 대목은 성직자의 직함으로, 셰익스피어의 작품에 딱 네 번밖에 나오지 않는다. 이에 반해 '사제'나 '사제들'이라는 단어는 일흔네 번이나 나온다.

 대목은 특별한 종류의 사제인데, 이 단어를 통해 작가는 자신이 쓴 것에 대해 정확히 알고 있었다는 사실을 드러낸 셈이다. 신자 수가 너무 적을 경우, 다른 교회 소속 사제가 각종 의식이나 강론, 고해성사 등을 위해 대리로 임명되는데, 그런 사제를 '대목'이라고 한다. 말하자면 대리로 임무를 수행하는 데서 비롯된 명칭이다. 그런데 그레미오도 이 작은 교회의 이름을 말하지 않고, 작가 역시 이름을 알려주려고 서두르는 기색이 없다. 작가는 보통 자기 작품에 나오는 이탈리아 교회 이름을 정확하게 밝히곤 했다. 그 덕에 우리는 이미 밀라노의 성 그레고리 교회와 베로나의 성 베드로 교회를 알고 있다.

 마침내 우리는 4막 4장에 이르러서야 파도바에 있는 교구 교회의 이름을 알게 된다. 이 장에서 비온델로는 루센티오에게 비앙카와 결혼하는

데 장애가 되는 문제가 깨끗이 해결되었다고 보고한다. 즉 케이트가 먼저 결혼해야 한다는 선행조건이 충족되었다는 뜻이다. 비온델로가 루센티오에게 하는 말은 이렇다. "성 누가 교회의 늙은 사제가 언제든지 나리를 도와주실 겁니다." 그렇다. 드디어 성 누가 교회라는 이름이 나온 것이다.

케이트의 결혼과 관련해 언급되지는 않았지만, 어떤 결혼식이건 특정한 필요조건이 있게 마련인데, 비온델로는 성 누가 교회의 이름을 말한 다음 루센티오에게 그것을 열심히 설명한다.

나리도 어서 그분에 대한 '판권독점 계약cum pivilegio ad imprimendum solum [실제로는 출판과 관련된 단어로, 관련 없는 말장난]'을 꼭 하세요. 사제와 서기, 그리고 자격이 있는 정직한 증인들을 어서 교회로 모으세요. ……

상당한 수준의 이 여관은 루센티오의 숙소였던 곳으로, 상륙장에서 몇 발 떨어지지 않은 곳에 위치하며 건물 앞에 공공의 공간, 혹은 광장이 있다.

일자무식한 비온델로가 어디선가 주워듣고 내뱉은 '판권독점 계약'이란 말을 제외하면, 이는 16세기 결혼식에 꼭 필요한 구체적 조건이었다. 이 조건은 오랫동안 당연하게 여겨져 왔으나, 요즘 이탈리아 이외의 유럽에서는 16세기 방식을 굳이 따르지는 않기 때문에 오늘날에는 거의 무시한다. 이탈리아 희곡에서는 정말이지 즉석에서 무심코 던지는 대사란 하나도 없다. 다 시의적절한 목적을 위해 미리 준비된 대사들이다. 비온델로의 이 대사 역시 직접적으로 영국 당국을 노리고 한 말이다. 즉 영국에서는 흔한 일이었던, 순진한 처녀들을 농락하는 불명예스러운 사기 결혼을 언급하는 말이다. 그런 결혼은 쉽사리 무효화되곤 했는데, 결혼했다는 사실을 입증해줄 증인이나 교회 기록도 없이 얼렁뚱땅 결혼식을 해치웠기 때문이다. 비밀 결혼, 비공식적인 결혼, 정당한 증인 없이 올리는 결혼이 특히 영국에서 유행처럼 번지고 있었다. 결혼했다는 증거로 믿을 만한 증인과 정식 교회 기록이 없을 경우, 당시 법정은 신부를 빈곤의 나락으로 떨어뜨리고 어린아이를 사생아로 만들 수도 있었다.

공의회가 너무 오래 시간을 끄는 바람에 종교적 악습을 개정하고 다른 문제들을 명쾌하게 정리하지 못했다는 의견이 분분한 가운데, 1563년 11월 11일, 트렌트 공의회는 충실한 천주교 신자들에게 사제와 두세 명의 증인 앞에서 올리지 않은 결혼은 모두 무효가 될 것이라고 선언했다. 그날 이후로 교회법에 따라 페트루치오, 루센티오 및 성 누가 교회의 늙은 대목은 그것을 따르지 않을 수 없었을 것이다. 하지만 준청교도적인 영국에서는 굳이 그것을 따를 필요가 없었다. 18세기 중반까지 영국 의회나 영국 국교회 모두 그에 상응하는 어떤 입장도 표명하지 않았다. 일찍이 헨리 8세가 성문법을 제정해 이 불명예를 바로잡으려고 애썼지만, 그의 젊은 아들 에드워드 6세가 다스리는 동안 그 법은 폐지되고 말았다.

૭

4막 4장 마지막에 비온델로가 익살스럽게 선언하는 대목에서 교회 이름이 다시 한 번 나온다.

우리 주인 나리의 명령으로 성 누가 교회로 가야 돼요. 나리께서 혹을 달고 오시기 전에 신부님이 준비하시게 해야지.

이제 우리도 알아차렸다. 작가가 거듭 이름을 되풀이하면서 강조하는 방식을, 독자나 관객들에게 "주의를 기울이시오."라고 촉구하는 그만의 개인적인 수법을. 작가는 우리에게 밥티스타 미놀라와 그의 딸들이 성 누가 교회 교구에 살고 있다고 말하고 있는 것이다.

이탈리아 희곡에 나오는 장소나 사물들이 꾸며낸 것이라는 굳건한 믿음 때문에 이제까지 파도바의 성 누가 교회를 찾아보려고 한 사람은 아무도 없었다. 그런데 주교 관구 사무실에서 채 5분도 걸리지 않아 교회 주소를 얻을 수 있었다. 비콜로 콘티Vicolo Conti와 비아 리알토Rialto 사이에 있는, 예전에는 비아 산 루카로 불리던 비아 벤티 세템브레Venti Settembre 22번지였다. 나중에 파도바의 문서기록보관소와 근처 가게에서 산 책 덕분에 성 누가 교회가 중세부터 있었던 교회로, 1350년보다 훨씬 전에 현재 자리에 세워졌다는 사실을 알게 되었다.

세콘도 조반니 디 노노Secondo Giovanni di Nono라는 사람이 남긴 기록에 따르면, 14세기 전반 파도바의 중세 성벽(지금은 모두 16세기 성벽 안쪽에 있다)에는 열아홉 개의 성문이 있었다고 하는데, 각각의 문에는 전부 이름이 있었다고 한다. 대부분 인근에 있는, 혹은 가장 가까운 교회 이름을 따서 붙였다. 그 이름들 가운데 포르타 산 루카 오 산타 마리아 인 반초 Porta San Luca o Santa Maria in Vanzo가 있다. 실제로 산 루카 교회는 산타 마리아 인 반초에서 나오는 골목길만 건너면 된다. 물론 지금은 더 이상 중세의 모습을 지니고 있지 않지만, 세콘도 조반니의 증언에 따르면 이 두 교회는 『말괄량이 길들이기』가 창작되던 무렵에 이미 200년 이상 거기서 있었다고 한다.

교회 정문에 붙은 기념 명판에 라틴어로 적혀 있듯이 1815년(오스트리아가 이탈리아 북부에 대한 종주권을 행사하던 시절) 산 루카 교회는 확장 보수공사를 했고, 작은 교회의 정면을 '새롭게 단장'한 결과 오늘날과 같은 신고전주의 양식의 모습이 탄생했다. 이 아담한 교회는 사람들의 애정 어린 관심을 지속적으로 받아왔는데, 외벽의 색깔 변화가 그 사실을 증명하고 있다. 20년 전에 보았던 노란색 벽은 이제 산뜻한 분홍색으로 바뀌어 있었다.

성 누가 교회 내부는 손님을 따뜻하게 맞이하는 분위기이지만 눈에 띄는 예술품 같은 것은 없었다. 다만 지방 화가인 피에트로 다메니Pietro Dameni의 그림으로 장식된 멋진 제단이 볼 만했다. 성모 마리아가 누가복음을 쓰고 있는 성 누가와 19세기 그 도시의 후원자 네 사람과 함께 있는 그림이었다.

성 누가 교회라는 이름의 교구 교회. 항구와 여관 근처에 있다.

이 조그만 성 누가 교회는 파도바의 중세 성벽 바로 안쪽에 있는데, 포르타 산 조반니 바르바리고 San Giovanni Barbarigo라 불리는 아치형의 출입구와 가깝다. 그 문을 통과하면서 나는 『말괄량이 길들이기』의 1막 1장 무대를 떠올리지 않을 수 없었다. 나는 주위를 둘러보면서 여기가 바로 그 배경인 장소라고 확신했다. 바로 지금, 내 눈앞에 펼쳐진 모든 광경이 연극 첫 장면에 나오는 대사의 내용과 정확히 일치하고 있었다.

- 수로(여러 세기 동안 깨진 돌조각을 던져 넣은 까닭에 지금은 좁아졌음)
- 배를 묶어둘 수 있는 상륙장, 선착장 혹은 정박지(지금은 줄어들어서 좁게 튀어나온 부분만 있음)
- 수로를 가로지르며 양쪽을 연결하는 다리
- 근처에 성 누가 교회가 있는 거리

- 건물이 밀집한 넓은 공간(일부는 거리이고 일부는 광장임)

　밀집한 건물들 가운데 그 넓은 공간의 모퉁이에 서 있는 건물 하나가 다리를 향하고 있었다. 유일하게 다른 건물들보다 약간 높고 1층에 아치가 있는 이 건물은 유난히 눈에 잘 들어왔다.

　　　　　　　　　　　♪

　다리 위에 선 채 루센티오와 비온델로, 밥티스타와 그의 딸들을 생각하다가 잠시 후 나는 메모, 지도, 스케치 등을 모아놓은 서류철을 열고 파도바 시립박물관에서 얻은 복사물을 뽑아 들었다. 그것은 로렌초 마치 Lorenzo Mazzi라는 측량 기사가 그린 18세기 도면의 일부로, 1718년 12월 17일이라는 날짜가 적혀 있었는데, 아주 잘 그린 것이라고는 할 수 없었다. 아무리 봐도 마치는 전문가가 아니었다. 그의 도면은 서툴고 일그러지고 일정한 축척도 지키지 않았지만, 그래도 파도바의 이 장소에 대한 나의 이론에 아주 큰 도움이 되었다. 성 누가 교회의 이름은 간신히 알아볼 수 있고, 마치가 그려 넣었던 많은 건물은 더 이상 그 자리에 존재하지 않는다. 수로에는 운하라는 말 대신 강이라고 굵게 적혀 있었고, 다리 옆에는 정말로 '포르토'라고 뚜렷하게 표시된 지점이 있었다. 포르토는 '항구' 또는 '상륙장'이라는 뜻이니, 루센티오의 배를 묶어두기에 이상적인 장소였을 것이다.

　마치의 도면에 거의 해독할 수 없을 정도의 아주 작은 글씨로 무언가가 적혀 있었는데, 마침내 그 내용을 알아본 순간 나는 깜짝 놀란 나머지 그만 커다랗게 웃음을 터뜨리고 말았다. 1층에 아치가 있는, 다리에 면한

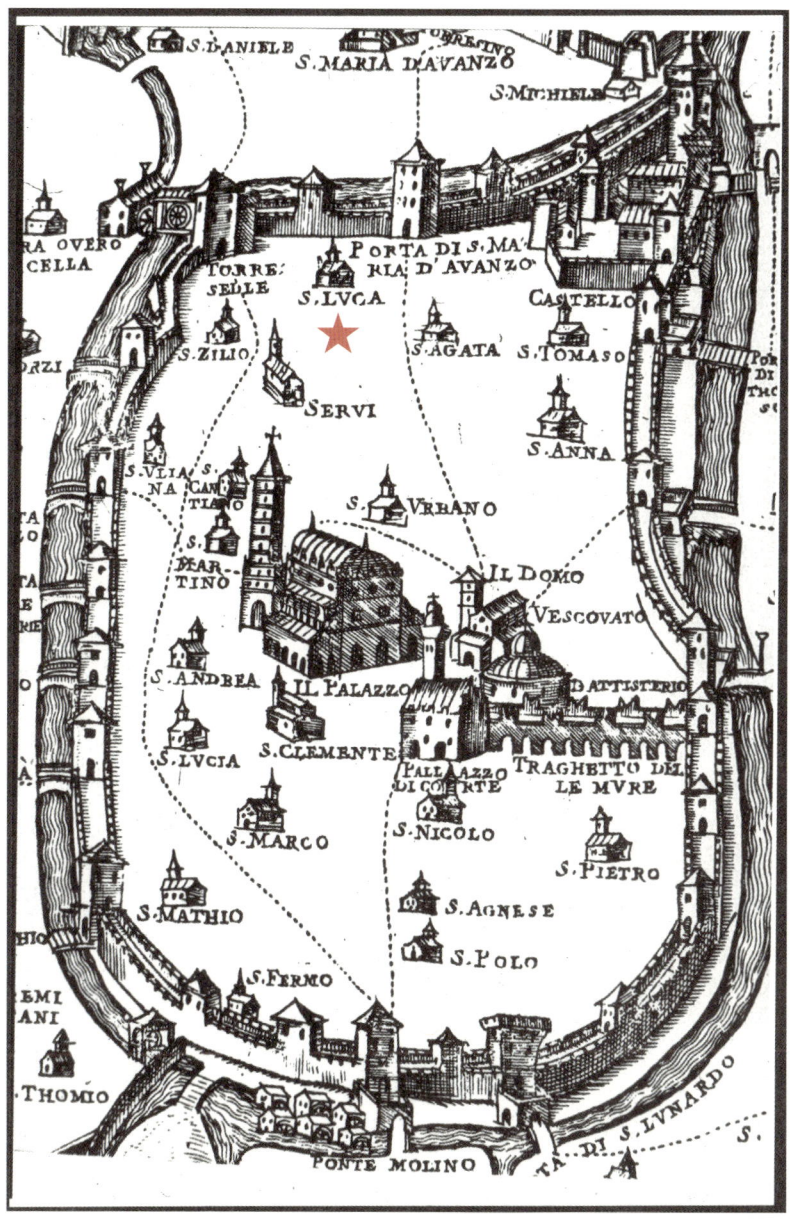

13세기 초기의 파도바 지도로, '외장 보수공사'를 하기 전의 작은 교구 교회인 성 누가 교회(★ 위의 S. Luca)가 보인다(A. Barzon, 『Il Beato Crescenzio da Camposampiero』, 파도바, 1941에서 복사한 중세 지도).

피사에서 파도바까지

그 건물 그림 아래쪽 글자를 자세히 살펴보니 '오스테리아Osteria'라고 적혀 있었다. '여관'이나 '여인숙' 또는 숙소를 의미하는 이탈리아어이다. 바로 루센티오가 머물던, 제 집처럼 편안한 숙소를 그려놓은 것이었다. 건물은 상태가 아주 좋아서 그리 오래된 것 같지 않았다. 루센티오가 여관 앞에 선 채 트라니오와 수다를 떨면서 동시에 상륙장에 묶어놓은 배 옆에서 참을성 있게 지시를 기다리고 있던 비온델로를 부르는 장면은 하나도 놀라운 일이 아니었다.

여전히 다리 위에 선 채, 천천히 몸을 돌리며 작가가 있는 그대로 묘사한 주위 풍경을 바라보던 중 퍼뜩 깨달음이 스쳤다. 나보다 먼저 4세기 전에 『말괄량이 길들이기』의 작가가 주변의 모든 풍경에 열중한 채 바로 이 자리에 서 있었다는 사실을.

&

2막 1장 후반에 비안카를 두고 경쟁을 벌이던 그레미오가 밥티스타에게 자신의 재산을 자세히 설명하는 대목이 나온다.

아시다시피, 시내에 있는 저의 집에는
식기며 금붙이가 수두룩합니다.
따님의 우아한 손을 씻을 대야와 물항아리도 있고,
벽에는 모두 타이어Tyre 제 태피스트리가 걸려 있지요.
상아로 만든 금고마다 금화가 가득하고,
삼나무 농 속엔 꽃무늬 이불, 값진 의상,

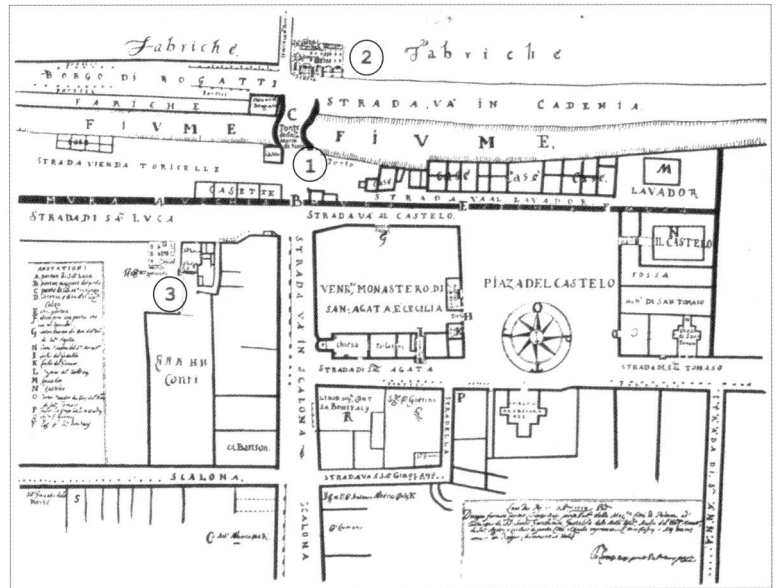

로렌초 마치가 그린 파도바 도면. 1718년에 그려진 이 도면에는 『말괄량이 길들이기』 1막 1장에 나오는 모든 장소가 다 실려 있다. ①항구(porto) 루센티오가 자신의 배를 묶어둔 곳. ②여관(osteria) 루센티오가 머물던 곳. ③성 누가 교구 교회(San Luca) 비안카와 카테리나가 결혼식을 올린 곳(A. Barzon, 『Il Beato Crescenzio da Composampiero』[Padova, 1941년]에서. 『Storia e arte in S. Tomaso』[Padova, 1966년]도 참조할 것. 원본 지도는 파도바 시립박물관 소장, F. 6330).

천막과 휘장, 멋진 아마포, 진주로 장식된 터키 제 쿠션,

금실로 수놓은 베네치아 산 장식 커튼,

그 밖에 살림 및 가정에 필요한 백랍, 유기 등이

산더미같이 있습니다.

『말괄량이 길들이기』를 잘 아는 사람으로, 유서 깊은 집기들을 보유하고 있는 베네토 주의 베네치아 식 저택 내부를 방문했던 이탈리아 여행자라면 그레미오의 묘사가 이탈리아 저택 내부와 깜짝 놀랄 정도로 비슷

하다는 사실을 깨달았을 것이다. 동시에 그것이 튜더 시대 영국의 부유층 저택과는 전혀 딴판이라는 사실도 알게 되었으리라.

～

이 2막 1장을 몇 줄 더 읽어내려 가면 그레미오가 비안카의 환심을 사려고 온갖 애를 쓰면서 자기 재산을 자랑하는 대사가 또 나온다. 그는 비안카가 그의 아내만 되어준다면 "이 밖에도 마르셀루스Marcellus에 정박 중인 대상선도 전부 드리리다"라고 말한다(그레미오가 말한 '마르셀루스'는 프랑스 왕국에 있는 마르세유이다). 그런데 여기에 문제가 있다. '대상선Argosy'이란 원래 아드리아 해 건너편의 도시 국가 라구사Ragusa에서 오는 상선이었다. 그렇다고 해서 그레미오가 대상선을 가질 수 없다는 말은 아니다. 그레미오가 외국에 대상선을 소유하고 있을 만큼 약삭빠르다는 의미를 내포한 것이다. 공화국의 시민이 외국 선박을 소유하는 것은 불법이기 때문이다(본문 5장 참조). 그레미오가 앞서 늘어놓은 자랑에 따르면 그는 낙농업자인 게 분명하다. 그가 밥티스타에게 자랑스럽게 떠벌인 바에 의하면 그는 젖소 100마리에 황소 60마리를 가지고 있다. 그런데 이제 그는 자신이 대상선도 가지고 있다고 말한다. 비록 자기 재산이라고 딱 부러지게 말하는 대신 비안카가 갖게 될 것이라고만 말했지만.

그레미오는 여기서 허풍을 떨고 있는 듯 보인다. 그는 '늙은 어릿광대'로, 이탈리아 콤메디아 델라르테Commedia dell'Arte의 판탈로네pantalone에 해당하는 인물이다. 이 같은 형식의 이탈리아 연극의 플롯과 인물이 작가의 이탈리아 희곡에 워낙 깊이 스며들어 있어서 일부 영국 관객들은 늙은 어릿광대가 어리석은 늙은이인 동시에 거짓말쟁이라는 사실을 잘 알고 있었다. 그레미오의 재산 목록에 뜬금없이 대상선이 등장하는 이유도 바로 이 때문인데, 이 대사를 듣고 영국 관객들은 한바탕 웃음을 터뜨렸을 것이다.

무식하지만 교활한 트라니오는 루센티오 행세를 하면서 비안카와 결혼하기 위해 그레미오보다 재산이 많다는 것을 내세우려고 애쓴다. 그러느라 루센티오의 아버지에 관한 또 하나의 거짓말을 보탠다. "우리 아버님이 대상선을 세 척도 넘게 소유하신 사실은 널리 알려져 있지요. 이 밖에도 두 척의 대형 갤리선과 열두 척의 경輕갤리선도 가지고 계신답니다." 이것은 말도 안 되는 소리이니, 당시 대상선은 라구사 사람들이나 소유하고 있었기 때문이다.

이 작품의 모든 판본에는 갤리선 앞에 'tight'라는 형용사가 나오는데, 이것은 인쇄상의 실수이다. 16세기에 지중해를 항해하던 단돛대 갤리선을 정확하게 부르기 위해서는 형용사를 'light'로 고쳐야 한다. 바로 '경輕갤리선'인데 작가는 이탈리아 여행을 통해 그것을 알고 있었던 게 틀림없고 어쩌면 타 보았을지도 모른다. 영국에는 그런 배가 없다.

트라니오는 자신이 비안카의 신랑감으로 적격임을 밥티스타에게 확신시키기 위해서는 루센티오의 아버지 행세를 해줄 사람을 고용해야 한다는 걸 깨닫는다. 그 도시에 금방 도착했으며 트라니오의 사기 행각에 동의하고, 기꺼이 악의 없는 거짓말을 해줄 사람으로. 4막 2장에서 비온델로는 그럴듯한 사람을 찾아서 데려오라는 지시와 함께 도시 성문으로 보내진다. 비온델로가 무대에 등장하면서 트라니오에게 외치는 대사를 통

〈열두 척의 경갤리선〉. 이 그림은 지중해를 항해하던 단돛대 경 갤리선을 그린 것으로 라파엘로의 습작으로 추정된다. (베네치아 아카데미아 미술관 소장)

해 이런 사실이 밝혀진다.

어이구, 도련님, 도련님, 오랫동안 서 있느라고 완전히 뻗어버리기 직전인뎁쇼.
그래도 드디어 찾아냈어요. 천사 같은 노인네가 산에서 내려왔으니
도움이 될 것 같습니다요.

학자들은 대천사 미카엘의 얼굴이 새겨진 옛날 영국 주화 때문에 비온델로가 자신이 찾아낸 사람을 '천사'라고 부른다고 생각했다. 물론 가당치도 않은 생각이다. 그보다는 차라리 비온델로가 그 노인을 하늘이 보내준 사람으로 여기기 때문에 천사라고 부른다는 쪽이 더 그럴듯하다. 그나저나 기꺼이 누군가의 아버지 행세도 해주고 결혼 협상도 도와줄 버젓해 보이는 사람을 찾는다는 게 과연 쉬운 일이었을까?

트라니오가 비온델로에게 "어떤 사람이더냐?"라고 묻자, 비온델로가 대답한다.

도련님, 상인 아니면 교사 같던데요.
잘은 모르겠지만 어쨌든요, 옷차림도 단정하고
걸음걸이나 생김새가 아버지 감으로 아주 딱 입니다.

비온델로는 자신이 용케 데려온 사람이 뭘 해서 먹고사는 사람인지 잘 모른다. 하지만 그의 모양새가 버젓한 것이 그 두 가지 직업에 똑같이 잘 어울릴 것 같다. '교사pedant'는 학교 선생이나 가정교사라는 뜻이다. '상인marcantant'의 경우, 그것에 해당하는 이탈리아어는 'mercantante'이다. 그런데 이 단어가 영어로 바뀌면서 마지막 e가 빠졌다. 따라서 영어로 할 때 올바른 철자는 'mercantant'일 것이다.

내 추측으로 이 단어 marcantant의 맨 처음 음절 'a'는 제1이절판에 등장한 이래 계속 그렇게 나오는데, 이는 'e'의 인쇄상의 실수인 듯하다. 'mercantant'는 영국에서 생소한 단어일 뿐 아니라, 이 작품을 제외하면 다른 어떤 영문학 작품에서도 사용된 적이 없다. 『옥스퍼드 영어사전』의 경우, 제1이절판에 나온 이 단어의 영향으로 똑같이 틀린 철자를 제시했는데, 거기에 나온 정의를 보면 '상인'이다. 그런데 이 정의는 16세기 상인의 경우, 일부는 맞고 일부는 틀리다. 『블랙 법률 사전Black`s Law Dictionary』은 mercantant를 조금 더 자세히 '외국 상인'이라고 정의했는데, 이 정의 역시 설명이 필요하다. mercantant는 순회여행하는 대리상代理商이기는 하나, 좀 특별한 종류의 상인이기 때문이다.

비온델로가 데려온 사람은 교사가 아니라 실은 상인이다. 이 막이 끝날 무렵 그는 트라니오와 대화를 나누며 자기 직업에 대해 자세히 털어놓는다.

상인/교사 : 안녕하십니까?

루센티오 역의 트라니오 : 안녕하세요! 잘 오셨습니다. 멀리까지 가실 겁니까? 아니면 여기가 목적지이신 건가요?

상인 : 예, 머나먼 여행이라 여기서 한두 주 쉬었다가 로마로 갈까 합니다. 그때까지도 목숨을 부지하면 트리폴리까지도 가볼까 하고요.

트라니오 : 고향이 어디신지?

상인 : 만토바입니다.

트라니오 : 만토바라고요? 이런 맙소사! 파도바에 오시다니 목숨이 아깝지도 않으세요?

상인 : 목숨이라뇨? 왜요? 이거 큰일 났군.

트라니오 : 만토바 사람이 파도바에 오는 건 죽으러 오는 거나 마찬가지입니다. 그 까닭을 모르세요? 당신네 배는 모조리 베네치아에 억류돼 있어요. 만토바 공작께서 당신 고향 공작과 사적인 싸움이 생겨서 공식적으로 그렇게 선포하셨답니다. 그런데 참 이상하네요. 이곳에 오신 지 얼마 안 됐다고는 하지만 그래도 그런 포고를 전혀 못 들으셨다니.

상인 : 이런, 이상한 정도가 아니라 낭패로군요! 사실 피렌체에서 환어음을 가지고 왔는데 여기서 그걸 꼭 전해야 한답니다.

이 대사는 작가가 이탈리아의 주요 은행 업무 중 하나가 어떻게 돌아가는지 구체적으로 알고 있음을 드러낸다.

이 상인이 하필이면 만토바에서 왔다고 말하는 점이 한층 구체적이고 주목할 만하다. 우선, 우리는 이 남자가 직업적인 여행자라는 사실을 알게 되었다. 계획적이면서도 놀랄 만큼 광범위한 여정으로 보아 그렇다. 피렌체로부터 파도바에 도착했고, 이어 '좀 더 멀리' 갈 작정이라고 하는데 아마도 베네치아를 가리키는 것 같다. 그런 다음 '로마까지' 가기 위해 남쪽으로 돌아간다고 한다. 그러고 나서 흥미롭게도 지중해를 건너 북아프리카의 바르바리 해안에 있는 트리폴리로 갈 작정이라고 말한다. 트리폴리로 말하면, 수단의 광산으로부터 정기적으로 사금이 도착하는 덕에 중요한 금융 중심지가 된 곳이다.

이어 그들의 대화 마지막에 상인은 직업상 여행의 목적을 좀 더 구체적으로 설명한다. 자신이 환어음을 가지고 있다고 말한 것이다. 이와 같은 금융 수단은 중세시대부터 유럽, 근동, 북아프리카에서 널리 사용되어왔다. 이 '환어음'은 거의 마술과도 같은 효용을 갖는데, 미래의 지정 일자에 액면 금액을 지급하는 어음을 주로 다른 곳에 있는 은행에서 할인해서 매입하는 것이다. 따라서 실제로는 어음을 발급한 곳에서 액면가보다 적은 돈으로 먼저 어음을 샀다가, 나중에 다른 도시의 특정 은행에 액면가대로 다 받고 어음을 파는 것이다. 그 차액이 어음 매입자가 얻는 이익이다.[2]

이렇게 어음을 발급하고 할인하고 상환하는 일은 만토바, 파도바, 베네치아, 피렌체, 로마를 비롯해 많은 이탈리아 도시에서 행해졌다. 다른 유럽 도시, 이를테면 앤트워프, 리옹, 프랑크푸르트, 런던 같은 곳에서도 이와 같은 어음 할인이 이루어졌다. 어음 소지자가 런던에 갈 경우, 대개 배를 타고 가서 더 시티 오브 런던The City of London* 부근 상륙장인 템스에 도착하는데, 거기에 은행들이 모여 있다. 그러므로 그는 거리에서 영국 문외한들과 부딪힐 일이 절대로 없었기에 이탈리아 이름 대신 영국 이름을 지을 필요도 없었다.

 이 작품의 상인에게 특별히 중요한 것으로 트리폴리의 어음 할인업자와 어음 취급 은행이 나오는데, 작가는 이런 것들에 대해 확실히 알고 있었다. 상인이 말한 모든 내용을 통해 이제 그의 직업이 백일하에 드러났다. 그는 어음 할인업자나 어음 발행인을 위해 일하는 수금 회사 직원으로, 만토바에 살고 있다.

『말괄량이 길들이기』의 편집자들이 루센티오 아버지 행세를 하는 남자의 대사에 그저 관행대로 '교사'라고 표시하는 것 때문에 나는 사실 오랫동안 마음이 찜찜했다. 작가는 『사랑의 헛수고』에서 철저히 교사를 조롱했지만 『말괄량이 길들이기』의 가짜 아버지에 대해서는 그러지 않았다. 아무튼 '교사' 대신 '상인'이라는 정확한 명칭을 집어넣는 데 실패하거나 그러기를 의식적으로 거부한 것은 아마도 초기 영국 대서인 scrivener들의 잘못이었던 것 같다. 상인은 잘 몰랐지만 교사에 대해서는

---

* 런던 중앙의 금융 중심지.

잘 알고 있던 사람으로부터 비롯된 오류일 것이다. 오늘날에도 되풀이 되고 있는 이런 오류를 그때와 같은 무지의 탓으로 돌릴 수 있을까. 일부 편집자들은 『베로나의 두 신사』 2막 5장에 나오는 스피드의 대사('파도바에 온 걸 환영하네!'를 '밀라노에 온 걸 환영하네!'로)를 거침없이 (그것도 틀리게) 고쳐놓는 마당인데, 왜 다들 잘못된 표현인 '교사'는 정확하게 '상인'으로 바꾸려 하지 않는 걸까?

위에 인용된 트라니오와 상인의 대화 중, 상인이 만토바에서 왔다는 사실을 밝히는 대목에서 작가는 또 하나의 수수께끼 같은 신호를 보냈다. 만토바라는 이름이 연달아 세 번이나 나온 것이다. 여기뿐 아니라 베네치아(파도바가 속한 나라) 공작과 만토바 공작의 싸움에 관한 거짓말이 나오는 대사에서 작가는 구체적으로 만토바 공작에 대해 언급하는데, 아마도 그 공작은 수세기에 걸쳐 만토바를 지배해온 곤차가Gonzaga 가문의 일원이었을 것이다.

페르낭 브로델의 걸작인 『펠리페 2세 시대의 지중해와 내해The Mediterranean and the Mediterranean Sea in the Age of Philip II』 1권 468쪽에 다음과 같은 내용이 나온다.

> 순종 말들을 산 곤차가의 대리인들은 어음(그곳에 정착한 기독교도 상인의 신용으로)을 들고 바르바리 해안을 오갔는데, 그들은 튀니스와 오랑Oran에 대해 제노바나 베네치아만큼이나 잘 알고 있었다.

여기에는 당연히 베르베르 사람이 사는 트리폴리도 포함되었을 것이다. 그곳에서는 금으로 대금을 지불하는 것이 가능했는데, 이탈리아에서 공급이 딸리는 금은 에스파냐의 공급 과잉으로 지속적으로 가치가 하락하는 은보다 훨씬 인기가 좋았다.

 작가는 만토바의 곤차가 가문에 대해 아주 특별한 사항을 알고 있었고, 그것에 대해 특유의 완곡어법으로 에둘러 말했다. 즉, 트라니오라는 인물을 통해 '만토바 공작'이 원양 항해선을 소유하고 있다는 사실을 밝혔는데, 이것 역시 작가가 조롱당한 원인 중 하나였다. 그러나 실제로 만토바는 포 강 부근의 고베르놀로Governolo에 상당한 상선과 전선을 보유하고 있었는데 포 강, 아디제 강, 아드리아 해는 물론 더 멀리까지도 충분히 왕래할 수 있는 선박들이었다.

『말괄량이 길들이기』에는 머나먼 피사의 이름이 열네 번이나 나온다. 그곳이 루센티오의 고향이어서만이 아니라 작가가 말장난을 하는 데 피사를 애용했기 때문이다. 작가는 피사를 가지고 하는 말장난을 유난히 즐기는 듯 보이는데, 이 작품에 두 번이나 등장한다. 그럼에도 이 유별난 말장난은 주석자의 관심을 끌지 못했다. 나 역시 피사에 가본 적이 없거나 『로미오와 줄리엣』에 좀 더 분명하게 나오는 그에 필적하는 말장난을 깨닫지 못했더라면, 그것을 알아차리지 못했을 것이다. 『로미오와 줄리엣』 3막 1장에서 난폭한 티볼트의 칼에 찔린 머큐시오는 로미오의 팔에 안긴 채 죽어간다.

 로미오 : 이봐, 기운을 내. 상처가 대단하진 않아.

 머큐시오 : 그래, 우물만큼 깊진 않지.

교회 문짝만큼 넓지도 않고.
하지만 이 정도 상처면 충분해. 치명적이지.
내일 한번 날 찾아 봐.
근엄한 grave 사람이 되어 있을 테니. …

『말괄량이 길들이기』 1막 1장에서 자신의 출생지를 밝히는 대목에서 루센티오는 '근엄한 시민들로 유명한 피사'라고 말한다. 또 4막 2장에서는 '교사(상인)'가 피사에 간 적이 있느냐는 질문에 다음과 같이 대답한다.

예, 피사는 가끔 들렀지요.
피사는 근엄한 시민들로 유명한 도시지요.

곧 '근엄한 사람'이 되려는 머큐시오나 '교사'와 루센티오가 말하는 '근엄한 시민들'—무덤 grave 속의 '시민'이라는 뜻이다—처럼, 피사의 근엄한 시민이란 살아 있는 주민들을 가리키는 게 아니다. 피사 시민들이 실제로 얼마나 엄숙한 사람들인지는 알 수 없으나. 작가가 말하는 피사의 '근엄한 시민들'은 피사의 사자死者들이거나 적어도 사자들 가운데 매우 존경을 받거나 존경할 만한 사람을 가리킨다. 즉 피사에 있는 저명인사 묘지로, 캄포산토 모누멘탈레라고도 알려진 '캄포산토'에 매장된 피사 사람들이다. '묘지'에 해당하는 이탈리아어 캄포산토 camposanto는 글자 그대로 풀이하면 '신성한 대지' 또는 '거룩한 땅'이라는 뜻인데, 이런 피사의 공동묘지는 다른 어떤 묘지와도 다르다.
십자군 전쟁 기간 동안 피사는 배로 순례자와 병사들을 성지로 수송한 덕에 부유해졌다. 피사의 대주교인 란프란키Lanfranchi는 신실한 신자들을 외국에 내려주고 돌아오는 배가 귀국여행을 위한 바닥짐으로 돌과 외국 물건들—대개 싸구려—을 싣고 온다는 사실을 알아차렸다. 란프란키는 피사로 돌아오는 갤리선 53척의 화물창을 예루살렘 갈보리 산 흙으로 가득 채우게 했다. 이곳은 바로 예수가 십자가에 못 박힌 곳으로, 이 흙에 예수의 핏방울이 스며있다고들 했다. 이 성스러운 흙은 피사 대성당(두오모) 근처의 널따란 직사각형 들판에 뿌려졌고, 그곳은 이 도시의 운 좋은 사람들이 세상에 하나밖에 없는 거룩한 흙에 묻히는 무덤이 되었다.

약 100년쯤 후에 매장지에는 웅장하면서도 우아한 대리석 담장이 세워졌고 담장 안쪽 벽은 이탈리아의 뛰어난 화가들이 그린 거대한 프레스코화로 장식되었다. 그 결과 캄포산토는 도시의 자랑스러운 명물이 되었고, 여러 세기에 걸쳐 이탈리아 전체에 유명세를 떨치면서 근처의 '사탑'과 함께 피사를 찾는 관광객들에게 가장 인기 있는 명소가 되었다. 캄포산토에는 수백 개의 무덤과 유명한 추모 기념비들이 있는데, 더 이상 수용할 공간이 없게 되자 매장이 중단되었다. 하지만 이 작품이 쓰인 16세기보다 훨씬 뒤까지도 저명인사들의 매장은 계속되었다.

앞으로 본문 5장에 등장할 매혹적인 도시 베네치아로 떠나기 전에, 『말괄량이 길들이기』 5막 1장에 나오는 베르가모의 '돛 깁는 사람'에 관한 이야기에 주의를 기울여보자.

이 말은 루센티오의 진짜 아버지 빈센티오가 파도바에 도착해서 아들을 점검하는 대목에 나온다. 트라니오가 나타나 무례하게 행동하자, 빈센티오는 즉시 그를 알아보고 깜짝 놀란다. 트라니오의 가짜 행세와 부자 아버지에 대한 거짓말을 끝내기 위해 빈센티오가 말한다. "네 아버지라니? 에잇, 이 나쁜 놈아! 네 애비는 베르가모에서 돛대 꿰매는 품팔이를 하고 있잖아." 비록 베르가모가 이탈리아를 에워싸고 있는 두 바다와 멀찌감치 떨어진 알프스 산록의 도시이긴 하지만, 그래도 빈센티오가 하는 말은 사실일 수도 있다. 그러나 사람들은 빈센티오의 이 말을 두고 작가가 이탈리아 지리에 무지하다는 증거라고 주장한다.

༄

알레산드로 만초니의 소설 『약혼자들』의 비천한 주인공은 1630년 마침내 베르가모에서 안전과 직업을 찾은 직공이다. 베르가모는 중세부터 지금까지 직물 제조로 유명한 곳으로, 시대에 따라 벨벳, 실크, 울, 나사, 저지 등을 생산했는데, 그 중에서 대마로 짠 범포는 시대와 관계없이 항상 수요가 있는 직물이었다.

이 작품이 쓰일 당시 베네치아 공화국에서 가장 우수한 대마는 롬바르디아 부근의 피에몬테에서 생산된 것이었다. 그다음으로 좋은 대마가 롬바르디아 산인데, 바로 베르가모가 있는 곳이다. 이 대마로 짠 범포를 이탈리아어로 카노바초canovaccio라고 하는데, 대마라는 뜻의 그리스어 'kannibis'에서 유래한 것으로, 영어로 번역되는 과정에서 '캔버스canvas'가 되었다.

그 당시에는 범포를 비롯해 모든 직물을 베틀에서 짰기 때문에 천의 폭이 별로 넓지 않았다. 따라서 돛을 만들기 위해서는 범포를 꿰매고, 크기에 맞게 자르고, 가장자리를 감치고, 구멍을 만들어야 했다. 돛 깁는 사람들은 사람들로 붐비는 번잡한 항구가 아니라, 범포가 생산되고 그것을 쉽게 구할 수 있는 곳에서 작업했다. 또 혼자서도 할 수 있었다. 필요한 크기와 형태가 적힌 지시대로만 하면 되기 때문이었다. 영어로는 이 지시를 '캐스팅casting'이라고 하는데 이탈리아어로는 'la valutazione'라고 한다. 일단 돛이 완성되면 부피가 큰 것은 둘둘 만 채로 보통 운하와 강과 바다를 이용해 지중해 일대의 어디든지 배달할 수 있었다. 이들 돛 깁는 사람에게 필요한 것은 캐스팅, 2미터가 조금 넘는 장의자, 바늘 한 쌈, 그리고 진취적 기상이 전부였다.

  작가는 베르가모가 지중해 일대의 으뜸가는 돛 생산지라는 사실과 트라니오의 아버지가 실제로 그곳의 돛 깁는 사람일 가능성이 있음을 이미 알고 있었던 셈이다.

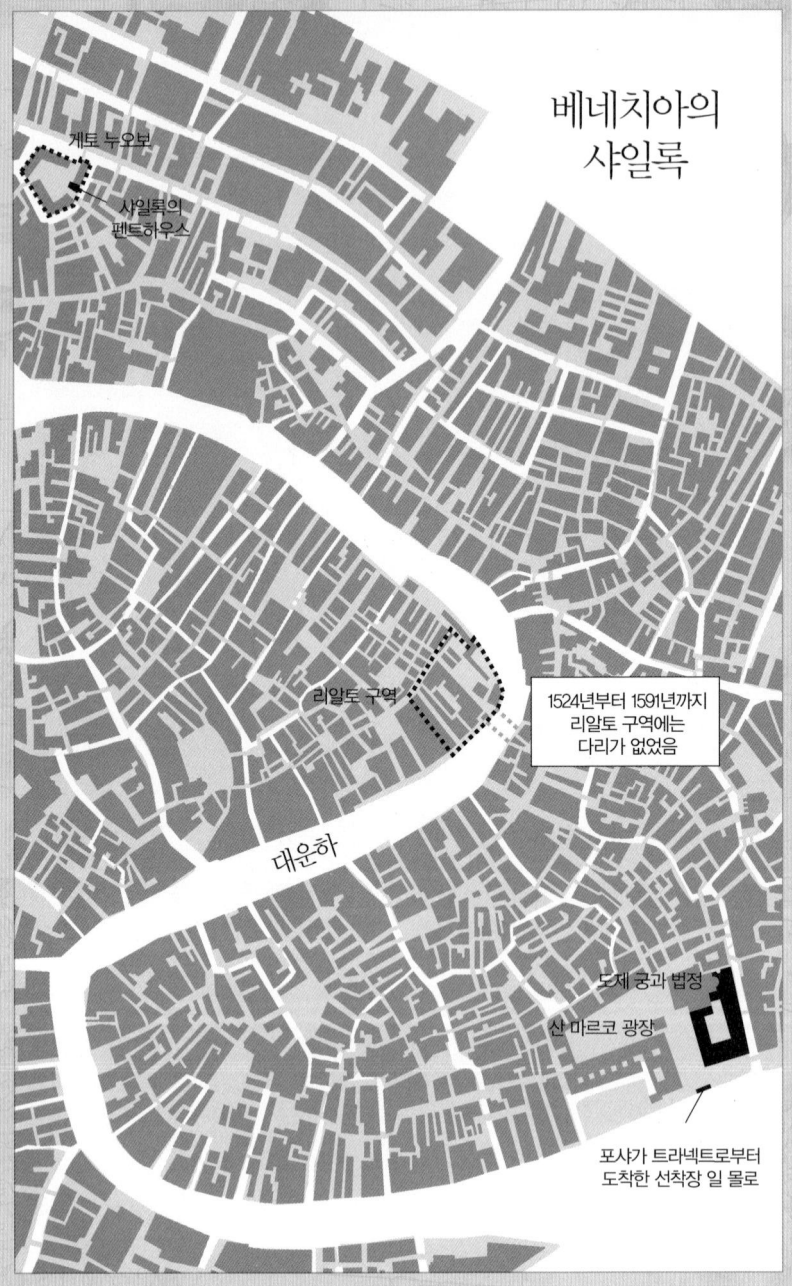

베니스의 상인 1부

"베네치아, 도시이자 제국"

여러 세기 동안 베네치아 공화국은 해외의 재산을 싹쓸이하다시피 하면서 하나의 제국을 건설했다. 아드리아 해에 면한 이탈리아 동쪽 해안의 모든 주요 도시와 항구들이 그 시절의 대부분 이 제국에 속해 있었다. 게다가 이 '가장 고요한 베네치아 공화국', 즉 라 세레니시마La Serenissima는 멀리 동쪽에 있는 지중해의 다른 항구도시에도 무역 조차지를 가지고 있었다. 또 1473년 11월 13일로부터 1571년 8월 5일 최종적으로 오스만튀르크제국에 항복할 때까지 베네치아 공화국은 크고 중요한 키프로스 섬을 식민지로 거느렸는데, 이는 『오셀로』와 『베니스의 상인』에서 아주 중요한 배경이 된다.

16세기 후반, 영국의 천재 작가는 베네치아제국의 활기찬 심장부인 전설적인 도시 베네치아에 도착했다. 그는 베네치아의 체계화된 사회와 오랜 역사를 지닌 법치 행정, 전통, 문화, 규율 등을 주목했다. 또 이 도시의 은행업과 상업 수단을 아주 면밀하게 관찰, 조사했고, 항구와 운하, 거리와 광장도 답사했다. 그런가 하면 가장행렬과 파티, 축제 의식을 통해 베네치아의 영혼 깊숙한 곳을 들여다보았다. 그런 다음 누구도 넘볼 수 없는 노련한 솜씨로 모든 등장인물에게 행복한 결말을 안겨주는 이야기를 썼다. 오로지 단 한 사람만 예외였으니, 그에게만은 오늘도 내일도 슬픔이 계속되는 영원한 비극이었다.

『베니스의 상인』의 막이 오르면 세 남자가 이야기를 나누면서 무대로 등장한다. '상인'인 안토니오와 그의 친구 살레리오, 그리고 안토니오의 친구이자 상인인 솔라니오이다. 먼저 안토니오가 말문을 연다.

대체 왜 이렇게 슬플까.
진저리가 난다고, 자네들이 봐도 내 꼴이 그렇지.
그런데 어쩌다 내가 그것을 발견하고 손에 넣었는지.
이게 어떻게 만들어졌고, 어디서 왔는지
알 수가 없어.
어쨌든 이 슬픔 때문에 난 바보가 됐다고.
나 자신이 누군지도 모를 정도로.

그러자 살레리오가 말을 받는다.

자네의 마음은 대양에서 뒤흔들리고 있어.
자네의 대상선이 돛대를 잔뜩 부풀린 채
바다의 귀족이나 대부호처럼 당당하게 행차하는 그 대양에서.
바다 위를 행진하는 화려한 행렬처럼

공손하게 머리 숙여 조아리는

조무래기 상인들을 얕잡아보면서

날개를 부풀리며 날아간단 말일세.

대상선[1]은, 과거에는 '라구사'로 알려졌으나 현대에는 '두브로브니크'로 불리는 일리리아Illyria 시의 상인들이 건조하고 소유하고 운영하는 특수한 유형의 선박이다. 이들 배는 라구사의 수호성인인 성 블라Vlah의 깃발 덕분에 쉽게 알아볼 수 있다.

엘리자베스 시대 사람이라면 대상선이 무엇인지 알 테고, 이 대사를 통해 베네치아 상인인 안토니오가 베네치아의 오래된 규칙에 어긋나는 일을 벌이고 있다는 것도 알아차릴 것이다. 안토니오의 상품은 외국 배에 실려 있는데, 비록 부인하고 있긴 하지만 그는 대여한 라구사 배의 운명보다는 그 배의 화물창에 잔뜩 실린 물건들을 더 걱정한다. 잠시 후 살레리오가 "안토니오가 지금 화물 걱정에 속을 태우고 있다는 걸 알고도 남는다"라고 말하는 대사에도 나와 있듯이.

안토니오를 동정하는 과정에서 살레리오는 더 많은 사실을 드러낸다.

국물을 식힌다고 입바람을 불어도

학질에 걸린 듯할 거야.

그놈의 입바람이 바다 위라면 모진 폭풍이 될지도 모르니까.

모래시계에서 모래가 흘러내리는 것만 봐도

얕은 여울이나 개펄이 연상되지 않을 수 없다네.

내 재산을 가득 실은 앤드루 호가

모래 위에 박혀 있는 모습도 눈에 선하다네.

(······)
교회에 가서
돌로 지은 거룩하고 당당한 건물만 보아도
위험한 암초가 눈앞에 어른거리지.
그놈이 내 연약한 배 옆구리에 닿는다면,
배에 실린 향신료는 온통 바다에 뿌려지고
내 비단 천이 성난 파도를 덮을 테지.
한마디로 부자에서
순식간에 빈털터리가 되는 거라고.
(······)
말 안 해도 돼, 알고도 남는다니까. 안토니오는
지금 화물 걱정에 속을 태우고 있는 거라고.

   살레리오의 대사를 통해 작가는 우리에게 여러 가지 사실을 알려준다. 그중 하나는 베네치아 운하로 진입하려는 영국 선원들에게 매우 중요한 정보라 할 수 있다. 배가 거기에서 좌초할 수도 있다는 위험을 경고하고 있기 때문이다.
   『베네치아의 세계』[2]에서 제임스 모리스는 살레리오의 말을 인용해 다음과 같이 말한다.

   베네치아 사람들은 항상 배가 암초에 걸릴 수도 있다는 두려움에 사로잡혀 있었다. 폭풍, 악마, 괴물, 해적 등 베네치아 뱃사람들의 전설에 등장하는 모든 공포의 대상들 가운데 썰물만큼 두려운 것도 없었다. 베네치아의 성 크리스토퍼 Christopher는 대개 얕고 위험한 석호에서 아기 예수를 건네주는 모습으로 그려져 있다. 수많은 거룩한 전설에 등장하는 신앙심의 밑바탕에는 흔히 이처럼 석호가 관련되어 있다.

이런 불안에 시달리던 베네치아 사람들은 일찍부터 석호를 검사하고 도표를 만들어서 나무 기둥으로 안전한 수로를 표시했다.

살레리오가 알려준 또 하나의 사실은 안토니오가 사업을 위해 대상선만 사용한 것은 아니라는 점이다. 그의 상품 가운데 일부―'향신료'나 '비단'―는 살레리오가 '내 재산을 가득 실은 앤드루 호'라고 일컬은 다른 종류의 선박으로 운송된다. 그러니까 안토니오도 이 대화에서 인정한 것처럼 그는 "한 배에만 투자한 게 아니다".

그렇다면 이것은 어떤 배일까?

안드레아 호는 제노바의 무시무시한 용병대장 안드레아 도리아가 소유했던 배로, 후에 그의 종손從孫이자 상속인인 조반니 안드레아 도리아가 물려받았다. 안드레아 도리아는 르네상스 시대 제노바의 가장 위대한 장군이자 정치가의 한 사람이었다. 그는 철두철미하게 황제를 섬긴 공로로 카를 5세로부터 '해방자이자 국부

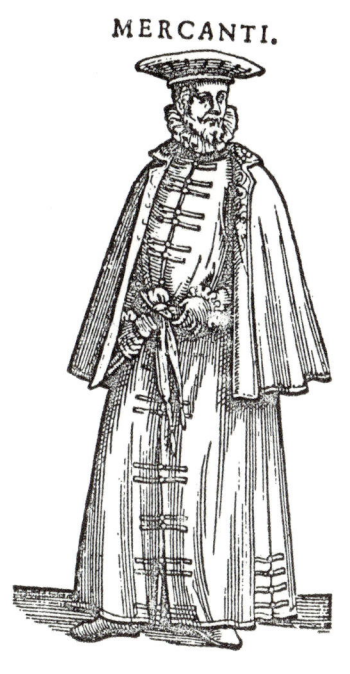

16세기 베네치아 상인의 모습. 이 작품에 등장하는 안토니오가 입고 다녔을 법한 복장이다. "베네치아의 역사에서 상인은 항상 필수불가결한 존재였다. 이곳에서 이익이란 늘 경험철학을 동반했고 쾌락과 아름다움의 추구를 수반했다." 상인인 체사레 베셀리오의 말(『Degli habiti antichi e moderni di diverse parti del mondo』, Venecia, 1590). (그림 출처, M. Muraro 외, 『Venetian Villas』, Edizione SpA, Italy, 1986, 25쪽)

國父'라는 명칭을 하사받았다. 한편 그는 은행업과 금융업, 해상운송업 등으로 엄청난 부를 축적한 제노바 가문의 우두머리이기도 했다. 그들이 소유한 수많은 배의 이름에 '안드레아'를 붙이는 것은 안드레아 도리아에서 시작돼 조반니까지 이어진 오래된 관례였다. 그 결과 안드레아 라 스푸메(Andrea la Spume, 거품이 이는 바다 안드레아 호), 안드레아 론데(l'Onde, 안드레아 파도 호), 안드레아 일 가비노(il Gabbiano, 안드레아 갈매기 호), 안드레아 일 델피노(il Delfino, 안드레아 고래 호)와 같은 이름이 붙었다.³ 따라서 영어로는 '앤드루'라고 번역되는 '안드레아'는 안드레아 도리아 기를 단 모든 선박을 가리키는 별명이 되었다. 안토니오는 베네치아 선박을 전혀 이용하지 않았다. 그의 상품들은 대상선과 안드레아 호의 화물창에 실려 운송되었다.

  베네치아 시민이 외국 선박을 이용한다는 사실을 작가가 자세히 알고 있다는 사실은—또 그것이 이 작품의 맨 처음 대사에 나온다는 것은—매우 의미심장하다. 여기에는 깜짝 놀랄 만한 새로운 사실이 포함되어 있다. 베네치아 상인들이 외국 배를 소유할 수도, 빌릴 수도 없는 것이 베네치아의 오랜 관습—법—이라는 사실은 영국뿐 아니라 유럽 전체에도 널리 알려져 있었다. 그런데 작가가 등장인물의 대사를 통해 베네치아에 새로운 사태가 전개되고 있다는 정보를 관객에게 슬그머니 내비친 것이다.

  이 사실을 다룬 사람은 작가 혼자뿐인데, 그는 작품 속에 예의 그 예술적 기교로 이 정보를 버무려 넣었다. 『베니스의 상인』을 쓰는 데 영감을 준 다른 이야기들 속에는 그 같은 사실들이 전혀 드러나 있지 않다.

그에게 영감을 준 이야기는 두 가지였다. 하나는 얼간이라는 의미의 『일 페코로네Il Pecorone』인데 종종 '살 1파운드 이야기'라고 불리기도 한다. 이 오래된 이야기는 1378년경 세르 조반니 피오렌티노Ser Giovanni Fiorentino가 썼다. 하지만 1558년에야 출판되었고, 다시 40년쯤 흐른 1596년이 되어서야 영어로 번역되었다.

또 하나는 '작은 상자 이야기'라는 것으로, 올바른 상자 혹은 장식된 상자를 뽑은 덕에 아름다운 처녀와 결혼하게 된다는 이야기이다. 유럽 여러 지역을 배경으로 하는 '작은 상자 이야기'는 1472년에 출간된 『로마인들의 행적Gesta Romanorum』이라는 설화집에 들어 있었다. 라틴어로 된 이 설화집은 1595년이 되어서야 영어로 번역되었다.

'살 1파운드 이야기'에도 상품을 수송하는 배가 나오긴 하지만 그 배들은 분명히 베네치아 선적船籍이다. '작은 상자 이야기'에는 배가 등장하지 않는다. 그러므로 대상선이나 앤드루 호 이야기는 순전히 작가 자신의 독창적인 생각이다.

베네치아의 오래된 규칙을 위반한 이 같은 처사에 대해 어떤 설명이라도 있었던가? 왜 작가는 선적이 다르다는 점을 강조하는 걸까? 나는 내가 좋아하는 역사가인 페르낭 브로델의 책을 다시 찾아보았고, 이어 존 줄리어스 노리치의 『베네치아의 역사』와 더 전문적인 다른 책들도 뒤져 보았다. 그 결과 다시 한 번 이 독창적인 극작가가 이탈리아의 세부 사항에 대해 결코 마음 내키는 대로 아무렇게나 쓰지 않았다는 사실을 확인했다.

1550년을 전후로 영국 배들은 사실상 지중해로부터 자취를 감추었다. 그 복잡다단한 이유 속에는 점점 커지는 신성로마제국과 로마교황청의 적대감도 포함되었다. 영국은 이탈리아 산 포도와 와인, 기름 및 탐나는 지중해 일대의 물건 등을, 베네치아 선박을—물론 라구사와 제노바 배들도— 이용해 구하는 걸로 이 문제를 해결했다. 그러다가 1573년이 되자 베네치아 선박들은 더 이상 영국에 오지 않았다. 급속도로 증가하는 해적의 위험 때문에 베네치아 청년들이 선원이 되는 전통에 반기를 들었던 것이다. 설상가상으로 베네치아의 조선소까지 선박 건조용 목재를 구하는 데 어려움을 겪고 있었다. 따라서 다른 나라의 상선, 특히 라구사나 제노바의 배를 이용하는 편이 훨씬 경비가 싸게 먹혔다.

바로 그 1573년에 영국은 이 모든 상황에 대처하면서 자신들의 배로 지중해를 탐사하기 시작했다. 그 과정에서 영국은, 에스파냐가 남들이 생각하는 것만큼 대단치 않다는 사실을 알게 되었다. 펠리페 2세는 지중해로부터 관심과 전선戰船을 완전히 거둬들인 채, 신대륙에 모든 에너지를 쏟아붓고 있었다. 동시에 몹시 다행스럽게도 영국은 그들의 배가 특히 토스카나와 베네치아 항구에서 환영받는다는 사실을 깨달았다. 그 결과 영국인들은 지중해 일대에 점점 더 많이 진출하면서 이 지역에서 기회를 잡기 위해 한층 더 많은 정보를 수집하기 시작했다. 이와 더불어 이탈리아 언어와 역사를 공부하고, 이제 막 싹트기 시작한 연극 예술을 즐기기 위해 영국인들이 이탈리아로 건너오기 시작했다.

그러던 중 해운업 부문에서 영국 기업가들에게 절호의 기회가 왔다. 상품 수송에는 영국과 네덜란드 배가 가장 비용이 적게 들었는데, 이는 대체로 이들 배가 가장 빠르고 믿을 만했기 때문이다. 그동안 지중해 일대를 항해할 때 지켜지던 오래된 관례와 달리, 영국 북부 출신 선원들은 꼬불꼬불한 지중해 해안선을 따라가며 항해하지 않았고, 대신 나침반을 이용해 직선 코스로 항해했다. 영국 선원들은 이탈리아 선원들처럼 주급을 받은 게 아니라 항해 횟수로 보수를 받았고, 그들의 배는 살레리오의 첫 대사에도 묘사되었듯이 느릿느릿 항해하는 뒤뚱스러운 큰 돛배가 아니었다.

> 바다 위를 행진하는 화려한 행렬처럼
> 공손하게 머리 숙여 조아리는
> 조무래기 상인들을 얕잡아보면서
> 날개를 부풀리며 날아간단 말일세.

이것은 아름답고 매혹적인 시이기도 하지만, 작고 날렵한 영국 북부의 상선을 생생하게 묘사한 표현이기도 하다. 지중해 사람들이 좋아했던 굼뜨고 다루기 불편한 선박 둘레를 몇 바퀴라도 돌 수 있는 영국의 상선을 가리키는 것이다. 이런 장점은 나중에 영국이 에스파냐의 무적함대를 격파하면서 그 우월함이 입증되었다.

지중해 일대에서 영국인의 활약이 증가하고 재정적 성공을 거둠으로써, 이제 이 지역은 영국 해외기업의 가장 중요한 대상이 되었다. 결국 1579년 9월 11일, 영국 여왕은 레반트 회사에 지중해 동쪽 레반트 지역에서 무역할 수 있는 전매특허권을 공식적으로 발급했다.

한편 작가는 당시 베네치아에 대한 그의 지식을 입증할 만한 자료를 추가로 제공했다. 이번에는 안토니오가 빌린 대상선의 목적지를 열거함으로써 간접적으로 제시하고 있다. 1막 3장에서 고리 대금업자인 샤일록은 안토니오의 지불 능력을 따지면서 다음과 같이 말한다.

> 대상선 한 척은 트리폴리스로, 또 한 척은 서인도제도로 가고 있고,
> 그리고 거래소에서 들은 얘기인데 세 번째 것은 멕시코로,
> 네 번째 것은 영국으로 가고 있다지.
> 그뿐 아니라 여기저기에서 다른 사업도 벌이고 있다더군.

나중에 3막 2장에서 바사니오는 안토니오에게서 받은 편지를 읽다가 소리를 지른다.

> 그의 투자가 다 헛것이 되었다고? 하나도 못 건졌다고?
> 트리폴리스, 멕시코, 영국,
> 리스본, 바르바리, 인도에서 오는 것까지 전부 그렇다니,
> 단 한 척도 상선들을 말아먹는
> 무서운 암초를 피하지 못했단 말인가?

샤일록은 구체적인 목적지 네 곳을 거명한 다음, 다른 곳도 있다고 덧붙였다. 한편 배사니오는 여섯 군데의 지명을 댔는데 샤일록의 것과 거의 일치한다. 그 모든 지명이 역사적으로도 매우 정확하다.

그동안 화물창에 외국 물건을 잔뜩 싣고 영국에 도착하는 베네치아 선박들의 모습은 일상적인 풍경이었다. 하지만 1573년 이후 이 배들의 영국행 항해가 중단되었다. 베네치아 측이 최근 들어 적대적이 된 에스파냐와의 충돌을 염려했기 때문이다. 이 적대관계는 베네치아가 순전히 필요에 의해 이슬람 국가인 오스만튀르크 황제와 '콘스탄티노플의 평화The Peace of Constantinople'라는 무역협정을 맺으면서 싹트기 시작했다. 펠리페 2세는 이 협정을 반기독교적 행위로 규정했고, 광대한 에스파냐제국의 항구에 모든 베네치아 선박의 출입을 금했다. 멕시코도 제국의 일부였기 때문에 베네치아로부터 오는 선박 출입이 전면적으로 금지되었다.

베네치아에 대한 작가의 무지를 비판할 때 그 증거로 꼽힌 나라가 바로 이 멕시코이다. 비평가들은 멕시코에서 베네치아 선박의 무역 활동이 금지당했기 때문에, 그곳을 안토니오의 대상선이 도달할 목적지로 삼은 것은 작가의 중대한 실수라고 주장한다. 하지만 앞에서도 보았고 앞으로도 또 보다시피 실수는 작가가 한 것이 아니라, 대상선이 베네치아 선적이 아니라는 사실을 몰랐던 사람들의 몫이다. 라구사의 대상선은 멕시코로부터 늘 환영을 받았기 때문에 실제로 그것들 가운데 하나가 화물창에 안토니오의 상품을 싣고 그리로 갔을 수도 있다. 돈이 연루되었다면 아마 그랬을 것이다. 샤일록과 바사니오는 베네치아 선박이 가지 않거나 갈 수 없는 다른 항구들의 이름도 들먹이는데, 대상선은 그런 곳이라도 능히 갈 수 있었다.

리알토는 여러 세기 동안 상인과 은행가와 선주들에게 베네치아의 가장 중요한 사업 중심지였다. 조반니 안토니오 카날레토가 18세기 전기에 그린 〈캄포 디 산 자코모 디 리알토 광장 풍경〉.

'인도제국Indies'의 경우, 당시 유럽과 영국의 어휘상 그 이름에 해당하는 곳은 두 군데였다. 이 같은 애매함이 명쾌하게 정리된 것은 한참 뒤의 일로, 카리브 해 일대를 가리키는 말은 '서인도'로, 인도, 실론, 몰루카 제도 등을 가리키는 말은 '동인도'로 구분되었다. 그 시대에 베네치아 선박이 동인도에 갔다는 기록은 남아 있지 않지만, 라구사 배들이 거기에 갔다는 기록은 빈약하나마 약간 남아 있다. 서인도는 카리브 해와 그 인근 지역이라 당연히 에스파냐제국의 일부였다.

샤일록과 바사니오가 똑같이 언급한, 안토니오의 상품이 실려 갈 또 다른 목적지인 '트리폴리스' 역시 서로 다른 두 곳을 가리키는 모호한 지명이다. 레반트 해안에 있는 도시를 가리키기도 하고, 북아프리카 해안

카날레토가 18세기 중반에 그린 〈산 자코모 디 리알토 교회〉.

도시를 가리키기도 한다. 『말괄량이 길들이기』(본문 4장 참조)에 나오는 교사(상인)의 경우, 이 트리폴리스는 튀니지 바로 동쪽의 트리폴리스였을 가능성이 높은데, 북아프리카의 해안도시로 금을 구할 수 있는 곳이었다. 오스만제국 사람들과 거래할 때는 그들이 서양의 은을 경멸하는 까닭에 금이 많이 필요했다. 아무튼 어느 쪽 트리폴리스이건 간에 베네치아와 라구사 배들을 필요로 하는 항구라고 할 수 있었다. 또 아프리카의 바르바리 해안에 있는 일부 항구들 역시 그들을 환영했다.

요컨대 라구사 깃발을 달고 다니는 배들은 샤일록과 바사니오가 거론한 모든 항구에서 환영을 받았지만 베네치아 선박은, 특히 1573년 이후에는 사정이 달랐다. 16세기 베네치아 상인들은 이런 사정을 알았기에 어떻게 대처해야 할지도 알았고, 작가 역시 그런 상황을 알고 있었다.

『베니스의 상인』에는 베네치아 시내의 주목할 만한 장소들 중에서 딱 한 곳의 이름이 나온다. '리알토Rialto'라는 곳으로 베네치아의 금융 구역이다. 리알토의 중심부는 캄포 디 산 자코모 디 리알토Campo di San Giacomo di Rialto라고 불리는 비교적 작은 공공 광장으로 이루어져 있는데, 베네치아 대운하 근처로 S자 형태의 중간쯤에 있다. 리알토는 작품 여기저기에서 다섯 번이나 언급되지만, 정작 그곳 자체는 배경으로 등장하지 않는다.

리알토는 『베니스의 상인』이 나오기 전부터 이미 천 년 이상을 실질적으로, 또 금융적 측면에서 베네치아의 중심지 노릇을 해왔다. 전설에 의하면, 최초의 베네치아 사람들이 '석호의 도시City of the Lagoon'의 기초를 닦은 마른땅이 바로 이곳이라고 한다. 베네치아 시민들은 그 사건이 서기 421년 3월 25일 금요일 정오에 일어났다고 확신하면서 아직도 이날을 기념하고 축하한다. 한편 그 전설에 따르면, 광장에 있는 소박한 산 자코모 디 리알토San Giacomo di Rialto 교회가 베네치아에 세워진 최초의 교회라고 한다(그러나 현재 교회 건물은 1097년에 세워진 것이다).

리알토는 흔히 자그마한 가게들이 줄지어 늘어선 커다란 흰 돌다리와 혼동되곤 했다. 대운하에 걸려 있는 이 다리는 '폰테 디 리알토'라고 불리는데, 오늘날 베네치아를 찾는 관광객들이 꼭 가보고 싶어하는 명소이기도 하다. 리알토 구역을 시내 다른 지역과 연결해주는 이 다리는, 1854년 마침내 다리가 하나 더 놓일 때까지 베네치아에서 걸어서 대운하를 건너는 유일한 수단이었다. 그런데 무슨 이유에선지 베네치아 은행가들은 리알토 자체에서보다 이 다리 위에서 업무를 본다는 뜬소문이 파다했다.

다리는 높고 널찍한데다— 이 다리를 멋지다고 생각하는 사람들도 있다—데크가 깔리고 계단이 나 있으며, 작은 가게들과 노점상들을 위해 부분적으로 지붕이 덮여 있었다. 은행가들을 위한 공간도 충분할 듯 보였다. 하지만 브루클린이 다리가 아니라 그것을 통해 닿

리알토 다리의 세부 모습. 비토레 카르파초(1465~1522)가 그린 〈성 십자가의 기적〉의 세부. 카르파초가 1496년에 그린 이 그림에 나오는 원래의 리알토 다리는 나무로 만들어졌는데, 1524년에 대운하 속으로 무너져 내렸다. 거의 70년 후(1591년)에 과거의 나무다리는 오늘날과 같은 돌다리로 교체되었다.

을 수 있는 지역이듯이, 리알토 역시 다리가 아니다. 실제로 16세기가 거의 다 저물도록 리알토 다리는 존재하지도 않았다.

그보다 앞서 세워졌던 다리들은 나무로 만든 어설픈 구조물이었다. 1496년 비토레 카르파초Vittore Carpaccio가 그린 〈리알토에서 일어난 성 십자가의 기적The Miracle of the Cross at the Rialto〉이라는 그림에는, 마지막에 세워졌던 것과 상당히 비슷하게 생긴 다리의 모습이 그려져 있다. 이 나무다리는 비운의 날인 1524년 8월 14일, 대운하 속으로 무너져 내렸다. 그 후 수십 년 동안 설계안을 놓고 논란이 계속되다가 마침내 1588년 6월 9일, 이제는 명물이 된 새 다리의 첫 번째 돌이 놓였다. 다리는 1591년에야

완성되었는데, 공사 기간 동안 사람들은 '곤돌로네 다 프라다gondolone da prada'라는 작은 나룻배를 타고 베네치아 사람 특유의 침착한 태도로 똑바로 선 채 대운하를 건넜다. 오늘날 베네치아의 운하를 떠다니는 커다란 곤돌라와 비슷하게 생긴 나룻배였다. 만일 작가가 베네치아를 방문한 시기가 밝혀진다면, 그때 비로소 그가 대운하를 건너 리알토로 가는 다리를 직접 보았는지도 확인될 것이다.

『베니스의 상인』의 사건에 특히 중요한 역할을 하는 리알토는 도시의 귀족, 상인, 금융업자들이 매주 모이는 곳이다. 말하자면 활발하게 사업이 이루어지는 북적거리는 장소이다. 거기에서 베네치아 상인들은 업무도 처리하고 잡담도 나누고 뉴스—특히 해운업 관련 뉴스—도 주고받고 계약을 맺고 합동 투자도 성사시키고 화물을 사고팔고 돈도 빌려주고 빌려 받았을 것이다. 평일 아침마다 거기 있는 파브리케 베키에Fabbriche Vecchie 건물 회랑에 은행가들의 벤치가 마련되었고, 장부를 펴면서 그들의 하루는 시작되었다. 리알토는 분명 서구 사회에서 가장 중요하면서도 가장 유명한 금융거래소였을 것이다. 또한 만토바 같은 곳에서 상인들이 환어음을 들고 용무를 보러 오는 곳이기도 했다(본문 4장 참조).

∽

무대 배경으로 나오는 베네치아의 다른 장소에 대해, 작가는 대사를 통해 그곳이 어떤 곳인지 설명한다. 베네치아에 체류하면서 안토니오와 샤일록 또는 포샤의 행적을 재구성해보려고 손에 책을 들고 어슬렁거리는 사람이라면, 이런저런 광경에 실제 이탈리아어 이름을 붙여보는 것도 당연한 일이다. 게토를 보고 그럴 수 있는 것처럼.

전 세계적으로 유명한 베네치아의 유대인은 물론 샤일록이다. 하지만 작품 속에는 두 사람의 유대인이 더 있다. 가출한 샤일록의 딸 제시카와 투발이라는 이름의 골칫거리 사내이다. 16세기에 베네치아에 거주하던 유대인 중 베네치아 시민으로 간주된 사람은 아무도 없었다. 그들은 베네치아 의회의 동의하에 시내에 거주할 수 있도록 허락받은 외국인일 뿐이다. 일찍이 13세기 후반에 영국에서 완전히 추방당한 유대인은 에스파냐와 포르투갈에서도 박해를 당하다 쫓겨났고, 독일에서도 습격당하고 들볶이는 등 사방에서 핍박을 받았다. 그들이 유럽에서 그나마 조금이라도 안전하게 살 수 있는 곳이 이탈리아였는데, 특히 만토바의 곤차가 가문이나 페라라의 에스텐시Estensi 가문이 다스리는 지역과 베네치아였다.

베네치아는 15세기 후반부터 마지못해 유대인들을 받아들였다. 그들은 대부분의 직업을 가질 수 없었지만 은행업만은 예외였다. 그들이 자본을 투자해 운용할 수 있는 사업 영역은 거의 아무 데도 없었다. 결국 이자를 받고 돈을 빌려주는 것이 그들의 생업이 되었다.

그러므로 서로 합의한 이자를 받고 거액의 돈을 빌려주는 과정에서 샤일록이 기독교도 상인을 만나는 것은 전혀 놀랄 일이 아니다. 기독교도 상인은 사업에 투자할 돈을 빌리기 위해 대부 조건을 기꺼이 감수해놓고 나중에 딴소리를 한다. 그들은 바로 그 죄악에 자신들이 직접 가담했다는 사실은 완전히 무시한 채, 이자를 받는 것을 죄악이라고 비난한다. 이 과정에서 심각한 불신과 증오가 싹트기 시작했다.

샤일록은 1막 3장에 처음 등장한다. 그는 3천 더컷ducat이라는 거액을 놓고 바사니오와 대화를 나누고 있다. 완전히 파산해서 무일푼이 된 젊은 귀족 바사니오는 돈을 빌려서 만기가 지난 빚을 갚고 남은 돈으로 귀족처럼 차려입고 싶어한다. 베네치아 베네토 어딘가에 있는 호화로운 저택의 상속인이자 여주인인 부유한 포샤와 결혼하기 위해서이다.

베네치아에서 이자를 받고 돈을 빌려주는 행위는 통상적으로 법과 교회 양쪽에서 다 금지하는 일이었다. 하지만 경우에 따라서는 그것을 합법화시키는 빠져나갈 구멍이 있었으니, 이미 모세 시대부터 존재하던 것이었다. 이와 같은 사실은 구약성서의 모세5경 가운데 신명기에도 나와 있다. 신명기 23장 19~20절에 모세가 명령하는 내용이 나온다.

같은 동족에게 변리를 놓지 못한다. 돈 변리든 장리 변리든 그 밖에 무슨 변리든 놓지 못한다.
외국인에게는 변리를 놓더라도 같은 동족에게는 변리를 놓지 못한다. 그래야 너희가 들어가 차지하려는 땅에서 너희가 손을 대는 모든 일에 너희 하느님 야훼께서 복을 내리실 것이다.

오늘날, 작품에 간단히 언급된 샤일록의 성격과 그가 처한 상황에 대해 더 자세히 설명하고 싶어하는 사람들이 많아졌다. 그 결과, 유대인에 대한 반감을 부추기려는 의도이든, 이 문제가 단순히 베네치아에서 일어난 사실일 뿐이라고 설명하려는 의도이든 간에, 이 작품이 셈족에 대해 철저히 적대적이라는 결론을 내리는 이들이 증가했다. 특히 최근 들어서는 『베니스의 상인』 공연을 거부하는 경우도 많아졌다. 그런데 놀랍게도 이 16세기 작품에서 안토니오 일당이 기독교 정신이라고는 털끝만큼도 없는 불한당에 거짓말쟁이이자 도둑놈으로 나온다는 사실에 대해서는 누구 하나 언짢아하지 않는다. 어디 그뿐인가. 아무런 방어 수단도 없는 약자의 일원으로 오랫동안 그들의 모욕과 핍박에 시달리던 샤일록이 결

국 그들의 희생양으로 뽑혀 광기의 극단으로 내몰렸다는 사실도 간과하고 있다.[4]

1막 3장이 시작되면 샤일록과 바사니오는 직업적인 대부업자(오늘날의 은행대출 담당자를 포함해)와 차용인이 될 사람—특히 빚을 떼어먹을 가능성이 있는 사람—간에 나눌 법한 대화를 주고받는다. 그런데 대부 절차는 논의하지도 않은 채 바사니오가 제안한 보증인을 놓고 샤일록이 묻는다. "내가 안토니오와 만나서 이야기 좀 할 수 있겠소?" 그러자 바사니오가 조건문으로 대답한다. "만일 그러고 싶으시다면 우리와 함께 저녁을 듭시다."

이는 매우 교활한 초대이다. 율법을 준수하는 유대인치고 율법에 맞지 않는 식탁에서 저녁을 먹을 사람은 아무도 없다. 샤일록은 바사니오도 이런 사실을 안다고 확신한다. 그동안 그들에게 당한 일은 전부 차치하고라도 이 말 한마디만으로도 샤일록은 충분히 화가 날 만하다. 작가는 그 당시 영국에 율법을 준수하는 유대인이 거의 없었음에도 이와 같은 두드러진 문화적 차이를 알고 있었다. 이에 대한 샤일록의 대답은 아래와 같다. 이를 통해 영국 관객들은 16세기의 상업도시인 베네치아에서 유대인이 지켜야 할 계율에 관한 중요한 정보를 얻게 된다.

당신네들과 거래도 하고, 수다도 떨고, 산책도 하고,
이 밖에 다른 일도 함께 하겠지만,
같이 먹고 마시고 기도하는 것만은 절대로 못 하지.

이 말과 함께 안토니오가 무대로 등장하지만, 샤일록은 그에게 인사하는 대신 방백으로 그에 대한 증오심을 관객에게 전달한다. 바사니오가 큰소리로 그의 주의를 촉구하자 샤일록이 말한다.

> 현재 수중에 돈이 얼마나 있는지 따지고 있지만
> 아무리 헤아려봐도
> 3천 더컷이나 되는 거액을 당장 마련하는 건
> 정말 무리라고. 하지만 뭐가 문젠가?
> (나랑 같은 종족의 유대인인 부유한) 투발이
> 돈을 마련해줄 텐데.

베네치아의 유대인 사정을 잘 알고 있는 사람에게 '나랑 같은 종족의 유대인'은 쓸데없는 동어반복이 아닐 것이다. 이는 작가가 유대인 간에도 그 기원에 따라 차이가 있음을 안다는 사실을 드러낸다. 샤일록은 베네치아에 사는 유대인들의 서로 다른 '종족'에 대해 말하면서 그들의 복장, 일상 언어(헤브루어는 일상 언어가 아니다), 특수한 직업, 기타 특이 사항들에 대해 언급한다.

베네치아 총 인구에서 유대인이 차지하는 비율이 극히 미미함에도 불구하고 그들의 종족은 놀랄 정도로 다양하다. 우선 이탈리아계 유대인이 있는데, 다른 종족들보다 훨씬 앞서 가장 먼저 이탈리아에 들어왔지만 소수이다. 그 당시 가장 큰 종족은 독일이나 중부 유럽에서 온 유대인들로, 이들은 아슈케나지라고 부른다. 그다음으로 큰 종족이 레반트 계 유대인인데, 주로 터키 출신이긴 하나 시리아나 '레반트'라고 알려진 지중해 동부의 다른 지역에서 온 사람들도 있었다. 레반트 계 유대인들은 보일로 만든 노란색 모자와 같은 독특한 동양식 복장과 함께 대체로 조국과 중요한 사업상의 결속을 유지하고 있었다. 그런 의복을 입는 것 역시 자기 동포와의 결속을 선언하는 것이나 마찬가지였다. 그 뒤를 이어 성장하는 종족이 에스파냐 계로, 페르디난도와 이사벨라 여왕, 카를 5세, 그리고 펠리페 2세로부터 피신한, 활기차고 교양 있는 세파르디 유대인이다. 그 밖에 좀 더 소수인 다른 종족들도 있었다.

샤일록의 대사를 통해 투발을 거론하면서 작가는 자신이 게토의 '종족'에 대해 잘 알고 있음을 드러낸다. 게토는 영국 밖으로 나가거나 유대인을 만나본 적이 없는 사람이 상식으로 알고 있을 만한 사항이 절대 아니었다.

작가는 베네치아에 사는 유대인의 복장에 대해서도 알고 있었다. 1막 3장에서 샤일록은 과거에 당한 모욕을 하나하나 열거하는 대목에서 그것에 대해 언급한다.

> 당신은 날 이교도라느니, 흉악한 개새끼라느니 하면서
> 내 유대인 장의長衣에 침을 뱉었지.

유대인의 장의. 샤일록은 그림 속의 사람과 비슷한 옷을 입었을 것이다. 유대인의 장의를 입고 있는 이 사람은 은행가인 노르사Norsa로 유대인의 표지인, 로텔라의 노란 원이 눈에 잘 띄게 가슴에 붙어 있다. 이 그림은 〈산타마리아 델라 비토리아의 헌정〉이라는 그림의 일부이다. (움베르토 포르티스, 『베네치아의 게토: 베네치아 게토(1516~1797)의 역사와 예술 안내』 로베르토 마테오다 번역, Storti Edizioni (1988~1993), 14쪽)

유대인의 장의長衣란 무엇인가. 가바노Gabbano는 개버딘이라는 옷감으로 만든 장의를 가리키는 이탈리아 이름이다. 중세부터 입기 시작한 가바노는 크고 헐렁한 외투로 다른 옷 위에 걸치는 겉옷에 가까운데, 발등까지 오는 길이에 대개 허리를 졸라맸다. 또 온몸을 감싸며 보호하는 형태의 옷인데 특히 여행할 때 다양한 용도로 사용된다. 이는 손으로 하는 일에 적합한 옷은 아니지만, 그렇다고 유대인에게까지 비실용적인 옷이라고 할 수는 없을 것이다. 유대인은 그와 같은 일을 하는 것이 어차피 법으로 금지되었기 때문이다. 이 헐렁하고 치렁치렁한 겉옷에 보수적인 애착심을 갖고 있던 유대인들—특히 아슈케나지—은 기독교도들이 입기를 그만둔 뒤에도 계속 그것을 입고 다녔다.

샤일록이 자신의 장의를 '유대인의' 옷이라고 부른 이유는 이걸로 충분하다. 하지만 그것을 그렇게 굳이 구체적으로 부른 데는 그럴 만한 또 다른 이유가 있다. 2세기 전인 1409년 5월 5일과 다시 1496년 3월 26일, 베네치아 의회는 베네치아에 사는 유대인에게 법령에 나온 대로 노란 천으로 만든 'O'자 표지인 로텔라rotella를 의무적으로 옷가슴 위에 꿰매고 다니도록 했다.

작가는 이런 유대인의 장의에 대해, 베네치아에 사는 유대인들이 입고 다니는 눈에 띄는 독특한 외투에 대해 정확하게 알고 있었다.

『베니스의 상인』 2막 2장에 눈에 띄지 않게 숨어 있는 베네치아의 유대인 거주구역—'게토'라는 명칭을 작가는 한 번도 쓰지 않았다—이 처음으로 나온다. 샤일록의 어릿광대 같은 하인이자 대책 없는 청년인 랜슬럿 고보의 익살맞은 혼잣말이 끝나자, 장님이나 다름없는 그의 아버지가 무대로 등장한다. 그가 아들을 미처 알아보지 못하고 묻는다. "여보 젊은 양반, 말 좀 물읍시다. 유대인 나리 댁은 어느 쪽으로 가야 되오?"

이 노인은 그냥 '고보Gobbo'라고만 불리는데, 이 때문에 작품 비평 과정에서 사람들은 항상 옆길로 새곤 한다. 즉, 고보가 이탈리아 말로 '곱사등이'라고 설명한 다음, 캄포 디 리알토에 흔히 곱사등이라고 불리는 돌로 만든 대좌가 있다는 사실을 지적하는 것이다. 대좌는 작은 층계 옆에 놓여 있는데 과거에 공식적인 선언문을 낭독하던 연단을 떠받치고 있다. 이 돌로 된 곱사등이가 흥미롭기는 하나, 『베니스의 상인』에 나오는 늙은 짐마차꾼 '고보'와는 아무 상관도 없다.

실제로 고보라는 단어가 반드시 곱사등이일 필요는 없다. 이 단어는 '무거운 짐을 지느라 등허리가 굽은'에서처럼 '굽은'이라는 뜻도 가지고 있다. 곱사등이나 굽은 형상으로 만들어진 대좌는 이탈리아에서 보기 드문 것이 아니며, 때로는 교회에서 성수반을 받치고 있는 경우도 볼 수 있다. 내 생각에 『베니스의 상인』에 나오는 고보는 곱사등이일 것 같지 않다. 비록 어느 정도 눈이 멀기는 했지만 그래도 그는 짐마차를 모는 일꾼이기 때문이다. 고보는 자기 아들인 랜슬럿을 금방 알아보지 못한다. 그는 샤일록에게 정중하게 경의를 표하기 위해 '비둘기 요리'를 들고 게토에 있는 그의 집으로 가는 중이다. 샤일록이 무능력한 아들의 고용주이기 때문이다.

C. A 브라운이 『셰익스피어의 자전적 시 1838편 1838 Shakespeare's Autobiographical Poems』에서도 언급했듯이 이는 이탈리아에서 흔히 볼 수 있는 선물이다. 소박하면서도 사려 깊은 이탈리아 식 경의의 표현이다. 오늘날 관광객들은 베네치아의 산 마르코 광장에 있는 엄청난 집비둘기 떼를 보고 감탄한다. 그러나 대다수의 사람들이 멋진 광경이라고 생각하는 것과는 달리, 베네치아 시민들은 그것들을 지저분하고 성가신 존재로 여긴다. 고보가 살던 시대의 비둘기는 지붕 위의 새장에 갇혀 지냈는데, 인

구가 많은 도시에서 값싸고 편리한 단백질 공급원이라는 타당한 존재 이유가 있었다. 이제 그놈들의 후손들이 자유롭게 날아다니면서 포장도로와 난간과 조각상과 교회 지붕은 말할 것도 없고 가끔은 사람들의 머리에 똥을 떨어뜨리는 것이다.

고보는 샤일록에게 선물을 주기 위해 그의 집이 있는 게토로 가는 길을 묻는다. 고보의 대사를 주의 깊게 살펴보면, 그가 처음에 아들을 부를 때는 '여보 젊은 양반'이라고 했다가 두 번째 가서는 '여보 젊은 신사'라고 한다. 그러면서 똑같은 질문을 두 번 던진다. "유대인 나리 댁은 어느 쪽으로 가야 되오?"

이 작가가 어떤 단어를 고집스럽게 연달아 반복하는 것이 얼마나 중요한 의미를 지녔는지 다른 작품들을 통해 알았다면, 이제 이 부분에서도 작가가 되풀이한 이 질문에 특별한 관심과 주의를 기울여야 한다.

고보는 '게토로 가는' 길을 묻지 않았다. 게토라는 단어는 셰익스피어의 어떤 작품에도 나오지 않는다. 영국에서 게토라는 단어가 처음으로 활자화되어 나타난 것은 1611년이었다. 토머스 코리얏Thomas Coryat이 『여행기Crudities』에 '모든 유대인 동포들이 함께 사는 곳으로, 게토라고 부른다'라고 쓴 것이 처음이다.

아버지의 거듭되는 질문에 대한 랜슬럿의 대답은 익살맞으면서도 다분히 베네치아 식이다.

다음 모퉁이에서 오른쪽으로 도시고요.
그다음 모퉁이에서는 왼쪽으로 가세요. 그다음엔 아무 쪽도 아니고요,
그냥 쭉 내려가시다가 슬쩍 돌면 바로 유대인 집이 나오지요.

그러자 고보가 대답한다. "맙소사, 꽤나 까다로운 길이구먼!" 지금도 베네치아 사람들은 외지인에게—현지 주민에게도—그런 식으로 길을 가르쳐준다.

일단 노인이 얽히고설킨 길을 따라 '슬쩍 돌아서' 닿으면, 그 좁은 구역에 사는 누군가가 샤일록의 집을 당장 알려줄 수 있다는 것을 부자가 다 알고 있다. 그 당시 베네치아 건물에는 번지가 없었다. 지금도 그곳의 번지는 오로지 집배원만 찾아갈 수 있다.

∽

부자 간의 대화가 끝날 무렵 랜슬럿은 몸을 돌려서 아버지를 속이려고 한다. 아버지로 하여금 얼굴에 난 수염 대신 어깨까지 닿는 뒤통수의 머리카락을 만지게 하려는 것이다. 아들의 긴 머리카락을 만지던 고보가 큰소리로 외친다.

하느님, 고맙기도 하셔라. 어쩌면 이렇게 수염이 풍성하냐!
네 턱수염은 내 짐마차를 끄는 도빈Dobbin이란 놈의 꼬리보다 더 수북하구나.

우선 고보의 단어 선택을 두고 비판이 일었다. 베네치아 사람인 고보가 자기 말에게 영어식 이름을 붙여주었다는 것이다. 이 작품은 베네치아 관객이 아니라 영국 관객을 위해 쓰인 것이므로 이름을 선택하는 데 다른 여지가 있을 수 없다. 실제로 이탈리아 희곡에 나오는 모든 동물의 이름은 죄다 영국 관객들이 금방 알아들을 수 있는 영어식 이름이다.

두 번째 비판은 베네치아에 말이 없다는 주장에서 비롯된 것이다. 물론 실상은 그렇지 않다. 16세기 베네치아 귀족들은 마술馬術을 터득했는데, 마사馬舍에서 가까운 산 프란체스코 델라 비냐San Francisco della Vigna라는 베네치아 교회 옆의 넓은 공터에서 마술 훈련을 받았다. 군인으로서 용맹한 자질을 갖추기 위해 꼭 필요한 덕목이었기 때문이다. 고보의 도빈은 짐마차를 끄는 짐말로, 4륜 짐마차나 2륜 짐마차의 채에 비끄러매는 일말이다. 지금도 베네치아에서는 말에 부딪혀 넘어지지 않을 정도로 완만한 판이 설치되어 있는 옛날 다리를 여기저기서 볼 수 있다. 또 보통의 2륜 짐마차나 4륜 짐마차의 바퀴가 굴러갈 수 있도록 돌로 만들어진 경사진 궤도가 나란히 남아 있는 모습도 볼 수 있다.

게토. 이 단어의 근본적인 어원에 대한 수많은 추측 가운데 가장 그럴듯한 것은, '자치구'를 의미하는 borgo와 동의어인 borghetto의 약어라는 것이다.
『옥스퍼드 영어사전』

이것이 그동안 내가 보았던 이 단어에 대한 설명 가운데 가장 나은 것이다. 그렇다고는 해도 샤일록의 거주지에 대해 읽을 때도 이 설명을 늘 수긍할 수 있는 건 아니다.

습관적으로 우리는 이 단어가 이탈리아 단어 getto의 변형이라고 생각한다. 그런데 이탈리아어의 경우 'g' 뒤에 'e'가 오면 'g'는 영어의 'j'처럼 발음되는데, 바로 이 단어가 그렇다. '제토'는 주조된 금속을 만드는 주물

위에서 내려다 본 베네치아의 게토 누오보. (움베르토 포르티스, 『베네치아의 게토: 베네치아 게토(1516~1797)의 역사와 예술 안내』 표지 사진. 로베르토 마테오다 번역. Storti Edizioni [1988~93])

공장을 의미한다. 아마도 누군가가 이탈리아어 사전을 훑어보다가 이 단어를 발견하고, 베네치아의 그 구역에 주물공장이 있었던 게 '틀림없다'고 생각했던 것 같다. 이 논리가 그 후 그릇된 정보를 반복적으로 재생산한 것이다. 나는 줄곧 이 설명이 마음에 걸렸다. 이탈리아어에서 경음인 'gh'와 연음인 'g'의 차이는 매우 큰 것으로, 다른 소리 대신 그 같은 'g' 음을 내는 경우는 상상할 수도 없기 때문이다.

현재 게토의 전체적인 외관은 샤일록이 살던 당시의 모습과 별반 다르지 않다. 약간의 차이라면 인구밀도가 높아지면서 건물 층수가 올라갔다는 것과 널찍한 캄포 누오보Campo Nuovo 광장 한쪽에 있던 몇몇 건물을 부수고 그 자리에 지금 있는 퇴직자용 아파트를 지었다는 점 정도일 것이다.

게토는 1516년 3월 29일, 베네치아 의회의 포고령에 따라 세워졌는데, 포고령의 내용은 다음과 같다.

모든 유대인은 산 지롤라모San Girolamo 근처의 게토에 세워진 집에서 함께 살아야 한다. 아울러 그들이 밤에 돌아다니지 않도록 두 개의 문을 만들도록 한다. 하나는 작은 다리가 있는 올드 게토 쪽에 만들고 다른 하나는 다리 건너편 쪽에 만든다. 그러니까 양쪽에 각각 문이 하나씩 세워지게 된다. 이 두 개의 문은 아침에 마라고나가 울릴 때 열리고 자정에 잠그도록 한다. 또 네 명의 기독교도 문지기가 지키되, 유대인이 그들을 임명하는 한편, 시의회가 합당하다고 결정한 수준에 맞게 보수를 지급하도록 한다.

이 포고령이 내려질 무렵 베네치아에는 700명가량의 유대인이 있었는데 모두 이탈리아계나 독일계였다. 다른 지역에서 당하는 박해와 베네치아가 지닌 매력 때문에 그 수는 그 후 점점 늘어난다. 당시 베네치아는 상업 중심지로서 유대인에게는 유럽의 다른 어떤 지역보다도 훨씬 자유로운 곳으로 소문이 나 있었다. 일부 유대인은 1373년경 이탈리아 중부와 남부에서 피신해온 이래 몇 세대에 걸쳐 베네치아에 살고 있었는데, 처음에는 시내 여기저기에 흩어져 있었다고 한다.

비록 무거운 세금을 징수당하고 사업이나 직업 선택에도 엄격한 제한이 있었지만, 그래도 15세기 말까지 그들은 그럭저럭 묵인되는 존재였다. 따라서 실질적으로 피해를 당하는 경우는 별로 없었다. 그러다가

1490년 불미스러운 사건이 일어나면서 상황이 달라졌고, 그 후로 베네치아에서의 그들의 존재는 점차 불안스럽고 혐오스러운 대상이 되기 시작했다. 거리에서 또 수도원의 설교에서 자극을 받은 결과, 이탈리아 내에서 셈족에 대한 반감은 점점 더 커졌다. 유대인의 격리와 추방에 대한 문제를 놓고 베네치아 의회에 수많은 제안이 쏟아져 들어왔다. 결국 1516년, 일종의 타협책으로 유대인들은 모두 게토 안에 모여 살아야 한다는 포고령이 발표되었다.

베네치아의 유대인 격리정책에 대한 공정한 판단을 위해 다음과 같은 사실도 밝혀져야 한다. 베네치아를 방문하는 독일인들은 리알토 건너편에 있는, 정해진 큰 건물에 머물러야만 했다. 세르비아인, 그리스인, 아르메니아인들 역시 비록 문이나 울타리는 없었지만 야간에는 지정된 구역에만 머물러야 했다. 한편, 베네치아의 또 다른 규제로 유대인들은 게토 안에서 자유롭게 예배를 드릴 수 있는데 반해 루터교 신자들은 유대인보다 훨씬 수가 많았으나 시내 어디에서도 종교 의식을 거행하는 것이 금지되었다는 사실을 들 수 있다.

유대인의 게토는 말 그대로 베네치아 시내에 있는 하나의 섬이었다. 사방이 복잡한 운하로 둘러싸인 채 게토 출입구로 연결되는 두 개의 철교를 통해서만 접근할 수 있는 곳이었다.

문지기를 선발하고 보수를 지급하는 방식과 출입문이 밤중에만 닫힌다는 사실 때문에 게토에 이중의 목적이 있었다는 주장도 있다. 하나는 기독교도들의 외국인 혐오와 종교적 갈등으로부터 이들을 분리시키려는 것이요, 아마도 더 중요할 듯한 나머지 하나는 야간에 바깥세상의 흉악범과 불한당의 박해로부터 유대인을 보호하려는 목적이라는 것이다.

게토는 이 밖에도 다른 독특한 특징을 가지고 있었다. 기독교 신자들에게 돈을 빌려주는 은행, 외국돈이 필요한 여행자들을 위한 환전상, 의회의 위임 아래 가난한 기독교도들에게 낮은 이자율로 돈을 빌려주는 전당포, 또 신제품과 중고품 의상, 외국 옷감, 보석, 반조리 식품, 기타 탐나는 물건 등을 팔면서 모든 베네치아인의 요구에 부응하는 상점이 바로 그것이다. 이는 기독교 신자들에게 특히 편리했는데 게토의 안식일과 그들의 안식일이 달라서 베네치아의 상점 전체가 문을 닫는 일요일에도 이곳 가게들은 문을 열었기 때문이다. 한편 게토의 크고 작은 광장에서는 재미있는 연극이나 음악 공연도 이루어졌다.

고보가 게토에서 샤일록의 집을 찾는 부분에서 사람들은 또다시 이탈리아에 대한 작가의 무지를 확인하려고 기를 쓴다. 아든 판 『베니스의 상인』에서 늙은 고보가 아들에게 질문하는 부분에 달린 주석은 이렇다. "이 질문은 우스꽝스럽기 짝이 없다. 베네치아의 게토에는 5,000명이나 되는 유대인이 살 수도 있었기 때문이다." 물론 그럴 수도 있었다. 하지만 정말로 그런 적이 있었는가는 별개의 문제다. 이탈리아 역사에서 유대인의 인구를 따질 때는 반드시 인구조사가 이루어진 시기를 고려해야 한다. 게토의 실제 인구는 해마다 변동이 있었는데, 특히 16세기에 가장 심했다.

예를 들어 1559년부터 1575년 사이의 오랜 불경기 동안, 특히 오스만 제국과 장기전을 벌이던 1570년부터 1573년까지 베네치아에 사는 유대인에게 혹독한 박해가 가해지자 많은 유대인 가정이 레반트로 이주했다. 그 뒤를 이어 1575~76년에는 전염병이 창궐한 탓에 엄청난 인구 감소가 일어났다. 베네치아에서만 5만 명이 사망할 정도로 끔찍했는데, 이는 베네치아 총 인구의 3분의 1 내지 절반에 해당하는 숫자였다. 페르낭 브로델도 지적했듯이 베네치아는 이 타격에서 완전히 회복되지 못했다. 그 결과 1585년에 베네치아에 사는 유대인은 1,424명밖에 되지 않았다.[5]

작고 고립된, 그러나 안정된 동네에서 누군가를 찾을 때는—설사 5천 명이나 되는 사람들이 사는 동네라 하더라도—예나 지금이나 여기저기에 몇 번만 물어보면 외부인도 그가 찾는 사람이 어디에 사는지 쉽게 알아낼 수 있다. 더구나 콕 틀어박혀 사는 유대인 동네에서는 찾는 사람의 성이 보통 그의 종족을 가리키는 경우가 많아서 더 빨리 찾을 수 있다. 약간의 정보만 있으면 적당한 유대교 회당이나 이웃들에게 물어보기만 해도 원하는 장소를 찾을 수 있다. 설령 브루클린이라 해도 고보는 그리 오랫동안 찾아 헤맬 필요가 없었을 것이다.

표면상 소박해 보이는 그의 용건에 대해 말하자면, 그것은 3막 1장 마지막에서 샤일록이 투발에게 내린 지시 때문에 비롯된 것이다. 내 생각에 그 장은 샤일록 인생의 마지막 전환점을 그려낸 부분인 듯하다. 이 장면은 몇 번이고 되풀이해서 읽을 만한 가치가 있는 명장면으로, 샤일록이 거듭해서 모욕당하는 대목이다. 샤일록은 먼저 안토니오의 밉살맞은 친구들인 살레리오와 솔라니오와 설전을 벌인다. 이어 동족인 투발로부터 그의 돈과 보석을 훔쳐 달아난 딸이 제노바에서 그것을 탕진하고 있다는 소리를 듣고 걷잡을 수 없이 부아가 나고 모욕을 느낀다. 특히 사랑하는 아내 레아에게서 받은 소중한 구혼 선물로 딸이 원숭이를 샀다는 투발의 보고에 그의 가슴은 찢어질 듯이 아프다.

투발은 헛소문을 되풀이하는가 하면 이와 같은 고통스러운 거짓말로 일부러 샤일록을 괴롭히기도 한다(한참 뒤인 5막 1장이 시작될 무렵에야 제시카가 도둑질은 했지만 제노바에 가지 않고 포샤의 저택까지밖에 가지 않았다는 사실이 밝혀진다). 그렇게 한참 동안 고통스러운 소문을 전해주던 투발이 갑자기 화제를 바꾼다. "그나저나 안토니오가 망한 것이 분명해."

그 가혹한 현실이 치명적인 일격을 가한다. 만일 샤일록이 만기가 된 빚을 받지 못하게 되면 대신 얻은 것은 기껏해야—그렇게 말할 수 있다면— 이 장의 앞부분에서 그가 말했듯이 '물고기를 잡는 데 미끼로나 쓸' 쓸모없는 살 1파운드뿐이다.

3개월 전, 샤일록은 안토니오에게 채무증서를 받고 빌려줄 돈 3천 더컷을 다 가지고 있지 않았기에 그 돈을 빌려서 빌려주었다. 그런데 이제 딸 제시카가 그의 뒤통수를 쳤다. 게다가 그는 투발에게서 빌린 돈을 곧 돌려주어야 한다. 샤일록은 즉시 머리를 굴린 다음 투발에게 말한다.

투발, 가서 돈을 주고 관리 한 사람을 잡아놓게. 2주 전부터 수를 써놓는 거야. 위약만 해봐라, 놈의 심장을 저며놓고 말 테다. 그놈을 베네치아에서 없애버리기만 하면 내 마음대로 장사를 할 수 있다고. 어서 가게, 투발, 나중에 우리 회당에서 만나세. 부탁하네, 친절한 투발. 우리 회당에서 보자고, 투발.

이 순간 샤일록의 마음속에 랍비로부터 도덕적인 훈계를 듣겠다는 생각이 떠오른 것 같지는 않다. 설사 그렇다고 해도 그것을 위해 투발과 동행할 필요는 없을 것이다. 지금 당장 샤일록에게 닥친 위험이 재정적인 문제라는 걸 깨닫고 내가 추론할 수 있었던 것은, 그에게 자신의 책임을 경감하거나 면하기 위해 당장 사업상 처리해야 할 일이 있으리라는 것

뿐이다. 이를 위해 회당에서 아마도 다른 사람들과 함께 '친절한' 투발이 꼭 참석해줘야 했을 것이다. 게토에서 공동체를 좌우하는 주체는 랍비가 주도하는 작은 위원회였는데, 회당은 만남의 장소로서 꼭 종교적 의식만을 위한 것은 아니었다. 아마도 이런 만남이 공동체의 결속을 다지는 중요한 순간이고, 역사상 유대인의 가장 막강한 힘 가운데 하나가 되었을 것이다.

샤일록은 그럴 만한 이유 때문에 그냥 '회당'이라고 하지 않고 '우리 회당'이라고 말한다. 게토의 유대인들은 국적이나 '종족'별로 모두 회당—학교—이 있었다. 게토의 이탈리아계 유대인들은 1575년 스콜라 이탈리아나Scola Italiana가 세워질 때까지 작은 학교에서 예배를 드렸다. 독일계인 아슈케나지는 1529년에 그란데 테데스카Grande Tedescha라는 최초의 회당을 세웠고, 1532년에는 산타 코무니타 칸톤Santa Communita Canton이라는 조금 작은 두 번째 회당도 세웠다. 가장 우아한 회당인 스콜라 레반티나Levantina는 1538년경에 세워졌고 나중에 바로 그 옆에 스콜라 루차토Luzzato라는 두 번째 회당이 세워졌다. 스콜라 스파뇰라Spagnola는 1584년에 세워졌다. 이 모든 회당이 지금도 베네치아의 게토 안에 그대로 남아 있는데, 그중 두 군데는 현재 누구나 방문할 수 있다. 한때는 스콜라 메실라민Mesillamin과 스콜라 코하님Kohanim도 있었다고 한다. 지역 가이드의 안내를 받으며 게토를 방문할 때까지도 나는 작가가 『베니스의 상인』에서 회당 앞에 '우리'라는 구체적인 수식어를 붙인 데는 다 그만한 이유가 있었다는 사실을 몰랐다. 여기서 '우리 회당'이란 그란데 테데스카나 산타 코무니타 칸톤을 가리키는 것이리라.

샤일록과 투발이 거기서 만나기로 한 사실은 작가가 종족별로 회당이 있다는 사실을 알았을 뿐 아니라, 회당이 종교적 기능 이상을 한다는 사실 또한 알았다는 뜻이다. 거기에는 기도실 외에도 다른 방들이 있었으니, '연구실'은 종교적인 일이나 공동체의 업무를 집행하기 위해 사람들이 모이는 곳이다. 그 밖에도 신도들의 필요에 따라 여러 가지 방이 있었다. 유대인은 집이나 신성한 장소에서 사업상 업무를 처리하지 않았다. 따라서 이런 부수적인 편의시설들이 서약을 하고 증인으로 입회하고 계약을 타결하는 데 사용되었다. 개인적 용무나 사업상 대담에 다 사용되었는데, 특히 민감한 사안일 경우가 많았다.

그런데 이처럼 베네치아 스콜라의 내부에 대한 지식은 유대인에게만 한정되지는 않았을 것이다. 이때는 '설교의 시대'로 학문적인 연설로서 설교의 기술이 활짝 꽃을 피우고 휴머니즘이 풍미하던 시기였다. 어떤 종파의 지식인이든 이탈리아어로 하는 이런 설교와 철학적 강연을 들을 수 있었는데, 특히 박학다식한 랍비였던 사무엘 유다 카첸엘렌보겐Samuel Judah Katzenellenbogen의 설교가 인기가 높았다.

『베니스의 상인』에 나오는 베네치아의 게토 중 샤일록의 집과 관련해 사소하지만 궁금한 점이 있었다. 헛수고로 그칠 가능성이 높다는 걸 알면서도 나는 조사에 착수하기로 결심했다. 나를 이끈 것은 안토니오 패거리 사이에서 무언가 음흉한 일이 진행되고 있다는 암시였다. 2막 2장 끝 부분에서 그라시아노가 바사니오에게 하는 대사에 그 암시가 등장한다. "오늘밤 우리가 하는 짓으로/미래의 날 판단하면 안 돼." 이 대사는 어딘가 사악하게 들리지 않는가?

이어 다음 장인 2막 3장에서는 제시카가 집에서 어릿광대인 랜슬럿과 이야기를 나누고 있다. 셰익스피어 작품에 나오는 다른 많은 짤막한 장들처럼 이 장도 여러 가지 의미로 가득 차 있다. 샤일록의 하인 노릇을 때려치우려고 하는 랜슬럿에게 제시카는 기독교 신자 애인인 로렌초에게 편지를 전해달라고 부탁하면서 '남몰래 전해야' 한다고 당부한다. 2막 4장에서 랜슬럿은 편지를 전하긴 하나, 당부대로 남몰래 전하지는 않는다. 4장의 짤막한 대화를 통해 우리는 그라시아노와 살레리오, 로렌초가 변장과 관련된 일을 꾸미는 중이라는 걸 알게 된다. 또 그 일이 정해진 시간에 완벽하게 이루어져야 하며 '제대로 된 준비'를 요한다는 것도 알게 된다. 그것이 무엇이든 간에 좋지 않은 일일 것이라는 의심이 진작부터 들던 터였다.

로렌초는 제시카의 편지 내용을 공개한다. 그가 어떻게 그녀 아버지의

네 개의 아치가 나 있는, 아케이드가 있는 건물이 바로 레드 뱅크이다. 그 바로 오른쪽이 샤일록의 집이다(미란다 홈스 사진).

돈을 훔치고 그녀를 데리고 도망가야 할지 일러주는 내용이다. 이들 도둑은 꼭 축제 때가 아니더라도 공공연하게 축제용 변장을 자주 하는 베네치아 관습 덕을 톡톡히 보고 있다. 가면을 쓰고 변장을 한 난봉꾼들은 남들의 시선을 조금도 끌지 않은 채 거리를 쏘다닐 테고, 괴팍한 샤일록은 그들을 보면서 '얼굴에 래커칠을 한 예수쟁이 얼간이들'이라고 투덜거릴 것이다. 이와 같은 가면과 변장은 재미있기도 하지만 도둑들에게는 아주 이상적인 은폐물이기도 하다.

2막 6장에서는 음모자들 중 그라시아노와 살레리오가 변장을 하고 등장한다. 그들의 대화를 통해 그들이 게토에 있다는 걸 짐작할 수 있다. 그라시아노가 말한다.

이 펜트하우스가 바로 로렌초가
처마 밑에서 기다리라고 한 집이야.

펜트하우스penthouse. 그러니까 내가 정말로 궁금한 게 바로 이것이다. 셰익스피어의 전 작품을 통해 '펜트하우스'라는 단어는 딱 두 번 나온다. 한 번은 여기이고 나머지는 『헛소동』의 3막 3장이다. 『브리태니커 백과사전』 11판은 이 단어를 '중세 영어에서 이 단어의 형태는 pentis로 (······) 다른 건물에 붙이거나 매달아놓은 작은 구조물이다'라고 설명해놓았다. 다행히도 『옥스퍼드 영어사전』에 1625년에 pentis라는 단어가 사용된 용례가 인용되어 있었다. 맨체스터 법정 기록으로 '기둥을 세우고 그것을 커다란 pentis로 덮는' 것에 관한 내용이었다. 다행인 이유는 이 기록이야말로 내가 게토의 딱 한 지점에서 발견한 펜트하우스와 거의 똑같았기 때문이다. 본 건물로부터 툭 튀어나온 2층으로, 몇 개의 기둥이 그것을 떠받치고 있었다. 게토에 이 같은 건물은 이것 하나뿐이었다.

그런데 흥미롭게도 건물은 1층에 레드 뱅크Red Bank가 있는 건물의 바로 옆 건물이었다. 의회의 위임하에 운영되는 대출 은행인 이 은행의 이름은 거기서 발행하는 전당표의 색깔에서 기인한 것이다.

이것은 널리 알려지지 않은 이탈리아의 장소와 사물들에 대해 작가가 알고 있는 것을 작품 속에 솜씨 좋게 그려내고 엮어낸 예라고 할 수 있다. 파도바에서는 루센티오의 여관을, 밀라노에서는 성 그레고리 우물을, 베로나에서는 단풍나무숲을 그렸듯, 작가는 여기서도 놀랍도록 정확하게 대상을 기술했다. 앞으로 이어질 장에서도 이처럼 색다르면서도 구체적이고 정확한, 이탈리아에 대한 지식을 만나볼 수 있을 것이다.

샤일록의 펜트하우스. 캄포 델 게토 누오보에서 바라본 모습. 정면 한가운데 보이는 건물이 샤일록의 펜트하우스로 세 개의 기둥이 떠받치고 있다. (실비아 홈스 사진)

베니스의 상인 2부

"재판 그리고 반전"

우리는 그녀를 만나기 전부터 『베니스의 상인』의 여주인공인 포샤를 알고 있다. 앞 장에도 나왔듯이 1막 1장에서 상인 안토니오가 절친한 친구 바사니오와 단 둘이 샤일록으로부터 3천 더컷을 빌릴 궁리를 하는 장면에서[1] 안토니오는 말한다.

자, 이제 말해주게, 어떤 숙녀분인지,
자네가 남몰래 사랑의 순례자가 되기로 맹세한 그 숙녀가,[2]
오늘 말해준다고 약속하지 않았는가?

그러자 바사니오가 대답한다.

벨몬트에 큰 유산을 상속받은 숙녀가 있지.

게다가 미인이라네.

❦

'벨몬트Belmont.' 여러 세기 동안 사람들은 이곳이 이탈리아의 어디를 가리키는지 알아내기 위해 줄기차게 노력해왔다. 앞 장에 나왔던 『일 페코로네』라는 이탈리아 이야기는 작가의 『베니스의 상인』에 부분적으로 영감을 주었다고 알려져 있는데 여기에 벨몬트라는 이름의, 바닷가에 있는 가상의 중세 성이 나온다. 이런 이유로 사람들은 이 작품에 나오는 벨몬트가 아드리아 해안 어딘가에 있다고들 말한다. 하지만 작가의 벨몬트는 바닷가에 있지도 않고 성도 아니다. 『베니스의 상인』에 나오는 벨몬트는 베네치아 운하에서 그리 멀지 않은 곳에 위치한 어느 시골 저택이다.

1막 2장은 바로 그 시골 저택의 우아한 방에서 시작된다. 금발의 포샤가 그녀보다 조금 젊은 처녀와 이야기를 하고 있는데 처녀의 검은 머리카락에는 윤기가 자르르 흐른다. 포샤의 시녀인 그녀가 그 머리 때문에 '네리사Nerissa'[3]라고 불리는 것은 조금도 이상한 일이 아니다. 두 처녀는 앞서 포샤를 방문했던 남자들에 대해 이야기를 나누고 있다. 그들은 포샤의 구혼자들로, 그들 중 하나가 포샤와 결혼하게 될 터였다. 단, 그들은 고인이 된 그녀의 아버지 벨몬트 경이 남긴 수수께끼를 풀어야만 그녀의 남편이 될 자격을 얻는다. 이제 포샤가 두문불출하며 아버지를 애도하는 기간이 끝나자 본격적인 구혼 경쟁이 시작된다. 포샤 같은 귀족 여성이라면 그와 같은 애도 기간을 엄격하게 지켰으리라.

이 2장이 시작될 때까지 포샤는 이미 여러 명의 구혼자를 만나봤지만 아무도 아버지의 요구 조건을 만족시키지 못했다. 그녀는 모든 구혼자들을 비웃는데 특히 영국 남작인 포큰브릿지를 몹시 우스꽝스럽게 여긴다. 여러 나라의 옷이 뒤섞인 옷차림을 가관이라고 평가하고 그의 행동거지(임기응변의 재치가 부족한 점을 언급하는 듯 보인다)를 비난한 다음, 포샤가 덧붙인다.

> 너도 알다시피 내가 그 사람에게 한마디도 안 했잖아. 서로 말이 통해야 말이지. 그 사람은 라틴어도 프랑스어도 이탈리아어도 다 모르더라고. 나 역시 영어에 깜깜하다는 사실은 네가 법정에서 증인을 서도 될 만큼 확실한 일이고. 그 사람 허우대는 멀쩡하다만, 아이고! 어떻게 손짓발짓으로 대화를 한단 말이니?

베네치아의 궁전이나 저택에서 환영받는 귀족이 되려면 피렌체 식 이탈리아어를 유창하게 구사할 뿐 아니라 학식을 드러내는 라틴어와 품위 있는 프랑스어도 할 줄 알아야 한다. 베네치아의 고상하고 세련된 사회에서는 다들 이 세 가지 언어를 말하고 쓰고 이해했다. 따라서 포샤도 적당한 남편감이 이 세 가지 언어를 하는 것을 절대적인 조건으로 생각한다. 내 짐작에는 작가 역시 그렇게 생각하지 않았나 싶다. 베네치아에서 사용되던 일상 언어는, 요즘도 흔히 그렇듯이 토박이 이탈리아어와는 상당히 다른 사투리였다. '베네치아 방언'은 옛날 롬바르디아 지방의 단어와 거기에서 쓰이던 온갖 외국어로부터 차용한 단어들이 마구 뒤섞이는 바람에 사실상 토박이 이탈리아어와는 다른 언어나 마찬가지였고, 지금도 마찬가지이다. 오늘날에도 베네치아와 베로나에서는 베네치아 방언사전을 살 수 있다. 베네치아 토박이치고 외국인이 그들의 복잡한 베네치아 방언을 구사할 수 있을 거라 기대하는 사람은 아무도 없다.

◈

엘리자베스 시대의 여행자라면 베네치아 영토를 돌아다니다가 부유한 농장주들의 고전적인 저택을 발견하고 그 모습에 홀렸을 것이다. 전망이 탁 트인 곳에 무방비 상태로 서 있는 저택들의 모습은 상당히 인상적이었을 것이다. 16세기 들어 저택의 수도 꾸준히 증가했는데, 이에 비례해 지역에서 수확하는 농작물이나 전에는 수입했던 다른 필수품에 대한 수요도 증가했다.

베네치아 경제는 여러 가지 요인으로 서서히 변화하는 중이었다. 그중 하나가 베네치아에서의 선박 건조가 점점 더 어려워지면서 안토니오 같은 베네치아 상인들이 외국 선박을 이용하는 게 비용이 더 싸다는 것을 알게 되었다는 점이다. 그러면서 더 값싼 화물 손해보험도 쉽게 이용할 수 있었다. 한편 에스파냐의 적대 행위가 확대되고 터키와 바르바리 해적들이 끊임없이 속을 썩이는 바람에 해상 운송에서 위험이 고조되고 있었다. 이렇게 주변 상황이 변하고 있는데도, 부유한 베네치아 시민들의 눈에는 그들의 세계가 쇠퇴하지 않을 것처럼 보였다.

유럽의 다른 어떤 지방 저택도 이들 베네치아 저택과 비슷하지 않았다. 오늘날의 관광객은 그 저택들을 그저 즐겁고 쾌적한 궁전이나 번잡한 도시를 탈출할 새로운 피신처, 손님들에게 연회를 베풀고 그들을 융숭하게 대접하는 공간 정도로 생각한다. 물론 그것도 다 맞는 말이지만, 그 저택들에는 그 이상의 용도가 있다는 사실도 알아야 한다. 고전적인 양식으로 기둥을 세운 중앙 본채의 길쭉한 양 날개는 단순히 장식용으로 지은 게 아니라 필수불가결한 공간이었다. 날개는 농장 일꾼과 노예들, 쟁기, 마구, 갈퀴, 낫, 수확한 농작물, 가축, 짐마차나 달구지, 신식 대형 마차, 그 밖에도 인접한 경작지에서 이루어지는 대규모 농업에 필요한 모든 비품을 보관하는 장소였다. 말하자면 독특한 베네치아 양식의 이런 저택들은 웅장한 아름다움과 빈틈없는 실용성을 겸비하고 있었던 것이다.

부유한 포샤는 아버지로부터 바로 그와 같은 저택을 물려받았다. 그녀의 아버지는 16세기의 다른 부유한 베네치아 사람들과 마찬가지로, 베네치아 사람들이 해외 운송 사업과 무역을 선점하는 동안, 롬바르디아 일부까지 확장된 공화국의 어마어마한 영토가 철저히 방치되고 있다는 사실을 깨달았다. 게다가 1573년 초, 다른 이탈리아 국가들이 베네치아에게 적대적으로 돌아서면서 베네치아는 밀을 공급해주던 시칠리아 같은 중요한 식량 공급원을 잃었다. 본문 5장에도 나왔듯이 베네치아 선박들이 영국 항구에 발을 끊고 위협적인 비기독교 제국인 오스만 튀르크와 무역 협정을 맺은 것도 바로 그해였다. 베네치아로서는 절대적으로 필요한 협정이었다. 베네치아 공화국은 대외적으로 점점 더 단절되어가면서 고립주의적 성향을 띠게 되었다.

그들은 독자적인 농장 경영 사업을 시작했고, 그들 가운데 좀 더 부유한 상당수 사람들은 저명한 건축가인 비첸차의 안드레아 팔라디오Andrea Palladio에게 신고전주의 양식의 웅장한 저택을 그들의 농장에도 똑같이 지어달라고 부탁했다. 팔라디오 양식은 사람들이 몹시 부러워하는 유명한 건축양식이 되면서 전 세계로 퍼져나갔다. 1570년, 안드레아 팔라디오는 베네치아의 공식 건축가로 임명되었다. 그의 독특한 디자인으로 설계된 건물이 속속 지어졌고, 그 결과 그가 사망한 지 거의 500년이 지난 지금까지도 '팔라디오 양식'은 여전히 건재하면서 그의 이름을 빛내고 있다.

베네치아 베네토 귀족들의 저택은 이렇게 베네치아 운하 주변의 사용되지 않는 경작지에 꾸준히 세워진 것들이었다. 가장 화려한 편에 속하는 많은 저택들이 브렌타 운하를 따라 흩어져 있는데, 오늘날 수상 관광과 건축에 흥미가 있는 방문객들이 전문 관광선을 타고 와 그것을 감상하며 즐거워한다.

작가는 3막 4장이 거의 끝날 때까지도 벨몬트의 위치에 대해 눈곱만큼도 암시를 주지 않는다. 그러다가 포샤가 비밀 계획을 세울 즈음에야 비로소 몇 가지 중요한 사실을 알려준다. 그녀는 청년으로 변장하고 베네치아로 갈 작정이다. 법정에 변호사로 나타나서 안토니오의 살 1파운드를 요구하는 잔혹한 샤일록으로부터 그를 변호하려는 것이다.

그 장에서 포샤는 네리사만 동석한 가운데 믿음직스러운 하인 밸서자에게 지시한다.

자, 밸서자,
지금까지 넌 정직하고 솔직하게 행동해왔어.
앞으로도 늘 그래 줬으면 좋겠어.
파도바까지 전력질주해서

내 사촌오빠인 벨라리오 박사님께 이 편지를 전해줘.
그러면 오라버니께서 서류와 의복을 주실 거야.
그것을 받으면 번개보다 빠르게
트라넥트의 공용 도선장으로 가서.
베네치아로 가는 배를 찾아.
인사하느라 늑장 부리지 말고
당장 출발해. 내가 먼저 가서 기다리고 있을게.

그렇게 밸서자를 떠나보낸 뒤, 그 장의 마지막 대사에서 포샤가 네리사에게 말한다.

자, 마차에 탄 다음
내 계획을 전부 다 말해줄게.
벌써 정원 문 앞에 대기시켜놨는걸. 그러니 서둘러야 돼.
오늘 안으로 20마일은 달려야 하니까.

이를 위해 포샤는 먼저 '베네치아로 가는 배가 있는/트라넥트의 공용 도선장으로' 갈 것이라고 말한다. 그들은 조심스럽게 마차 안에 몸을 숨긴 채 밸서자가 벨라리오 박사에게서 받은 물건을 전해줄 때까지 도선장 근처에서 기다릴 것이다. 그런 다음 포샤와 네리사는 마차를 남겨두고 트라넥트에서 배를 타고 강을 건너 베네치아로 갈 것이다.

트라넥트라고? 이건 또 뭘까? 제1이절판에는 'Tranect'라고 대문자로

포샤의 상륙 지점인 '일 몰로'는 공작의 궁전 앞에 있으며 재판소 근처이다.

표기돼 있는데, 아무래도 유일무이한 존재인 듯하여 고유명사로 취급된 것이다. 그런데 현대에 출판된 『베니스의 상인』들은 이 단어를 소문자로 처리하고 있다. 앞서 보았고 앞으로도 또 보겠지만, 이 작가에게 철자법은 매우 중요한 의미를 지닌다. 이 작가의 작품에서 소문자와 대비되는 의미로 대문자가 쓰일 경우, 단어의 의미는 뚜렷하게 달라진다. 편집자들은 작가가 일반적인 것들 가운데 특정한 하나를 가리키기 위해 대문자를 썼다는 사실을 깨닫지 못하는 것 같다. 물론 그는 정확을 기하고 강조하기 위해 대문자로 썼지만, 한편으로는 그의 작품을 연극으로 보기보다는 책으로 읽을지도 모르는 독자들을 위해 그렇게 하기도 했다.

등장인물들의 대사를 통해 포샤와 밸서자의 여행과 만남을 상상해보면, 이 트라넥트가 베네치아로 가는 나룻배를 쉽게 갈아탈 수 있는 곳에 있어야 한다는 가정이 선다. 밸서자는 파도바에서 트라넥트로 오고, 포샤도 브렌타 운하를 이용해 벨몬트에서 트라넥트로 갈 작정이기 때문이다.

이로 보아 트라넥트는 마차가 설 수 있는 육지나 육지 근처이면서 베네치아 행 나룻배가 정박할 수 있는 물가나 물가 가까운 곳일 터이다. 그런 곳이 과연 있었을까?

물론 정말로 있었다. 그런데 '트라넥트'라는 이름이 아니다. 이탈리아 사람들은 그곳을 '푸시나Fusina'라고 부른다. 트라넥트와 같은 지명은 고금의 어떤 베네치아 지도에도 나오지 않지만 푸시나라는 지명은 나온다.

만일 작가에게 의지할 수 있다면(그리고 이제 그를 신뢰해야 한다면), 포샤와 밸서자가 만나기로 한 트라넥트는 푸시나에 있었어야 할 것이다(그래도 밸서자가 파도바-푸시나를 운행하는 나룻배를 탔을 것 같지는 않다. 그렇게 다급한 상황에서는 그 당시 브렌타 운하를 따라 나 있던, S11번 간선도로로 전력질주하는 편이 더 빠르기 때문이다). 운하 주변의 지리를 자세히 조사해보았지만 푸시나 말고는 다른 가능성을 찾을 수 없었다. 또 곧 밝혀지겠지만 포샤의 총 여행 거리도 계산이 맞아떨어졌다. 푸시나에서 운하를 이용해 상륙지인 '일 몰로il Molo'까지 가는 거리는 정확히 5마일로, 일 몰로는 포샤의 목적지인 공작의 궁전과 재판소 앞에 위치한다(본문 5장의 지도 참조).

포샤의 말에도 푸시나와 베네치아 사이를 오가는 배와 파도바와 푸시

브렌타 운하의 현재 모습. 16세기에도 오늘날의 모습과 똑같았을 것이다.

나를 오가는 배는 종류가 다르다는 사실이 넌지시 드러나 있다. 그녀의 암시는 정확하다. 이 16세기 작품 속의 베네치아에는 다양한 수상 교통수단이 있었다. 운하를 오가는 배만 보아도, 대형 선박은 키잡이들이 젓는 길고 커다란 노와 돛을 이용해 움직였고, 보통 배는 말이나 노새가 끌었다(물론 적당한 곳에서는 노 젓는 사람이나 키잡이가 배를 끌기도 했다).

 이탈리아 희곡들을 분석하는 과정에서 가장 정보가 빈약한 것을 꼽는다면 바로 이 트라넥트에 대한 '설명'이다. 셰익스피어 연구가들은 '트라넥트'가 이탈리아 단어 트라게토traghetto가 와전된 것이라고 주장했는데, 이 단어의 의미는 문맥에 따라 나룻배나 나룻배 상륙장으로 해석될 수 있다. 예를 들면 이 작품의 '시그넷 클래식' 판에는 'tranect'라고 소문자로 표기된 채(작가는 분명하게 대문자로 썼건만) '트라넥트: 나룻배'라고 간단히 풀이돼 있다. '뉴 펭귄 셰익스피어 판'은 이와 달리 'tranect' 대신 흔히 쓰이는 'traject'를 사용하고 있는데, 트라게토를 영어식으로 바꾸려는 색다른 시도라고 하겠다.

traject. Q[제1사절판의 약호]와 F[제1이절판의 약호]에 'tranect'라는 말이 나오는데, 아마도 플로리Flori의 『단어의 세계World of Words』(1598)에 등장하는 이탈리아어 traghetto(나룻배)에서 비롯된 듯하다. 또 [토머스] 코리앗은 '사람들이 흔히 Traghetti라고 부르는 열세 군데의 나루터 혹은 [베네치아의] 수로'라고 주를 달아놓고 있다. 파도바에서 20마일 떨어진 브렌타 운하에는 베네치아 습지까지 미치지 못하는 물의 수위를 조절하기 위한 댐이 있다. 이로 인해 나루터가 만들어지거나 다리가 세워졌을 테고, 여행자가 퍼뜨린 이 소문이 셰익스피어의 귀까지 들어왔을 것이다.

아든 셰익스피어 판은 그 대체어인 'traject'에 대해 다음과 같이 주를 달았다.

Q의 'Tranect'는 아마도 'traject'를 잘못 읽은 것이리라. 이것은 플로리오의 『단어의 세계』에 나오는 traghetto, 바로 그 나루터를 의미하는 것일 터이다. 스티븐스는 'Tranect'를 tranare, 즉 끌기, 넘어가기, 수영하기와 같은 의미로 규정했다. 하지만 그 뜻이 부자연스럽고 단어 말미의 '-ect'가 무엇인지 설명

하고 있지 않다.

여기서는 조지 스티븐스Georeg Stevens의 말이 옳았다.

위 주장들은 『베니스의 상인』 창작 연대를 1596~97년으로 늦게 추정함으로써(나는 거기에 동의하지 않는다), 이 작품이 플로리오나 코리얏의 책이 나오기 전에 쓰였다는 사실을 무시한 전형적인 '해설'이다. 플로리오의 책은 1598년에 출판되었고 코리얏의 책은 1611년에야 나왔다.

결국 이제까지의 모든 가정이 다 틀렸다는 판단 아래, 나는 나름의 답을 찾기 위해 다시 조사에 착수했다. 우선 이 주제에 관한 연구결과를 『현대 언어 비평The Modern Language Review』 1932년 1월호에 게재된 바이얼릿 M. 제프리Violet M. Jeffery의 논문에서 찾아보았다. 제프리 여사의 전거자료는 반박할 여지없이 완벽했다. 포샤와 네리사가 마차 안에서 기다리던 곳은 실제 장소로, 이미 들어본 이름이었다. '리차 푸시나Lizza Fusina'라는 곳인데, 오랫동안 그냥 간단히 '푸시나'라고 불려왔다. 푸시나는 '굴대spindle'라는 뜻이고, 리차는 문맥상 '~하는 곳'이거나 '입구'를 가리키는 말 같다. 따라서 리차 푸시나는 '굴대가 있는 곳' 정도로 번역되다가 나중에 그냥 '굴대'가 되었을 것이다.

제프리는 리차 푸시나에 대해 말하기 위해 다음 사실을 끌어들였다.

이 작고 외진 마을은 오로지 댐과 운하에서 석호까지 배를 갈아타고 갈 수 있는 독창적인 장치 덕분에 여행자들의 기록에 남아 있다. 그것이 워낙 놀랍고 신기해 보였던 까닭에 여행자들치고 베네치아로 가는 길을 설명하면서 그것을 언급하지 않는 사람은 거의 없을 정도였다. 또한 프랑스, 영국, 네덜란드에서 오는 여행자들에게는 파도바를 통과하는 것이 통상적인 여정이므로 당연히 많은 사람들이 왕복대 위로 지나갔고……

제프리는 또 위의 내용에 버금가게 중요한 라틴어 자료를 발견하고 다음과 같이 썼다.

1602년에 출판된 『이탈리아 여행기Itinerarium Italae Totius』에서 성명 미상의 작가는 리차 푸시나와 그 놀라운 장치에 대해 "물 위가 아닌 지상에서 움직이는 멋진 항해 도구Hic pulchro artificio navigator non mari, sed terra"라고 말하고 있다.

그녀는 또 다른 곳에서 이렇게 쓰기도 했다.

『헤르쿨레스 프로디시우스』에는 그것이 '건네주는 장치Machina Traductrix'라고 나와 있는데, 안드레아 스코토Andrea Scoto와 폴 헨처Paul Hentzer의 『여행기Itineraries』에도 거의 똑같은 의미로 언급되어 있다.

제프리는 또한 베네치아 국립 문서기록보관소에 있는 수많은 자료들을 인용해 1444년부터의 소유권 목록을 제시했다.

제프리와 나 둘 다, 1580년 9월에 시작해 이탈리아 전역을 오랫동안 여행한 프랑스의 위대한 수필가 몽테뉴의 여행 기록을 참고했다. 차이라면 제프리는 프랑스어로 된 책을, 나는 영어로 번역된 책을 인용했다는 점이다. 몽테뉴는 주로 이탈리아의 유명 온천들을 방문하는 한편 로마, 피렌체, 베네치아와 같은 웅장하고 화려한 도시에 체류할 목적으로 이탈리아에 왔다. 그는 1580년도에 거의 날마다 여행중의 경험과 견문을 기록했다. 그의 컨디션이 좋지 않으면 비서가 대신 일기를 썼다. 그 전체

기록인 『몽테뉴의 여행기 Montaigne's Travel Journal』는 오랜 세월이 흐른 뒤에도 독자의 사랑을 받고 있으며 오늘날까지도 재미있는 읽을거리를 제공해준다.

몽테뉴는 1580년 11월 3일, 파도바에 도착해서 11월 5일까지 머문다. 그의 『여행기』를 읽어보자.

우리는 토요일 아침 일찍, 강(운하)을 따라 놓인 훌륭한 둑길을 이용해 그곳을 떠났다. 길 양쪽으로 매우 비옥한 밀밭이 펼쳐져 있는데 들판에 질서정연하게 줄지어 심어놓은 포도나무가 멋진 그늘을 만들어주고 있었다. 또 도로를 따라 아름답고 쾌적한 집들이 늘어서 있는데 그중 하나가 콘타리니 Contarini 가문의 집이었다. 그 집 대문에 왕(프랑스의 앙리 3세)이 폴란드에서 귀국하는 길에 그곳에 머물렀다는 내용이 새겨진 명판이 붙어 있었다. 우리는 20마일을 달려 푸시나에 도착해 거기서 식사를 했다. 이곳은 그냥 여관에 불과한 곳인데, 여기서 베네치아 행 배를 타게 된다. 이 강가(브렌타 운하)의 모든 배들은 말 두 마리가 착유기를 돌리는 방식의 기계장치와 도르래의 힘을 빌려 상륙한다. 그러면 사람들이 아래쪽에 설치한 바퀴로 배를 나무 바닥 위로 운반한 다음, 베네치아가 있는 바다(대운하)로 흘러들어가는 운하에 띄운다. 우리는 여기(푸시나)에서 식사를 한 뒤 곤돌라를 타고 베네치아까지 5마일을 간 다음 거기에서 저녁을 먹었다.

영국의 여행가이자 작가인 파인즈 모리슨 Fynes Moryson이 1617년에 출판한 『여행기 Itinerary』에도 또 다른 설명이 나온다.

1594년 봄 …… 나의 이탈리아 여행이 시작되었다. 파도바의 동문東門에서 배를 탔는데, 그 배를 브렌타 강(사실은 대운하)을 따라 말이 끌고 갔다. 두세 개의 작은 다리(그는 갑문이 뭔지 몰랐다)를 지나 20마일을 간 다음 리사푸시나 Lissafusina라는 작은 마을에 도착했다. 그곳에는 브렌타의 물을 막기 위한 댐이 있었다. 시간이 흐르면서 수로가 열리더라도 베네치아 쪽 습지가 모래나 흙으로 채워지지 않도록 함으로써 단단한 지반 위에 시티City로 가는 수로가 만들어지게 하기 위한 것이었. …… 여기에서 우리가 탄 배가 기계 장치에 끌려 브렌타 강을 나와 베네치아 습지로 들어가는 동안 우리 승객들은 고기를 먹고 와인을 마시며 기운을 차렸다.

한편 또 다른 영국 여행가인 토머스 코리얏도 『코리얏의 여행기 Coryat's Crudities』에서 왕복대와 그 작동에 대해 비슷한 설명을 하고 있다.

                                      ~

'Tranect'는 라틴어인데, 라틴어는 유럽의 국제어로서 어떤 여행자에게나 매우 중요한 언어였다. connect(연결하다)가 'join with'를 의미하는 것과 마찬가지로 tra-nect는 'join across'를 의미한다. 이것의 이형태가 'transect'인데, 이 단어는 거의 모든 영어 사전에 두 가지 정의가 실려 있다. 그리고 서로 다른 방식이기는 하나, 포샤와 네리사가 마차 안에서 기다리고 있던 곳에 두 가지 의미를 다 적용할 수 있다. 이 단어가 동사로 쓰일 때는 '가로질러가다' '횡단하다' '지름길로 가다'라는 의미, 즉 '건너가다' 혹은 '함께 건너가다'라는 뜻이다. 한편 명사일 경우에는 '좁고 긴 땅'이라는 뜻으로 땅의 단면이나 일부분을 의미한다. 작가는 이 단어로 푸시나에서 볼 수 있는 사물과 행위 두 가지를 동시에 표현했다. 즉, 육지의 좁고 긴 부분과 배를 끌어서 그곳을 건네주는 기계장치를.

그러나 수준 높은 공학 기술이 발달하면서 리차/트라넥트의 운명이 결정되었다. 17세기 들어 브렌타 운하의 담수를 베네치아 대운하의 짠물과 격리시켰던, 땅이 가늘고 길게 쪼개진 부분인 '댐' 사이사이에 갑문이 설치되었다. 그 결과 대운하와 브렌타 운하를 직접 연결하는 수로가 개통되면서 그곳을 왕래하는 배들이 큰 덕을 본 대신, 리차(굴대), 곧 포샤의 '트라넥트'와 그녀의 '공용 도선장'은 무용지물이 되고 말았다. 하지만 이 모든 것도 작가가 그의 떠들썩한 이야기를 완성하고 한참 뒤에 일어난 일이었다.

3막 4장에서 포샤는 밸서자에게 파도바로 가서 그녀의 사촌오빠로부터 서류와 옷을 받아가지고, 이제 우리가 푸시나라고 알게 된 트라넥트로 와서 자신과 만나자고 지시한다. 그런 다음 그녀와 네리사가 마차를 타고 먼저 가서 밸서자의 도착을 기다린다. 얼마 후 두 젊은 여성은 나룻배를 타고 대운하를 건너가 공작의 궁전 근처 상륙장인 일 모로에 내릴 것이다.

포샤는 이 여행이 얼마나 걸릴지 분명히 알고 있었다. 그래서 네리사에게 "우리는 오늘 안으로 20마일은 달려야 하니까"라고 말한다(영국의 1마일은 이탈리아의 1몰리오moglio와 똑같다). 이제 우리는 벨몬트가 어디 있는지에 관해 약간의 정보를 얻게 되었다.

트라넥트에서 베네치아 일 모로까지의 거리는 5마일이다. 트라넥트에서 벨몬트까지도 5마일이라면 합쳐서 10마일이 될 것이다. 안토니오를 변호하고 나서 포샤는 곧장 벨몬트로 돌아가겠다고 약속한다. 이 말은 그녀의 총 여행 거리가 두 배가 된다는 뜻이다. 내 계산이 정확하다면 포샤의 왕복 여행 거리는 그녀가 말한 20마일에 딱 들어맞는다.

트라넥트에서 5마일 떨어진 곳으로, 과연 우리가 찾고 있는 벨몬트가 될 만한 위풍당당한 저택이 있을까? 물론, 정말로 있었다. 그것도 브렌타 운하 근방에서 가장 웅장한 저택 가운데 하나가. '빌라 포스카리Villa Foscari'라는 저택인데 '빌라 말콘텐타Villa Malcontenta'라고 불리기도 한다. 그 근처에 같은 이름을 가진 작은 마을이 있기 때문이다.

포샤의 '벨몬트.' 브렌타 운하 옆에 있는 웅장한 저택 빌라 포스카리-말콘텐타는 안드레아 팔라디오(1549~1563)가 설계한 것이다.(J. F. 코스타의 판화, 16세기 작. 파올로 티에토의 『아름다운 브렌타 운하 주변』에서. Panda Editiori, 1987, 12쪽)

팔라디오 양식 건물 중에서 가장 유명한 건물에 속하며 1560년경에 세워진 빌라 포스카리-말콘텐타는 여전히 포스카리 가문이 소유하고 있는데, 브렌타 운하 수면에 반사되는 건물의 모습이 참으로 아름답다. 줄리오 로마노의 그림을 연상시키는 프레스코화로 실내를 화려하게 장식한

포샤의 '벨몬트'인 빌라 포스카리의 현재 모습.

이 저택은 1574년에 프랑스의 앙리 3세(1574~1589)에게 베푼 것과 같은 성대한 접대로 유명하다. 오늘날에도 베네치아 대학교의 중심부가 된 빌라 포스카리-말콘텐타를 방문할 수 있다. 그곳은 베네치아에 가기도 쉬웠을 뿐 아니라, 경향 각지의 귀공자들이 결혼하고 싶어하는 포샤 같은 상속녀에게 어울리는 '벨몬트(아름다운 땅)'이기도 했다.

『베니스의 상인』을 몇 번이고 읽는 과정에서, 나는 밸서자가 서둘러 심부름을 떠난 후 포샤가 네리사에게 하는 말에 자꾸 신경이 쓰였다. 포샤는 네리사에게 베네치아로 갈 때 두 사람이 옷을 어떻게 차려입고 나룻배를 타야 할지 설명한다. 그러면서 '자신이 훨씬 더 미남처럼 보이겠지만 아무튼 두 사람 다 청년처럼 옷을 차려입을 것'이라고 한다. 또 '씩씩하게 단도도 찰 것'이라고 덧붙인다. 포샤는 전 유럽의 많은 남자들이 공공연하게 차고 다니는 예의 그 위험한 칼sword을 차려는 게 아니라 단도dagger를 찰 작정이다.

칼은 보통 공격용 무기로 간주되는 반면 단도는 흔히 방어용 무기로

취급된다. 베네치아 시내에서 칼을 소지하는 행위는 전적으로 법에 위배된다. 이 문제를 곰곰이 생각하던 중, 『하버드 셰익스피어 용어 색인The Harvard Concordance to Shakespeare』에서 나는 재미있는 사실을 발견했다. 제1이절판에 실린 36편의 작품 중에서 무려 35편에 등장하는 남자들이 칼을 차고 있었다. 셰익스피어의 희곡 가운데 오직 딱 한 편만 칼이 나오지 않았는데, 바로 『베니스의 상인』이었다. 『오셀로』의 2막 1장도 베네치아가 배경이지만 이아고와 로더리고 둘 다 칼을 차고 있다. 하지만 그들의 경우는 예외적으로 허용된 것이니, 두 사람 다 베네치아 장교라서 군복을 입었을 때는 문제가 되지 않기 때문이다.

3막 3장에 이르면 바사니오가 샤일록에게 빌린 돈을 갚지 않았다는 사실이 드러난다. 빌린 돈은 그의 빚을 갚는 데 사용했으며, 남은 돈은 포샤와 그녀의 가족들을 감동시키는 데 썼다. 원래 바사니오는 포샤가 가져올 지참금으로 샤일록의 빚을 기한 내에 갚을 작정이었지만 결혼이 약간 늦춰진 것이다. 따라서 채무 증서에 기록된 규정대로라면 예정된 결혼식 때면 이미 채무 불이행 상태가 된다. 안토니오는 이제 샤일록에게 살 1파운드를 주게 될 판이다. 채무 증서에 다른 선택 조건은 없다. 과연 그와 같은 끔찍한 처벌이 합법적으로 집행될 수 있는지에 대한 문제가 미결 상태인 채로 이 짤막한 장에서 안토니오가 감옥에 갇혔다는 사실이 밝혀진다.

여기에 관련될 실질법은—절차법과는 구별되는 것으로—상인, 무역업자, 은행가들이 채택한 국제적인 규칙과 관습과 관례의 일부로, '상관습법' 혹은 '상사법'이라고 불리는 것이다. 현재는 흔히 '상법' 또는 '상법전'이라고 불리는 이 법은 베네치아나 유럽의 다른 도시들, 지중해 연안의 도시들뿐 아니라 16세기 영국에서도 일상적으로 쓰였다. 작가는 그것을 그냥 '법'이라고 했지만 영국 관객들은 그가 어떤 법을 말하는지 알 것이다. 또한 많은 사람들이 채무 증서의 기한 및 시행과 관련된 상사법의 내용을 어느 정도는 알고 있을 것이다.

제정신을 잃고 흥분한 샤일록은 퇴장하기 전에 그저 같은 소리를 자꾸 되풀이할 뿐이다.

증서대로 하자고, 증서에 대해 왈가왈부하지 말라고.
하늘이 두 조각이 나도 난 증서대로 하고 말 테다.

안토니오와 단 둘이 있던 솔라니오가 말한다.

설마 공작님께서
그런 위약의 집행을 허락하시겠나?

그러자 안토니오가 놀랍도록 이성적인 어투로 대답한다.

공작님이라고 해서 법의 정당성을 거부할 수는 없지.
베네치아에서는 외국인도 우리와 똑같은 권리를 가지고 있어.
그것을 부인하면 이 나라에는 정의가 없다고 모진 비난을 받게 돼.
이 도시의 무역과 소득은
여러 나라와의 거래로 이루어지는 것이잖나.
그러니 가게.
설상가상으로 닥친 슬픔과 손실 때문에 이렇게 살이 빠져서
내일 피에 굶주린 채권자에게 떼어줄

1파운드의 살도 남아 있을 것 같지 않군.
자, 간수, 가자, 제발 바사니오가 와서
내가 그의 부채를 갚는 것을 봐준다면 무얼 더 바라겠는가.

『일 페로코네』에도 비슷한 구절이 나오는데 영어로 번역하면 다음과 같은 내용일 것이다.

유대인은, 그 돈을 약속한 기한 내에 지불하지 않았기 때문에 받고 싶지 않다고 대답했다. 대신 살 1파운드를 갖겠다고 했다. 이 말이 많은 논란을 불러일으켰고 모든 사람들이 유대인을 비난했다. 하지만 베네치아는 법치국가이고 유대인도 공공연하게 완전한 권리를 지닌 곳이기 때문에 아무도 감히 그에게 뭐라고 하지 못하고 그저 간청하는 수밖에 없었다.

≈

어음, 채권, 수표 등과 같은 상업 증서의 서식과 조항 및 상사법에 의해 규정된 거래 절차 등이 제대로 지켜진다면 변덕스러운 증언, 다른 증거, 언쟁은 증거로 받아들여지지 않았다. 오로지 채권 발행 합의서라는 서류 하나만 인정되었다. 채무 불이행에 대한 벌로 보증인의 살 1파운드를 받겠다는 기상천외한 일은, 아무리 무지막지한 시대라 해도 공평무사한 상사법상 고려의 대상조차 된 적이 없는 해괴한 문젯거리를 만들어낸 계약이었다.

4막 1장에서 베네치아 공화국의 공작[4]은—베네치아 사람들이 그 지방 사투리로 '도제Doge'라고 부르는—전례 없는 이 문제에 공정하게 대처했다. 사실상 공작은 전체적으로 공화국의 상징일 뿐 어떤 재판도 직접 관장하지 않았을 것이다. 이 기이한 재판은 단지 연극에 불과한 것으로, 실제 베네치아나 잉글랜드 왕국과는 아무 상관도 없다. 또 이 작품은 베네치아 관객이 아니라 영국 관객 앞에서 상연할 목적으로 쓰였다.

한 편의 절묘한 드라마로 일컬어지는 안토니오의 재판은 많은 사람들로부터 비판을 받았다. 혹자는 작가가 16세기 후반의 실상과는 달리 상사법의 적절한 관례와 의전을 따르지 않았다는 이유로 그를 비판한다. 또 다른 이들은 그 재판이 허용 범위를 남용했다는 사실 및 그 논거와 결과를 비판한다. 안토니오에게 자비를 베풀어 달라는 포샤의 탄원은 실제 상사법하에서는 절대로 용납될 수 없다는 것이다. 비록 재판에서 변호사 역할을 맡도록 허락받았지만, 그녀가 늘어놓은 달변의 탄원이 무시되고 만다는 점은 특기할 만하다. 상사법을 가지고 일종의 소극을 연출하고 있는 이 재판 절차는 사실상 채무 증서의 '엄밀한 해석'을 중심으로 진행된다. 그리하여 피는 한 방울도 흘리지(갖지) 않은 채 살만 허락하는 것으로 증서를 해석하고 있다.

이 재판 장면은 포샤가 안토니오를 위해 자비를 베풀어달라고 주장하는 탄원과 그녀가 샤일록에게 부과하는 벌금과 재산 몰수로 특히 유명하다. 작가가 무슨 의도로 이 장면을 썼든 간에, 어느 셰익스피어 연구자도 말했듯이[5] 『베니스의 상인』에 나오는 이 기묘한 재판은 '문학의 역사상 정의와 법정에 관한 가장 독창적인 풍자'라고 하겠다.

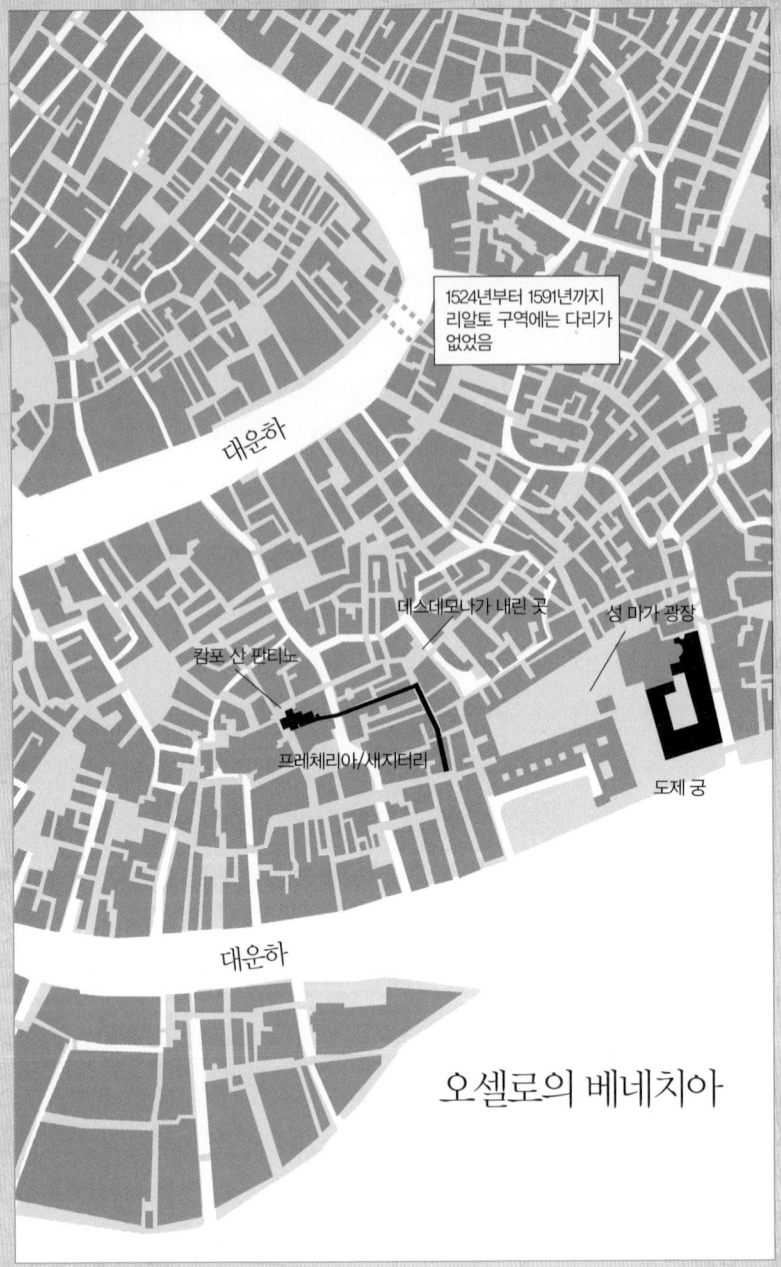

오셀로

"이방인과 거리, 칼과 구두"

『베네치아의 무어인, 오셀로의 비극The Tragedy of Othello, the Moor of Venice』 1막은 전부 베네치아가 배경이다. 작품의 나머지 부분, 즉 2막부터 5막까지는 모두 키프로스 섬이 배경이다. 이 책에서는 이탈리아에 대한 작가의 지식과 경험만 다룰 예정이므로, 이 장에서 키프로스 부분은 극히 일부만 언급할 예정이다.

『오셀로』의 줄거리를 위해 작가는 '친티오'라 불리는 이탈리아의 학자이자 작가인 조반니 바티스타 제랄디의 설화집에 실린 이야기 중 하나를 원용했다. 설화집의 제목은 『백 가지 이야기Gli Hecatommithi』로 1565년 베네치아에서 출판되었는데, 1527년 배를 타고 여행중인 열 명의 신사 숙녀들이 돌아가며 이야기를 하는 형식으로 구성되어 있다. 작가는 그 중 3권 제7화에 나오는 제목도 없는 이야기의 소재를 변화시키고 깊이를 더해 작가 특유의 이탈리아 희곡으로 환골탈태시켰다. 그가 새롭게 변형시킨 이 희곡은 전달 수단으로서 뛰어난 대사를 자랑하면서 문학으로서나 연극으로서 세계적인 걸작으로 떠올랐다. 그런데 1753년까지 친티오의 책은 영어로 번역되지 않았기에 작가가 어떻게 이 이야기를 알았을까 하는 문제가 오랫동안 논란의 대상이 되었다. 다음은 아든 셰익스피어의 『오셀로』 3판에 실린 부록3의 내용을 발췌한 것이다.

> 샤퓌G. Chappuys의 프랑스어 번역판은 1583년에 나왔고, 현존하는 최초의 영어 번역판은 1753년에야 나왔다. 샤퓌의 것은 몇몇 세부 사항만 제하면 거의 이탈리아어판 내용과 다르지 않은데, 셰익스피어가 그 둘 중 하나를 읽었거나 어쩌면 분실된 영어 번역판을 읽었을지도 모른다. …… 아무튼 이탈리아어판과 프랑스어판을 참고해서 번역되었을, 분실된 영어판 설화집도 배제할 수는 없다.

분석자가 이탈리아어나 라틴어로 쓰인 소재의 영어판을 찾지 못하게 되자, '분실된 영어 번역판'이 있다는 주장이 거의 모든 이탈리아 희곡의 분석에 영향을 미쳤다. 이는 벤 존슨Ben Jonson이 제1이절판에서 애매하게 언급한 바에 따라, 사람들이 작가가 '라틴어를 잘 모르고 그리스어는 더욱 모른다'고 확신하고 있음을 보여준다. '분실된 텍스트' 타령에 이어지는 아든 셰익스피어 판의 주장을 읽어보자.

> 셰익스피어 작품의 기원을 친티오나 샤퓌의 책, 혹은 분실된 영어판이라고 생각하든 말든 간에, 이 작품에는 친티오의 책에서 볼 수 있는 것과 같은 유사한 표현들이 상당히 많이 나온다. 물론 작가가 손을 댄 것도 있고 대지 않은 것도 있다.

한편 리버사이드 셰익스피어의 논평은 이렇다.

발견된 것과 같은 언어상의 증거로 미루어보건대, 그가 이탈리아어로 쓰인 친티오의 책을 보았음을 알 수 있다.

친티오의 책을 그냥 '보았다고Looked'? 셰익스피어가 이탈리아어를 읽을 수 있었을 거라는 추측은 할 수조차 없다는 이야기인가?

※

친티오의 설화는 베네치아에 사는 익명의 무어인에 관한 짤막한 낭송으로 시작된다. 그는 타고나기를 용감한 사람으로, 전쟁에서도 뛰어난 분별력과 노련한 실력을 발휘했으며 베네치아 시뇨리아(베네치아 공화국의 집권세력)의 존경을 한 몸에 받고 있었다. 그런데 데스데모나라는 무척 아름답고 정숙한 여성이 '여자의 취향 때문이 아니라 무어인의 훌륭한 인품'에 반해 그와 사랑에 빠지고 그 또한 그녀를 사랑하게 된다. 결국 가족과 친척들의 만류에도 불구하고 데스데모나는 그와 결혼한다. 이어 무어인이 키프로스 섬의 사령관으로 발령이 나자 데스데모나도 따라간다. 이와 함께 이야기의 배경도 베네치아에서 키프로스 섬으로 바뀌게 된다.

친티오의 설화집은 1565년에 출판되었기 때문에 『오셀로』와 달리 1570년에 일어난 오스만제국의 키프로스 침략은 포함되지 않는다. 베네치아에 대한 모든 구체적인 사항들, 이 장에서 다룰 그곳 사람들과 장소들은 모두 『오셀로』에 언급되거나 암시된 것들이다. 친티오의 이야기에는 베네치아에 대한 이런 구체적인 사실이 하나도 나와 있지 않다.

✢

『오셀로』의 1막 1장은 밤을 배경으로 시작된다. 무대에 두 사람이 등장하는데, 하나는 비뚤어진 성격의 반사회적 인격장애자로 악명 높은 이아고이고, 또 하나는 어수룩한 낭만주의자이자 이아고의 영원한 호구 로더리고이다. 로더리고는 베네치아 사람이 아닌 것 같고, 이아고는 확실히 아니다. 이 두 사람과 오셀로, 나중에 등장하는 캐시오를 빼면 이 작품의 나머지 등장인물들은 전부 다 베네치아 사람이다.

조국의 역사에 영향을 받은 16세기 에스파냐 사람으로서, 이아고가 무의식적으로 모든 무어인에게 증오심을 품었으리라는 점은 충분히 짐작할 수 있는 일이다. 이아고Iago는 에스파냐 식 이름으로, 영어의 '제임스James'나 프랑스어 '자크Jacques', 이탈리아어 '자코모Giacomo'에 해당하는 이름이다. 이 이름은 에스파냐 북서쪽의 작은 마을 콤포스텔라Compostela를 찾는 성지 순례자들에게는 오랫동안 아주 친근한 이름이었다. 이 마을에 흔히 산티아고Santiago라고 부르는, 산트이아고Sant'Iago에게 헌정된 바실리카 양식의 큰 교회가 있기 때문이다.

연극 첫머리에서 이아고가 자신을 설명하는 내용에 따르면 그는 직업

군인으로, 베네치아로 오기 전 다른 지역에서 오셀로의 부하로 복무했다고 한다. 2막 3장의 중간쯤에 그의 출생지에 대한 암시가 짤막하게 등장한다. 그 부분에서 종이 울리자 이아고가 외친다. "누구야? 종을 치는 놈이? 망할 놈의 자식Diablo!" Diablo는 '악마'에 해당하는 에스파냐어로, 이탈리아어로는 diavolo라고 한다.

로더리고도 베네치아 군대에 군무하지만 그의 능력이 어떤지는 소개돼 있지 않다. 중세와 르네상스 시대는 물론이고, 그 후로도 오랫동안 많은 군대가 주로 유럽 전역에서 온 용병들로 구성되었다. 아무튼 로더리고가 한동안 베네치아에 있었다는 건 분명하다. 적어도 데스데모나의 아버지가 그를 알 만큼은 있었다는 점이 1막 1장에서 데스데모나의 아버지가 그에게 하는 말에 드러나 있다.

> 내 집 근처에 얼씬도 하지 말라고 했잖아!
> 이보게, 내 딸을 자네에게 줄 수 없다고
> 귀에 못이 박이도록 일러주지 않았나?

연극의 막이 오르면, 대화는 주로 이아고가 로더리고를 향해 오셀로에 대한 불평을 늘어놓는 걸로 진행된다. 오셀로는 키프로스 섬에 주둔하는 베네치아 군사령관으로 임명된 터였다. 이아고는 오셀로가 자신을 키프로스 섬에 부관으로 데려가기를 거절했기 때문에 그를 몹시 증오한다고 떠벌인다. 16세기 군대에서 '부관lieutenant'이란 부사령관에 해당될 터인데, 글자 그대로 풀이하면 '플레이스홀더place-holder*'이다. 이아고는 부관

---

* 빠져 있는 다른 것을 대신하는 단어나 기호, 존재를 뜻하는 말.

대신 오셀로의 '기수'로 임명되는데, 기수는 더 낮은 직위로 16세기에는 이 자리가 어느 정도 행정 업무와 관련이 있기는 했지만 아무튼 전쟁터에서 기를 들고 다니는 사람을 의미한다.

이아고와 로더리고는 브러밴쇼라는 이름의 베네치아 원로원 의원 집 앞 거리에 서 있다. 명망 높은 관직을 차지하고 있는 브러밴쇼는 귀족이다. 여기서 가장 중요한 사실은 그가 데스데모나의 아버지라는 점인데, 아직 그에게는 알려지지 않았지만 그의 딸은 오셀로와 눈이 맞아 가출한 상태이다. 오셀로에게 온갖 골치 아픈 문제를 일으키면서 가능한 한 자신의 신분은 드러내고 싶지 않았던 이아고는 로더리고에게 브러밴쇼의 집 2층 창문에 대고 큰소리로 나쁜 소식을 외치라고 지시한다.

브러밴쇼가 창문 가리개를 올렸을 때 그는 필시 잠옷 바람으로 창가에 서 있었을 것이다. 이아고가 주제넘게 그에게 핀잔을 주었기 때문이다. "에잇, 참! 의원님, 밤손님이 들었어요. 어서 옷이나 입으세요!" 이 삐딱한 악당은 그 근방 사람들에게 다 들리라고 일부러 대로에서 큰소리로 건방을 떨었고, 결국 그것은 브러밴쇼의 권위를 이중으로 모욕한 꼴이 되었다.

이아고가 말하는 브러밴쇼의 '옷'이란 겉옷이나 실내복이 아니라 의원복을 의미하는 것이다. 베네치아의 모든 원로원 의원이 공개 석상에서 반드시 입어야 하는 지정복이다. 의원복은 눈에 띄는 긴 검정색 겉옷

16세기 베네치아 원로원 의원의 초상. 검정색 의원복을 입고 있다.

으로, 여름에는 아마로 겨울에는 담비 털로 안감을 댔는데, 의원들은 그 옷을 입고 베네치아 거리를 돌아다녔다. 그 결과 시민들은 의원복을 입고 시내에서 업무를 보는 의원들의 모습을 대하면서 날이면 날마다 정부의 존재를 의식할 수 있었다. 이런 관례는 영국이나 다른 유럽 사람들에게는 아주 낯선 것이었다. 작가가 직접 그 특이한 모습을 목격하고 주목하지 않았다면 어떻게 작품 속에 베네치아 의원복에 대해 그토록 정확한 대사를 쓸 수 있었을지 참으로 궁금하다.

이어 이아고는 데스데모나에 관한 음탕한 말을 큰소리로 떠들어대기 시작하는데, 이 또한 그녀의 아버지를 망신시키는 데 조금도 부족함이 없다. "바르바리산 말이 따님을 손아귀에 넣었다니까요"라고 하더니 잠시 후에는 "따님하고 무어놈하고 몸은 하나인데 잔등이 둘인 짐승을 만들고 있답니다"라는 말까지 한다. 여기에 로더리고까지 합세해서 이야기를 부풀리며 동네방네 떠들어댄다. 그는 데스데모나가 그냥 집을 나가기만 한 게 아니라고 말한다.

산천초목이 잠든 이 야밤에
더 나쁠 것도 더 좋을 것도 없는 파수꾼인
누구에게나 품을 파는 곤돌라 뱃사공 한 놈을 데리고……

브러밴쇼가 당장 데스데모나를 찾아오라고 길길이 날뛰리라는 걸 확신하고 이아고는 슬그머니 자리를 빠져나가면서 로더리고에게 '편성된 수색대를 이끌고 새지터리Sagittary를 덮치게'라고 지시한다. 이 짤막한 지시를 통해 그는 사실상 로더리고에게 오셀로와 데스데모나를 정확히 어디에서 찾을 수 있는지 알려주었다. 브러밴쇼는 횃불을 든 하인들과 함께 아래층으로 내려와 예상대로 딸을 찾아 나설 준비를 한다.

　　　　　　　　　　∽

　브러밴쇼가 거리에서 로더리고와 합류하고 나서 두 사람은 걱정스레 대화를 나눈다.

브러밴쇼 : 딸년과 무어놈의 덜미를 잡으려면
　　　　　어디로 가야 하는지 아는가?
로더리고 : 제가 그자의 덜미를 잡을 수 있습니다. 의원님께서 쓸 만한 호위병
　　　　　몇 명을 데리고 절 따라오신다면 말입니다.
브러밴쇼 : 부탁하네, 앞장서게. 집집마다 들러서 사람들을 부르도록 하지.
　　　　　다들 내 명령을 거역하진 않을 게야. 무기를 가지고 와라!
　　　　　특별 야간경비대를 소집하도록 하라.[1]
　　　　　음, 친절한 로더리고, 사례는 섭섭잖게 하겠네.

　'쓸 만한 호위병을 데리고' 가야 한다는 충고를 들은 브러밴쇼는 하인들에게 돌아서서 '무기를 가져오라'고 명령한다. 그 무기라는 건 보나마나 집에서나 쓰는 잡다한 연장일 것이다. 베네치아에서 무기 소지는 정복을 입은 공인된 관리에게만 허용되었기 때문이다. 그는 또 하인들에게 '특별 야간경비대를 소집하도록 하라'고 지시한다.
　이아고가 로더리고에게 내린, '편성된 수색대를 이끌고 새지터리를 덮치'라는 짤막한 지시는 로더리고가 시내 지리에 훤하기 때문에 즉각 수

행할 수 있는 내용일 것이다. 하지만 다른 세계의 사람들에게 새지터리는 아직까지도 찾아 헤맬 수밖에 없는 미지의 장소이다. 이곳은 대체 어디에 있을까? 정확히 무엇을 가리키는 걸까?

사람들은 이 작품의 대사를 주의 깊게 읽지 않았다. 글자 그대로 정확하게 대사의 의미를 파악하며 읽는 대신—이 작가의 모든 대사는 글자 그대로 정확하게 읽어야 하는데—아래에서 보는 바와 같이 서로 다른 해석들을 내놓았다.

최근에 나온 '아든' 판의 경우, '새지터리'에 다음과 같은 주석을 달았다.

> 사지타리우스Sagittarius(=켄타우로스: 신화에 나오는 괴물로 머리와 몸통, 팔은 사람이고 몸통의 아래쪽과 다리는 말. 오셀로의 '분열된 성격'을 암시하는 것?)라는 간판이 붙은 여인숙이나 집.

리버사이드 판에는 이렇게 설명하고 있다.

> 여인숙(간판에 전통적인 사수射手인 사지타리우스의 모습이 그려져 있어서 그렇게 불림. 사지타리우스는 활을 쏘는 켄타우로스임).

『셰익스피어 명칭 사전The Shakespeare Name Dictionary』에도 비슷한 설명이 나온 후 아래 내용이 덧붙는다.

> 일부 비평가들은 새지터리가 병기고에 있는 해군이나 육군 장교들의 거주지라고 주장했다. 아마 출입구 너머로 켄타우로스가 아니라 사수의 동상이 있었

을 것이다. 대부분의 비평가들은 이 주장을 묵살하고 있다. 셰익스피어가 자주 그랬듯이 동시대의 무언가로부터 차용한 것일 수도 있지만, 아무튼 오셀로 시대 여인숙 목록에도 새지터리라는 이름은 나오지 않는다.

'무언가로부터 차용한 것이다'라는 말은 정확한 정보가 아니라, 모른다는 사실을 인정하는 말이나 다름없다.

작가의 대사는 이보다 더 많은 주의를 기울일 가치가 있다. 브러밴쇼가 로더리고와 걱정스럽게 대화를 나누는 부분—'야간경비대'가 소집되고 로더리고가 오셀로에게 '제가 그자의 덜미를 잡을 수 있습니다'라고 말하는 부분—에서 브러밴쇼가 말한다. "집집마다 들러서 사람들을 부르도록 하지." 따라서 이는 여인숙이 아니라 집과 상관된 문제이다.

1막의 두 번째 사건은 2장의 새지터리 거리에서 일어난다. 이아고는 오셀로에게 격분한 브러밴쇼가 그를 찾아오고 있다고 경고한다. 그런데 그와 거의 동시에 공작의 궁전으로부터 캐시오가 도착해 오셀로에게 공작(베네치아의 도제)과 다른 원로원 의원들이 그를 찾는다고 전한다. 그들은 오스만제국이 키프로스 침략을 개시했다는 소식을 방금 들은 터였다. 캐시오는 "숙소엘 가봐도 안 계셔서"라고 하면서 원로원에서 다급하게 오셀로를 찾느라 야단이라는 사실을 전해준다. 캐시오의 이 평범한 대사를 읽으면서 나는 놀랍게도 펠리컨 출판사의 『오셀로』 2장에 실린 각주가[2] 캐시오의 말과 정통으로 모순된다는 사실을 발견했다. 거기에서는 '오셀로의 숙소 앞에서' 사건이 일어나고 있다고 기술했기 때문이다.

게다가 오셀로는 캐시오에게 다음과 같이 말한다.

날 찾아내서 다행이군.

안에 들어가서 한마디 일러둘 게 있네.
그런 다음 함께 가지.

이 대사로 보아 오셀로가 데스데모나에게 작별인사를 하려고 집 안으로 들어가려 한다는 추측을 할 수 있지 않을까? 오셀로가 잠시 자리를 비운 사이 캐시오가 이아고에게 묻는다. "기수, 장군님은 여기서 뭘 하고 계셨는가?" 그러자 이아고가 오셀로에 대해 예의 그 천박한 수다를 한바탕 늘어놓은 끝에 덧붙인다. "결혼하셨습니다." 그러므로 작가는 우리에게 다시 한 번, 2장이 반드시 '새지터리'를 배경으로 해야 한다는 사실을 지적하고 알려준 셈이다. 이곳은 오셀로를 찾는 수색 작업이 이제 막 끝난 곳으로, 오셀로는 그곳에 있는 집에서 발견되었다. 그러므로 새지터리는 집이 늘어서 있는 거리나 광장, 또는 주택가이어야 하며, 간판이 걸린 여인숙이나 군대 숙소가 아니다. 작가의 말이 맞는다면 그것은 베네치아에 있는, '새지터리'라는 낯선 이름의 특정 장소일 것이다.

∽

베네치아의 지명이나 도로명은 이름에 설명된 대로 그 장소를 찾을 수 있는 경우가 극히 드물다. 어쨌거나 이런 이름들은 외지인에게는 즉시 도움이 될 수 있는 이름들로, 의미의 중심이 되는, 흔히 찾는 물건을 가리키는 명사에 '~하는 곳'이나 '~하는 일터'라는 의미의 'eria'나 'ria'를 붙여서 장소를 나타낸다. 이를테면 Corderia(밧줄 제조공장), Erberia(채소가게), Fonderia(주물상), Merceria(의류점), Pescaria(생선가게),

Spadaria(칼 가게), Spezieria(약사 혹은 잡화점) 같은 것이 그 예들이다. 현대 지도에는 '새지터리'라는 지명이 어디에도 나와 있지 않다. 하지만 화살이나 화살을 만드는 장인을 가리키는 이름인 프레체리아Frezzeria는 있다. 일부러 베네치아까지 와서 대량으로 구입할 이유가 충분한 화살이었다. 유명하고 세련된 도시에서 만들어진 것이라 화살의 품질이 매우 뛰어났을 확률이 높기 때문이다.

저명한 학자 리들리M.R. Ridley가 기획한 아든 출판사의 『오셀로』 7판에는 '새지터리'에 대해 다음과 같은 주가 달렸다.

제프리V. M. Jeffery 씨는 『현대 언어 비평』 1932년 1월호에서 이 단어가 화살 만드는 장인들의 거리인 프레체리아에 해당하는 셰익스피어 용어라고 주장했다. 하지만 언뜻 보기에 매력적인 이 설명이 지닌 문제는 이아고가 가리키려는 위치가 그리 구체적이지 않다는 사실이다.

다음은 1932년에 발표된 바이얼릿 M. 제프리의 예리한 논문[2] 『셰익스피어의 베네치아Shakespeare's Venice』에서 인용한 부분이다. 제프리가 알아낸 바에 의하면,

새지터리는 프레체리아(이탈리아 단어 frecciaria에 해당하는 베네치아어)와 같은 단어로, 산 마르코 광장에서 조금 떨어진 살리차다 산 모이세Salizzada San Moise에서 시작되는 좁고 어두컴컴한 거리를 가리킨다. 길은 오른쪽으로 꺾어져서 캄포 산 판티노 근처의 폰테 데이 바르카롤리 다리에서 끝나는데, 화살 만드는 장인들의 가게가 그곳에 있었기 때문에 프레체리아라고 불렀다. 1271년, 장인 조합이 별개의 전문적인 집단으로 나뉘면서 시내 곳곳 거리에

화살 만드는 장인, 갑옷 만드는 장인, 칼 만드는 장인, 칼집 만드는 장인 등의 일터를 딴 이름이 붙게 되었다.

이 논문의 앞부분 내용은 이렇다.

베네치아에 있는 거리가 이 새지터리와 같은 곳이라는 주장은 단순한 추측이 아니다. 13세기에도 (그런 이름의) 거리가 존재했다는 기록이 남아 있다. (또) 마린 사누토Marin Sanuto도 그의 일기에서 (그곳을 새지터리라고 부르면서) 1518년 7월 12일 밤에 그곳에서 불이 나 커다란 피해가 발생했다고 주장했다. 그 거리는 셰익스피어 시대에는 아주 번잡한 가로였는데, 유명한 조판공인 자코모 프랑코Giacomo Franco도 거기에 태양의 간판을 내건 가게를 가지고 있었다.

위의 인용에 이어지는 제프리의 주장을 읽어보자.

셰익스피어 시대에 화살이라는 단어는 두 가지 이탈리아어로 표현될 수 있었다. 하나는 frezza이고 또 하나는 sagitta이다.
(……)
셰익스피어는 라틴식으로 이름을 지을 때 마르코 안토니오 사벨리코Marco Antonio Sabellico의 글을 참조했을 것이다. 그의 『베네치아 안내서De Situ Urbis Venetae』에 바로 이 거리가 '비쿠스 사지타리우스'라고 소개돼 있기 때문이다.[3]

브러밴쇼 의원의 집 위치는 명시돼 있지 않지만(당연히 궁전일 것이다), 데스데모나가 자기 집에서 아주 가까운 곳(만일 집의 일부가 아니라면)에서 곤돌라를 탔다고 생각하는 게 마땅하다. 당시 의원들의 집에는 대개 상륙장이 있었다. 한편 그녀가 곤돌라를 내릴 곳, 그녀의 비밀스러운 여행의 도착지는 그녀의 목적지 바로 옆이어야 한다. 이제 우리도 알았듯이 세 가지 이름을 갖고 있는 거리가 바로 그 목적지로, 이탈리아어로는 프레체리아, 라틴어로는 사지타리우스, 나중에 영어로 쓰이면서 '새지터리'라고 불리게 된 곳이다.

　과연 새지터리에 곤돌라를 타고 온 데스데모나가 내릴 만한 적당한 장소가 있었을까? 작가가 베네치아를 정확히 알고 있었다고 계속 믿어도 되는 걸까? 결국 나는 현장에 가보지 않고는 배길 수가 없었다. 프레체리아/새지터리는 운하 위에 있지 않았다. 하지만 분명히, 거기에서 몇 발 떨어지지 않은 곳에 그것과 나란히 운하가 흐르고 있었다. 리오 오르세올로Rio Orseolo라는 운하인데, 폰다멘토 오르세올로라는 자체 상륙장을 가지고 있었다. 현재 운하는 바시노 오르세올로라는 널따란 선회장으로 흘러들어간다. 근처 성 마르코 광장에서 오는 관광객들을 태우기 위해 수많은 '리오'에서 온 곤돌라들이 모이는 곳이다. 하지만 16세기에는 바시노가 없었고 현재 리오 델 카발레토Rio del Cavaletto라고 불리는, 직각으로 꺾어진 물굽이가 있었을 뿐이다. 오셀로가 폰다멘타 오르세올로에서 데스데모나를 기다리고 있다가, 바로 옆에 있는 약속 장소인 집으로 그녀를 안전하게 데려가는 모습을 상상하기란 그리 어려운 일이 아니었다.

Venezia • 오셀로　　　　　　　　　　　　　　　　　　　　244

오셀로에 대한 첫 번째 평가 기준은 1막 2장에서 그가 무대에 오르자마자 제공된다. 캐시오가 프레체리아/새지터리에 있는 집 앞에서 그에게 뭐라고 말을 하고 있고, 그 순간 로더리고가 브러밴쇼와 그의 하인들 및 몇몇 야간경비대원들을 데리고 도착한다. 하인들은 온갖 종류의 '무기'로 무장했을 텐데 아마도 곤봉이나 자귀나 부엌칼 정도였을 것이다. 칼은 법에 저촉되는 것이니까. 로더리고가 도착하면서 브러밴쇼에게 말한다. "의원님, 무어놈입니다." 다들 무장한 채 자신을 가로막는 걸 보며 오셀로가 앞으로 나서서 명령한다. "이봐! 거기 서라!" 하지만 이 말을 듣고 격분한 브러밴쇼가 고함을 지른다. "저 날강도를 때려눕혀라!" 그런데 이 대목에서 현대에 출판된 많은 판본들이 유감스러운 무대 지시를 내린다. '양쪽 다 칼을 뽑는다'라고.

작가는 이런 무대 지시를 내리지 않았다. 사절판이나 제1이절판 어디에도 그런 지문은 없다. 18세기 들어 니콜라스 로Nicholas Rowe가 덧붙인 것이다. 그는 흔히 최초의 '윌리엄 셰익스피어' 작품 편집자이자 최초의 '신뢰할 만한' '윌리엄 셰익스피어' 전기 작가라고 일컬어지는 사람인데, 여기서 셰익스피어란 물론 스트랫퍼드의 윌리엄 셰익스피어를 가리킨다. 니콜라스 로는 우리의 작가와 달리 칼을 소지하지 못하게 하는 베네치아의 규정을 알지 못했다. 특권층이나 권한이 있는 사람에게만 칼의 소지가 허용되었고 그나마 정해진 경우에만 그럴 수 있었다. 이아고나 로더리고처럼 군복을 입고 있는 장교는 허용된 경우에 포함되었다. 로는 엉뚱한 대목에서 엉뚱한 사람을 위해 잘못된 지문을 삽입했다.

로의 무대 지시문이 작가의 대사를 보완하려는 것이라면, 차라리 그다음 대사에 덧붙였어야 한다. 교활한 이아고가 로더리고를 향해 호통 치는 부분으로, 이아고는 오셀로에게 열렬한 충성을 보이고 싶어하면서 얼른 그를 방어한다. "자넨가, 로더리고! 오라고, 자, 덤벼라!" 이것은 명백한 결투 신청이다. 칼을 뽑을 거라면 여기서 뽑아야 한다.

작가의 대사로 볼 때 칼을 '뽑아야' 하는 사람은 이아고와 로더리고 둘뿐이다. 이아고가 로더리고에게 한 말은 영국이든 유럽 대륙이든 16세기 성인이라면 누구나 금방 알아차릴 수 있는 선언이다. 이는 목숨을 건 도전으로, 다른 누구도 아니고 오로지 로더리고에게 던진 도전이다. 이아고가 결투 신청을 입증하기 위해 칼을 뽑자, 로더리고 역시 이에 응해 반사적으로 칼을 뽑는다.

만일 로의 무대 지시를 따른다면 프레체리아 거리는 온통 치고받는 난장판이 되고, 오셀로는 칼을 뽑아든 채 자진해서 싸움판에 뛰어든 사람으로 보일 것이다. 그것은 실제의 오셀로와는 전혀 다른 모습이다. 그 무대 지시는 오셀로 특유의 위엄과 침착함을 훼손하는데, 그것이야말로 작가가 대사를 통해 그에게 부여했던 특성이다.

펠리컨 판 『오셀로』의 편집자인 제럴드 이즈 벤틀리Gerald Eades Bentley도 말했듯이, 무기도 없이 이아고와 로더리고의 경박한 연극조의 행동을 제어하는 오셀로의 모습은 마치 노련한 고참병이 흥분한 꼬마들을 다루는 것과도 같다. "어서 그 번쩍이는 칼을 치워라keep up. 밤이슬 맞으면 녹슨다." 엘리자베스 시대 사람들이 썼던 'keep up'이라는 말은 현재 우리가 쓰는 'put away'에 해당된다. 그런 다음 오셀로가 정중한 태도로 브

프레체리아/새지터리. 프레체리아라는 이름의 베네치아 거리로 『오셀로』에는 새지터리라고 소개돼 있다. 데스데모나와 오셀로가 만난 집이 이 거리에 있다.

러밴쇼를 돌아보며 침착하게 말을 잇는다.

> 의원님, 의원님께선 연륜이 높으시니
> 칼을 빼는 대신 말씀으로 명령하셔도 될 것 같습니다.[4]

1막 1장 첫머리에서 데스데모나가 가출했다는 말을 듣고 브러밴쇼가 던진 첫마디는 이렇다. "그애가 어떻게 나갔지?" 베네치아 귀족의 외동딸인 데스데모나는 밤에는 잠긴 문 안에 갇혀 있었는데, 이는 작가도 알고 있던 관습으로 다들 그러려니 여기는 일이었다. 다른 지방이나 다른 계층의 아버지들은 어땠든 간에, 적어도 베네치아 귀족 가정의 관습은 그랬다. 특히 자유분방한 분위기 때문에 부모들의 걱정이 많은 베네치아에서는 더욱 그랬다.[5] 베네치아 여자들, 특히 상류층 여자들의 생활에 공통분모가 있다면 그것은 바로 권태였다. 그들은 신체적으로 감금당하다시피 한 상태에서 가족이나 하인들 외에는 친구도 없었고, 외출이라고 해봤자 보호자를 동반한 채 교회에 기도하러 가는 게 다였다. 또 손님이라면 주변 사람들의 감독하에, 결혼 상대가 될 만하다고 인정받은 후보자들의 방문을 받는 게 고작이었으니, 2장에서 브러밴쇼가 '우리나라의 유복한 고수머리 귀공자들'이라고 표현한 청년들이 바로 그 손님들이었다. 작가는 베네치아 청년들이 일부러 고수머리를 만들어 이마에 늘어뜨리고 다닌다는 사실을 알고 있었다. 그나저나 이들 말고 손님이 또 누가 있을까? 교사, 양재사, 그리고 친척들이 있었다. 분명히 아버지들은 이 정도면 '사랑스럽고 귀여운 딸'이 충분히 만족할 거라고 생각했고 또 대개는 그랬다. 하지만 데스데모나나 제시카, 또 몇몇 다른 처녀들은 그런 생활에 도무지 만족할 수 없었다. 아마도 데스데모나는 오래전부터 도망칠 궁리를 해놓았을 것이다.

베네치아인의 딸로 남들과는 다른 진짜 삶을 살았던 비안카 카펠로라는 악명 높은 여자가 있다. 그녀는 베네치아에서 가장 부유하고 고귀한 가문의 일원인 바르톨로메오 카펠로의 딸로, 출중한 미모로도 유명했는데 특히 매혹적인 푸른 눈이 압권이었다고 한다. 그런 그녀가 열다섯 살 되던 해, 당시 베네치아에서 일하던 피렌체 출신 서기와 사랑에 빠지고 말았다. 두 사람은 눈이 맞아서 피렌체로 도망갔으나 곧 그녀는 메디치가의 대공인 코시모 1세의 아들이자 상속자인 프란체스코의 연인이 되었다. 그러다가 코시모 1세와 프란체스코의 아내, 그리고 자신의 남편까지 사망하자 마침내 토스카나 대공 부인이 되었다(본문 12장 참조).

내가 보기에 데스데모나는 비안카 카펠로보다 비토레 카르파초가 1520년에 그린 그림에 나오는 베네치아의 귀부인들 중 젊은 여인을 더 많이 닮은 것 같다. 19세기에 존 러스킨이 이 그림을 두 명의 정부情婦를 그린 것이라고 잘못 해석한 이래, 오랫동안 많은 사람들이 그렇게 믿어 왔다. 그러다가 최근에 와서야 두 여인의 모습에 고귀함과 부를 상징하는 모든 것이 담겨 있다는 새로운 판정이 내려졌다. 실제로 난간 위에 놓인 화병의 문장紋章을 통해 그들이 속한 귀족 가문의 이름이 밝혀졌다. 『베네치아의 미술과 건축Venice Art and Architecture』에서 미술사가인 아우구스토 젠틸리Augusto Gentili는 카르파초의 그림에 대해 다음과 같이 설명한다(이하는 이탈리아어로 된 그의 글을 번역한 것이다).

그들의 복장과 머리모양은 상류사회의 우아한 스타일로, 야하거나 허식을 부린 것이 아니고, 그들의 자태도 귀족 가정의 휴식과 여가 장소인 발코니에 어울리는 것이다. …… 그림에 드러난 사실—2인 초상, 복장, 발코니, 문장—외에도, 여기에는 계획적으로 배치된 상징적 기호들이 등장한다. 이는 여성들에게 요구되는 정형화된 도덕성을 확실히 나타내기 위해 의도적으로 나열한 것들로, 처녀와 미망인의 정숙함, 결혼한 여자들의 자제심, 모든 여자들에게 해당되는 검소함과 수줍음, 기타 신중하고 조심스러운 태도 등이다. 우울한 표정으로 똑바로 앞을 응시하고 있는 젊은 부인은 이제 막 결혼하거나 최근에 결혼한 사람이다. 그런 여자만이 목에 진주 목걸이를 한다.

(그림 앞쪽에 있는 좀 더 나이든 온화한 표정의 부인은 어머니로 보인다.)
물론 위에 인용된 설명이 많은 사실을 알려주기는 하나, 젠틸리가 언급하지 않은 많은 것들 중에도 당시 분위기를 드러내는 주목할 만한 특징이 있다. 이 초상화는 베네치아 귀족 부인들이 흔히 빠지기 쉬운, 걷잡을 수 없는 나태와 고독과 권태를 생생하게 표현하고 있다. 그들이 자극적인 일을 갈망하거나 때로는 이런저런 사소한 죄를 범하고, 드물게는 가출을 통해 남몰래 복수를 하기도 한다는 사실은 조금도 놀라운 일이 아니다.

내가 이 그림을 여기에 포함시킨 이유가 또 하나 있다. 이 부인들이 『베니스의 상인』 1막 1장 마지막에서 바사니오가 묘사한 포샤의 머리모양과 똑같은 베네치아 스타일의 금발머리를—아마도 표백한 것 같지만—하고 있기 때문이다.

비토레 카르파초(1465~1522년경)가 목판에 그린 베네치아의 두 귀부인. 베네치아 귀족 집안의 모녀가 그들 저택 옥상에 있는 작은 발코니에서 따분해하며 시간을 보내는 장면이다. 그림은 '한가한 두뇌는 악마의 일터가 된다'라는 속담을 확인해주는 한편, 데스데모나가 살던 시대의 분위기를 잘 드러낸다.

그녀의 관자놀이에는
황금 양털같이 빛나는 머리칼이 드리워 있지.
그리하여 벨몬트의 저택은 그 옛날 콜키스의 해변이 되고
수많은 이아손들이 그녀에게 구혼하러 몰려온다네.

또 『베니스의 상인』 3막 2장에서 바사니오가 거짓된 아름다움에 대해 말하는 도중에 이 머리 스타일에 관한 이야기가 또 한 번 나온다.

미인을 보게,
아름다움도 실은 화장품의 무게로 매겨진다네.
그 무게가 자연에 기적을 일으키는데,
화장을 짙게 할수록 경박한 여자로 취급당할 뿐이지.
똬리 튼 뱀처럼 틀어올린 금발의 머리 타래도 마찬가지라
여자를 바람과 희롱하는 바람둥이로 만들 뿐이야.

※

『오셀로』 1막 3장에서, 오셀로와 데스데모나가 브러밴쇼 공작과 모여 있는 의원들에게 그들의 결혼이 승인받을 만한 것이라고 설명하자 브러밴쇼는 비통함과 격분을 참지 못한다. "네 멋대로 해라. 전 이제 할 말이 없습니다"로 시작하는 대사에서 그는 데스데모나를 향해 다음과 같이 부르짖는다.

이방인과 거리, 칼과 구두

너를 위해서라도
나한테 다른 자식이 없는 게 천만다행이구나.
네가 도망치고 나니 내 마음이 포악해져서
자식들에게 족쇄clogs라도 채우고 싶은 심정이다.

족쇄Clogs. 이것은 여러 가지 의미를 지닌 낱말이다. 『옥스퍼드 영어사전』에 실린 여섯 번째 정의는 '일부 지역에서 물기나 오물로부터 발을 보호하기 위해 (주로 여자가) 신는, 나무로 된 밑창을 댄 덧신이나 샌들'이라고 설명하고 있다. 따라서 사람이 신을 경우에는 나막신 종류를 의미한다. 하지만 가축의 경우에는 탁 트인 넓은 목장에서 마음대로 돌아다니지 못하게 방해하는 족쇄, 차꼬 등을 의미한다. 이 짐승용 족쇄를 이탈리아어로는 파스토리아pastoia라고 한다. 반면 나막신—나무로 만들거나 굽이 높은, 사람이 신는 신발—의 이름은 초콜로zoccolo인데(복수는 초콜리zoccoli), 이는 목동이나 가축과는 아무 상관도 없다. 사람이 신는 나막신은 대체로 보행하는 데 큰 지장이 없었으나 베네치아에서는 사정이 달랐다. 베네치아의 나막신은 아주 특이한 것이었다. 따라서 데스데모나에게 그것은 장애물이면서 굽도 높은 것이었을 것이다.

초콜로는 14세기에 도입되었는데, 성 마르코 광장을 비롯해 많은 비포장 도로와 광장의 진흙창과 물이 고인 웅덩이 때문이었다. 초콜로의 굽은 점점 터무니없이 높아지다가, 나중에는 부자들의 과시용 물품이 되었는데, 17세기까지도 여전히 즐겨 신었다. 부자일수록 더 높게 신는 바람에 어떤 여자들은 굽이 너무 높은 나머지 양 옆을 따라 부축하는 하인들의 머리나 어깨를 붙잡지 않고는 제대로 걸을 수도 없었다고 한다. 그와 같은 초콜로는 현재 베네치아의 코레르 박물관Museo Correr에 가면 볼 수 있다. 굽의 높이가 18인치, 심지어는 20인치나 되는 초콜로도 그리 드물지 않았다.

베네치아에 머무르면서『일기Diary』에 여러 가지 내용을 기록하기 시작하던 1645년, 존 에벌린John Evelyn은 이 특이한 신발을 '코피네스choppines'라고 부르며 다음과 같은 기록을 남겼다.

이 숙녀들이 신고 있는 코피네스(나막신) 때문에 엉금엉금 기어서 곤돌라를 타고 내리는 모습은 참으로 우스꽝스럽기 짝이 없었다. 또 그들이 나무 발판을 벗으면 난쟁이처럼 보이는 것도 우스웠는데, 나는 도합 서른 명쯤 되는 여자들이 다른 사람들만큼 도로 작아진 키로 타박타박 걷는 모습을 보았다.

허레이쇼 브라운은『베네치아 역사 연구Studies in Venetian History』에서 이 높다란 나막신을 계속 신는 세태에 대해 다음과 같이 논평했다.

성 디디에St. Didier의『도시와 베네치아 공화국La Ville et la Republique de Venise』에 나오는 이야기가 …… 이 구절에 담긴 셰익스피어의 의도를 파악하는 데 실마리를 제공한 것 같다. 이 프랑스 여행자가 전하기를, 프랑스 대사가 도제와 대화를 나누던 중 보통 신발이 훨씬 더 편리할 것이라고 말한 적이 있었다고 한다. 그러자 궁정 의원 하나가 가차 없이 말을 가로챘다. "그럼요, 두말하면 잔소리지요."

테라스에서 머리카락을 표백하고 있는 부인들. 그 옆에 초콜로가 놓여 있다. (수채화)

❧

    역사상 최근에 발생한 사건이나 널리 알려진 사건을 이용해 가상의 이야기를 만들면 그 이야기에 진실성이 부여되는데, 작가는 『오셀로』에 그런 장치를 이용한다. 다시 말하면 1565년 친티오의 설화집이 출판되고 난 직후인 1570년에 키프로스 섬에서 일어난 사건을 바탕으로 이야기를 만들어낸 것이다. 따라서 친티오의 설화집에 나오는 '무어인'이 그 사건과 밀접한 연관을 갖고 있는데도 사람들은 이 사실을 잘 모르는 것 같다. 1565년에 친티오의 책을 읽은 베네치아 독자라면, 베네치아 도제가 그들의 식민지인 키프로스 섬에 왜 병사와 전투선과 함께 사령관을 파견하려고 하는지 그 이유를 알 터이다. 술레이만대제가 오스만제국의 황제가 된 이래 오스만제국이 줄기차게 유럽과 북아프리카, 지중해로 전진해 들어왔던 것이다.

초콜로. 16세기 베네치아의 귀부인이나 유행을 따르는 여성들이 신었던 굽이 높은 신, 혹은 '나막신'. (실비아 홈스 사진) [앞쪽의 두 삽화도 참고할 것. 〈베네치아의 두 귀부인〉에도 그림 왼쪽 중간에 붉은색 초콜로가 놓여 있다.]

베네치아로서는 터키 서쪽 해안에서 그리 멀지 않은 키프로스 요새에 새로운 병력을 추가하는 것만이 타당한 조처라고 할 수 있었다. 정확히 1년 뒤에 슐레이만대제가 사망했을 때 특히 더 그랬을 것이다. 슐레이만의 뒤를 이은 아들 셀림Selim 2세는 술고래로 소문이 났으며 이따금 '주정뱅이'로 불리기도 했다. 1570년 초, 셀림 2세의 사절이 베네치아를 향해 이스탄불을 출발했다. 1570년 3월 28일 베네치아에 도착한 사절은 도제와 콜레조Collegio라고 불리는, 여섯 명의 궁정 의원들에 대한 알현을 요청하면서 오스만제국 황제의 서한을 전달했다. 황제의 서한은 동방 특유의 화려한 수식어로 시작되었다.

오스만제국의 술탄, 튀르크의 황제, 군주들의 군주, 왕들의 왕, 신의 그림자, 지상 낙원과 예루살렘의 군주인 셀림이 베네치아 군주에게

우리는 그대에게 키프로스 섬을 요구하노니, 그대는 기꺼이 그 섬을 우리에게 바치시오. 그러지 않을 경우 강제로 바치게 될 터이니. 잠자는 우리의 무시무시한 칼을 깨우지 마시오. 우리는 그대와 언제 어디에서든 잔인한 전쟁을 수

행할 것이니. 또한 그대의 보배를 신뢰하지도 마시오. 우리가 그것을 불시에 급류처럼 덮칠 터이니.

그러한즉 우리의 분노를 불러일으키지 않도록 조심하시오.

존 줄리어스 노리치, 『베네치아의 역사』

몇 달 지나지 않아 이 위기상황은 머나먼 영국까지 알려졌다. 이는 베네치아제국의 날개를 자르겠다는 선언이었고, 그 결과 영국은 교역을 위해 좀 더 자유롭게 키프로스에 접근할 수 있을 듯 보였다. 결국 1573년, 25년 만에 영국 상선이 다시 지브롤터 해협을 통과하기 시작하면서 상황은 예상대로 전개되었다. 작가는 이런 배경을 활용하고 그것을 이야기 속에 엮어 넣어서 『오셀로』를 썼는데, 이 작품의 이야기는 1570년 7월 1일, 오스만제국 함대가 키프로스 해안선 멀찌감치 나타나더니 이틀 뒤에 살리네스Salines—현대의 라르나카Larnaca—에 정박하고 키프로스를 공격하던 때부터 시작된다.

키프로스 역사에 등장하는 이 실제 사건은 친티오의 책이 출판되고 5년 후에 일어났다. 작품에 긴박한 분위기를 조성하기 위해 사람들에게 잘 알려진 역사적 사건—시간적, 공간적으로 적당히 거리를 두고 있는—을 취해 그것을 윤색하고 압축하는 것은 작가가 애용하는 극작법 중 하나다.

4세기가 흐른 지금, 연대에 맞지 않은 사건을 끌어들인 기법 때문에 작가는 역사에 무식한 사람이며, 그가 '조작한' 것으로 추정되는 사건은 부정확하다고 비난을 받아왔다. 하지만 이탈리아 희곡에 나온 무수한 사건들과 마찬가지로 (이를테면 카를 5세의 밀라노 방문처럼) 이 사건 또한 그 중대한 1573년이 아니라, 1573년을 전후로 해서 이탈리아에서 일어난 많은 사건들과 상당히 비슷해 보인다. 어쨌거나 그해에 영국 상선은 키프로스 해안에 드나들기 시작했다.

✢

키프로스가 그동안 베네치아의 가혹한 식민 통치에 하도 시달린 나머지, 그리스 주민들은 기독교 신자임에 불구하고 좀 더 관대하고 좀 덜 탐욕스러운 통치를 바라며 이슬람 침략자들을 대체로 환영했다. 베네치아는 실제로 키프로스 통치자에게 '부관'이라는 직함을 부여했다.『오셀로』에서 이아고는 오셀로에게 큰 원한을 품고 있다. '외국인'인 캐시오가 키프로스에 근무하는 부관으로 임명돼, 오셀로 부재 시 지휘권을 갖게 될 2인자가 되었기 때문이다. 아마도 캐시오는 두 가지 권한을 지녔을 것이다. 군사적인 것과 상업적인 것으로, 베네치아 상업 왕족들에게는 후자가 훨씬 더 중요했다.

1막 1장에서 이아고는 캐시오가 전쟁을 수행하는 데 부적합하다고 비판한다.

그 작자가 누군지 아나?
잔머리 하나는 끝내주게 굴리는 놈이지.
마이클 캐시오라고, 피렌체 녀석이야.
예쁜 마누라 모시고 사느라 고생깨나 할걸.

전쟁에 나가 제대로 지휘 한번 안 해본 작자로
전쟁에 대해서는 까막눈이나 다름없지.
계집애보다 나을 것도 없는, 탁상공론이나 하는 책상물림이라고.
그저 입만 살아서 나불거리고
폼이나 잡고 다니면서 거들먹거리는 놈이야.

이아고의 대사가 암시하듯이, 베네치아 정책에 따라 키프로스에서 수입, 수출, 조세 등의 업무를 담당할 수 있는 부관은 현대의 MBA나 공인회계사에 해당하는 능력을 지니고 있어야 했을 것이다. 따라서 이아고와 같은 용병보다는 캐시오가 그 자리에 훨씬 더 바람직한 후보로 여겨졌을 터이다. 작가는 이아고의 험담을 통해 캐시오에게 어떤 능력이 있는지 설명하는 수고를 아끼지 않았다.

키프로스에서, 부관 캐시오는 순진하나 이아고에게 쉽게 속아 넘어가고, 지시 없이는 우유부단하며, 아름다운 데스데모나에 대한 동경 때문에 이러지도 저러지도 못하는 무능력한 사람임이 밝혀진다. 오스만제국의 침략 당시 키프로스에서 근무하던 부관의 실제 모습은 존 줄리어스 노리치가 『베네치아의 역사』에서 묘사한 니콜로 단돌로Niccolo Dandolo라는 사람의 모습에 잘 드러나 있다. '변덕스럽고, 소심하고, 신경질적인 돌발 행동과 무기력한 복지부동 사이에서 한없이 우유부단하다.'

비극적인 오셀로를 통해 우리는 작가가 지중해 일대에서 영국의 무역과 군사 계획에 영향을 줄 수 있는 복잡한 사건들을 얼마나 속속들이 파악하고 있었는지를 깨닫게 된 셈이다.

사비오네타

- 중앙 광장 현재는 '가리발디' 광장
- 공작 묘
- 카에사르 벨 인쿠로나타 "템플"
- 공작의 궁
- 포르타 델라 비토리아 "공작의 참나무"
- 극장
- 원래의 성이 있었던 곳
- 공작의 회랑
- 포르타 임페리알레

한여름 밤의 꿈

"사비오네타의 한여름"

베로나에서 피렌체로 가는 길에 줄리오 로마노[1]의 수많은 걸작들을 보기 위해 만토바에 들러 며칠 머물렀다. 그것은 일종의 순례여행이었다. 줄리오 로마노는 작가가 유일하게 실명을 밝힌 르네상스 예술가인데, 『겨울 이야기』 5막 2장에서 신사3이 그의 이름을 말한다.

아뇨, 공주님은 파울리나 부인이 가지고 계신
어머님 조각상 이야길 들으셨어요.
이탈리아의 명인 줄리오 로마노가
오랜 세월 고생한 끝에 완성한 작품입니다.
불멸의 영원성을 지닌 채 자기 작품에 생명을 불어넣을 수만 있다면
그는 조물주를 속여서라도 그렇게 했을 겁니다.
그 조각은 왕비 마마의 모습을 쏙 빼닮았다고 합니다.

며칠 후 어느 일요일 아침, 피렌체로 떠날 준비를 마친 뒤에 한 여행객과 함께 아침식사를 하며 이야기를 나누고 있었다. 그가 나에게 만토바 근처의 사비오네타라는 색다른 작은 도시를 방문한 적이 있느냐고 물었다. 처음 들어보는 이름이었다. 그는 그곳이 한번 방문할 만한 가치가 충분한 곳이라고 하면서, 온전히 '매너리즘 양식Mannerist'이라 불리는 16세기 후기 양식 한 가지만으로 이루어진 이상적인 건축 전시장이라고 했다. 게다가 비범할 정도로 박학다식했던 16세기의 공작 베스파시아노 곤차가가 통치 기간중에 직접 감독하며 완공했다고 했다.

그러면서 그는 일요일마다 방문객들에게 가이드가 딸린 관광이 제공된다고 덧붙였다. 최근 사비오네타가 16세기 원형과 거의 흡사하게 복원 공사를 마쳤기 때문이라고 했다.

마침 그날이 일요일이었다. 나는 구미가 당겼다. 오늘 그곳을 다녀온다 해도 일정이 약간 늦어지는 것 외에는 별로 문제될 게 없었다. 또 설령 사비오네타가 이탈리아 희곡들과 아무 상관이 없다 하더라도, 이탈리아 희곡에 등장하는 많은 사건들이 일어나던 시기인 1573년이나 1574년 무렵에 일부가 완성된 가운데 그 도시가 건설중이었다는 사실도 깨달았다. 그렇다면 그것이 무엇이든 간에, 이탈리아와 관련해 내가 가장 좋아하게 된 세기의 한가운데로 빠져드는 경험을 해볼 수 있을 것 같았다. 그래서 그곳에 갔다.

사비오네타는 420번 고속도로를 타고 만토바 남서쪽으로 겨우 40킬로미터 정도밖에 떨어지지 않은 곳으로, 아직도 육중한 성벽에 둘러싸여 있었다. 나는 도시의 서쪽 측면에서 방문객을 맞이하고 있는, 요새화된 성문인 멋진 포르타 비토리아Porta Vittoria를 차를 타고 통과했는데, 그 작은 도시 안으로 들어서면서 안쪽 도로가 아름답게 포장되어 있음을 눈여겨보았다. 그러다가 바로 눈앞에 사람들이 어떤 건물 앞에 옹기종기 서 있는 것을 보고 근처에 차를 주차했다. 건물 앞의 간판을 보고 그곳이 지방 관광안내소라는 것을 알았는데, 마침 바로 그때가 예정된 시내 관광 시간이었다. 입장권을 샀더니 '작은 아테나'라는 제목이 붙은 팸플릿을 주었다. 나는 전면 컬러 사진에 70쪽이 넘는 설명이 담긴 영어판 관광 안내 책자도 샀다.

관광 가이드가 주도면밀하게 계획된 도시의 거리와 광장 배치를 설명하면서 이 도시를 세운 부유하고 박학다식한 공작에 대해 설명해주었다. 베스파시아노 곤차가 콜론나Vespasiano Gonzaga Colonna 공작은 만토바의 막강한 곤차가 가문 지파의 일원이라고 했다. 그는 1531년 12월 6일, 교황령인 로마냐의 포를리에서 태어났는데, 그의 아버지 루이지 곤차가는 카를 5세를 섬긴 유명한 용병 대장이었다. 그러나 흔히 '로도몬테Rodomonte'라고 불리던 아버지는 그가 겨우 한 살이었을 때 사망했다.

십대가 된 베스파시아노는 에스파냐 왕궁으로 보내졌고, 거기에서 학문과 군사교육을 받았다. 그는 펠리페 2세를 섬기면서 노련한 군인이 되었고 점차 위풍당당한 장군으로, 또 총독으로 그리고 유럽과 북아프리카의 건설자로 출세했다. 그는 『건축De Architectura』을 쓴 로마의 건축가이자

사비오네타 성벽과 해자. 요새의 설계와 견고함으로 보아 당시로서는 최첨단 방어 기술임을 알 수 있다.

기술자인 비트루비우스의 열성적인 학생으로, 평상시에는 물론이고 전쟁 중에도 항상 그 논문을 옆에 끼고 다녔다. 이 논문은 건축에 관한 한 현존하는 유일한 로마시대의 논문으로 알려져 있다.

　우리는 가이드를 따라서 한때 우아했던 공작의 궁전, 여름 궁전 및 공작의 회랑, 박물관, 개인 교회, 공작의 영묘靈廟, 세련된 소극장 등을 비롯해 많은 인상적인 건물의 실내를 둘러보았다. 당시 귀족들의 전통이었던, 공작이 운동하던 기다란 회랑도 보았다. 그동안 방문했던 다른 공작의 궁전이나 왕궁의 경우, 그와 같은 편의시설이 궁의 일부로 포함되어 있었다는 사실이 떠올랐다. 그런데 여기는 도시 전체가 공작의 궁이나 마찬가지였다. 실제로 그의 호위병, 의사, 부관, 하인들도 시내의 여러 건물에 분산 거주했다. 어떤 경우든 모든 시공 건물의 설계, 재료, 세부 장식은 전부 베스파시아노 공작의 승인을 받아야 했다. 성벽으로 에워싸인 그의 도시는 그가 고안해낸 창작품이요, 독특한 걸작이었다.

　사비오네타의 일부 건물은 원래 공작의 초대 손님들을 위한 널찍한 숙소였다. 공작은 이탈리아나 다른 서유럽의 박학다식한 귀족, 지식인들을 그의 모범 도시로 초대하는 것을 큰 낙으로 삼았다. 그곳에 머무는 동안 손님들은 공작이 수집한 그림, 조각 작품들을 보며 감탄했고, 또 그가 평생 후원했던 축제, 미술 전람회, 학술 강연 등에 참가했다. 그리하여 베스파시아노의 초대 손님들과 점점 늘어난 방문객들은 그 도시에 '사비오네타'라는 원래 이름에 더해 '라 피콜라 아테나 La Piccola Atena', 즉 '작은 아테나'라는 두 번째 이름을 붙여주었다. 그곳의 건축양식 때문이 아니라 학자와 지식인을 후하게 대접하는 집합소라는 평판을 얻으면서 생긴 이름이었다.

하지만 1591년에 베스파시아노가 사망하면서 이 모든 행사도 막을 내렸다. 그러다가 거의 400년이 흐른 20세기 후반에 와서야 예술, 역사, 문학 분야의 뛰어난 이탈리아 학자들이 참여하면서 이와 같은 많은 행사들이 다시 열리기 시작했다.

관광이 거의 끝나갈 무렵, 우리 일행이 사비오네타의 정문 격인 포르

왼쪽. 사비오네타 초대 공작인 베스파시아노 곤차가 콜론나. 안토니오 모로Antonio Moro의 작품으로 추정되는 이 초상화는 코모Como 시립 박물관에 걸려 있다.(『Sabionetta:Guida alla visita della citta』, Il Bulino edizioni d'arte, 1996, 68쪽) 오른쪽. 공작의 궁전은 베스파시아노 곤차가가 세운 건물 중에서 가장 오래된 것이다. 이 사진을 찍은 광장을 내려다보고 있는 건물 전면에는 원래 모습의 일부가 남아 있다.

타 델 라 비토리아의 아치문 그늘 아래 서 있을 때, 가이드가 이 통로는 '일 퀘르시아 데이 두카il Quercia dei Duca'라는 이름으로도 알려져 있다고 설명해주었다. '퀘르시아'가 무슨 뜻인지 몰라서 일행 중 한 사람에게 물었더니 그가 '떡갈나무'라고, 그러니까 '공작의 떡갈나무'라는 뜻이라고 대답했다. 도저히 믿기지 않았다. 내가 잘못 알아들었다고 생각했던지 그가 되풀이했다. "가이드가 '공작의 떡갈나무'라고 했어요." 나는 숨이 막힐 지경이 되어 잠시 벽에 기댔다. 공작의 떡갈나무라니, 이게 정말 사실일까?

바로 『한여름 밤의 꿈』이었다. 셰익스피어가 사비오네타를 방문한 적이 있었구나! 그 순간 깨달음이 머릿속을 스쳤다. 그건 물론 말이 되고도 남았다. 나는 주차된 차로 가서 털썩 주저앉았다. 그런 다음 모서리가 접힌 『한여름 밤의 꿈』을 꺼내서 책장을 훌훌 넘겼다. 정말로 '아테네'가 작품의 배경이었다. 1막의 처음만 그런 게 아니라 전체적으로 서른 군데도 넘게 '아테네' 또는 '아테네 사람'이라는 말이 등장하고 있었다. 그러나 그리스나 그리스 사람, 또는 아티카Attica나 아티카 사람이라는 말은 단 한 번도 나오지 않고 오로지 '아테네'와 '아테네 사람'뿐이었다. 그것은 우연이 아니었다. 작가는 『한여름 밤의 꿈』이 오로지 그곳, '아테네'에서 일어나기만 바랐던 것이다. 그런데 그 아테네가 실제로는 여기 이탈리아에 있는 '작은 아테네'인 사비오네타라는 사실이 점점 더 확실해지고 있었다.

게다가 공작의 떡갈나무라고? 앞뒤가 착 맞아떨어졌다.

『한여름 밤의 꿈』 1막 2장에서 테세우스 공작과 그의 아름다운 약혼

마상馬上의 곤차가 조각상들. 1589년에 베네치아 조각가가 완성한 작품은 원래 10개였지만 그중 4개만 남아 있다. 19세기 초에 발생한 화재로 조각상들이 전시되었던 '말馬의 방'(공작의 궁전 안에 있는)이 무너졌기 때문이다. 곤차가 상 연작은 모두 완전 무장한 모습인데 이는 그가 유서 깊은 군사 지도자 가문의 혈통이라는 사실을 강조하기 위해서였다.

녀 히폴리타를 찬미하는 여섯 명의 시골뜨기들은 연극을 공연하기로 결심한다. 목공인 퀸스, 가구공 스너그, 직조공 보텀, 풀무 수선공 플롯, 땜장이 스나우트가 바로 그들이다. 그들은 신화에 등장하는 피라무스와 티스베의 사랑 이야기를 연극으로 만들기로 하고 준비할 것과 역할 분담을 의논하기 위해 한자리에 모인다.

보텀 : 내일 만나자고.
거기선 남의 눈치 볼 것 없이 음탕하고 대담하게 연습할 수 있을 거야.
수고들 해. 빈틈없이 완벽하게 해보자고! 내일 만나.
퀸스 : 공작 각하네 떡갈나무 밑에서 만나는 거야.

오랫동안 공작의 떡갈나무는 그리스의 아테네 외곽에 있는 거대한 떡갈나무로 추정되었다. 그나마 빈약한 해설도 그것이 마을 근처 숲의 떡갈나무이며, 공작의 이름을 붙일 만한 공로가 있는 곳이었다는 점을 암시하는 수준이었다.

하지만 앞에서 다른 작품들을 통해 작가가 이탈리아적인 특징을 암시하는 방식을 깨닫고 난 지금, 공작의 떡갈나무에 대한 이 대사를 아무 생각 없이 그냥 지나칠 수는 없었다. 특히 그것이 아주 적절하며 머릿속으로 심사숙고하게 만든다는 점에서, 절대 그냥 지워버릴 일이 아니었다. 실제로 작가는 사람들이 그것을 주목하게 만들기 위해 평소와 약간 다른 방식을 선택했다.

영웅 테세우스에 관한 전설을 아무리 샅샅이 뒤져보아도 공작 운운하는 장소나 이름은 한 번도 나오지 않는다. 또 초서의 이야기에 그 명칭이 나오기는 해도, 본래 고대 아테네에는 공작이라는 것이 존재하지 않았다.[2] '공작'(프랑스어로는 duc, 이탈리아어로는 duca, 독일어로는 Herzog)은 서유럽의 작위이다. 프랑스어와 이탈리아어의 '공작'은 라틴어인 dux에서 비롯된 것인데, 그리스에는 공작이 한 명도 없었던 데 반해 르네상스 시대의 이탈리아에는 수많은 공작이 있었다.

포르타 델라 비토리아는 오랫동안 사비오네타로 들어가는 유일한 입구였다. 이곳은 '공작의 떡갈나무'라고도 알려져 있는데 16세기에 공작의 사냥터였던 떡갈나무 숲 쪽으로 통하기 때문이었다. 이 이름은 특정한 문이 아니라 통로를 지칭하는 것이다.

두 번째의 유일한 다른 암시는 『한여름 밤의 꿈』에만 등장하는 (그리고 '작은 아테네'에 존재하는) 것이다. 그러나 이는 현대에 출판된 책들에서는 별로 주목받지 못하고 있는데, 편집자들의 열정 부족이 주원인이다. 하지만 그것이야말로 『한여름 밤의 꿈』의 배경에 대한 수수께끼를 푸는 결정적인 또 하나의 단서이다.

이 유일한 단서인 소문자 't'로 쓰인 '신전temple'은 『한여름 밤의 꿈』 4막 1장의 숲에 나온다. 현대에 출판된 대표적인 책들을 보면 '신전'은 보통 이 장이 거의 끝날 무렵, 다음 대사에 나온다.

테세우스 : 연인들이여, 운 좋게 잘 만났구나.
　　　　　자세한 얘긴 천천히 듣기로 하자.
　　　　　이지어스, 나는 경의 뜻을 들어줄 수가 없겠소.
　　　　　이들 두 쌍의 연인은 우리와 함께 신전에서 얼른
　　　　　백년가약을 맺어주고 싶소.

잠시 후 다음과 같은 대화가 이어진다.

드미트리어스 : 우리가 깨어 있는 게 분명해?
　　　　　　난 아직도 자고 있는 것 같아.
　　　　　　꿈을 꾸는 것 같다고.
　　　　　　정말로 공작님이 여기 오셔서 우리에게 따라오라고 하셨나?
허미아 : 그래, 내 아버님도 계셨어.
헬레나 : 그리고 히폴리타님도.

라이샌더 : 공작님이 우리더러 신전으로 따라오라고 하셨어.

사절판과 제1이절판에는 '신전'이라는 단어가 대문자로 시작하는 '템플Temple'로 정확하게 나와 있다. 이것은 어찌 보면 사소한 문제 같지만, 이미 이 책의 3장에서 증명되었고 앞으로 9장에도 나오듯이 작가가 말하는 '아테네'의 진짜 위치가 어디냐를 확인하는 상황에서는 결코 사소다고 할 수 없다. '작은 아테네'인 사비오네타에는 '템플'이 있다. 베스파시아노 곤차가의 영묘를 떠받치고 있는 작은 교회로, '왕관을 쓴 동정녀 교회'라고 알려져 있다. 사람들은 이 작은 교회를 간단하게 그냥 '템플'이라고 부른다. 대문자 'T'를 써서.

작가가 이 작은 마을을 여행하면서 완벽하게 설계된 사비오네타에 넋을 빼앗겼다 해도 하나도 이상할 게 없다. 그는 어쩌면 이곳에 초대받았을지도 모른다. 그가 『한여름 밤의 꿈』이라는 제목하에 마음껏 상상의 나래를 펼쳐 꿈속의 장면들을 창작하는 것은 어려운 일이 아니었으리라.

게다가 작가가 받은 교육에 그리스 언어와 역사가 포함돼 있다는 건 널리 공인된 사실이다. 따라서 그는 이곳에서 그리스의 오래된 사랑 이야기인 피라무스와 티스베 이야기와, 신화에 나오는 전설적인 영웅으로 아마존의 여왕 히폴리타를 생포해 아내로 삼은 테세우스 왕을 떠올렸을 것이다. 아마도. 물론 『한여름

공작의 떡갈나무 안쪽에서 찍은 장면. 장식못이 박힌 이 수수한 문은 중앙 아치길 위의 로지아와 포르타 델라 비토리아의 꼭대기인 공작의 떡갈나무로 이어진다.

왼쪽. '템플'로 불리는 왕관을 쓴 동정녀 교회. 곤차가의 영묘에 가려면 이 수수한 교회를 통과해야 한다. 신성한 땅에 두기 위해 영묘를 교회 가까이 세웠다. (사비오네타: 시내 관광안내에 실린 사진, Il Bulino edizioni d'arte, 1992, p. 25) 오른쪽. 베스파시아노 곤차가의 영묘(내부). 왕관을 쓴 동정녀 교회와 이웃하고 있다. 조반니 바티스타 델라 포르타가 1592년에 설계한 영묘는 전체적인 건축양식이 교회의 남아 있는 부분과 어울리지 않는다는 평을 듣는다. 하지만 희귀한 대리석을 선택하고 자신의 커다란 동상을 무덤 위에 설치하도록 지시한 사람은 바로 베스파시아노 자신이었다. (『Sabionetta:Guida alla visita della citta』, Il Bulino edizioni d'arte, 1996, 25쪽)

밤의 꿈』에 등장하는 연애 이야기가 그리스 영웅들과는 전혀 다른 두 사람 사이의 이야기라는 점은 두말할 나위도 없지만.

작은 아테네, 공작의 떡갈나무, 템플이라는 세 가지 사소한 문제의 '암호를 풀고' 나자, 작가가 사비오네타를 방문했다는 게 확실해졌다. 순전히 운 좋게 발견한 뜻밖의 사실을 통해 나는 이탈리아에 있는 셰익스피어 희곡의 배경을 한 군데 더 알게 되었다. 그곳은 다들 당연히 여겼던 그리스가 아니라 엉뚱하게도 이탈리아에 있는 곳이었다.

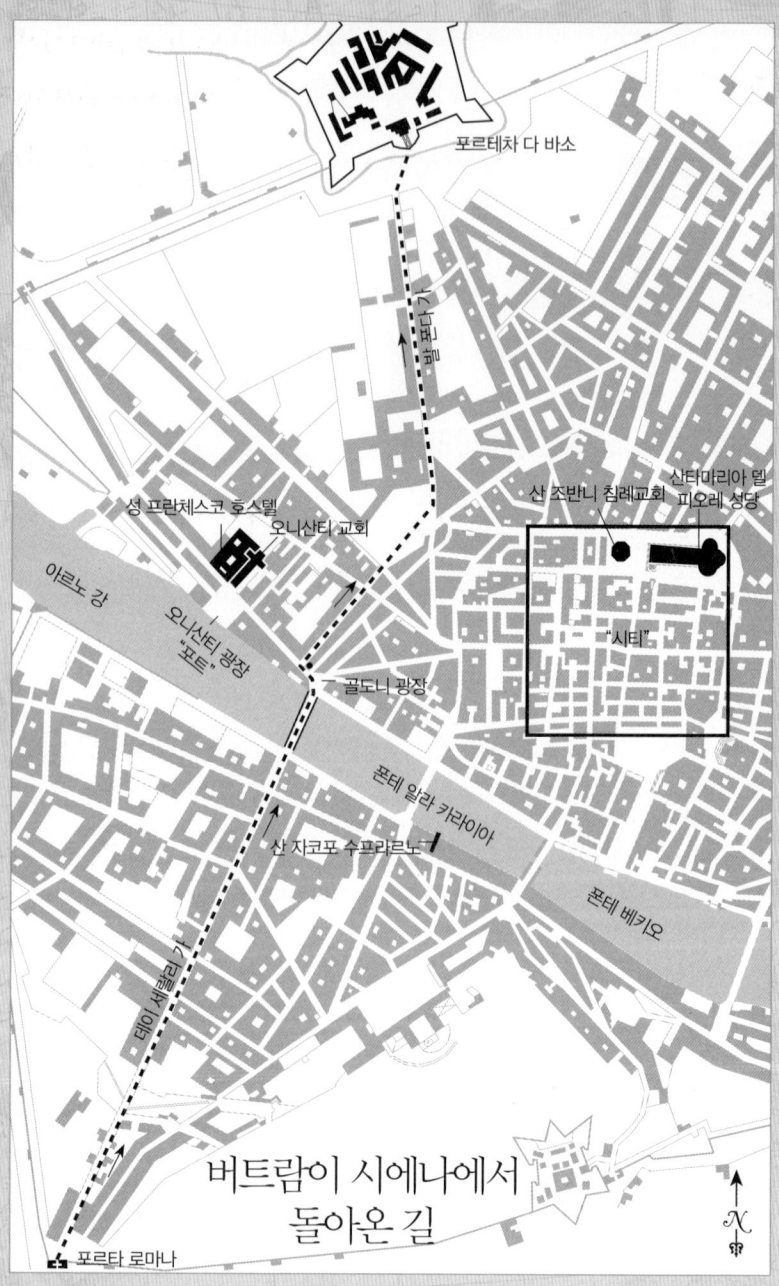

끝이 좋으면 다 좋아

'프랑스와 피렌체'

『끝이 좋으면 다 좋아』는 프랑스에서 시작해 프랑스에서 끝나는 연극이다. 네 장은 파리가 무대이고, 열한 장은 작가가 '로실리온'이라고 부르는 곳이다. 한편 이탈리아 도시나 그 근처가 무대인 것도 여덟 장이나 되는데, 여기서 그 도시는 흥미진진하고 매혹적인 피렌체로 추정된다.

프랑스 내 장소에 대한 구체적인 지지地誌 정보는 하나도 나와 있지 않은데 이는 피렌체도 마찬가지인 듯 보인다. 하지만 작품의 대사를 주의 깊게 읽어보면 이 같은 생각도 달라질 것이다. 작가가 독창적이고 교묘한 중의적 표현을 사용하며, 피렌체 시내의 장소를 기발하게 암시하고 있다는 점을 염두에 둔 채 정신을 바짝 차리고 읽으면, 피렌체와 그 주변 지역에 대한 작가의 직접적이고 심도 깊은 지식을 발견할 수 있다. 작가는 이 지식을 자신의 작품 속에 정교하게 엮어놓았고, 나는 바로 그 이유 때문에 『끝이 좋으면 다 좋아』를 이탈리아 희곡에 포함시켰다.

프랑스의 경우, 파리를 배경으로 하는 네 장은 루브르 박물관에서 일어난 걸로 추정되는 데 반해, 로실리온의 지리적 위치는 그리 확실치 않다. 비평가들은 이 로실리온이 피레네 산맥 옆에 있는 프랑스 남서쪽 지방의 옛 주라고 말해왔다. 하지만 이 에스파냐의 주는 이 작품이 쓰인 지 70년 후인 1659년까지[1] 프랑스 영토가 아니었다. 『셰익스피어 명칭 사전』에는 "셰익스피어는 로실리온 사람들이 에스파냐 지향적이라는 사실을 간과하고 있다"라고 기록하고 있다. 이런 주장은 작가가 지리적으로 무식하다는 신화를 더욱 조장하는 역할을 할 뿐이다.

작가가 말하는 로실리온이 실제로 어디인가에 대한 실마리를 찾던 중, 나는 『끝이 좋으면 다 좋아』의 원소재가 된, 조반니 보카치오의 『데카메론』 제3일 제9화인 '로실리오네의 벨트라모와 나르본의 질리에타Beltramo de Rossiglione and Giglietta de Narbone' 이야기에 주목했다. 보카치오 역시 로실리온에 해당하는 구체적 장소를 언급하지는 않았지만 이야기의 서두에 이렇게 썼다.

옛날 옛적 프랑스 왕국에 이스나르드Isnard라고 불리는 로실리오네 백작이 살고 있었다.

따라서 보카치오의 로실리오네 백작은 에스파냐 백작이 아니라 프랑스 백작이다. 출발은 아주 좋았다. 하지만 에스파냐를 제외하고 나서도 로실리온, 루시용, 혹은 로실리오네의 위치가 아직도 오리무중이었다. 좀 더 많은 자료가 필요했다. 나는 지금 현재, 그리고 이 작품이 쓰였을 때, 또 보카치오의 이야기가 지어졌을 때의 세 곳이 똑같은 이름으로 존재한다는 사실을 발견했다. 그 당시 에스파냐 영토였던 한 지방과 확실히 프랑스 내에 있는 두 마을이었다. 아무튼 보카치오 덕분에 에스파냐를 건너뛴 관계로 나의 조사 작업은 온전히 프랑스에 집중되었다.

『끝이 좋으면 다 좋아』의 맨 처음 부분에서 작가는 로실리온의 젊은 백작인 버트람이 프랑스 왕의 봉신封臣이라고 알려준다. 버트람의 아버지인 로실리온 백작이 얼마 전에 사망했는데 그 작위를 상속할 아들 버트람이 아직 성년이 되지 못했기 때문이다. 작가가 살던 당시까지도 유럽 전체에 통용되던 봉건법에 따라, 버트람은 자동으로 그의 봉건 군주인 프랑스 왕의 피보호자가 되었다. 따라서 그는 적어도 스물한 살이 될 때까지는 그 상태로 지내게 될 터였다. 연극의 막이 오르면, 버트람이 어머니인 로실리온 백작 미망인에게 말한다.

저는 폐하의 후견을 받는 몸인지라
어명을 받들 수밖에 없습니다.

이 말과 함께 버트람은 의무적인 피후견인 노릇을 하기 위해 파리를 향해 출발한다. 이 대사를 통해 우리는 로실리온이 어디 있을지에 대해 애매하지만 실질적인 정보를 간접적으로나마 얻게 된다. 버트람의 여행만 봐도 그곳이 에스파냐보다는 프랑스의 두 마을 중 한 곳에 더 적합하다는 사실을 알 수 있다. 다행히 약간의 여정을 따라가며 조금만 외부 조사를 해보면 범위가 더 좁혀질 수 있다.

프랑스에 있는 루시용 가운데 하나는 뤼베롱Luberon 북쪽 산악지대의 보클뤼즈Vaucluse 지방에 위치한 눈에 띄는 중세 마을로, 압트Apt 읍에서도 그리 멀지 않다. 이 루시용은 붉은 돌과 황토색 돌로 세워진 마을인데 그 돌들은 바로 마을이 들어앉아 있는 절벽으로부터 파낸 것들이다. 또

석양이 질 무렵의 풍경이 눈부시게 매혹적이라 많은 관광객들이 즐겨 찾는 명소이다. 하지만 마을의 과거 지배자는 루시용 백작이 아니라 브네생 백작이라 내가 찾는 곳과는 거리가 멀었다.

나머지 루시용은 이제르Isere 현에 있는데, 옛날 그곳에는 마을 이름과 같은 이름의 백작들이 살았다. 그 루시용 백작들은 일찍이 10세기부터 그곳에 살았지만 『끝이 좋으면 다 좋아』가 쓰일 무렵에는 혈통이 끊긴 상태였다. 이곳은 리옹에서 남쪽으로 40킬로미터쯤 떨어진 론 강 동쪽에 있는데 근대에 들어 N7번 국도가 된 오래된 간선도로 옆이다.

오늘날에는 N7번 국도와 나란히 달리는 A7번 고속도로가 오래된 마을을 두 동강을 냈다. 론 강에 인접한 서쪽 구역은 현재 르 페아주 드 루시용Le Peage-de-Roussillon이라고 불리며, 고속도로 동쪽의 나머지 구역은 그냥 루시용이라고 불린다.

옛날 성의 잔재와 함께 지금은 시청으로 사용되는, 현존하는 루시용 성이 위치한 곳이 바로 이 동쪽 구역이다. 성을 세운 사람은 백작이 아니라 투르농Tournon의 추기경으로, 그는 루시용 백작 가문의 대가 끊긴 후에 그 집안 영지를 사서 1552년에 성을 세웠다.

성이 매혹적이면서도 널찍하고 편리한 덕에 프랑스뿐 아니라 외국의 왕족과 귀족들도 여행중에 자주 들렀다. 앙리 3세도 1574년 아비뇽에서 파리로 돌아가는 길에 거기에서 묵었다. 그보다 10년 전인 1564년 7월 16일, 샤를 9세가 새로운 왕으로 프랑스 대순방 길에 올랐을 때, 그는 모후인 카트린 드 메디치Catherine de' Medici와 함께 그 성에서 한 달을 머물렀다. 그곳에 있는 동안 그는 중요한 루시용 칙령을 선포했는데, 그때부터 프랑스의 역년曆年을 매년 1월 1일에 시작한다는 내용이었다. 이는 교황 그레고리우스 3세가 율리우스력을 개선해서 만든 그레고리우스력보다 18년이나 앞선 것이었다. 왕의 칙령으로 프랑스는 낡은 율리우스력을 자랑스럽게 고쳤고, 루시용에서 일어난 이 중요한 사건이 외국으로 널리 알려지면서 마을은 오랫동안 유명세를 떨쳤다.

론 강변에 있는 이 루시용이 『끝이 좋으면 다 좋아』에 나오는 루시용의 가장 강력한 후보지라는 마지막 증거는 이 작품이 거의 끝날 무렵에 나온다. 프랑스 왕이 마르세유(작품에는 '마르셀러스Marcellus'로 나옴)에 갔었다는 내용이 나오는 부분이다. 왕은 마르세유를 떠나 수도인 파리로 가다가 도중에 있던 '루시용'이라는 마을, 곧 이 마을에 도착했을 것이다. 프랑스 왕이 사교적 방문을 위해 비우호적인 에스파냐의 머나먼 피레네 산맥을 찾아간다는 건 말이 되지 않는다. 또 백작의 이름도 일치하지 않는 북쪽 산악지대의 작고 외진 마을로 우회한다는 것도 말이 안 된다. 왕은 자신의 수도로 가는 중이었고, 이 루시용은 바로 그가 가는 길 도중에 있었다.

&

『끝이 좋으면 다 좋아』의 여주인공이자 고아인 헬렌[2]은 제라르 드 나본이라는 사람의 딸이었는데, 그는 루시용 공작 부부의 주치의로 지식인이었다. 아버지의 죽음으로 헬렌은 버트람의 어머니인 백작 미망인의 시녀가 된다. 1막 1장에서 백작 부인이 말하듯이 헬렌은 '유언에 따라 부인의 보살핌을 받고' 있다. 따라서 헬렌과 버트람은 한집에서 자랐고 헬렌은 대부분의 청춘 시절을 속으로 버트람을 짝사랑하면서 보낸다.

헬렌의 아버지는 죽기 전에 딸에게 비장의 의술을 전수했다. 그 가운

루시용 성. 16세기 성으로 프랑스에 있는 버트람의 집이었으며, 현재는 루시용 시청으로 사용되고 있다.

데 하나가 치료받지 않으면 목숨을 잃을 수도 있는 '누瘻'라는 병을 치유하는 방법이었는데, 이 병은 그 당시 매우 위중한 결핵성 종기를 의미했다. 『데카메론』이나 다른 중세 이야기들에 자주 등장하는 행복한 우연처럼 왕이 이 병에 걸렸으나, 아무리 노련한 의사도 그를 고치지 못하고 있었다.

일찍이 1막에서, 이제는 병으로 신음하는 왕의 피후견인이 된 버트람이 파리를 향해 떠난다. 2막 1장에서는 헬렌 또한 파리에 도착해 왕의 병을 치료하기 위해 비장의 의술을 제공한다. 하지만 그녀는 속으로 자신이 그곳에 온 동기에 이기적이지 않은 구석이 전혀 없다고는 할 수 없음을 인정한다. 그러니 버트람이 그곳에 도착한 것을 반드시 우연의 일치라고는 할 수 없을 것이다.

2막 3장에서 헬렌의 치료는 성공적이었다. 왕은 그에 대한 보상으로 그녀에게 궁정의 독신 귀족 중 누구와도 결혼할 수 있는 권리를 준다. 관객들의 예상대로 헬렌이 버트람을 선택하자 그가 큰소리로 반발한다.

"빈한한 의사의 딸을 신의 아내로 삼으라는 말씀이십니까? / 차라리 멸시를 받으며 영원히 타락하는 것이 낫겠습니다." 버트람의 반발에도 불구하고 왕의 명령에 따라 결혼이 이루어진다. 격분한 버트람은 이 장 마지막에서 맹세한다. "토스카나 전쟁터로 갈 작정이야. 그 여자하고는 절대로 동침하지 않겠다."

꽃

토스카나 전쟁이라니, 이건 또 뭘까? 버트람이 무슨 말을 한 걸까? 행복한 치료와 불행한 결혼이 있기 전인 1막 2장 처음 부분을 보면 왕이 두 명의 귀족과 대화하는 장면이 나온다. 이 장면에서 우리는 이 '토스카나 전쟁'에 대해 좀 더 많은 역사적 사실을 배우게 된다.

> 왕 : 피렌체와 시에나 사이에 분쟁이 일어나 싸우고 있으나
>   아직도 결판이 나지 않은 채
>   피비린내 나는 전투를 계속하고 있다고 들었소.
> 귀족1 : 그렇게 보고되고 있사옵니다.
> 왕 : 음, 아주 믿을 만한 것이긴 하오.
>   우리 사촌인 오스트리아에서 온 서한에도 분명히 쓰여 있소.
>   일찌감치 정세를 파악하고 있던 친애하는 친구가
>   불원간 피렌체로부터 다급한 원군 요청이 있으리라고 알려주며
>   그때는 거절하는 게 좋을 것이라고
>   주의를 주었소.

귀족1 : 그분의 두터운 우정과 지혜를
　　　　전하께서도 인정하시는 이상,
　　　　그분의 의견을 십분 따르심이 옳을 듯하옵니다.
왕 : 그는 우리가 해야 할 대답까지 준비해두었더군.
　　　그러니 피렌체는 요청도 하기 전에 거절당한 셈이구려.
　　　그래도 우리나라 젊은이 중에
　　　토스카나 전쟁에 참가하고 싶은 사람이 있다면
　　　어느 편이든 마음대로 참전해도 무방하오.
귀족2 : 이번 전쟁은 실전 경험을 쌓아
　　　　입신양명하려는 야망에 불타는 젊은 청년들에게
　　　　아주 좋은 수련장이 될 것이옵니다.

　왕은 당시 어법을 사용해가면서 피렌체와 시에나가 서로 맞붙어 싸웠으나 결판이 나지 않은 채 아직도 끈질기게 전쟁을 계속하고 있다고 말했다. 그런데 왕이 자기 나라 귀족들이 전쟁에 참가하는 게 무방하다, 설사 서로 반대편에서 싸우더라도 괜찮다고 한 것은 이상한 정도가 아니라 요즘 기준으로 보면 반역적이기까지 하다.
　그 시대에 그 같은 조치는 사실 하나도 이상할 게 없는 일이었다. 외국 전쟁에 참가하는 것은 전혀 불충으로 여겨지지 않았다. 오히려 젊은이들이 실전 경험을 쌓을 훌륭한 기회로, 나중에 자신의 통치자를 섬기는 데 유용한 '수련장'으로 간주되었다.
　귀족2는 젊은 귀족들이 '실전 경험(자극)과 입신양명하려는 야망(모험)에 굶주려 있다'고 말한다. 하지만 '사촌 오스트리아'라는 말투에 담긴 비꼬는 분위기에 유의하기 바란다. 작품의 줄거리에 실제 역사가 개입되는 경우, 그것은 '꾸며낸 인물'의 정체를 파악하는 데 아주 강력한 실마리가 된다. 유럽의 통치자들은 서로 '사촌'이라고 부르는 것이 관례였는데, 때로는 정말로 사촌간인 경우도 있었다. 그런데 더 중요한 것은, 오스트리아의 통치자인 '우리 사촌 오스트리아'를 프랑스 왕이 '친애하는 친구'라고 부르고 귀족1이 그의 '두터운 우정과 지혜' 운운하는 것을 보며 엘리자베스 시대 관객들이 낄낄거리리라는 사실이다. 이 입에 발린 칭찬이 빈정대는 소리임을 알기 때문이다. 프랑스 왕과 그의 신하들은 솔직히 이 '오스트리아'를 두려워했는데, 그건 영국도 마찬가지였다. 그가 누구던가? 역사가 말해주겠지만 그보다 먼저 내가 말하겠다.

피렌체와 시에나 간에는 여러 세기에 걸쳐 크고 작은 전투와 전면전이 무수히 벌어졌기 때문에 현실적으로 그 횟수를 다 헤아리기도 불가능하다. 그들의 적대관계는 맨 처음 국경 문제에 대한 갈등에서 비롯되었는데, 1129년에 일어난 기록상 최초의 충돌 이래 그들은 점점 더 가망 없는 불화와 반목을 키워나간다. 게다가 프랑스와 에스파냐, 오스트리아와 같은 외국과의 동맹관계까지 얽히면서 갈등은 점점 더 복잡한 양상을 띠게 되었다. 어쩌다 휴전에 돌입했다가도 이내 전투가 재개되면서 파괴와 고통이 뒤따르기 일쑤였다. 마침내, 첫 충돌이 일어난 지 4세기 만인, 피렌체 메디치 가의 코시모 1세 재위(1537~1574) 기간에 피렌체-시에나 간의 불화가 완전히 해결되었다. 1555년 4월, 시에나가 완전히 정복된 것이다.

작가가 버트람을 위해 끌어들인 '토스카나 전쟁'이 바로 이것이라고 단정할 수는 없지만, 그럴 가능성이 높은 것도 사실이다. 이제 우리는 관객들의 기억이 가물가물한 사건들을 언급하는 작가의 버릇에 익숙해져 있다. 따라서 『끝이 좋으면 다 좋아』에 나오는 전쟁이 바로 1555년에 벌어진 마지막 토스카나 전쟁이라고 해도 그리 억지는 아닐 것이다. 어쨌거나 그 전쟁은 이 작품이 쓰이기 불과 한 세대 전에 일어났다.

이런 관점을 뒷받침하는 역사적 증거가 또 있다. 16세기 중엽, 프랑스 및 오스트리아의 역사와 뒤얽힌 시에나와 피렌체의 역사가 이 작품에 등장하는 왕과 귀족들의 대화 이면에 깔린 상황을 좀 더 잘 설명해준다.

'오스트리아'는 오스트리아 대공이자 신성로마제국 황제인 카를 5세(1519~1556 재위)를 가리킨다. 그의 오스트리아 공국은 합스부르크 왕가의 수많은 영토 중 한 곳에 불과했다(본문 3장 참조). 따라서 이 '오스트리아'는 다른 누구도 아닌, 그의 막강한 권력 때문에 영국과 프랑스 둘 다 그의 정책을 우려하지 않을 수 없었던 바로 이 황제였다.

영국은 카를 5세와 여러 가지 '문제'를 가지고 있었는데(본문 3장 참조), 그 문제들은 그의 아들이자 상속인인 펠리페 2세(1527~1598)에게 그대로 넘겨졌다.[3] 프랑스 역시 약간의 문제를 가지고 있었다. 프랑스의 왕들은 오랫동안 이탈리아를 향해 군사적 모험을 감행해왔는데, 이것이 이탈리아에 야망을 품고 있던 오스트리아와 신성로마제국 황제의 신경을 거슬렀다. 설상가상으로 프랑수아 1세(1515~1547 재위)는 개인적으로 그의 '사촌'에게 적의를 품고 있었다. 이는 1515년 프랑수아 1세가 프랑스 원정 부대를 이탈리아에 새로이 파견했을 때 시작된 것으로, 그때 일어난 사건 중의 하나가 밀라노 점령이었다. 그러다가 1519년, 프랑수아 1세에게 분통 터질 일이 일어났으니, 신성로마제국 황제 자리를 놓고 그와 경쟁을 벌이던 카를 5세가 선거후選擧候의 투표에 의해 다수결로 그 자리를 차지한 것이다. 1525년에는 카를 5세가 파비아에서 프랑수아 1세를 격파하고 그를 감금하는 일이 일어났다. 사건은 그뿐이 아니었다. 프랑수아 1세는 카를 5세가 용담공 샤를에게서 상속받은 부르고뉴 공국을 차지했다. 또 플랑드르와 아르투아Artois에 있는 카를 5세 소유의 네덜란드 지방을 프랑스 영토로 환원시켰다. 게다가 카를 5세가 제국의 봉토라고 주장하던 밀라노도 점령하고, 카를 5세가 지배하던 나폴리 왕국에 대해서는 자신이 앙주Anjou 가문의 상속자라고 주장하는 등 두 사람 사이의 갈등이 꼬리를 물고 이어졌다.

결국 전쟁이 계속되었고 평화협정은 맺어졌다 깨지곤 했다. 프랑수아 1세가 사망한 후에도 그의 아들인 앙리 2세(1547~1559 재위)가 적대적 행동을 계속한 결과, 앙리 2세[4]와 카를 5세의 재위 기간중에 마지막 토스카나 전쟁이 일어났다. 이것이 버트람이 참전할 작정이라고 선언한 '토스카나 전쟁'에 가장 잘 들어맞는 전쟁으로 보인다.

1막 2장에서 왕과 귀족들이 나누는 대화를 다시 주의 깊게 들어봐도 역시 이 전쟁이 가장 그럴듯하다. 왕이 하는 말을 잘 들어보자.

아주 믿을 만한 것이긴 하오.
우리 사촌인 오스트리아에서 온 서한에도 분명히 쓰여 있소.
일찌감치 정세를 파악하고 있던 친애하는 친구가
불원간 피렌체로부터 다급한 원군 요청이 있으리라고 알려주며
그때는 거절하는 게 좋을 것이라고

주의를 주었소.

왕은 '오스트리아'로부터 받은 서한에 담긴 '주의(협박)'에 대해 말하고 있다. 이 경우 '피렌체'란 메디치 가의 코시모 1세일 것이다. 서한은 카를 5세('오스트리아')가 앙리 2세(이 작품에 나오는 프랑스 왕의 모델)에게 보낸 것으로 "만일 코시모가 군대나 돈을 요청하면 '싫다'고 거절하는 게 나을 것"이라는 내용일 것이다.

요컨대 이 서한은 오스트리아가 프랑스 왕에게 날린, 이 전쟁에서 빠지라는 경고였다. 제 나라 귀족들이 어느 쪽 편을 들어도 개의치 않겠다고 한 프랑스 왕의 선언은 정치적 중립을 가장한 말에 불과하다. 현명한 귀족이라면 절대로 시에나 편에 서지 않을 것이기 때문이다. (현실의 상황은 훨씬 더 복잡했다. 프랑스 왕 앙리 2세는 메디치 가의 카트린과 결혼했는데, 그녀는 피렌체에서 태어나 자랐고 코시모 1세의 진짜 사촌이었다)

물론 여기 등장한 역사의 단편들은 16세기에 일어난 발루아 왕조와 합스부르크 왕조 사이의 불화 및 당혹스러운 편 바꾸기를 완전히 설명해주지는 못한다. 역사적으로 볼 때 1555년에 끝난 토스카나 전쟁이 이 작품에 나오는 전쟁일 개연성이 크기는 하다. 그렇다고 해도, 보카치오의 『데카메론』에 등장하는 토스카나 전쟁에서 힌트를 얻고 최근에 끝난 전쟁을 『끝이 좋으면 다 좋아』의 토대로 삼지 않았을까 하는 추측은 어디까지나 나의 생각일 뿐이다. 『끝이 좋으면 다 좋아』는 1623년 제1이절판에 실릴 때까지 단 한 번도 인쇄되거나 출판된 적이 없었다. 또 엘리자베스 1세나 제임스 1세 재위 기간 동안 이 작품이 공개적으로 상연되었다는 기록은 어디에도 없다. 게다가 이 작품에는 엘리자베스 시대 일부 귀족과 조정의 신하들에 대한 풍자나 암시가 포함된 듯 보인다. 이런 사실로 미루어볼 때, 이 작품이 엘리자베스 1세와 그녀의 궁정을 위해 비공개적으로 상연되었을 가능성도 있다.

~

3막 2장에서 불끈해서 피렌체로 가버린 버트람은 루시용으로 두 통의 편지를 보낸다. 한 통은 어머니인 백작 부인에게, 또 한 통은 헬렌에게. 어머니에게 쓴 편지는 이렇다. "소자는 비록 그 여자와 결혼했지만 동침은 하지 않았습니다. 그리고 '영원히' 하지 않기로 맹세했습니다." 한편 헬렌에게 쓴 편지는 다음과 같다.

> 당신이 내 손가락에 끼워져 있어 빠지지 않는 반지를 손에 넣고
> 당신 몸으로 나를 아버지로 둔 아이를 낳게 되거든
> 그때는 날 남편이라고 불러도 좋소.
> 그러나 '그런 때'는 '절대로' 오지 않을 거요.

이것이야말로 헬렌에게 내민 버트람의 도전장이요, 이 작품의 바탕이기도 하다. 이제 헬렌은 버트람을 '남편'이라고 부르기 위해 자신이 해야 할 일을 알게 되었다. 그녀는 버트람의 편지를 자신의 '여권'이라고 부르는데, 실제로 그것은 그녀가 출발할 수 있게 해주는 허가서이기도 하다. 이 장의 마지막 부분에서 그녀는 마치 버트람에게 하듯이 그리움에 젖은 아련한 목소리로 읊조린다(관객들은 '천사들', '낙원', '가버릴 것'과 같은 말을 들으며 그녀가 무슨 뜻으로 하는 말인지 걱정하게 된다).

집으로 돌아오세요.

…… 제가 이곳을 떠나겠어요.

저 때문에 당신이 떠나신 거잖아요.

그러니 제가 어찌 집에 있을 수 있겠어요? 절대로 안 되죠.

설사 이 집이 낙원 같은 꽃동산이고

천사들이 집안일을 다 해준다 해도, 전 떠나겠어요.

다음 장인 3막 3장은 대사가 단 열 줄뿐이다. 무대는 피렌체의 어떤 곳이다. 여기에서 피렌체 공작은 모여 있는 병사들 앞에서 버트람에게 선언한다. "그대가 우리 기병의 대장이오.[5]" 그렇다면 버트람은 적어도 공작의 신임을 얻고 그와 그의 부하들이 군대에 복무할 정도로 피렌체에 오래 있었다는 말이다.

버트람이 성년이 되지 못했다는 건 '나이가 차지 않았다'는 말이므로 그의 대장 임명이 비현실적이라는 비판을 받았다. 하지만 16세기에는 나이 하나 때문에 그 같은 결정이 무산되지는 않았다. 그 시절의 군인들은 아직 어린 나이에도 노련한 기수가 되는가 하면, 종종 전쟁터에서 훈련을 받기도 했다. 『브리태니커 백과사전』 11판에 실린, 에식스 2대 백작 로버트 데버루Robert Devereaux에 관한 내용을 살펴보자.

1585년(열아홉 살에), 그는 계부인 레스터 백작을 따라 네덜란드 원정에 참가해 주트펀 전투에서 혁혁한 수훈을 세웠다. …… 1587년(스물한 살에), 그는 거마 관리관이 되었고 이듬해에는 기병대장이 되는 한편 가터 기사로 임명되었다.

유럽 대륙에도 이와 비슷한 경력을 가진 사람이 여럿이었으니, 프랑수아 1세 및 앙리 2세와 동시대 사람인 느무르 공작 가스통 드 푸아Gaston de Foix가 바로 그 경우이다. 가스통이 성년이 되었을 때 그는 이미 탁월한 군사령관 노릇을 하고 있었다.

3막 4장에서, 헬렌이 백작 부인에게 보낸 편지의 일부를 읽어보자.

저는 성 자크 님에게로 순례차 떠납니다.
분수에 맞지 않은 사랑을 탐냈으니
그 큰 죄를 속죄하기 위해
차가운 땅을 맨발로 걷겠노라고 맹세했습니다.

편지는 불길하게 끝을 맺는다.

그분은 죽음에게나 저에게나 너무나 훌륭하고 아름다우신 분입니다.
죽음은 제가 차지하겠으니 이제 그분은 자유이십니다.

이 대사를 통해 헬렌이 로실리온을 떠나 에스파냐의 산티아고 데 콤포스텔라로 순례여행을 떠났다는 추측을 할 수 있다. 거기에는 성 야고보에게 헌정된 커다란 성당이 있기 때문이다(산티아고는 에스파냐어이며 프랑스어로는 생 자크, 이탈리아어로는 산 자코포이다). 그런데 작품 속에 그녀가 순례여행을 했다는 증거가 단 한 마디도 나오지 않는 걸 보면서 우리는 그녀가 그렇게 긴 여행을 할 만한 시간이 있었는지 의문을 갖게 된다.

　실제로 버트람이 이탈리아로 떠나자마자 헬렌도 현지 실정을 파악하겠다는 임무를 띠고 비밀리에 그곳으로 간다. 그러면서 자신의 결혼 문제를 해결하겠다는 결심을 한다. 그녀가 알고 싶고 알아야 할 필요가 있는 것을 다 배운 다음, 다시 세상 밖으로 나와 모든 사람들을 놀라게 하는 데는 그리 오랜 시간이 걸리지 않을 것이다.

✑

　내가 『끝이 좋으면 다 좋아』를 이탈리아 희곡 목록에 포함시킨 것은 3막 5장에 나오는, 피렌체에 대한 미묘하고 완곡한 표현과 암시 때문이었다. 특히 이 장에서 작가는 피렌체에 대한 상세하고 구체적인 지식을 자랑한다. 그의 묘사는 그가 그 지역을 방문해 직접 거리를 걸었으며 그곳의 입말을 알고 있었다는 증거이다. 그뿐 아니라 과거 그 지방 고유의 이름으로 불렸던, 그 도시의 가장 평범한 광장 근처에 있는 지극히 평범한 건물까지도 속속들이 알고 직접 체험한 사람으로서 고백하는 것들이다.

✑

　하지만 이 도시의 건물을 조사하기 전에 먼저 짚고 넘어가야 할 골치

아픈 문제가 있다. 5장 앞부분에 '투시 tucket'를 지시하는 무대 지시문부터 살펴보자. 지문은 이렇다. '피렌체. 성벽 없음. 멀리까지 울리는 투시.' 또는 이 비슷한 내용이다. 일곱째 행에도 두 번째로 '[투시]'라는 지시문이 나온다. 투시[6]는 금관악기의 취주吹奏를 의미하는 음악 용어로, 무대 지시문에 나타나는데, 보통 트럼펫 취주를 나타낸다.

이 첫 번째 투시는 편안하게 받아들일 수 있다. 배우들이 그것에 대해 반응을 보일 뿐 아니라 제1이절판에도 똑같이 나와 있기 때문이다. 하지만 곧 드러나다시피 두 번째 투시에는 문제가 있다.

첫 번째 트럼펫 소리[7]가 울릴 때 네 명의 여자는—과부와 그녀의 딸 다이애나, 비올렌타와 메리애나라는 두 여자—다른 사람들과 함께 이미 무대에 등장했거나 등장하고 있다. 작가는 이 사람들이 어디에 서 있는지에 대한 단서를 교묘하게 숨기고 있다. 오로지 무대에 '멀리까지 울리는 투시'만 들려올 뿐이다. 현대의 관객은 이 트럼펫 소리의 의미를 잘 모르지만 엘리자베스 시대 사람이라면 그 소리를 듣고 금방 관심을 기울였을 테고, 피렌체 사람도 마찬가지였을 것이다. 중세나 르네상스 시대 사람들이 모두 그랬던 것처럼 그들도 트럼펫 소리에 반응하는 데 익숙해져 있었다. 그 소리가 무엇을 의미하는지 정확히 알기 때문이다. 따라서 여자들은 트럼펫 소리를 듣고 이것이 지금 피렌체에 명성이 자자한 젊은 로실리온 백작이 도착한다는 뜻이라고 생각할 것이다.

그의 투시의 뒤를 이어 트럼펫으로 알리는 어떤 군령軍令도 없었기 때문에, 과부 일행은 버트람이 아마 피렌체 성문에 와 있고 관례에 따라 선발대가[8] 그의 도착을 알리는 것이라고 생각할 것이다.

현대에 출판된 판본은 어느 출판사든 간에 모두 7행에서 또 하나의 투시를 지시하고 있다. 이 '투시'가 바로 문제의 두 번째 투시이다. 이것은 오해하기 쉬울 뿐만 아니라 잘못된 것이다. 그것은 이 작품이 쓰이고 145년이나 지난 뒤에 열성이 지나쳤던 에드워드 카펠Edward Capell에 의해 덧붙여진 것으로, 그 후로 편집자들이 계속 답습해왔다. 제1이절판에는 이와 같은 지문이 없었다. 이 장의 두 번째 트럼펫 소리는 투시가 아니라 트럼펫으로 알리는 '신호'인 군령이다. 그런데 이 둘의 차이는 하늘과 땅만큼이나 크다.

『옥스퍼드 영어사전』에는 투시가 '트럼펫의 화려한 취주; 기병대가 사용하는 행진 신호'라고 나와 있다. 그러면서 '화려한 취주'의 정의를 내려준다. '음악에서, 화려한 취주란 화려하나 무의미한 풍부한 장식음을 연주하는 것'이라고. 『옥스퍼드 영어사전』의 정의가 지닌 문제는, 어떤 트럼펫 소리도 의미 있는 메시지와 무의미한 장식음을 동시에 나타내는 신호가 될 수 없다는 점이다. 이 두 가지 정의는 서로 양립할 수 없다. 요는 『옥스퍼드 영어사전』이 틀렸다는 말인데, 많은 사람들이 이런 주장을 신성모독이라고 생각할지도 모르겠다.

트럼펫으로 부는 '신호'는 특정 명령을 널리 알리기 위해 사용하는, 식별할 수 있는 일련의 짤막한 선율이나 곡조이다. 주로 병사들에게 말을 타고, 행진하고, 돌격하고, 후퇴하라는 등의 행동을 지시하는 군령이다. 한편 '투시'라고 불리는, 선발대가 트럼펫으로 부는 선율은 고위 인사가 성문이나 성 또는 궁전에 왔음을 음악으로 선포하는 것이다. 각각의 인사들에게는 다른 사람들과 구별되는 그 사람만의 전용 투시가 있다(때로는 '터치touch'라고도 한다).

5장이 시작되면 멀리서 울려퍼지는 투시(혹은 트럼펫 터치)를 듣고 관객들은 버트람이 가까이 왔다고 짐작할 것이다. 또 투시의 뒤를 이어 트럼펫 군령이 들리지 않으므로 사람들은 아마도 젊은 백작이 피렌체 성문에 와 있나보다고 짐작할 것이다.

다이애나는 "프랑스 백작님이 가장 뛰어난 공을 세우셨다면서요"라고 말함으로써 선발대가 예고한 사람이 정말로 버트람이라고 믿고 있음을 보여준다. 과부가 대답한다. "그분이 적의 최고사령관을 사로잡았다더라. 또 직접 공작 동생의 목을 쳤다는 소문도 자자하고."[9] 그녀가 동사를 과거형으로('사로잡았다더라', '쳤다는') 쓴 걸로 보아 사건이 이미 일어났음을 알 수 있다. 전쟁에서 승리를 거두었다는 소문이 자자한 버트람이 피렌체로 돌아왔는데, 그의 투시를 듣고 모든 사람들은 곧 그를 보게 되리라고 기대한다.

트럼펫 소리가 울리고 난 뒤 과부가 말한다.

자, 어서들 가보자고. 만약 기병대가 도시로 다가오면
복잡해서 구경도 못 할 테니까.

"만약 기병대가 도시로 다가오면"이라니, 과부는 무슨 말을 하고 있는 걸까? 만일 무대 지시가 정확하다면 과부는 '만약'이라는 말을 할 필요가 없다. 기병대가 이미 도시로 다가오고 있기 때문이다. 그렇지 않은가?
에드워드 카펠이 1768년에 어설프게 이 작품에 손을 댄 후로 편집자들은 과부를 비롯해 거기 모인 사람들이 '피렌체 성벽 바깥쪽'에 서 있다고 완전히 그릇된 결론을 내렸다. 우리 또한 그렇게 생각한다. 어쨌든 무대 지시가 그렇게 되어 있으니까. 그런데 사실 과부 일행은 피렌체 성벽 안쪽에 서 있다. 편집자가 끼워넣은 '피렌체 성벽 없이'라는 구절은 과부가 사는 '도시'가 실제로 어땠는지 모르는 데서 비롯된 실수이다.

～

제1이절판에서는 과부가 '도시city'를 언급하는 부분에서 대문자 'C'를 사용한다. 그러니까 '도시city'가 아니라 '시티City'라고 표기돼 있다는 말이다. 따라서 이를 원래대로 돌려놓아야 한다. 과부의 대사인 '만약 기병대가 도시로 다가오면……'은 '도시'가 아니라 '시티'로 쓰는 게 훨씬 더 이치에 맞는다. 그것이 바로 그녀가 의미하는 바이기 때문이다. '시티'는 과부가 한 말의 의미를 바꾼다. 또한 피렌체의 역사와 과부가 그토록 조바심 내며 구경하고자 하는 사건에 대해 모든 사람들이 알고 있던 사실도 바꿔놓는다.

피렌체 사람들에게 '시티'는 특별한 의미를 지닌다. 오늘날에도 대화 중에 문맥상 피렌체 전체를 가리키는 것이 아닐 때, '라 시타'(la Citta, 시티)라는 말을 사용하는 경우를 볼 수 있다. 그런데 이 작품에서는 대문자가 소문자로 바뀌면서 제1이절판에 나왔던 '시티'가 '도시'로 강등되는 바람에 그 의미가 사라지고 말았다. 고유명사가 일반명사로 바뀌면서 사실과는 달리 피렌체 전체를 의미하게 된 것이다.

셰익스피어 작품에서 대문자로 표기되는 것은 중요한 의미를 지닌다. 예를 들면 3장의 밀라노 북문에 관한 부분에서 제1이절판에 나오는 'North-gate'는 대문자로 쓰면 안 된다(North와 gate 사이의 하이픈(-)은

'North'가 형용사임을 의미하며, 그 문이 밀라노의 문들 중 정확히 어디 있는지 알려준다). '노스게이트Northgate'나 '노스 게이트North Gate'는 결코 올바른 이름이 아니다. 그냥 북문이라고 해야 맞다. 그런데 이번 경우에는 그 반대로 제1이절판에 쓰인 '시티'로 복원되어야 한다. 그것이 예나 지금이나 피렌체 성벽 안의 특정 구역을 가리키는 말이기 때문이다.

피렌체에 있는 시티는 아르노 강 북쪽 지역 일대를 지칭하는데, 과거에 성벽으로 둘러싸인 로마의 식민지였던 플로렌티아Florentia를 가리킨다. 플로렌티아는 로마식 설계에 따라 직사각형 형태이며 곧게 뻗은 도로가 격자무늬를 이루고 있다. 중앙에 커다란 광장 혹은 '포룸forum'이 있었으니, 현재의 '피아차 델라 레푸블리카Piazza della Repubblica'가 바로 그곳이다. 중세에 약간의 개수 과정을 거친 끝에 플로렌시아의 핵심부가 현대 이탈리아의 피렌체로 확대되었다. 원래 지역의 경계선은 지금도 알아볼 수 있는데, 북쪽은 비아 데 세렌타니Cerrentani, 서쪽은 비아 투르나보니Tournaboni와 비아 론디넬리Rondinelli, 동쪽은 비아 델 프로콘솔로Proconsolo가 그 경계를 이룬다. 한편 남쪽 경계선에 있는 성벽은 아르노 강에 가까우면서도 배가 정박해 짐을 싣고 부릴 수 있도록 약간 뒤로 물러나 서 있다. 이곳이 바로 과부가 말하는 '시티'이다.

'시티 오브 런던'이 고유명사임을 나타내기 위해—피렌체의 기원과 거의 흡사한 런던의 기원을 나타내기 위해—'시티'라고 쓰는 것처럼, 이탈리아에서도 피렌체의 '라 시타'와 같은 것을 가리키는 그 단어는 대문자 '시티'로 쓰여야 한다.

과부는 버트람의 투시를 듣자 주변이 복잡해서 '구경거리'를 놓칠까 봐 걱정된다고 말한다. 관객은 과부의 말과 함께 다이애나가 '프랑스 백작'에 대해 하는 말을 듣고 버트람과 그의 기병대가 이미 도시의 성문 가운데 하나에 도착했다고 확신할 것이다.

이 성문은 어디에 있는 것일까? 기병대는 어디에서 오는 중이고 피렌체의 어디로 가는 중일까? 다이애나와 과부가 버트람에 대해 과거형으로 말하는 걸로 보아, 그와 그의 부하들은 아마도 70킬로미터 떨어진 시에나 쪽에서 오는 것 같다. 이는 그들이 도시의 최남단 문인 포르타 로마나Porta Romana를 통해 피렌체로 들어온다는 말이다. 이 웅장한 성문은 피렌체 외곽의, 시에나에서 오는 옛날 도로 위에 서 있는데 지금도 그 자리를 그대로 지키고 있다.

하지만 과부는 걱정스럽게 "만약 기병대가 시티에 다가오면"이라고 말하는데, 이 말은 그녀가 피렌체 성벽 안에 있다는 뜻이다. 그녀는 복잡해서 제대로 구경할 수 없는 엉뚱한 곳에 서 있는 것 같다고 안달하는 것이다. 만일 버트람이 시티로 간다면, 기병대 행렬은 포르타 로마나에서 폰테 베키오Ponte Vecchio 다리로 아르노 강을 건너 시티로 행진해 들어갈 것이다. 그런데 과부는 다리를 두 개나 지나야 나오는 폰테 알라 카라이아에 서 있다. 만약 기병대 행렬이 시티를 향하고 있다면 과부는 정말로 멋진 장관을 놓칠 것이다.

다시 한 번 과부가 안달을 한다.

우리가 헛수고를 했군, 그들은 반대쪽 길로 간 모양인데.
들어봐! 트럼펫 소리로 알 수 있잖아.

과부는 트럼펫 팡파르를 듣는다. 이것은 투시가 아니다. 기병대 행렬이 오는 중인데 그리 멀지 않은 곳에 있다. 그런데 그들은 대체 어디 있단 말인가? 과부가 큰소리로 "들어봐!"라고 외친다. 병사들이 피렌체 시내를 지나 어느 쪽으로 가는지 판단하기 위해 주변 사람들에게 귀를 기울이라고 하는 것이다.

과부가 트럼펫 소리를 들어보라고 하는 이 부분에서는, 에드워드 카펠의 [투시]라는 무대 지시문을 이해하기 쉽다. 하지만 이 대목에서 울리는 트럼펫 소리가 정말로 투시라면 그것은 버트람이 도시 성문에 도착했다는 것을 다시 한 번 선포하는 것일 텐데, 엘리자베스 시대 관객들은 이미 그들이 도착했음을 알고 있다. 카펠의 투시가 '단순한 실수'라고 해도, 그가 텍스트에 덧붙인 행위는 투시가 뭔지 잘 아는 사람들에게 매우 혼란스러운 것이다.

버트람과 그의 부하들은 대체 어디로 가고 있을까? 그들은 왜 시티로 가

포르타 로마나는 피렌체와 로마를 잇는 간선도로인 비아 로마나로부터 피렌체로 들어갈 수 있는 남쪽 출입구(바깥쪽)이다. 시에나에 승리하고 귀환하는 버트람이 기병대와 함께 도시로 들어갈 때 통과한 문이다. 포르타 로마나를 안쪽에서 본 모습. (실비아 홈스 사진)

려는 걸까? 만일 그들이 '공식 환영 행사'를 위해 현재의 리푸블리카 광장인 시티로 향했다고 하자. 병사들은 말에서 내려 산 조반니 광장을 지나 피렌체 대성당인 산타 마리아 델 피오레 성당으로 들어가 장엄한 감사 의식을 거행할 것이다. 그런 다음에는? 병사들은 지쳐 있고 지저분하고 배고프고 목이 마를 것이며 말들 또한 마찬가지이다. 분명 피렌체에는 공작이 베푸는 공식 환영 행사에 참석하기 전에 그들이 가서 쉬고 씻고 배부르게 먹고 옷도 갈아입기에 알맞은 곳이 있었을 것이다.

피렌체 북쪽의 어마어마한 요새인, 거대한 포르테차 다 바소Fortezza da Basso가 바로 그곳일 것이다. 이 요새는 1534년, 알레산드로 데 메디치 Alessandro de' Medici 감독하에 세워졌는데, 마구간, 주방, 병기고, 병원, 막사, 장교용 숙소 등 동서고금을 막론하고 전쟁에 지친 병사들에게 필요한 모든 편의시설을 다 갖추고 있었다. 버트람과 그의 부하들은 4월 어느 날, 하루 종일 말을 타고 행진한 끝에 그들이 바라던 휴식과 물과 음식과 와인을 얻었을 것이다. 그것도 한자리에서.

포르테차 다 바소. 이 거대한 군사 종합 시설은 1534년 알레산드로 데 메디치가 세웠으며, 버트람과 그의 기병대가 피렌체에 도착해서 가려는 목적지였다. (실비아 홈스 사진)

그곳은 피렌체로 자랑스럽게 귀환하는 지친 병사들이 단번에 찾아갈 수 있는 곳일 것이다. 웅장한 포르타 로마나를 통과해 도시로 들어온 기마행렬은 비아 데이 세랄리Serragli로 곧장 행진한 다음, 폰테 알라 카라이아 다리로 아르노 강을 건넌 뒤 살짝 왼쪽으로 돌아 골도니 광장10에서 보르고 오니산티 Borgo Ognissanti로 접어든다. 이어 두 개의 화살처럼 계속 직진해 포르테차 다 바소의 정문으로 진입한다. 처음에는 비아 데이 포시Fossi를 따라 가다가 얼마 후 약간 더 긴 비아 발폰다Valfonda를 따라가면 된다. 이 코스가 거의 직통으로 가는 노선이다. 그들이 선택한 코스가 바로 이것일까? 그렇다. 그것이 지친 병사와 말들이 포르타 로마나에서 가장 합리적인 목적지인 요새까지 가는 최단 거리 코스이다.

하지만 그걸로 다 끝난 게 아니다. 아직도 꽤 많은 문제가 남아 있다. 16세기에는 골도니 광장을 뭐라고 불렀든 간에, 아무튼 이곳을 버트람 일행만 지나간 게 아니라는 확실한 증거가 있다. 과부도 그렇고 그녀 일행과 다른 구경꾼들도 바로 거기에 서 있다. 과부는 경험을 통해 피렌체를 통과하는 군대 행렬이 이 길을 이용한다는 점을 이미 알고 있다. 더 구체적으로 말하자면, 그녀가 서 있는 지점은 그녀가 이따금 자기 '집'이라고 부르는 여인숙에서 얼마 떨어져 있지 않다. 곧 과부는 왜 바로 이곳이 작품 속의 장소인지 밝혀줄 것이다. 하지만 그보다 먼저 깜짝 놀랄 만한 일이 있다.

한 순례 여행자가 무대에 등장한다. 관객들은 금방 그녀가 순례자 복장을 한 헬렌이라는 사실을 알아본다. 그녀는 에스파냐에 있는 것도 아니고 죽은 것도 아니다. 헬렌이 하필이면 이 순간에 과부가 서 있는 바로 이곳에 도착한 것을 두고 흔히 행복한 우연의 일치라고 생각한다. 작가가 옛날이야기에 자주 나오는 믿음직스럽고 전통적인 방식을 이용해 그런 우연을 가장했다는 것이다. 하지만 사실은 그렇지 않다. 우선, 헬렌처럼 이방인을 가장한 채 계획을 달성하려는 사람이라면, 잡담을 나누기 위해 시골집 문을 두드리는 것보다는 공공장소에서 대화를 시작하는 편이 더 바람직하다.

하지만 그보다 훨씬 더 중요한 것은 헬렌이 비밀리에 버트람의 소재와 행동거지에 대한 뒷조사를 철저히 해놓을 만큼 피렌체에 오래 머물렀다는 사실이다. 3막 5장과 이어지는 장들에서 헬렌이 알아낸 사실들이 다 밝혀진다. 그녀가 과부와 다이애나와 우연을 가장해 마주치기 위해 순례자 복장을 하고 골도니 광장으로 간 것은 자신이 원하던 정보를 다 얻고 난 다음이었다. 헬렌은 이미 버트람이 무슨 짓을 하고 다녔고 다이애나가 누구이며 과부가 무엇을 해서 먹고사는지 다 아는 것은 물론이고, 그 밖에 버트람을 속이기 위해 필요한 다른 사실들까지 다 꿰고 있었다.

버트람에 대한 그녀의 계획은 이른바 '동침 작전'이다. 물론 이는 작가가 새로 생각해낸 것이 아니라 널리 알려진 책략으로, 이미 중세와 르네상스 시대의 다른 이야기에도 자주 사용되었다. 동침 작전은 작가의 이탈리아에 대한 지식과 별로 상관이 없으므로 여기에서는 더 이상 다루지 않겠다. 다만 헬렌도 이것을 알고 있었고 버트람의 성난 반발을 제압하기 위해 이 방법을 이용할 예정이라는 점만 말해두자.

❧

과부가 헬렌이 다가오는 모습을 보며 말한다.

저기 순례자가 오는구나. 보나마나 우리 집에서 묵게 될걸.
저쪽 사람들은 서로서로 보내준다니까. 내가 한번 물어봐야지.
안녕하세요? 순례자님, 어디로 가시는 길이세요?

헬렌이 대답한다.

성 자크 르 그랑Saint Jaques le Grand[11] 님께 가는 길이랍니다.
그런데, 순례자들palmers이[12] 어디에 묵는지 아시는지요?

이에 대한 과부의 대답은 이 작품 전체에서 가장 중요하면서도 시종일 관 가장 많이 오해되고 있는 대사이다. 과부의 대답은 이렇다.

여기 항구port 옆에 있는 성 프란체스코 숙소지요.

❧

항구port라니. 과부는 지금 무슨 이야기를 하고 있는 걸까? 피렌체에 항구가 있다고?
그런데 피렌체에는 사실 일종의 '포트'가 있었다. 물론 다시 한 번 제

1이절판의 대문자를 복원할 필요가 있긴 하지만. 그러니까 항구port가 아니라 '포트Port'라고 써야 맞는데, 이는 작품에 아주 큰 차이를 가져온다.

나는 과부의 말 중에서 일부만 이탤릭체로 표시했으나, 사실은 인용된 그녀의 대사 전체가 다 중요하다. 이 작품의 배경이 정말로 피렌체라는 사실을 분명하게 보여주는 단 한 문장을 이 작품에서 찾으라면, 작가가 이 특별한 이탈리아 도시의 지지적인 사실뿐 아니라 역사에 대해서까지도 놀랄 만한 지식을 가지고 있다는 사실을 드러내는 단 한 문장을 찾으라면, 그것이 바로 3막 5장에서 과부가 말한 이 대사이다.

대문자 'P'로 쓴 '포트'는 로마시대 플로렌티아의 남쪽 성벽과 아르노 강 사이에 위치한 지역의 옛 이름이다. 그런데 편집자들은 피렌체의 포트가 뭔지 몰랐던 까닭에 단어를 대문자로 쓰지 않았다. 나도 빌라 이 타티Villa I Tatti 내 하버드 센터에서 피렌체의 르네상스 시대를 연구하는 박학다식한 친구 지노 코르티 교수가 아니었더라면 이 사실을 꿈에도 몰랐을 것이다. 코르티 박사의 가르침 덕분에 나는 '포트'가 무엇인지 정확히 알게 되었고, '시티' 또한 마찬가지였다.

이탈리아어로 porta는 보통 '입구'나 '문'을 의미하며 porto는 '항구'나 '항만'을 의미한다. 나는 이미 이 책의 다른 부분(본문 2장)에서 항구가 꼭 해안에만 있을 필요가 없다는 사실을 밝힌 바 있다. 이탈리아에 있는 적당한 크기의 강이라면 항구가 있고도 남을 테니까. 로마제국 시대에는 피렌체 역시 티레니아 해안과 아주 가까이 있었다. 이 두 개의 서로 다른 단어 porta와 porto가 영어로 변하면서 마지막 모음이 사라지는 바람에 의미가 모호해졌다가, 결국 작가에 이르러서야 제대로 사용된 셈이다.

현대 영어에서는, 그렇게 쓴다고 해서 틀린 것은 아니지만, 일반적으로 'port'를 입구나 문의 뜻으로 사용하는 경우는 거의 없다. 사실 작가는 이 단어를 이런 의미로, 또는 저런 의미로, 그것도 자주 사용했다.[13] 여기『끝이 좋으면 다 좋아』에서 작가가 사용한 '포트'는『베로나의 두 신사』에(본문 2장 참조) 나왔던 'time', 'tide', 'tied'를 떠올리게 한다. 거기에서도 작가는 이중, 삼중의 모호한 의미를 소개하는 즐거움을 누렸었다. 요컨대, 여기서 '포트'는 입구, 항구, 그리고 피렌체의 포트라는 세 가지 의미를 지니고 있다.

로마제국 시대에 시티 성벽과 아르노 강 사이 구역은 플로렌티아의 항구였다. 당시 항구의 으뜸가는 용도는 엘바 섬의 광산에서 캔 철광석을 운송하는 일이었다. 피렌체 기슭의 나무들이 제련용 숯을 만들기 위해 베어졌다.

중세에 이르러 원모原毛가 가장 중요한 수입품이 되면서, 그곳에서 원모를 두드리고 라놀린을 탈지하고 세탁하고 빗질하고 보풀을 일으키고 실을 자았다. 그런 다음 아직 축축할 동안 옷감을 짜고 옷감의 마디를 없애고 솜털을 자른 뒤 커다란 창고에 펴서 말렸다. 그러고 나서 프란체스코 수도회 수도사들이 제조한 뛰어난 품질의 염료를 이용해 모직을 염색했을 것이다.[14] 이 산업은 나날이 확장되었다.

원모는 지중해 일대 어디에서나 생산되었지만 최고급품은 멀리 영국에서 수입한 것이었다. 따라서 영국 코츠월드Cotswolds에 있는 수도원들과 맺은 계약에 따라 입도선매 방식으로 그해 생산되는 원모를 미리 전부 구입할 수도 있었을 것이다. 그때까지 모직물은 피렌체 경제에 없어서는 안 될 가장 핵심적인 상품이었고 부의 원천이었다. 한때는 도시 인구의 4분의 1이 모직 산업에 종사한 적도 있었으니, 브루넬레스키Brunelleschi에게 피렌체 대성당인 웅장한 산타마리아 델 피오레의 건축을 의뢰하고 경비를 지불한 것도 피렌체의 양모 동업 조합이었다. 유럽 전역에서 온 원모는 피렌체 사람들의 손을 거쳐 세계 최고의 옷감으로 거듭나 멀리 중동까지 팔려나갔다. 모직 산업이 워낙 크게 발전하는 바람에 또 하나의 공공장소가 양모 거래를 위한 곳으로 만들어졌다. 피아차 카스텔로Piazza Castello로, 포트에서 거의 똑바로 아르노 강을 건너면 나오는 광장이었다.

사방으로 짐마차가 돌아다니면서 장인들과 상인들을 위해 생산품과 도구를 실어 나르고, 원모와 모직을 가공 과정에 따라 이리저리 운반해주었다. 또 옛날 로마제국 시대 항구였던 널따란 포장 구역에서 그해 생산된 원모 꾸러미를 받아오는 한편, 완성된 수출용 옷감을 배달해주기도 했다. 과부가 기병대의 행진을 기다리며 서 있던, 폰테 알라 카라이아(짐마차의 다리)라는 다리의 이름은 전 도시적인 이 활동을 웅변하고 있다. 포트가 피렌체와 인근 마을에 얼마나 중요했던지, 배가 피렌체까지 왕래할 수 없게 된 뒤에도 사람들은 그곳을 여전히 '포트'라는 이름으로, 혹은 별명으로 불렀다. 그만큼 시민들의 마음속에 깊이 각인되어 있었던 것이다.

～

포트와 폰테 알라 카라이아 둘 다 수백 년 동안 우밀리아티Umiliati라는 베네딕트 수도회의 수도사들이 내려다보는 곳에 있었다. 1256년, 수도회는 포트 옆에 커다란 교회, 수도원 및 기타 편의시설을 지었다. 수도사들은 교회 이름을 '오니산티Ognissanti'라고 지었는데 '모든 성자들'이라는 뜻이다. 오늘날까지도 교회는 그 이름을 그대로 간직하고 있다. 포트가 무용지물이 되자 오니산티라는 교회 이름이 인접 지역을 포괄하게 되었고, 그 결과 포트는 현재의 공식 명칭인 '오니산티 광장'이라는 이름을 얻었다. 하지만 여러 세기가 흐르는 동안에도 그 지방 사람들은 여전히 그 지역을 '포트'라고 불렀다.

이런 사실을 염두에 두고 나는 다시 한 번 조사하러 나섰다. 오니산티 광장뿐 아니라 최근에 이탈리아 극작가 카를로 골도니의 동상이 들어선 근처의 작은 골도니 광장은 물론, 폰테 알라 카라이아까지 갔다.

골도니 광장은 여섯 갈래의 길이 방사선 모양으로 뻗어 있었다. 그중 '보르고 오니산티'라는 길이 특히 중요한데, 바로 오니산티 광장으로 이어지는 길이다. 나는 버트람의 기마행렬이 골도니 광장을 지나 곧장 포르테차 다 바소로 가리라는 것을 이미 알고 있었다. 그렇다고 할 때, '과부가 기마행렬도 보고 헬렌에게 성 프란체스코 순례자 숙소도 쉽게 알려줄 수 있으려면, 그들 일행은 과연 어디에 서 있었을까?'

나는 골도니 광장 주변을 어슬렁거리며 여기저기 기웃거리다가 마침내 찾던 곳을 발견했다. 모든 조건이 딱 들어맞았다. 만일 과부가 골도니 광장과 보르고 오니산티 모퉁이에 서 있다면, 그녀는 다가오는 행진도 볼 수 있고 헬렌도 똑바로 볼 수 있을 것이다. 바로 그 지점에서 과부는 헬렌에게 순례자 숙소를 손가락으로 가리키며 '여기 포트 옆'이라고 정확하게 알려줄 수 있었을 것이다. 그것이야말로 저 앞에서 말했던, 이 도시의 가장 평범한 광장 옆에 있는 지극히 평범한 건물이었다.

༄

무슨 이유인지는 몰라도 여하튼 코시모 1세는 우밀리아티를 싫어하기 시작했다. 1561년 그는 그들을 피렌체에서 추방했고 그 결과 프란체스코 수도회가 오니산티 교회와 수도원 및 다른 시설과 그에 따른 특권을 물려받았다. 지금까지도 오니산티 교회는 프란체스코 수도회 소속이다.

소수의 사람만이 글자를 읽을 수 있던 시대에는 문장, 왕관, 장미, 코끼리 등과 같은 기호나 상징이 장소를 가리키는 데 사용되었다. 예를 들면 사람들은 누군가와 약속을 잡을 때 왕관 기호나 푸른 보아 뱀, 또는 코끼리 표시가 그려진 곳에서, 혹은 피렌체의 경우 성 프란체스코 수도회 표지가 있는 곳에서 만나자고 할 수 있었다. 과부가 '성 프란체스코 수도회에서'라고 말할 때, 여기에는 '표지가 있는 곳에서'라는 의미가 내포되어 있다.

피렌체 여행에 나서기 전에 나는 그다지 성공적이지는 못했지만, 아무

왼쪽. 오니산티 광장은 포트라고도 불리는데 중앙에 오니산티(모든 성인들) 교회가 보인다. 그 왼쪽에 수도원 입구가 있고, 좀 더 길을 따라 내려가면(어두컴컴한 부분) 성 프란체스코 순례자 숙소가 나온다. 오른쪽. 성 프란체스코 순례자 숙소 입구. 문 바로 위에 있는 성 프란체스코 수도회 표지에 유의할 것. 헬렌은 순례자 복장을 하고 이곳에 머물렀다. (실비아 홈스 사진)

튼 정말로 포트에서 '성 프란체스코 수도회'를 찾게 될 경우, 그것을 확인할 방법을 모색했다. '성 프란체스코 수도회' 표지를 찾기 위해 여기저기 샅샅이 뒤져보았다. 그러다가 퍼뜩 프란체스코 수도회에 문의하면 되겠다는 생각이 스쳤다. 나는 내가 살고 있는 캘리포니아에서 그리 멀지 않은 프란체스코회 수도원에 전화를 걸었고, 고맙게도 다음 날 수도회 상징을 조그맣게 그린 스케치를 받을 수 있었다. 그 후 또다시 피렌체에 갔을 때, 나는 코르티 교수로부터 '포트'가 오니산티 광장의 옛 이름이라는 말을 듣자마자 목적지를 찾아내기 위해 한걸음에 그곳으로 갔다. 호화로운 호텔을 짓기 위해 이미 그것을 무너뜨린 건 아닐까 걱정하며, 체계적이면서도 면밀하게 오니산티 광장에 면한 모든 건물을 살펴보았다. 결국 아무 성과도 없는 답사에 실망한 채 나는 들고 다니던 『끝이 좋으면 다 좋아』를 펼쳐들고 다시 한 번 과부의 대사를 검토해보았다. 과부는 '여기 포트 안'이라고 하지 않고 '여기 포트 옆'이라고 말하고 있었다. '옆'이라는 말은 '가깝다'는 뜻도 된다.

위쪽. 성 프란체스코의 '성흔'이 분명하게 나타나 있는 선화線畵(캘리포니아 소재 성 프란체스코 수도회 소속 쿠퍼티노 수도원 제공). 왼쪽. 성 프란체스코 수도회 표지. 오니산티 광장 옆에 있는 성 프란체스코 순례자 숙소 출입구 위의 장식판이다. 프란체스코 수도회의 상징인 '성흔'이 보인다. 십자가에 못 박힌 그리스도의 손(앞쪽)과 성흔이 있는 성 프란체스코의 손(뒤쪽의 소매 달린 옷을 입은 팔)이 엇갈린 모습으로 구성되어 있다. (실비아 홈스 사진)

작가가 머나먼 외국 도시의 세부 사항에 대해 정말로 그렇게까지 정확할 수 있었을까? 나는 수색 범위를 더 넓혀보았다. 오니산티 광장 한쪽 구석에서 몇 걸음 더 걸어가 프란체스코 수도회 수도원의 담을 막 지나자마자 커다란 문이 달린 평범한 건물이 나타났다. 그 문 바로 위에 새겨진 표지를 보는 순간 두 눈이 휘둥그레졌다. 성 프란체스코 수도회의 상징이었다. 16세기 후반, 이 건물의 주인이 바뀔 때부터 있었던 바로 그 자리였다. 그것은 내가 들고 온 현대적 표지보다 훨씬 더 사실적이었다. 그래도 윤곽은 아주 똑같았다. 맨 위에 십자가가 있고 그 아래 두 팔이 서로 엇갈려 있는데, 앞쪽에 있는 그리스도의 벗은 팔에는 십자가에 못 박힐 때 생긴 상처가 드러나 있었다. 그리스도의 팔 뒤로 성흔이 있는 성 프란체스코의 팔과 손이 보였다.

4세기 전에 『끝이 좋으면 다 좋아』의 작가는 지금 내가 서 있는 바로 이 건물 앞에 서 있었다. 그는 '토스카나 전쟁'이 끝나고 프란체스코 수도회가 그 건물의 새 주인이 된 지 겨우 6년쯤 뒤에 그 표지가 문 위에 자리 잡게 되었다는 사실을 몰랐을지도 모른다. 물론 그런 것쯤이야 전혀 문제되지 않을 것이다. 작가는 뛰어난 작품을 만들기 위해 여러 가지 사건을 몇 번이고 뒤죽박죽 섞었다가, 그 결과가 마음에 들게 되면 작품으로 만들어내곤 했다.

과부가 헬렌에게 성 프란체스코 순례자 숙소가 어디 있는지 알려주자마자 멀리서 트럼펫 소리가 울린다. '멀리 행진하라'는 군령이다. 제1이절판에 실린 이 부분의 무대 지시문은 오랫동안 아무도 섣불리 건드리지 못했다. 과부는 안도하면서 자신 있게 모든 사람들에게 말한다. "들어보라고! 기병대가 이리로 오고 있잖아." 버트람은 정말로 골도니 광장을 지나 곧장 포르테차 다 바소로 향하고 있다. '드럼과 군기, 버트람, 패롤리스, 그리고 전체 기병대 입장'이라고 무대 지시에도 나와 있듯이, 그들은 개선의 영광을 한껏 누리며 흥분한 과부와 기다리고 있던 군중 옆을 행진하며 지나간다.

행진중인 16세기 병사들. 축제용 장식 깃털을 꽂고 완전무장한 기사와 말들로 구성된 기병대의 모습으로, 버트람의 투시가 울린 뒤, 시에나를 이기고 돌아온 그의 병사들이 피렌체를 행진할 때의 모습도 이랬을 것이다.

프랑스와 피렌체

『헛소동』에 등장하는 메시나의 옛 모습

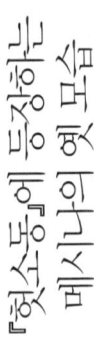

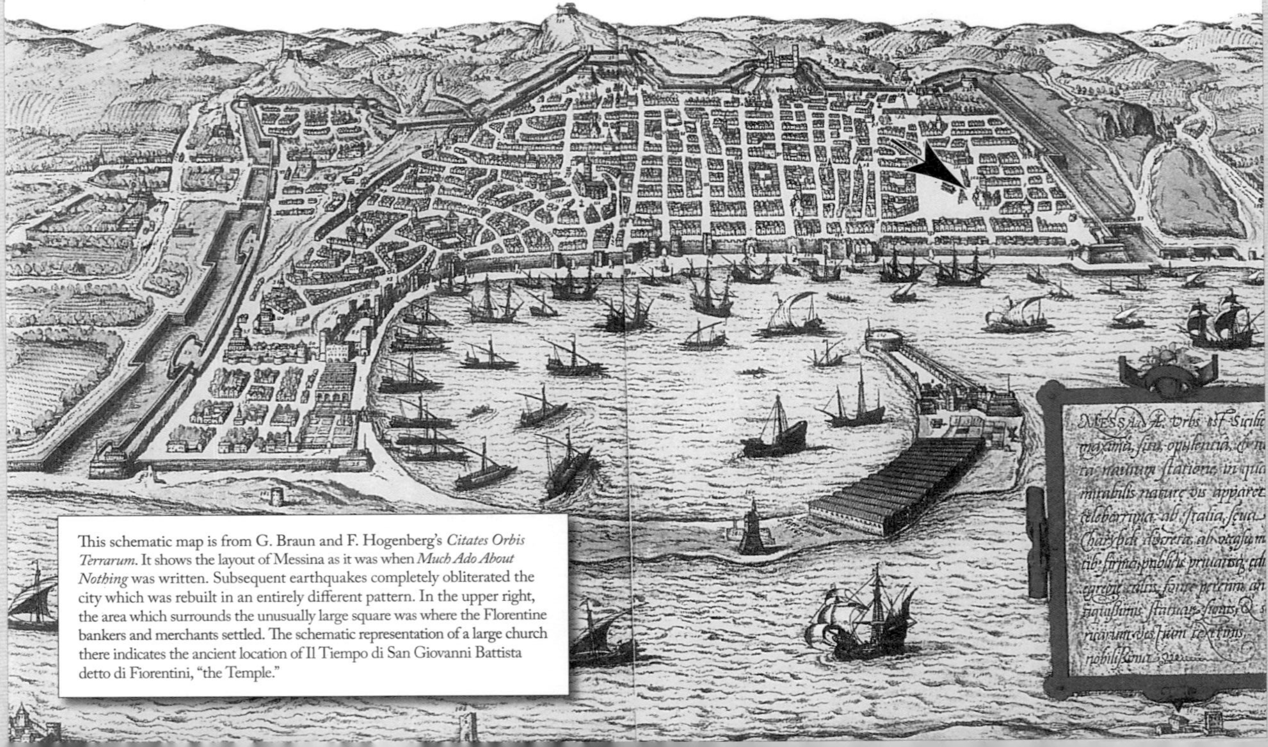

This schematic map is from G. Braun and F. Hogenberg's *Civitates Orbis Terrarum*. It shows the layout of Messina as it was when *Much Ado About Nothing* was written. Subsequent earthquakes completely obliterated the city which was rebuilt in an entirely different pattern. In the upper right, the area which surrounds the unusually large square was where the Florentine bankers and merchants settled. The schematic representation of a large church there indicates the ancient location of Il Tiempo di San Giovanni Battista detto di Fiorentini, "the Temple."

헛소동

"뒤로 넘어져도 코가 깨지다"

1부

『헛소동』의 배경은 시칠리아 섬 북동쪽의 도시로, 도시 이름과 동명인 중요한 해협을 바라보고 있는 메시나가 배경이다. 메시나 항은 지중해에서 가장 깊숙하고 안전한 항구 중 하나로, 여러 세기에 걸쳐 상인들과 선원들에게 아주 중요한 의지처가 되어왔다. 화물 운송을 위한 항로로는 물론이고 지중해에 거친 바람이 몰아닥칠 경우 선박과 선원들의 피난처로도 아주 유용했기 때문이다. 하지만 『헛소동』에는 메시나의 유명한 항구 장면이 단 한 번도 나오지 않는다. 단 한 장면만 빼고 사건이 모두 시내에서 벌어지기 때문이다. 그나마 그 한 장면도 메시나와 섬의 나머지 지역을 분리하는 천연 울타리인 펠로리타니Peloritani 산맥 아래쪽 기슭 부근이다.

1282년 3월, 시칠리아가 생 루이의 동생이자 프랑스 왕인 앙주의 샤를 1세의 지배를 받던 시절, 팔레르모에서 섬 주민들이 미리 계획한 것으로 보이는 참혹한 사건이 벌어졌다. 지금도 이탈리아에서 기억되고 있는 이 사건은 '시칠리아의 저녁기도Sicilian Vespers'라는 이름으로 알려지게 되었는데, 사건이 부활절 주간 화요일 저녁기도 시간에 터졌기 때문이다. 이 섬의 멋진 수도인 팔레르모의 모든 주민들이 프랑스 압제자들을 살육하기 위해 한꺼번에 봉기한 것이다. 폭동은 순식간에 섬 전체로 퍼져나갔다. 비록 확인된 사실은 아니지만 남녀노소 할 것 없이 수천 명의 프랑스인이 무참하게 학살당했다고 한다. 끔찍하고도 폭력적인 사건이었다. 4월 말, 전 시칠리아가 폭도들의 수중에 넘어갔고, 그들은 공화국을 선포했다.

폭동은 전면적으로 확산되었지만 공화국의 자유로운 새 지방자치기구는 무능하기 짝이 없어서 시칠리아 정부의 진공 상태가 가속화되었다. 그러자 어떤 형태로든 행정 체제를 회복하기 위해 팔레르모 의회는 페드로 3세(1240~1285)에게 왕위를 제안했다. 아라곤과 카탈로니아의 왕인 페드로 3세는 비록 가까운 혈통은 아니지만 그래도 시칠리아 왕위를 계승할 합법적인 자격을 갖추고 있었다.[1] 페드로 3세는 즉시 섬으로 들어와 프랑스를 몰아내기 시작했다. 일단 섬이 정복되자 아라곤의 지배가 시작되었고, 1296년부터 1402년까지 아라곤 왕조의 시칠리아 파가 권력을 장악했다. 그러다가 에스파냐에게 통치권이 넘어간 후로 섬은 1713년까지 에스파냐 왕의 지배를 받았다.

이 모든 과정에서 메시나는 전략적으로 두각을 나타냈다. 페드로 3세가 시칠리아 서쪽에서 프랑스에 대한 군사행동을 개시했을 때 동쪽 깊숙이 들어앉은 메시나는 그들에게 최후의 보루였다. 이 도시는 페드로의 마지막 전쟁터이자 그가 샤를 1세와 프랑스 압제자들에게 최후의 승리를 거둔 장소이기도 했다.

이상은 '시칠리아의 저녁기도'를 둘러싼 사건을 아주 개략적으로 설명한 것이다. 한편으로 이는 메시나를 배경으로 하는 팀브레오Timbreo와 페니시아Fenicia 이야기의 상황이기도 하다. 이 이야기는 마테오 반델로가 1554년 루카에서 출판한 『반델로 이야기』 제1권La Prima Parte de le Novelle del Bandello』라는 제목의 이야기 모음집 안에 들어 있다. 반델로의 이야기에서 젊은 귀족인 팀브레오는 페드로 왕의 총애를 받는 남자이고 페니시아는 메시나의 귀족인 리오나토 데 리오나티의 딸이다. 두 젊은이는 서로 사랑하고 있지만 문제가 계속 발생한다. 학자들은 아주 먼 옛날부터 팀브레오와 페니시아 유형의 이야기는 부지기수였다고 지적하는데, 이는 반델로의 페니시아(그리고 작가의 헤로)처럼 정숙한 여자가 정혼자가 아닌 남자와의 불륜에 연루되었다는 누명을 뒤집어쓰는 이야기이다.

학자들은 또 반델로의 이야기와 작가의 『헛소동』도 비교했다. 작가가 이 작품을 쓸 때 반델로의 이야기에서 영감을 얻은 것은 분명하다. 하지만 물론 그는 자신의 이야기를 더욱 복잡다단하게 발전시켰고, 그 결과 작품에서는 반델로의 것과는 미묘한 차이가 느껴진다. 비록 『헛소동』의 여주인공인 헤로가 반델로의 페니시아와 비교되고 젊은 클라우디오가 팀브레오와 비교되기는 하나, 작가는 자신의 작품 속에 반델로에게서는 찾아볼 수 없는 내용들을 덧붙여놓았다. 티격태격하는 커플인 베아트리체와 베네딕의 언제나 유쾌한 사랑싸움이나 무능한 메시나 야경꾼들의 우스꽝스러운 연설 같은 것이 그 예이다.

부당하고 억울한 대접을 받는 페니시아와 헤로의 경우, 그녀들의 두 아버지는 비록 전혀 다른 삶을 살고 있기는 하나, 리오나토와 레오나토라는 비슷한 이름을 가지고 있다. 반델로의 리오나토는 빈털터리가 된 귀족인데 반해 『헛소동』의 레오나토는 가난과는 거리가 먼 메시나의 지사이다.

역사상, 대부분의 시칠리아 섬 주민들은 팔레르모를 수도로 삼고 조방 농업과 어업에 종사해왔다. 19세기에 들어온 아랍인들은 이 섬에 우수한 관개시설을 도입하고 수많은 새로운 농작물을 들여왔는데, 그 모든 것이 섬의 비옥한 대지에서 쑥쑥 잘 자랐다. 그때 들어온 대추야자, 멜론, 오렌지, 레몬, 사탕수수, 심지어는 쌀까지도 이제는 시칠리아 하면 떠오르는 이 섬의 대표적인 작물이 되었다.

그런데 섬의 다른 지역들과 달리 메시나의 경제는 거의 전적으로 해상 상업과 해군 활동에 집중되어 있었다. 메시나는 섬의 다른 지역에 임명된 귀족들과 달리, 에스파냐 왕을 위해 특별한 종류의 귀족에 의해 분할 통치되었다. '메시나의 지사'는 (적어도) 행정과 재정 업무상의 경험이 있어야 했다. 『헛소동』에서 메시나의 지사는 16세기 후반의 50년 동안이나 그 자리에 머물러 있었다. 팀브레오와 페니시아 이야기 속의 지사가 그 자리에 재임하고 나서 300년 후의 일이다.

『헛소동』의 첫 장면은 대부분의 편집자들이 배경으로 삼은 곳, 바로 메시나에 있는 지사의 궁전 앞에서 시작된다. 오늘날 그와 같은 궁은 어디에도 존재하지 않지만, 만일 과거에 있었다면 그것은 '왕궁'이었을 것이다. 그런데 실제로 왕궁은 존재했었다. 가리발디 흉상과 비알레 델라 리베르타가 만나는 지점의, 아직도 '고베르놀로Governolo 광장'이라고 불리는 광장에 면한 그곳은 항구의 출입구와 옛날 거기 있던 등대인 란테르나Lanterna를 굽어보고 있다. 한때 왕궁이 서 있었던 자리에는 오늘날 메시나 현청 건물[3]이 들어서 있다.

아직도 많은 건물과 장소가 남아 있는 작가의 다른 이탈리아 배경과는 달리, 오늘날의 메시나에는 작가가 살던 시대의 도시 흔적이 거의 남아 있지 않다. 오랜 세월을 거치면서 메시나에는 엄청난 지진이 여러 번 발생했는데, 그중 1908년에 발생한 지진은 도시 전체를 철저히 파괴하다시피 했다. 인류 역사상 가장 참혹한 지진 중 하나로 기록된 그 지진으로 도시는 6미터 깊이의 잔해 속으로 폭삭 무너져 내렸다. 설상가상으로 화재까지 겹친 그 재앙으로 순식간에 84,000명의 주민이 목숨을 잃었다. 대성당과 눈에 띄는 몇몇 건물은 간신히 무너지는 꼴을 면했지만, 그나마도 전부 심하게 훼손당했다. 복구란 꿈도 꿀 수 없는 일이었고, 사실상 오늘날까지도 메시나는 그 끔찍한 지진 피해로부터 완전히 회복되지 못했다.

따라서 비록 『헛소동』에 등장했던 거의 모든 장소들이 이제는 더 이상 존재하지 않지만, 그래도 이 장의 집필 목적을 위해 그것들이 16세기에 실제로 위치했던 장소를 완전히 확인했음을 밝힌다.[4]

반델로 이야기에서 '미확인 배후 사건'(시칠리아의 저녁기도)이 1282년 메시나에서 일어난 데 비해, 이와 비슷한 『헛소동』의 '미확인 배후 사건'은 1573년 튀니스에서 일어났다(이 장의 2부에 자세한 내용이 소개될 예정이다). 1573년도 사건이 끝날 즈음, 작품에 등장하는 사건의 참여자들은 메시나로 향했다.

반델로든 작가든, 우리가 그들 작품의 '배경 이야기'라고 부를 이런 사건을 구체적으로 설명할 필요는 없었다. 그 당시 관객은 무슨 일이 일어났는지 이미 다 알고 있거나 들었을 것이기 때문이다. 하지만 현대 관객들에게 『헛소동』의 배경 이야기는 다소 모호해서, 작품의 의미를 제대로 이해하지 못하는 주요 원인이 된다.

이탈리아 사람들은 지금까지도 '시칠리아의 저녁기도'라는 역사적 사건을 의식하고 있다. 엘리자베스 시대 영국인들에게도 『헛소동』의 배후 사건과 그 사건의 잠재적 결과는 당면한 관심사였다. 『베니스의 상인』을 살펴보는 과정에서 밝혀졌듯이(본문 5장, 6장), 1573년은 영국인들에게 결정적인 한 해였다. 그해에 영국은 주변 국가에 지대한 영향을 미치면서 지중해에서의 상업적 모험을 재개했다. 이 작품의 막이 오르자마자, 그러니까 '이번 전투'라는 에두른 표현을 구사하는 대목에서 작가는 관객들을 자극해 마음속에 그런 역사적 상황을 단단히 새기게 한다.

1장에서 무대에 등장한 인물은 레오나토 지사, 그의 딸 헤로, 그의 조카 베아트리체, 그냥 '사자'라고만 불리는 남자 하나다. 레오나토가 종이를 한 장 들고 있는데, 잠시 그들의 대화를 들어보자.

레오나토 : 이 서한을 보니 아라곤의 돈 페드로께서[5] 오늘밤에 메시나로 오신다고 하는군.
사자 : 지금쯤은 바로 근처에 와 계실 겁니다. 제가 그분과 헤어진 게 9마일도 못 되는 곳이었으니까요.
레오나토 : 이번 전투에서 몇 명이나 전사했나?
사자 : 얼마 안 되는데 그중 명망 있는 분은 한 분도 안 계십니다.

대체로 간과되기 일쑤인 위의 대사는 아무 까닭 없이 나온 게 아니다. 다소 모호하기는 하나 이 대사를 통해 관객들이 알 수 있는 것은 어디선가 전투나 전쟁이[6] 벌어졌는데 레오나토와 사자가 그에 대해 별로 걱정하지 않는다는 사실이다. 전사자에 대한 사자의 말을 현대식으로 바꿔 쓴다면 다음과 같을 것이다. "일반인도 거의 없고, 따로 언급할 만한 주요 인사도 아무도 없습니다." 하지만 우리도 지금쯤이면 작가의 표현 방법에 익숙해져 있어야 하며, 따라서 지사의 말에 더 관심을 기울여야 한다. 실제로 그는 우리에게 중요한 사실을 말해주고 있다.

레오나토가 대수롭지 않게 내뱉은 '이번 전투'라는 말은, 곧 도착할 돈 페드로에 대해 언급하고 사상자 수를 묻는 와중에 슬그머니 묻혀버렸지만, 사실 이 작품의 배경 이야기이다. 게다가 이어지는 내용은 곧 형인

뒤로 넘어져도 코가 깨지다

돈 페드로와 함께 무대에 등장할 어떤 사람—주변인처럼 보이는—의 행동을 주로 설명하고 있다. 이 사람이 바로 이른바 '사생아 존'이다.

❦

뒤이어 사자와 헤로의 사촌인 발랄한 베아트리체 사이의 대화가 이루어진다. 우리는 몇몇 '명망 있는' 사람들이 모두 안전하고 건강하다는 사실과 함께 그들이 돈 페드로의 수행원으로 곧 도착하게 된다는 것도 알게 된다. 그들 중 하나가 피렌체의 젊은 백작 클라우디오인데, 돈 페드로가 그에게 '과분한 영예'를 하사했고 또 그가 헤로와 약혼하기로 되어 있다는 사실도 분명하게 밝혀진다. 또 한 사람의 젊은 신사는 베네딕으로, 파도바 출신 귀족이다. 이 두 청년은 조국을 떠나 외국 전쟁에 참가해 공을 세워 이름을 날리려는 당시 젊은 귀족들을 대표하는 예라고 할 수 있을 것이다.[7] 함께 등장하는 또 다른 사람은 밸서자라는 이름의 평민으로, 돈 페드로에게 오락거리를 제공하는 직업 가수이다.

❦

『헛소동』 전체에 걸쳐 작가는 그의 다른 이탈리아 희곡과 마찬가지로 이탈리아에밖에 존재하지 않는 독특한 장소와 사물과 행동 방식에 대해 자신이 직접 알게 된 지식을 작품 속에 잘 엮어놓았다.
예를 들면, '편지병목로pleached alley[8]'가 있다. 작가는 그것이 마치 그를 유난히 매료시킨 메시나의 대단한 볼거리라도 되는 양, 작품 여기저기에 몇 번이고 이 독특한 정원 형태를 언급했다. 실제로 작가는 『헛소동』에서 사건을 진행시키기 위해 이 산책길을 여러 번 이용한다.

1막 2장에서 레오나토의 형인 안토니오가 레오나토에게 젊은 클라우디오 백작의 헤로에 대한 사랑과 그 사랑을 추구할 계획을 알린다. 안토니오의 설명 가운데 '내 과수원의 우거진 병목로에서'라는 표현이 나오는데, 거기서 그는 돈 페드로와 클라우디오의 대화를 우연히 엿듣는다. 밖에서는 안쪽이 들여다보이지 않는 이 산책로에서 두 사람이 사적인 문제에 대해 의견을 나누고 있었던 것이다. 나중에 2막 3장에서, 베네딕이 "저 정자에 숨어야겠다"라고 말하는 부분에서 이 우거진 산책로가 다시 한 번 언급된다. 베네딕은 페드로와 레오나토가 산책로 바로 밖에서 나누는 대화를 엿듣기 위해 거기에 숨은 것이다. 하지만 이는 사실 베네딕이 그들의 대화를 '엿들을' 만한 장소에서 이야기를 하자고 두 사람이 미리 합의를 본 결과로, 베네딕에게 그에 대한 베아트리체의 사랑을 알려주고 싶었기 때문이다.

3막 1장에서 베아트리체는 속임수에 빠진 줄도 모른 채 병목로에 숨어서 또 다른 꾸며낸 대화를 엿듣게 된다. 이번에는 헤로와 어슐라(애칭은 '우르슬리')가 대화를 나누는데, 그 전에 헤로가 마거릿에게 하는 말을 들어보자.

> 언니(베아트리체)한테 햇님 덕분에 무성하게 자란 인동덩굴이
> 이제는 햇살을 막아주고 있는,
> 나무가 울창한 그 산책로로 몰래 가보라고 해.

오늘날 메시나 대학교에서 볼 수 있는 편지병목로.

　여자들이 큰소리로 이야기를 나누며 산책로 밖을 어슬렁거리는 동안, 베아트리체는 눈에 띄지 않게 안에 숨어서 그녀를 향한 베네딕의 사랑에 대해 그들이 수다 떠는 소리를 '우연히 엿듣는다'. 헤로 역시 그것을 '이 산책로'라고 부르고, 어슐라는 '인동덩굴 그늘'이라고 말한다.

　『헛소동』에서 작가는 무려 다섯 번씩이나 잎이 무성한 이 실외 장소에 대해 언급했다. 1막의 '우거진 병목로', 2막의 '정자', 그리고 3막에는 세 번이나 더 나온다. '나무가 울창한 산책로', '이 산책로', '인동덩굴 그늘'이 바로 그것이다.

　유럽 대륙이건 영국이건 고금을 막론하고 정원에는 으레 정자가 있게 마련인데, 장미나 인동덩굴 같은 아름다운 덩굴식물들이 정자를 타고 오른다. 이런 덩굴식물들은 아름다움과 향기, 어둑어둑한 그늘을 제공해주는데, 모두 여름날에는 그 이상 바랄 게 없는 것들이다. 한여름에 태양이 몹시 뜨거운 메시나의 경우 이 같은 정자는 어두컴컴하고 서늘한 피난처로 아주 유용하다. 메시나에서 덩굴식물들이 서로 '얽혀' 있는 까닭은 헤로도 말했듯이 '햇살을 막아주기' 위해 함께 빽빽하게 엮어놓았기 때문이다.

이런 정자 혹은 산책로는 덩굴식물뿐 아니라 종종 나무로도 만들어진다. 그러니까 통로를 사이에 두고 양쪽에 두 줄로 나무를 심으면 가지들이 머리 위에서 구부러지고 한데 얽히기를 거듭하면서 커다란 초록색 터널처럼 생긴 빽빽한 구조물을 형성하게 된다.

사진에 나온 메시나 대학교에 있는 것과 같은 울창한 편지병목로는 대단히 근사하고 인상적이다. 그곳 중앙도서관 관장인 산티노 부온템포 신부도 이렇게 말한 적이 있다. "나는 저곳이 맘에 듭니다. 여름에는 가장 시원한 곳 중 하나죠. 하지만 이제는 메시나에도 별로 남아 있지 않아요."

※

『헛소동』의 일부 대화, 특히 헤로, 마거릿, 어슐라의 대화에서 작가는 이탈리아 특유의 주인-하인 간 대화를 흉내 낸다. 엘리자베스 시대 영국이라면 이들 세 여자 사이에서처럼 편하게 찧고 까부는 행동은 절대로 용납되지 않았을 테고, 마거릿과 어슐라의 태도는 주제넘은 행동으로 간주되었을 것이다. 이탈리아에서 볼 수 있는 서로 다른 신분 간의 격의 없는 태도는 위계질서가 좀 더 엄격한 북국의 여행자들에게는 생소한 모습이 아닐 수 없다.

마거릿과 어슐라는 누구인가? 사절판에 '양가집 숙녀'라고 나와 있으므로—제1이절판은 그렇지 않다—연극의 연출자는 두 사람이 시녀 역을 수행하고 있지만, 사실은 양가집에서 태어나 훌륭한 교육을 받은 숙녀들이라고 해석하게 되기 쉽다. 그래도 그들이 상전인 헤로와 동등한 신분이 아니라는 것은 분명하다.

2막 1장에서 마거릿은 먼저 가수인 밸서자와 이야기를 나누는데 그 대화에서 두 사람이 같은 계층이라는 사실이 암시된다. 얼마 후 어슐라가 고명한 귀족이자 헤로의 백부인 안토니오와 다소 건방진 대화를 잠시 나눈다. 그녀의 태도 역시 두 사람이 동등한 계층임을 시사한다. 그렇다면 누가 누구와 '동등한' 것일까?

두 숙녀는 3막 1장에서 레오나토의 과수원에도 등장하는데, 마거릿이 먼저 퇴장하자 마침내 어슐라는 '나무가 울창한 산책로' 주변에서 헤로와 수다를 떤다. 그 장에서 두 시녀 모두 깜짝 놀랄 만큼 허물없는 태도로 지사의 딸과 대화를 나누지만, 헤로는 전혀 개의치 않는 것 같다. 실제로 그런 태도가 그녀에게는 아주 자연스러워 보인다.

그러다가 3막 4장에 세 사람이 헤로의 방에서 이야기를 나누는 장면이 나온다. 헤로가 마거릿과 어슐라의 도움을 받으며 웨딩드레스를 입는 장면이다. 그들의 대화를 들어보자.

헤로 : 어슐라, 베아트리체 언니 좀 깨워줘.

어슐라 : 네, 아가씨.

헤로 : 이리 좀 오시라고 해.

어슐라 : 네. [퇴장]

마거릿 : 아가씨, 다른 칼라를 다는 게 더 낫겠는데요.

헤로 : 아니, 메그, 난 이게 더 좋아.

마거릿 : 맹세코 이건 별로예요. 언니께서도 그렇게 말씀하실 걸요.

헤로 : 언니는 뭘 볼 줄 몰라, 너도 그렇고. 난 꼭 이 옷을 입을 거야.

마거릿 : 새 머리장식은 정말 근사해요. 아가씨 머리가 조금만 더 갈색이었다면 더 좋았겠지만요. 그나저나 멋지다고 소문난 밀라노 공작부인의 드레스도 보았지만, 아가씨 드레스가 제일 멋있어요.

헤로 : 그래, 정말 멋지다고 하더라.

이게 대체 무슨 태도일까? 마거릿의 말은 좀 건방지지 않은가? 마거릿과 어슐라의 언행에 대해 탁월한 셰익스피어 학자이자 『셰익스피어 작품에서 남을 돋보이게 하는 등장인물들, 부수적 인물을 중심으로 Shakespeare's Contrasted Characters, Chiefly Those Subordinate』를 비롯한 저서들—여기에는 그가 편집한 셰익스피어 작품들도 포함된다—의 저자인 찰스 코던 클라크Charles Cowden Clarke는 다음과 같이 말한다.

이 두 사람(마거릿과 어슐라)은 '양식 시녀pattern waiting women'의 부류에 해당될 수도 있다. 즉, 여자들의 위계질서를 얼마쯤 뛰어넘는 [행동] 양식을 보여주는 시녀들이다. 마거릿 역시 자기 계층에 합당한 말투를 완전히 익혔을 것이나 베아트리체의 말투를 흉내 내고 있는 게 분명하다. 그런데 남을 흉내 내는 아랫사람들이 으레 그렇듯이 그녀 또한 천박하고 부자연스러운 태도를 취한다. 바로 이 같은 분위기로 인해 그녀는 자기 여주인을 돋보이게 하는 확실한 인물로 자리 잡는다. 그리고 두 시녀 모두, 아직도 이탈리아에서 흔히 볼 수 있는, 여주인과 시녀 간의 천박한 대등함을 보여주는 본보기라고 하겠다.

명색이 주인과 시녀 간의 대화인, 마거릿과 어슐라가 헤로와 나누는 대화는 계급의식이 투철한 영국 남자를 깜짝 놀라게 했을 것이다. 그것은 19세기 말, 이탈리아를 방문했던 찰스 클라크에게도 마찬가지였다.

반면 작가는 그와 같은 이탈리아의 특이한 행동 방식을 재미있게 여기고 마음속에 새겨두었던 것 같다. 그런 다음 그 행동 방식을 작품 속에 잘 버무려 넣음으로써 이탈리아를 배경으로 하는 작품에 더욱 신빙성을 제공할 수 있었다.

역시 이 3막 4장에 나오는 또 다른 복장에 대해 헤로는 다음과 같이 말한다. "이 장갑은 백작님이 보내주신 건데, 아주 좋은 향기가 나요." 셰익스피어 작품에서 향기로운 장갑에 대한 언급은 여기 말고 딱 한 군데가 더 있다. 『겨울 이야기』 4막 4장으로, 보헤미아에 있는 양치기의 오두막 앞을 배경으로 하는 장면인데, 행상이자 소매치기에 부랑자인 아우토리쿠스가 '장미향 향긋한 장갑'을 비롯해 자신이 팔고 다니는 물건에 대해 노래를 부르며 그곳에 나타난다. 그가 노래를 마치자 늙은 양치기 아들인 어릿광대가 '향기로운 장갑' 타령을 하는 연인 모프시를 위해 장갑을 사기로 결심한다.

1576년, 옥스퍼드 백작인 에드워드 드 비어 Edward de Vere가 오랫동안 이탈리아에 체류한 끝에 영국으로 돌아온다. 당시 그가 젊은 여왕 엘리자베스 1세(1558~1603)에게 바친 선물 가운데 하나가 향기로운 장갑이라는 것은 널리 알려진 사실이다. 그것은 그 나라 최고의 귀부인에게 어울리는 아주 진기하고 우아한 선물이었다. 당시 영국에서 향기로운 장갑이란 아주 신기하고 색다른 물건이었다.

그러자 오늘날과 마찬가지로 유행을 밝히는 사람들과 부유한 귀족들 사이에 이 우아하고 탐나는 선물 이야기가 퍼져나갔을 것이다. 아울러 여왕이 받은 것과 같은 향기로운 장갑을 갖고 싶다는 소망도 우후죽순처럼 자랐을 것이다.

나는 여기에서 연대가 맞지 않는다는 점을 깨달았다. 셰익스피어 학자들에 의하면 『헛소동』은 1598년 이전에 쓰인 작품이 아니라고 한다. 1598년이면 엘리자베스 1세가 이탈리아에서 가져온 향기로운 장갑을 선물로 받은 지 22년이 지난 시점이다. 따라서 『겨울 이야기』에도 나오듯이 그런 장갑을 갖는 것은 이미 흔한 일이 되어 있었다. 향기로운 장갑에 대한 대사를 여왕의 장갑과 나란히 놓고 따져보다가, 문득 『헛소동』이 1576년, 아마도 1578년 무렵에 쓰인 것 같다는 생각이 들었다. 그때까지는 향기로운 장갑이 아직 환영받는 '고급 선물'일 테고 귀족인 헤로에게도 줄 만한 가치가 있는 선물이었을 것이다. 하지만 1598년이면 그런 향기로운 장갑은 이미 흔해빠진 것이 되어서 양치기네 어릿광대 아들까지도 떠돌이 행상으로부터 그것을 살 수 있을 정도였다.

3막 3장이 끝날 무렵, 주정뱅이 보라치오⁹가 곧 헤로의 결혼식이 열린다고 말한다. 현대에 출판된 책들의 철자에 따르면 '내일 아침에 신전 temple에서' 열린다는 것이다.

그런데 제1이절판과 사절판에는 보라치오의 '신전'이 대문자 '템플

Temple'로 나온다. 제1이절판과 사절판에 실린 다른 이탈리아 희곡들의 경우, 이 단어는 경우에 따라 대문자로 나오기도 하고 소문자로 나오기도 한다. 우리는 이미 이 책의 다른 장에서 작가의 철자 사용법이 어떠한지 알게 되었다. 또 그의 철자가 지닌 중요성을 이해하기 위해서는 이탈리아 도시에 대한 구체적 지식이 필요하다는 것도 알고 있다.

예를 들면 '신전' 같은 단어가 '교회'나 '예배당'과 동의어로 사용되었다면, 이 단어는 제1이절판이나 사절판에서 대문자로 쓰이지 않았을 것이고 지금도 그래서는 안 될 것이다.[10] 하지만 그 단어가 메시나의 템플과 같은 특정 건물을 가리킨다면 그것은 고유명사일 테고, 따라서 원래대로 대문자 'T'도 복원되어야 한다.

문맥에 의하면 대문자 'T'와 소문자 't'의 이 차이는 『헛소동』에서 특별히 중요한 의미를 갖는다. 메시나에는 여러 세기에 걸쳐 아주 중요하고도 오래된 예배 장소가 있었다. 헤라클레스에게 헌정된 이 건물은 기원전 98년경, 그리스 사람들에 의해 도리아식으로 지어졌는데, 워낙 완벽하게 지어진 까닭에 당시 문명 세계 전체에 이름을 날렸다. '헤라클레스 만티클레스 템플/템피오 디 에르콜레 만티콜로Tempio di Ercole Manticolo'이라고 불리던 이 건물은 후에 로마의 저술가 마르쿠스 틸리우스Marcus Tullius가 그 아름다움을 예찬한 글을 발표한 뒤로 멀리 영국, 네덜란드, 프랑스, 독일에서까지 그것을 보려는 방문객들의 발길이 이어졌다.

그러다가 초기 기독교도들이 헤라클레스 만티클레스 템플을 차지하게 되면서 이것을 성 미가엘에게 헌정하고 교구 교회로 지정하였다. 다시 몇 세기가 흐른 후 피렌체의 은행가와 상인들이 사업을 하기 위해 메시나에 왔을 때, 그들은 당시 시내 북쪽 변두리에 위치한 성 미가엘 교구 관내에 터를 잡았다. 피렌체 출신 주요 인사들의 마음을 사로잡고 그들의 넉넉한 지원을 받기 위해 교회는 그들의 비위를 맞춰 교구 교회 이름을 그들이 좋아하는 성인의 이름을 따 세례요한 교회로[11] 바꾸었다. 미사도 메시나의 이탈리아어가 아니라 피렌체식 이탈리아어로 올렸다.

교회 건물의 명성은 계속 퍼져나갔다. 1572년, 레판토 해전에서 교황군 측의 탁월한 지휘관으로 활약했던 마르코 안토니오 콜론나 Marco Antonio Colonna 왕자가 시칠리아 총독으로 임명되었다. 템플의 뛰어난 아름다움에 반한 왕자는 템플, 즉 메시나의 세례요한 교회가 비록 로마의 판테온만큼 크지는 않지만 그에 필적할 만하다고 공개적으로 선언하였다. 총독의 선언은 사방팔방으로 전해졌다.

1580년, 다시 한 번 피렌체 사람들을 존중하는 차원에서 세례요한 교회는 일개 교구 교회에서 모든 자격을 온전히 갖춘 피렌체 사람들의 교회로 격상되었는데, 요는 메시나 사람들의 교회와는 구별되는 매우 중요한 교회가 되었다는 말이다. 이름도 공식적으로 다시 지어졌다. '일 템피오 디 산 조반니 바티스타 데토 디 플로렌티니 Il Tempio di San Giovanni Battista detto di Fiorentini'라는 긴 이름으로 그 의미를 영어로 번역하기는 쉽지 않지만, 대충 '피렌체 사람들의 성 세례요한 교회' 정도의 뜻이라고나 할까.

귀족인 헤로와 피렌체 출신 백작인 클라우디오의 결혼식장으로 작가가 메시나의 교회 가운데 그들의 결혼식에 가장 적합한 교회를 선택했다는 것은 대단히 주목할 만한 점이다.

그 건물이 누구에게 속했건 간에 이교도와 기독교의 전 역사를 통해 메시나 사람들은 그것을 그저 템피오, 곧 템플이라고 불렀다. 세월이 흐르면서 연거푸 이름이 바뀌었음에도 불구하고 그 건물의 원래 이름을 가리키는 단어는 그대로 유지된 채 기독교 시대에도 죽 이어져 내려왔다. 실제로 원래 이름인 '템피오 디 에르콜레 만티콜로'는 여전히 살아남

왔다. 이 템플 말고 메시나에서 이름에 '템피오/템플'이 들어가는 교회는 하나도 없다.

　　　　　　　　　§

　4막 1장은 바로 그 템플 안에서 시작된다. 프란체스코 수도회 수사가 식을 집전하는 가운데 주요 등장인물들이 클라우디오 백작과 헤로의 결혼식에 모여든다. 수사가 두 사람 중 어느 누구라도 '결혼에 장애가 될 만한 비밀이 있으면' 지금 털어놓으라고 의례적인 요청을 한다. 그러자 클라우디오가 헤로를 겨냥해 모욕적인 이야기를 잔뜩 늘어놓으며 그녀에게 정조가 없다고 모든 사람에게 다 들리도록 큰소리로 외친다. "이 여자는 음탕한 잠자리의 맛을 알고 있습니다." 클라우디오는 앞서 이 결혼식 바로 전날 밤을 배경으로 한 3막 2장에서 돈 존이 음모한 가짜 밀회에 속아 넘어간 터였다. 유감스럽게도, 아니 비극적이게도 헤로의 아버지 레오나토는 클라우디오의 끔찍한 비난을 믿는다.

　빗발치듯 쏟아지는 거짓말에 충격을 받은 헤로는 그 자리에 졸도해서 죽은 듯 보인다. 클라우디오, 돈 페드로, 돈 존은 분노로 씩씩거리며 헤로와 그녀의 가족 및 수사를 그 자리에 남겨둔 채 무거운 걸음으로 템플을 떠난다. 얼마 후 헤로가 깨어났고, 그들은 헤로의 결백을 믿는 수사의 충고에 따라 이 난국을 타개할 계획을 세운다.

　침착함을 되찾은 수사가 레오나토에게 한 말을 들어보자.

　잠시 멈추시고,

이번 일은 제 의견을 들어주십시오.
그분들은 따님이 죽은 줄 알고 자리를 뜨셨습니다.
그러니 따님을 잠시 숨겨놓고
정말로 죽었다는 공고를 발표하십시오.
겉으로 슬퍼하는 척하면서
지사님의 오래된 가족묘에
애도의 비문을 내걸고
모든 장례 의식을 치르십시오.

헤로에 대한 클라우디오의 분노를 후회로 바꾸기 위해서는 수사가 충고한 대로 일이 진행되어야 할 터였다.

헤로를 저세상으로 보내는 전통 의식에는 교회에서 장례 미사를 올린다는 공고와 장례 미사, 장지까지의 운구 행렬, 매장 의식이 포함되었는데, 이 절차는 메시나 사람들이나 영국인들이나 다들 기도서 덕에 익히 알고 있는 내용이었다. 헤로가 특이한 상황에서 죽은 메시나 지사의 딸이기에 그녀의 죽음과 장례 의식은 소문이 날 대로 날 것이다. 그런데 작가는 '오래된 가족묘'라는 구절을 통해 우리에게 무언가를 더 알려준다.

'오래된 가족묘'란 과연 무엇일까? 프란체스코 수도회 수사는 알고 있는 게 분명하고, 메시나 사람들도 전부 다 알고 있을 가능성이 높다. 어쩌면 수사는 이 '오래된 무덤'을 직접 보았을 수도 있다. 따라서 그것은 메시나의 어딘가에 있는 게 틀림없다. 여기에 대해 수사는 무엇을 말하고 있을까?

영국과 이탈리아 일부에서 저명인사는 교회 부속묘지에 특별 무덤을 차지하곤 했는데, 심지어 교회 안에 있는 경우도 있다.[12] 하지만 보통은 단독 무덤에 묻힌다. 이탈리아에서는 전통적으로 가족묘 또는 가족무덤을 썼는데, 그렇게 함으로써 마침내 모든 가족이 거기서 다 함께 영원한 안식을 찾았으리라. 묘석이 있는 단독 무덤은 관습에 어긋나는 것이었다.

물론 무덤이나 묘지는 어디든 대개 축성 받은 곳에 위치하고 있다. 메시나의 경우는 단 한 곳에 모여 있는데, 이곳은 역사상 특별히 주목받을 만한 어마어마한 매장지이다. 거대한 담장으로 둘러싸인 이곳은 시미테리오 모누멘탈레Cimiterio Monumentale라고 불렸는데, 기념 묘지 또는 대단히 큰 묘지라는 뜻으로, 구 시가지 남서쪽 경계선 바로 바깥의 오래된 비아 칸타니아Cantania 위쪽 기슭에 자리 잡고 있다.

이 묘지는 예나 지금이나 아주 특별해서 오늘날 메시나를 방문한 사람이 그곳을 가보지 않았다면 제대로 된 여행이라고 할 수 없을 정도이다. 예를 들어 시칠리아 여행안내서에서는 그곳을 가리켜 '언덕의 비탈을 계단식으로 깎은 단지에 세워진 화려한 정원으로, 칼라브리아의 아름다운 광경이 내려다보인다'고 설명하고 있다. 줄줄이 늘어선 오래된 가족묘가 그곳을 가득 채우고 있다.

1908년의 엄청난 지진 당시 묘지는 이제는 복원된 '판테온'만 제외하고 거의 피해를 입지 않았다. 거기 있던 대부분의 가족묘도 원래 상태 그대로였다. 세월이 흐르면서 묘지도 점점 더 확장되었다. 1908년 지진 희생자 수천 명의 무덤만 새로 생긴 게 아니라 나폴레옹 전쟁 당시 근처에 만들어졌던 영국 묘지의 무덤들까지 이장해온 것이다. 이장을 한 해는 1940년인데, 하필이면 얄궂게도 제2차 세계대전이 발발한 직후였다.

이 오래된 특이한 묘지는 특정 성인의 이름을 따서 명명되지도 않았고 어떤 종파도 배제하지 않는다. 그 이름에도 암시되었듯이 시미테리오 모누멘탈레는 철저하게 초교파적인 묘지로, 오랜 세월에 걸쳐 메시나의 삶의—그리고 죽음의—아주 중요한 일부가 되었다.

묘지 출입문 바로 밖에서는 온갖 노점상들이 꽃, 성물, 음식, 음료수, 그 외 묘지에 잠든 가족을 방문하는 데 필요한 것들을 사라고 외치며 돌아다닌다. 이 묘지는 평일에도 많은 사람들로 북적이는데, 망자를 추모하기 위해 한두 명씩 오기만 하는 게 아니라 온 가족이 와서 가족 최후의 공동 안식처에서 한나절씩 보내기도 한다. 묘지는 사실상 메시나의 공원이고, 그곳의 가족묘는 죽은 이들에게 바치는 애도의 글과 찬사와 추모시를 붙이는 가장 중요한 장소이다. 대부분의 메시나 사람들이 보게 될 곳이기에 사람들은 자신의 기억 속뿐 아니라 그곳에도 그런 기념물들을 붙인다. 작가는 이처럼 오래된 관습에 따라 수사로 하여금 레오나토에게 다음과 같이 충고하게 한다. '지사님의 오래된 가족묘에 애도의 비문을 내거십시오.' 그러면 모든 메시나 사람들이 헤로의 죽음을 알게 될 것이다.

෴

이 안타까운 4막 1장이 끝날 무렵, 수사와 겁에 질린 결혼식 참석자들이 템플을 떠난 후, 무대에는 완전히 넋이 나간 베아트리체와 베네딕만 남아 있다. 두 연인은 허둥지둥하는 가운데 중요한 대화를 나눈다. 울고 있는 연인을 달래려고 애쓰며 베네딕이 그녀에게 애원한다. "자. 말해주시오. 당신을 위해서라면 뭐든지 하겠소." 그러자 베아트리체가 조금도 주저하지 않고 말한다. "클라우디오를 죽여주세요."

사절판에도, 제1이절판에도 이 기절초풍할 문장에는 감탄 부호가 붙어 있지 않다. 반면 현대에 출판된 대부분의 책들은 감탄 부호에 집착하고 있는데, 이는 메시나에 존재하는 피가 낭자한 복수의 '전통'을 알지 못하는 편집자가 감탄 부호로 베아트리체의 대사를 윤색한 것이라고 하겠다. 작가는 이 문화적 전통을 알고 있었던 듯하다. 어쩌면 극히 사무적인 어조로 내리는 충격적인 지시를 직접 들었는지도 모른다. 본질적으로 사형 집행이나 마찬가지인 그 같은 극악무도한 행위가 진지하게 받아들여지려면, 살인을 지시할 때 큰소리로 떠들거나 어떤 종류이든 감정 섞인 말투를 구사해선 안 되었을 것이다. 이 같은 유형의 살인—다른 사람을 제거하는 행위—은 아무런 극적 요소 없이 가능한 한 신속하게 처리되었어야 할 것이다.

하지만 베네딕이 "맙소사! 그것만은 안 돼요."라고 대답하자, 베아트리체는 머리끝까지 화가 나서 외친다.

오, 내가 남자라면!
제발, 내가 남자라면!
저잣거리 한복판에서 그자의 심장을 삼켜버릴 텐데!

내가 이 부분을 메시나 토박이에게 읽어주자, 그는 그것이 가장 극단적인 메시나 식 표현의 변형이라고 설명해주었다.

"아니요, 그건 그냥 해본 말이 아니라, 반드시 일어날 사건에 대한 협박에 가까운 말이죠. 굳이 '저잣거리'에서 대놓고 저지를 필요도 없지만, 그렇다고 비밀리에 행할 필요도 없어요. 그걸 우리 지방 사투리로 말하면 'Ti manciu 'u cori, 네 심장을 먹어버리겠다'라는 말이 됩니다."

2부

『헛소동』1막 1장이 시작되기에 앞서 귀환하는 전사들의 무대 등장 순서를 지시한 작가의 지문을 16세기 독자가 보았다면 뭔가 이상한 점을 알아차렸을 것이다. (하지만 연극 관객의 경우에는 무대 지시를 듣지 못하므로 전혀 이상할 게 없다) 제1이절판과 사절판의 무대 지시문은 다소 혼란스럽기는 하나 그래도 순서대로 입장하는 일행을 나타내고 있다. 페드로 백작이 앞장을 선 가운데 클라우디오, 베네딕, 밸서자가 그 뒤를 따르고 마지막으로 '사생아 존'이 등장한다. '사생아 존'을 마지막으로 배치한 것은 작가 자신이다. 그것도 아무 직함도 없이. 등장인물 소개에도 '사생아 존'의 이름이 평민인 밸서자 뒤에 나옴으로써 그의 지위가 더 낮다는 걸 나타낸다. 과연 이 사람은 누구일까? 이 대목에서 우리가 알 수 있는 것은 그가 사생아(서출임을 의미함)라는 사실뿐이다.

엘리자베스 시대에 이 작품을 읽었거나 연극으로 본 관객이라면, 이 사생아 존이 실제로 누구를 가리키는지 금방 알아차렸을 것이다. 그들은 이 작품이 역사적 인물인 오스트리아의 돈 후안Don Juan de Austria을 모델로 삼았음을 정확하게 추측할 것이다. 이런 사실을 알고 나면, 등장인물들의 대사를 통해서는 드러나지 않았던 훨씬 중요한 사건들이 감이 잡히면서 『헛소동』에 나오는 사건과 인물들이 똑똑히 보이기 시작한다.

돈 존에 대한 비하는 원래 사절판에서 시작돼 제1이절판에서 되풀이되었고 이 두 가지 판본[13] 또한 전체적으로 그렇다. 심지어 오늘날 출판되는 책들에서도 끈질기게 그를 비하하고 있다. 16세기에 어떤 사람을 비하하고 모욕하는 데 가장 효과적인 방법으로 『헛소동』의 지문에서처럼 자꾸 되풀이하는 것 이상 가는 게 없다. 특히 그 대상이 왕족의 일원일 경우에는 더 치욕적이다.

많은 영국인들뿐 아니라 유럽 대륙에서도 널리 존경받는 인물인 돈 후안에 대한 이와 같은 모욕은 대단히 놀라운 일이다. 16세기에는 유감스럽게도 사생아가 사악함과 동의어로 간주되고 있었다는 사실을 감안해도 그렇다. 입장 순서에 관한 무대 지시문을 제외하면, 이 작품의 본문에 그를 직접적으로 모욕하는 말은 단 두 번밖에 나오지 않는다. 4막 1장에서는 돈 존이 헤로에게 끼친 피해에 격분한 베네딕이 그를 가리켜 '사생아 존'이라고 부른다. 그리고 5막 1장에서 이번에도 베네딕이 돈 페드로에게 돈 존에 대해 언급하면서 '백작님의 사생아 동생'이라고 말한다.

이 밖에도 『헛소동』에는 돈 존에 대한 모욕이 나오지만, 직접적인 것은 아니다. 예를 들면 1막 1장에서 연극의 막이 오르고 존이 사람들의 뒤를 따라 무대에 입장하지만 사람들은 그의 이름을 입에 올리지 않는다. 또 돈 페드로가 "시뇨르 클라우디오와 시뇨르 베네딕, 내 친한 친구 레오나토 지사께서 자네들을 초대하셨네."라고 말할 때도 그는 그 우아한 초대에 돈 존을 포함시키지 않는다. 그나마 의전에 어긋나는 이 상황을 마지

못해 수습하려 애쓰며 예의상 돈 존을 돌아보며 다음과 같이 말하는 사람은 레오나토이다. "경께서도 잘 오셨습니다. 형님 되시는 황제 폐하와도 화해를 하셨다고요.14 최선을 다해 모시겠습니다." 레오나토의 이 대사만이 유일하게 존의 존재를 인정하고 있다.

설사 돈 존이 전부터 자신을 줄기차게 무시해온 것 때문에 이 모든 사람들을 경멸하지는 않았다 해도, 이 대목에 이르면 그가 그들을 혐오한다는 이유로 그를 비난할 수는 없다. 엘리자베스 시대 독자나 관객들은 '돈 페드로'가 누구를 나타내는지 알지 못했다 해도, 레오나토의 대사를 듣고 미루어 짐작할 수 있었을 것이다. 돈 페드로가 에스파냐의 왕이자 오스트리아의 돈 후안의 이복형인 펠리페 2세를 모델로 삼아 살짝 변형시킨 인물이라는 것을.

오스트리아의 백작 돈 후안은 에스파냐의 왕(1519~1556 재위)이기도 했던 신성로마제국 황제 카를 5세(1500~1558)의 서자로 태어났다. 카를 5세는 '머리끝부터 발끝까지 황제인' 사람으로 '절제와 극기, 금욕의 본보기'였는데 '아내를 무척 사랑했지만'15 아내가 세상을 뜨고 한참 후에 후안을 낳았다. 황세는 그 사내아이를 자기 아들로 인지하는 건 곤란했지만 그래도 그를 잘 돌보도록 확실하게 손을 써두었다. 후안은 아주 어릴 때부터 에스파냐에서 자랐는데, 카를은 그의 정체를 알지 못하는 후견인들에게 후안을 돌보고 교육시키는 일을 맡겼다.

그러다가 나이가 들자 황제는 국가적으로 또 개인적으로 신변을 정리

오스트리아의 돈 후안(왼쪽)은 1571년 10월 7일 벌어졌던 레판토 해전 당시 신성동맹 측의 총사령관이었다. 돈 후안과 함께 있는 사람들은 그의 부관들로, 시칠리아 총독인 마르코 안토니오 콜론나(중앙)와 베니스의 도제인 세바스티아노 베니에로(오른쪽)이다. 세 번째 부관인 제노바 함대 사령관 잔 안드레아 도리아는 전투에서 부적절한 행동을 한 까닭에 이 그림에 포함되지 않았다. 화가 미상.

하기 시작했다. 그는 사망하기 2년 전에 에스파냐의 왕위와 전 세계의 영토를 유일한 적자 펠리페에게 물려주었는데 거기에는 스코틀랜드 남동부의 저지 지방도 포함되었다. 펠리페는 펠리페 2세가 되어 1598년 사망할 때까지 에스파냐와 에스파냐제국을 통치했다. 한편 카를 5세는 그때부터 후안을 '오스트리아의 후안'이라고 부르라는 명령과 함께 공개적으로 그를 왕실의 일원으로 인지하였다.

성년이 된 후안은 이복형의 에스파냐 궁정에 살면서 펠리페를 대신해 거둔 육군과 해군에서의 눈부신 성공으로 점점 더 많은 찬사를 받았다. 그러나 이는 시작에 불과했다. 1571년 10월 7일, 그는 전 세계적으로 이름을 떨쳤다. 그날, 스물네 살의 나이로 '신성동맹' 함대의 총사령관이었던 돈 후안은 레판토 해전[16]의 승리자요, 오스만제국의 패권으로부터 기독교 국가 전체를 구한 구조자로 이름을 날리게 되었다. 에스파냐, 교황청, 베네치아, 제노바의 소함대들로 구성된 그의 함대는 알리 파샤Ali Pasha가 지휘하는 오스만제국 해군을 상대로 전투를 벌여 승리했다.

레판토 해전은 역사상 가장 유명한 해전 가운데 하나이자, 양측 다 노를 사용한 배로 전투에 참가한 마지막 대규모 전투로 평가된다. 오스만제국은 2만5천 명의 병사가 전사하고 전 함대를 다 잃으면서 완전히 참패한 반면, 신성동맹군 측은 8천 명이 채 안 되는 희생자가 났을 뿐이었다. 해군 역사가들은 레판토 해전을 기원전 31년, 옥타비아누스가 안토니우스를 물리친 악티움 해전 및 1805년 영국의 넬슨 장군이 프랑스군을 물리친 트라팔가르 해전에 필적하는 것으로 평가하고 있다.

돈 후안이 승전한 지 열두 달도 되지 않아 그에게 감사하는 메시나 시민들이 그를 기리기 위해 동상 제작을 의뢰했다. 전투가 시작되기 전 신성동맹군의 집결 장소가 바로 메시나였다. 돈 후안이 세 겹으로 된 신성동맹 지휘봉을 들고 있는 동상은 최근에 복원된 12세기 교회인 산타마리아 아눈시아타Santa Maria Annunciata를 바라보며 광장에 서 있다. 아직까지도 오스트리아의 돈 후안은 영웅으로 기억되고 있으며, 지금도 메시나에 가면 비록 금박은 벗겨졌지만 그의 멋진 동상을 볼 수 있다.[17]

1572년에 교황이 된 그레고리우스 8세는 레판토 해전이 끝나고 8개월 후에 후안에게 아낌없는 찬사를 바쳤다.

그 젊은 총사령관은 자신이 용맹한 스키피오이고 영웅적인 폼페이우스이며 행운을 지닌 아우구스투스요, 새로운 기드온이고 삼손이며, 새로운 사울이고 다윗임을 만방에 증명하였다. 그러면서도 그는 이 유명한 선인들의 결점은 하나도 지니고 있지 않다. 왕관으로 보답할 수 있을 만큼 그가 오래 살기를 주님께 기도하노라.[18]

많은 이들이 교황의 소망에 공감했다. 그리고 사실은 레판토 해전이 벌어지기 오래전부터 돈 후안 역시 왕이 되고 싶다는 야망을 품고 있었다. 망상으로 그치고 말 꿈이었다.

⁂

레판토 해전에 앞서 돈 후안의 군사적 용맹은 이미 로마교황청과 런던의 주목을 받고 있었다. 1570년 초, 그레고리우스의 전임자인 교황 비오 Pius 5세(1566~1572)는 잉글랜드를 침략할 계획을 추진하면서 이복형 펠리페 2세의 지원 아래 돈 후안으로 하여금 군대를 이끌게 할 작정이었다. 계획인즉슨 엘리자베스 1세의 포로인 스코틀랜드 여왕 메리를 구한 다음, 돈 후안이 잉글랜드의 왕이 되고 메리를 그의 왕비로 삼는다는 것이었다. 그해 2월, 교황은 엘리자베스 1세를 파문하는 한편 그녀를 왕위에서 몰아내려고 했는데, 이 두 가지 조처는 누가 보다라도 앞의 계획을 행동으로 옮긴 것이었다. 펠리페 2세는 이 계획 전체에 반대했고, 그 바람에 왕이 되고 싶다는 후안의 희망도 물거품이 되고 말았다.

1571년에도 '리돌피Ridolfi 음모'라는 비슷한 계획이 추진되었다. 음모는 레판토 해전이 끝난 직후에 꾸며졌으나 그때는 후안도 이미 속으로 새로운 계획을 품고 있었다.

오스트리아의 돈 후안은 레판토 해전(1571)의 승리자이다. 원래 금박을 입혔던 이 동상은 카라라의 안드레아 칼라메치Andrea Calamech가 제작한 것으로, 메시나 시민들이 후안에게 감사를 표하기 위해 1572년 메시나에 세운 것이다. 이와 똑같은 복제품이 바이에른 지방 레겐스부르크(라티스본)에도 세워졌는데, 그의 아버지인 카를 5세의 집과 어머니 바르바라 블롬베르크의 집 사이에 있다. (실비아 홈스 사진)

    레판토 해전에서 그렇게 많은 해군이 희생당했는데도 오스만제국의 야망은 수그러들 줄 몰랐다. 파괴된 함대에 대한 보충 작업을 즉시 개시한 결과, 1572년 봄 오스만제국은 전쟁 준비를 완료한 150척의 갤리선과 여덟 척의 세대박이 전함을 자랑할 수 있었다. 이와 같은 오스만제국의 재기에 대한 신성동맹 측의 계획은 간단했다. 재건된 튀르크 함대를 격파하는 것. 펠로폰네소스 동쪽 나브플리온에 정박하고 있는, 새로 건조된 전투선들을 바라보며 후안은 속으로 그리스에서 모종의 왕국을 세울 기대에 부풀었다.

    신성동맹이란 이름은 잘못 지어진 것이었다. 동맹은 동맹이되 결코 신성하다고 할 수 없었기 때문이나. 이기적인 구성원들은 끊임없이 언쟁을 벌였고, 펠리페 2세는 늘 애매하게 말을 얼버무렸다. 그러던 펠리페가 마침내 오스만제국에 대한 그리스의 새로운 계획과 관련해 결단을 내렸다. 신성동맹에서 탈퇴한 것이다. 그는 에스파냐를 희생시키면서 베네치아를 이롭게 하는 데 전혀 관심이 없다고 선언했다. 그 바람에 그리스에서 왕국을 가져보고자 했던 돈 후안의 꿈도 허무하게 날아가고 말았다.

⁂

비록 말할 수 없이 실망하긴 했지만 그래도 돈 후안의 눈앞에 그의 왕국을 위한 또 다른 가능성이 나타났다. 이번에는 지중해 일대에서 서쪽으로 팽창하는 이슬람 세력이 결국은 불만을 품은 에스파냐의 무어인과 연결될 것을 염려한 펠리페 2세가 후안에게 튀니스를 정복하기 위해 에스파냐 침략군을 소집하라고 지시한 것이다. 하지만 에스파냐 군의 집결 지점은 메시나가 아니었다. 대신 북아프리카에 좀 더 가까운 시칠리아 남쪽 해안으로, 튀니스로부터 바다 건너 90마일 떨어진 곳이었다.

후안에게 내려진 명령은 튀니스를 철저히 파괴하라는 것이었다. 펠리페의 생각에 오스만제국이 작전을 수행할 근거지를 제거하는 길은 도시를 완전히 파괴하는 것뿐이었다. 돈 후안은 활동을 개시했다. 그가 시칠리아 섬 남쪽 해안에 전선을 집결시킨 광경을 보고 깜짝 놀라는 사람들도 있었다. 특히 에스파냐가 이미 튀니스의 항구인 골레타Goletta를 차지하고 있었다는 점을 감안할 때 더 그랬다. 아무튼 후안은 104척의 갤리선, 44척의 대형 선박, 12척의 대형 함재 보트, 23척의 쾌속 범선, 12척의 펠러커 선을 소집함으로써 과거 신성동맹 당시의 어마어마한 연합 함대와 맞먹는 대규모 함대를 조직했다. 해군과 함께 약 2만 명의 보병도 합류할 작정이었다. 엄청난 군사력의 과시였다. 1573년 10월 7일, 드디어 그는 공격 임무에 착수했다. 그날은 특히 그에게 아주 상서로운 날이었으니, 바로 레판토 해전 2주년 기념일이었다.

10월 8일 저녁, 돈 후안의 부대가 골레타에 상륙했다. 그리고 이틀 후, 튀니스가 항복했다. 바로 『헛소동』의 처음 부분에서 레오나토가 물어보던 무혈 '전투'의 결과였다.

펠리페 2세는 돈 후안의 속셈을 알고 있었다. 그는 필요 이상의 막강한 군대를 튀니스에 상륙시켰을 뿐 아니라 도시를 철저히 파괴하라는 왕의 명령에도 불복했다. 펠리페에게 말로는 사령관으로서 임무를 수행하겠다고 약속해놓고 대신 성채와 요새를 강화하기 시작했다.

작품에는 이런 이야기가 전혀 언급돼 있지 않다. 하지만 『헛소동』의 시작 부분부터 흐르는 돈 페드로와 돈 존 사이의 냉담한 기류를 통해 형제 간에 심각한 문제가 있다는 걸 눈치 챌 수 있다. 그러므로 '황제 폐하와 화해하셨다는' 레오나토의 말은 순전히 추측일 뿐이다.

사실 이탈리아에 있던 돈 후안과 에스파냐에 있는 '황제(펠리페 2세)' (실제로 한 번도 메시나에 가보지 않았던) 사이에는 서신 왕래가 있었다. 이 과정에서 전략에 대한 형제 간의 심각한 의견차가 드러났다. 후안은 튀니스가 이슬람 세력의 확장을 저지하는 방벽으로 그곳에 육해군 상비군이 주둔해야 한다고 주장했고, 펠리페는 튀니스의 파괴만이 훨씬 적은 희생으로 오스만제국의 가장 중요한 발판을 제거하는 길이라고 응수했다. 후안은 자신의 견해를 이복형에게 설득하려고 노력했지만 실패하고 말았고, 결국 두 사람은 교착상태에 빠졌다.

༄

교황 그레고리우스는 튀니스에 이슬람 세력의 팽창을 저지하는 상비군을 주둔시키는 것이 바람직하다는 후안의 의견에 공감했다. 이미 입증된 후안의 무용武勇을 신뢰하면서 교황은 에스파냐 주재 교황청 대사에게 외교 각서를 보냈고, 마침내 그 각서는 1574년 1월 펠리페 2세에게 전달되었다. 각서에서 교황은 에스파냐 왕에게 튀니스의 초토화 작전을 재고할 것을 권고했다. 후안을 염려한 교황은 다음과 같이 썼다.

그에게 튀니스 왕의 자리가 주어졌을 때 그의 힘과 권력이 증대되는 건 아닐지 생각해보시는 게 나을 것 같소. 폐하께서 선조들의 뒤를 이어 새로운 기독교 왕국을 세우심으로써 하느님께 정복에 대해 감사드릴 수 있도록 말이오.[19]

교황의 충고는 제대로 받아들여지지 않았다. 대신 펠리페는 교황에게 돈 후안의 공로가 보상받지 못할까 봐 걱정할 필요가 없다는 점을 확실히 해두었다. 그러면서 교황이 돈 후안에 대한 보상으로 제안한 왕국도 썩 바람직한 것은 아니라고 덧붙였다. 아울러 설사 그렇다 하더라도 그에게는 왕국을 수여할 힘이 없다고 못을 박았다.

그것은 단지 시간문제일 뿐이었다. 이슬람군은 다시 공격을 개시해 방치돼 있던 골레타를 함락시켰다. 마침내 1574년 9월 13일, 튀니스 전체가 그들 수중에 떨어졌다. 후안이 왕관—궁극적으로 에스파냐의 열망에 꼭 들어맞았을 왕관—을 쓸 수 있을 듯 보였던 마지막 기회도 돌이킬 수 없이 무산되고 말았다. 이제나 저제나 의뭉스럽고 오만하기 짝이 없던 이복형 펠리페는 끝내 그의 간절한 염원을 무너뜨려버렸다.

이 작품은 처절할 정도로 비참한 상태에 빠진 돈 후안을 그리고 있다.

튀니스뿐만 아니라 역사가들도 인정하는 레판토 해전에서도 그가 바친 모든 노력이 몽땅 헛수고가 되고 말았다는 게 드러났다. 후안은 온 세상을 발아래 두었음에도, 끝내 자신이 비단옷을 입은 채 펠리페의 포로로 살아가게 되리라는 사실을 알고 있었다. 돈 존과 그의 부하인 콘라드의 대화로 시작되는 1막 3장은 자신의 운명에 직면한 존의 모습을 감동적으로 그린 부분이다. 엘리자베스 시대 사람들이 그의 야망을 익히 알고 있었음에도 불구하고 전 역사를 통틀어 이 대화는 줄기차게 오해를 받아왔다. 그의 개인사 및 제도와 개인적 야망 사이에서 벌어진 마음속의 내밀한 투쟁을 제대로 이해하지 못한 탓이라 하겠다.

대화는 콘라드가 돈 존에게 질문하는 것으로 시작되는데, 이 작품에서 가장 중요한 질문이라고 할 수 있다. 콘라드가 묻는다. "무슨 일이십니까, 나리, 왜 이렇게 몹시 우울해하십니까?" 존의 대답은 이 우울함의 특이성을 강조한다. "그놈의 경우[20]라는 게 한도 끝도 없으니 내 우울함도 그럴 수밖에."

역사적으로 볼 때, '전투'에서 세운 혁혁한 공로에도 불구하고 결과적으로 후안에게 아무 소득도 없었던 이유는 펠리페의 엉거주춤한 결정 때문만이 아니라 갈채를 받고 있는 청년 후안에 대한 펠리페의 질투 때문이기도 했다. 한편 극 속의 존은 형에 대한 무력감으로 깊은 상처를 받고 괴로워한다. 1막 3장에 나온 그의 말을 들어보자.

나는 나 자신을 숨기지 못해.[21] 고민이 있으면 그 때문에 누가 농담을 해도 웃지 못하지. 배가 고프면 남의 사정 볼 것 없이 먹어야 하고, 또 졸리면 남의 일은 아랑곳하지 않고 자야만 해. 즐거우면 웃지만, 남의 비위를 맞추려고 하진 않는단 말이야.

(……)

형님 덕분에 장미가 되느니 차라리 울타리의 들장미[22]로 남는 게 낫지. 애정을 얻기 위해 눈치를 살필 바에 차라리 모두에게 업신여김을 당하고 사는 게 내 성격에 맞아.

(……)

나는 솔직한 악한이야. 재갈을 물고 있어야 신용을 얻고 족쇄를 차고 있어야 자유를 누릴 수 있지. 그러니 새장 속에선 노래하지 않겠다. 재갈만 풀리면 물어뜯겠다. 족쇄만 풀리면 내 멋대로 할 테다.

돈 후안은 성인이 된 뒤로 줄곧 겉만 번지르르한 펠리페의 포로로 살았다. 펠리페의 재정적, 군사적 지원 없이는 아무것도 할 수 없었다. 오스만제국이 튀니스를 정복하기 전까지만 해도 그는 자신의 왕국을 얻었다고 생각했다. 사실 어느 정도 약속도 받은 터였다. 그는 서서히 모든 것이 다 가망 없는 꿈이라는 걸 고통스럽게 깨닫기 시작했다.

관객이 『헛소동』의 배경 이야기를 알지 못하면 사생아 존이라는 등장 인물과 그의 통렬한 연설 속에 드러난 격정을 이해하기 힘들 것이다. 존의 분노에 관한 역사적 원인은 한 번도 언급된 적이 없었고, 한 번도 제대로 설명되지 않았다. 대신 적개심에 불타는 행동의 원인은 서출庶出 신분 때문이라고 설명되었다. 사생아였던 탓에 울분에 사로잡혀 있다는 말이다. 존이 처음부터 이 작품에 나오는 것 같은 행동 방식을 취했다고 결론을 내린다면 그건 오해다. 오히려 그것은 펠리페가 처음에는 그리스에서, 다음에는 튀니스에서 연달아 그의 왕국의 건설을 거부한 데서 비롯되었다고 보는 편이 타당하다. 이에 관한 학문적 견해를 읽어보자.

리버사이드 판에 실린 내용은 이렇다.

돈 존이 사생아로 태어났다는 사실은 그가 왜 불충하고 교활하고 잔인하고 침울한지에 대한 충분한 설명이 되어왔다. 어둠의 자식이라 자신의 계층과 조화를 이루지 못했던 그는 빛의 자식들을 증오했다. 자신은 세상의 어두운 쪽을 더 좋아하는데, 그들이 세상을 빛으로 밝힌다는 이유 때문이었다.

또 다른 예로 아든 셰익스피어의 1981년도 판 『헛소동』에 실린 내용은 이렇다.

질병, 곪아 터지게 하는 독, 모순되는 상황(병든 장미, 사랑의 도둑, 재갈 물린 개, 새장에 갇힌 새)과 같은 이미지 및 원한과 침울함이 특징인 돈 존의 적개심과 비사교성은 그가 사생아라는 사실에서 비롯된 것으로 규정된다.

위에 인용된 견해들은 이 작품의 배경이 되는 역사나 작가의 관점과 일치하지 않는다. 그렇다면 작가는 왜 자꾸 되풀이해서 존이라는 인물을 모욕하고 공격했을까?

༄

펠리페의 명백한 무관심에도 불구하고, 영국 국민들은 1570년의 잉글랜드 정복과 그 이듬해의 리돌피 음모 사건 당시 돈 후안의 역할을 잊지 않고 있었다. 게다가 튀니스 대실패 후 근 2년 동안 돈 후안은 형을 위해 이탈리아 북부에서 모종의 외교적 임무를 처리하는 것 외에는 형과도 거의 무관하게 지냈다. 그러던 중 1576년 2월, 펠리페 2세가 파견한 저지 Low countries 총독이 급사하자 펠리페는 그 자리에 돈 후안을 임명했다. 후안이 그곳의 신교도를 탄압하려는 오랜 노력이 아무 가망도 없어 보인다고 항의하면서 내켜하지 않자, 펠리페는 그에게 '격려 편지'를 보내면서 지키지 못할 약속만 보탰다.

사그라지지 않은 채 남아 있던 야망에 눈이 먼 후안은 이번에도 교활한 형의 간계를 알아차리지 못했다. 곧, 그는 펠리페에게 저지에 주둔하고 있는 에스파냐 군대로 하여금 영국 해협을 건너가 잉글랜드를 점령하게 해야 한다고 제안했다. 그렇게 함으로써 스코틀랜드 남쪽 저지 지방 Lowlands의 반항적인 신교도들에 대한 엘리자베스 여왕의 도움을 즉시 차단해야 한다는 것이었다.

펠리페가 속으로는 이 제안에 동의하지 않았을지 모르나, 어쨌든 후안은 1576년 5월 1일 브뤼셀에 도착했다. 영국은 분개하는 동시에 깜짝 놀랐다. 막강한 에스파냐 함대에 비해 영국 함대는 전선의 규모나 수적인 면에서 하나같이 형편없기 짝이 없었다. 당시 영국에 닥친 위기는 12년 후 에스파냐의 무적함대가 밀려왔을 때와 '비교할 수 없을 정도로 훨씬 더 심각했다'[23]고 한다. 어쨌거나 위협은 현실로 다가왔고, 여왕은 전 국민에게 임박한 난국에 대처하라고 경고해야 했다. 1576년, 여왕에게는 효과적으로 경고할 두 가지 방법이 있었다. 설교를 통해 경고하기, 그리고 연극으로 경고하기.

1578년, 스코틀랜드 남쪽 저지 지방에서 펠리페를 위해 군사 작전을 펼치던 돈 후안은 서른한 살의 나이로 요절하고 말았다. 그의 죽음은 길고 고통스러운 것이었다.

그동안 『헛소동』이 쓰인 게 1598년이라는 주장이 대세를 이루었다. 하지만 과연 작가가 '사생아 존'이 사망한 지 20년이 지나고, 영국이 에스파냐의 무적함대를 격파한 지 10년이 흐른 뒤인 1598년까지 기다릴 필요가 있었을까? 이 작품이 1576년, 특별히 돈 후안에 대항해 영국인들을 분기시킬 목적으로 쓴 게 분명한데도. 이는 논리적으로 합당하지 않다. 아마도 이 창작 연도는 언젠가 수정되어야 할 것이다.

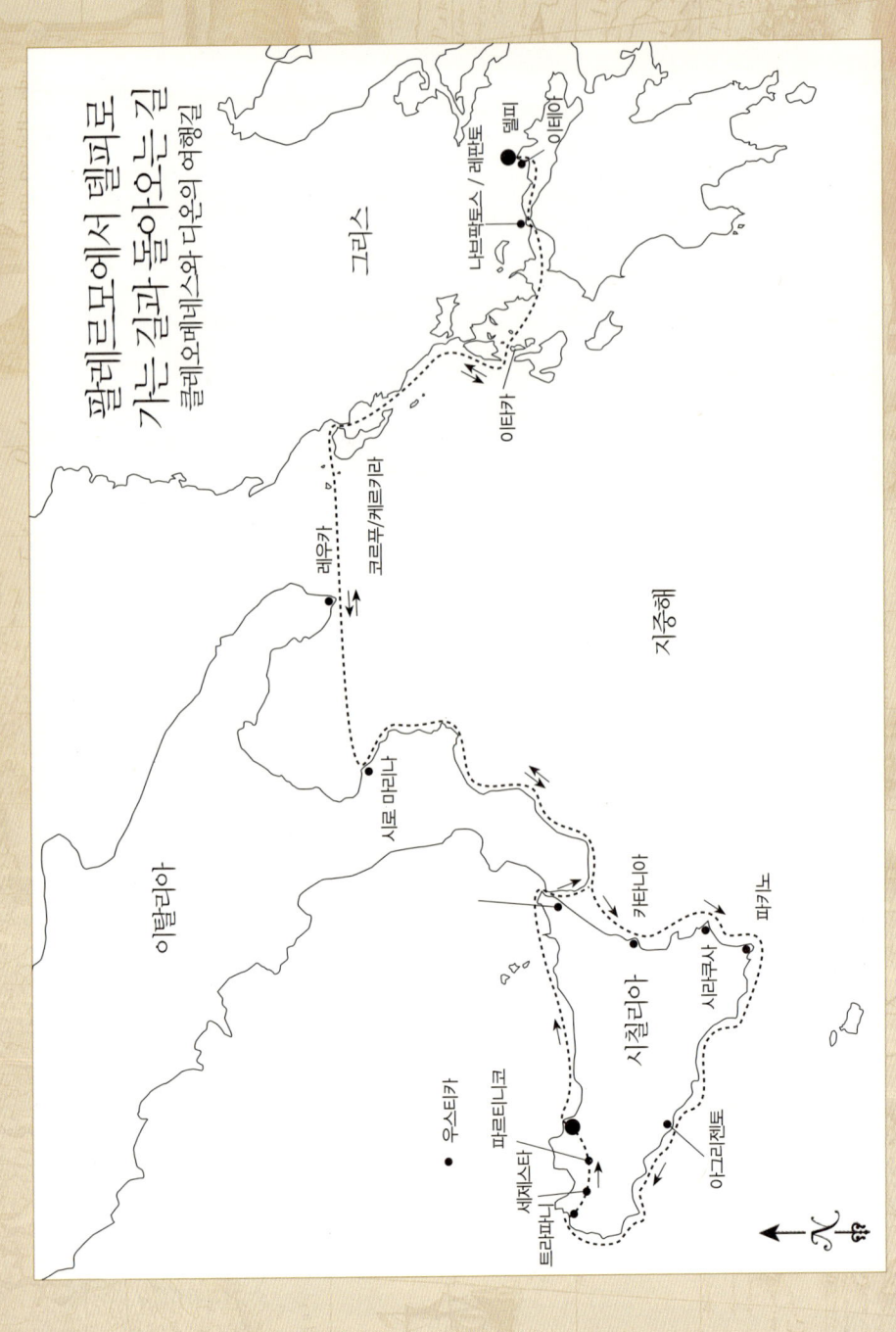

겨울 이야기

"진실과 오해"

『겨울 이야기』는 증오로 바뀐 사랑 이야기이자 머나먼 여행 이야기이며 오만과 구원의 이야기이다. 사건은 비극적이지만 작가는 일부러 시대를 뒤틀어 사용함으로써 즐거운 결말을 선사하고 있다.

이 작품은 다른 어떤 이탈리아 희곡보다도 광범위하고 다양한 지리적 배경을 갖는다. 어떤 장들은 장화 모양인 이탈리아 반도의 장화 코 끝 바로 서쪽에 위치한 시칠리아 섬을 배경으로 하고 있고, 다른 장들은 한때 중부 유럽의 막강한 왕국으로 프라하가 수도였던 중세 보헤미아를 배경으로 하는데, 현재는 체코 공화국의 일부에 해당된다.

이 작품에 나오는 두 왕국은 13세기의 시칠리아와 보헤미아이다. 그런데 작가는 이 드라마 속에 다른 시대에 벌어진 다른 사건들을 엮어 넣으면서 마치 같은 시기에 일어난 듯 교묘하게 처리하고 있다. 또 그들이 이 작품과 같은 시대에 살고 있는 양, 서로 다른 시대의 역사적 인물들도 끌어들였다. 그러므로 『겨울 이야기』는 온갖 사건과 장소와 인물들이 독창적으로 멋지게 뒤섞여 궁극적인 동경의 세계를 이룬 작품이라고 하겠다.

 첫 장은 시칠리아를 배경으로 하는데, 작가가 창조한 가상의 왕 레온테스의 궁전 안이거나 그 근방 어디이다. 무대에 중요한 귀족 두 사람이 서 있다. 하나는 보헤미아의 왕실 수행원인 아르키다무스이고 또 하나는 시칠리아 귀족인 카밀로이다. 먼저 아르키다무스의 말을 들어보자.

> 카밀로 님, 제가 지금 하고 있듯이 귀공이 폐하와 함께 보헤미아에 오신다면
> 말씀드린 바대로 우리 보헤미아와 귀국 시칠리아가
> 얼마나 큰 차이가 나는지 아시게 될 겁니다.

이것은 지리적, 문화적 사실이 모두 포함된 진술이다. 이 먼 옛날의 두 왕국 사이에는 그만큼 큰 차이가 존재했다.

          ∽

 지중해에서 가장 큰 섬인 시칠리아는 빛나는 태양의 땅이고 한때는 온갖 것이 풍요로웠던 땅이었다. 이 섬의 문명화 역사는 기원전 750년경 섬이 그리스의 식민지가 되면서 시작되었다. 섬의 지형은 보헤미아의 지형과는 달라도 한참이나 달랐다. 대부분의 시칠리아 지역이 비교적 넘나들기 쉬운 지형이었던 반면, 보헤미아는 눈 덮인 험준한 산맥과 다리도 없이 일쑤인 큰 강의 연속이었다. 보헤미아에는 도로나 간선도로라고 부를 만한 것이 드물었지만, 시칠리아에는 대부분의 로마 가도와 교량이

그대로 남아 있었다. 지금은 대부분 현대식 아스팔트 밑에 깔려 있지만, 아직도 그곳에는 실제로 많은 로마 가도가 남아 있다.

아르키다무스의 첫 대사에 대한 카밀로의 대답은 이렇다.

올 여름쯤엔 시칠리아 폐하께서 이번 방문에 대한 보답으로 보헤미아를 방문하시게 될 겁니다.

여기서 '보헤미아'는 작가가 창조한 가상의 보헤미아 왕 폴릭세네스를 가리킨다. 그는 지금 절친한 죽마고우인 시칠리아 왕 레온테스를 방문하기 위해 시칠리아에 와 있다. 그러자 아르키다무스가 그와 같은 방문 계획에 대해 구체적인 걱정을 털어놓는다.

아르키다무스 : 제가 아는 바를 있는 그대로 말씀드리지요. 말로 표현하긴 차마 어렵습니다만, 저희는 이처럼 진귀한, 참으로 훌륭한 대접을 해드리기 어려울 듯합니다. 잠을 부르는 술이나 내어드리면 대접이 부족해도 느끼지 못하실 것인즉, 칭찬은 없더라도 책망은 하지 않으시겠지요.

카밀로 : 그저 가벼운 접대일 뿐인데 과찬이십니다.

아르키다무스 : 제 말 믿으십시오. 마음에서 우러난 대로 말씀드린 겁니다.

시칠리아를 배경으로 하는 장들은 단 한 장만 빼고 모두 왕궁 안이

가상의 왕 레온테스의 거처인 노르만 궁이다. 팔라초 레알레라고도 알려진 이 웅장한 건물은 노르만과 슈바벤 출신 왕들의 본거지였다. 16세기에 개축된 왕궁은 그 후로 유럽 여러 왕가의 왕족과 총독들의 거처로 사용되었으며, 1947년 이후로는 시칠리아 지방 의회 건물로 쓰이고 있다. 사진은 모자이크와 여러 가지 색으로 무늬를 새긴 대리석으로 화려하게 장식한 팔라티네 예배당 내부 모습. (『Art and History of Sicily』(영어판), Casa Editrice Bonechi, 18쪽)

나 그 근처에서 사건이 일어나고 있다고 추정된다. 머나먼 영국에서도 이 왕궁이 얼마나 대단한지 소문을 들은 사람이 있었을 것이다. 궁정 신하 한둘쯤은 직접 가보았을 수도 있겠지만, 그들을 제외하면 그 웅장함과 화려함을 능히 상상할 사람은 없었을 것이다. 중세의 다른 왕들과 마찬가지로 시칠리아 왕들도 왕국 요소요소에 전략적 요새인 성을 세웠다. 하지만 왕궁은 단 하나밖에 없었으니, 현재까지도 여전히 팔레르모에 건재하며 그 위용을 자랑하고 있다. 그것은 흔히 '노르만 궁' 또는 팔라초 노르마니 Palazzo Normani[1]라고 불리기도 하지만, 그보다는 팔라초 레알레 Palazzo Reale로 더 널리 알려져 있다. 오늘날 왕궁을 방문해 그 화려한 방들, 특히 1140년 완공될 당시나 현재나 별반 달라진 것이 없는 의전실과 예배당인 카펠라 팔라티나 Capella Palatina를 보고 나면 왜 그 방들이 전全 이탈리아 왕궁의 가장 화려한 방들과 어깨를 나란히 하는지 이해가 갈 것이다.

중세 시칠리아 왕국의 왕들은 유럽의 통치자들 가운데 가장 부유한 왕이었고, 팔레르모는 당시 문명 세계에서 가장 큰 주요 도시 가운데 하나였다. 팔레르모는 공들여 가꾼 공원과 분수, 귀족들의 저택, 종교 시설이 어우러진 도시였고, 그 문화에는 오랫동안 이어져 내려온 그리스, 로마, 아라비아, 기독교의 흔적이 깃들어 있었다. 또 13세기의 대부분 동안 그 도시는 이탈리아 시詩의 요람이자 자연과학의 원천이었다.

작가는 팔레르모와 노르만 궁에만 본래 이름을 쓰지 않은 게 아니라,

보헤미아의 수도 프라하와 당시 '프라하 성Prazsky hrad'으로 불리던 왕의 거처 역시 실제 이름을 사용하지 않았다. 현재 프라하에 남아 있는 이 13세기 성은 나중에 좀 더 확장된, '구舊 왕궁Stary Kralovsky Palac'이라고 불리는 건물의 일부가 되었다.

13세기 프라하 성은 사실상 초기 로마네스크 양식으로 지어진 거대한 요새였다. 성은 높고 두터운 성벽 안에 서 있는데, 로마네스크 이전 양식의 원형 건물인 왕실 교회 역시 그 부근에 서 있었다. 13세기 보헤미아의 막강한 왕이었던 프레미슬라우스 오토카르 2세(Premysl Otakar II, 1230~1278)[2]는 중부 유럽에서 가장 부유하고 칭송이 자자한 군주였다. 그는 치세 기간 내내 성은 검소하게 유지하는 대신 그것을 요새화하고 도시를 확장하는 데 주력했다.

1막 1장이 끝날 무렵 카밀로가, 폴릭세네스가 레온테스를 방문하게 된 배경을 설명한다.

시칠리아 폐하께서 보헤미아의 폐하를 아무리 환대하셔도 지나치다고 할 수 없지요. 두 분은 어린 시절부터 함께 교육받으셨고 그때 뿌리 내린 우정이 가지를 뻗지 않을 수 없던 겁니다. 장성하신 후엔 국정으로 인해 사교와 만남이 어려우셨으나 사적으로는 선물과 서한, 우정의 사자를 교환하고 계셔서, 떨어져 있어도 함께하시는 것과 같습니다. 방대한 거리를 두고도 악수를 나누시며, 반대로 불어가는 바람의 양 끝에서도 포옹을 하고 계신 거나 마찬가지입

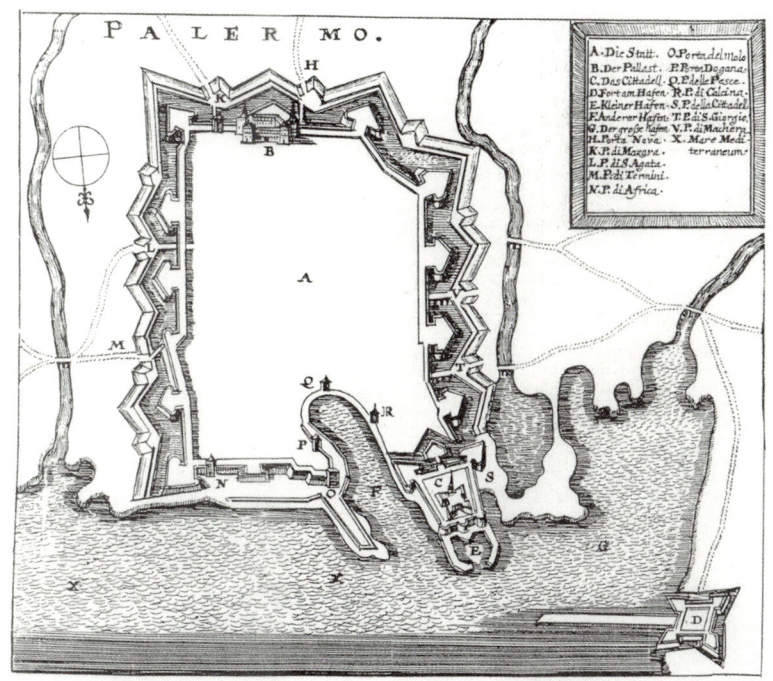

16세기의 팔레르모. 이 지도는 독일어로 설명된 주요 지점들과 함께 도시의 요새화된 성벽과 해자를 보여준다.

니다. 신께서 두 분의 우정을 지켜주시기를.

하지만 하느님은 카밀로의 간청을 들어주시지 않았다.

1막 2장에서 점차 의심을 키워가던 레온테스는 폴릭세네스가 왕비와 부정한 짓을 저질렀다는 결론을 입밖에 내기에 이른다. 이어 카밀로에게 폴릭세네스를 독살하라는 지시를 내린다.

카밀로가 지시를 따르는 대신 폴릭세네스에게 충격적인 사태의 변화를 귀띔해주자, 깜짝 놀란 폴릭세네스가 말한다. "배들은 출항 준비가 되어 있소./신하들도 나의 출발을 대기하고 있었소." 카밀로는 자신이 폴릭세네스에게 독살 계획을 누설한 것이 드러날 경우 레온테스에게 당할 진노를 피하기 위해 폴릭세네스와 함께 보헤미아로 망명하기로 결심한다.

폴릭세네스가 '배들은 출항 준비가 되어 있소.'라고 말할 때 우리는 그가 팔레르모에서 보헤미아까지 배를 타고 돌아갈 계획이라는 사실을 처음으로 알게 된다. 이를 통해 그가 9개월쯤 전에 시칠리아에 올 때도 똑같이 배를 타고 왔으리라고 추론할 수 있다. 나아가 내륙 왕국인 보헤미아에 실제로 해안선이 있다는 추론도 가능하다. 폴릭세네스가 거기에서 배를 탔을 것이며 이제 그리로 돌아갈 것이라는 사실도. 아무리 봐도 이상한 이 지리적 설정은—작가가 꾸며낸 것일까?—오랫동안 조롱을 받아왔다. 육지로 둘러싸인 보헤미아에 아드리아 해의 해안선이 있다고? 말도 안 되는 소리!

그런데 곧 밝혀지겠지만 작가는 역시나 이번에도 특이하면서도 중요한 사실을 알고 있었다. 조금만 캐보면 우리 역시 그것을 알게 될 것이다. 그는 분명 팔레르모에 대해 특별한 것을 알고 있었다.

팔라초 노르마니 또는 팔라초 레알레는 성벽 안쪽 최남단 지역에 위치하고 있었던 반면, 도시의 공식 항구는 그 반대편 끝인 북쪽에 있었다. 이 항구는 24시간 내내 감시되는 가운데 대개 통상적인 상업 업무와 해군 기지로 통행과 용도가 제한되었다. 항구는 외국 해군 함대가, 그것도 아홉 달씩이나 닻을 내리고 정박할 수 있을 만큼 충분히 넓지 않았을 것이다. 하지만 그런 함대라도 도시 서쪽 성벽 바깥의 널따란 천연 만에는 쉽게 닻을 내릴 수 있었을 것이다. 거기라면 다른 배들에게 폐를 끼치지 않고 넓은 지역의 극히 일부만 차지하면 되었을 테니까.

한편 폴릭세네스를 수행하고 팔레르모에 온 상당수의 보헤미아 해군 장교와 선원들은 틀림없이 시내 여러 곳에 분산되어 머물렀을 것이다. 따라서 이들이 한밤중에 탈출하려면 성문 하나쯤은 열려 있어야 할 것이다. 그런데 마침 카밀로가 그 열쇠를 관리하고 있었다.

 ～

보헤미아 왕이 되기 전인 1251년, 오토카르 2세는 보헤미아 남쪽에 인접한 나라인 오스트리아 공국의 공작으로 선임되었다. 그곳 역시 아드리아 해의 해안선에서 멀리 떨어진 내륙 지방이었다. 1253년, 오토카르가 보헤미아 왕국을 물려받자 그의 새 왕국에 오스트리아 공국도 포함되었다. 이제 그는 한층 비대해진 내륙 왕국의 통치자가 되었고 그의 왕국은 계속해서 확대되었다. 일련의 사건을 통해 모라비아, 실레지아, 라우지츠, 슈티리아가 그의 수중에 들어왔는데, 모두 아드리아 해에서 멀리 떨어진 곳이었다. 그런데 그 무렵 상황이 바뀌었다. 1269년, 카린시아Carinthia와 카르니올라Carniola 대공으로 자식이 없었던 울리히Ulrich 3세의 유언에 따라 오토카르는 인접한 두 공작령을 물려받았다. 확대된 보헤미아 왕국의 오스트리아 지역 남쪽에 위치한 곳이었다. 카린시아는 카르니올라로 가는 디딤돌 역할을 했고, 카르니올라는 당시 베네치아 공화국 소유였던 이스트리아Istria 반도 양쪽의 아드리아 해에 닿아 있었다.

서로 떨어져 있는 카르니올라의 두 해안지대 중 서쪽 끄트머리는 중세 트리에스테 자유도시의 경계선에서 서쪽으로 뻗어 아드리아 해 판차노Panzano 만의 어촌인 두이노Duino까지 길게 펼쳐진 해안선이었다. 이 해안선이 보헤미아 왕의 함대에 기지를 제공했을 것이다. 해안선의 일부는 순전히 모래사장과 모래언덕으로 이루어져 있는데, 13세기에는 야생동물들만 살고 있었다. 이는 이 작품이 쓰였을 16세기에도 그리 달라지지 않았을 것이다. (출간이 왜 늦어졌는지는 알 수 없지만, 『겨울 이야기』가 최초로 출판된 것으로 알려진 시기는 창작 연도와는 별도로 1626년 제1이절판에 포함되었을 때이다.)

1278년, 합스부르크 왕조의 설립자인 루돌프 백작의 독일 왕위 계승 문제를 놓고 벌인 전투에서 오토카르 2세는 전사했다. 그 바람에 카린시아와 카르니올라가 합스부르크 왕조에 흡수되었다. 따라서 역사적 사실에 비추어볼 때 작가가 언급한 해안은 9년 동안 보헤미아 수중에 있었던 셈이다. 그런데 이 작품에는 16년 정도로 나와 있다. 물론 상상력이 풍부한 작가가 이야기를 만드는 과정에서 필요에 따라 시간을 줄이고 늘리는 것에 대해서는 아무도 뭐라고 하지 않았다.

2막 1장에서 격분한 레온테스는 급기야 임신한 왕비 헤르미오네를 감옥에 가둬버린다. 그러면서 비록 그 자신은 왕비의 간통을 확신하나 그래도 모든 조정의 신하가 그에게 동의할 수 있도록 '좀 더 높은 권위'로부터 신성한 확언과 승인을 받고 싶어한다. 레온테스의 말을 들어보자.

과인은 경들도 가장 적임자라고 생각할 두 사람
클레오메네스와 디온을
신성한 델피의 아폴로 신전에 급파했소.
두 사람이 가져올 신탁에 의해
모든 진실이 밝혀질 것이오.
그 신탁에 따라 과인이 나아갈지 물러설지 결정될 것이오.

  작가는 다른 작품에서도 태연자약하게 시대를 뒤바꾸곤 한다. 그렇더라도 13세기를 배경으로 하는 사건에 이미 사라져 버린 아득한 고대 그리스의 신탁을 삽입하는 것은 암만 해도 좀 별스럽다. 실제로 13세기면 델피의 신전이 무너진 지 이미 천 년이나 지난 시점이다. 신전은 그가 어머니를 살해할 것이라는 신탁에 격분한 네로 황제에게 약탈당했다가 콘스탄티누스 대제에게 훼손당했고, 마침내 392년 로마제국의 기독교도 황제인 테오도시우스에 의해 폐쇄되었다. 그 후로 신전은 돌덩이나 주워 가는 폐허가 되어버렸다. 이처럼 까마득한 옛날에 폐허가 된 곳을 엉뚱하게 부활시킨 데 대해 사람들은 으레 작가의 기벽이라고 간단히 치부해 버린다. 하지만 곧 알게 되겠지만 이것은 엉뚱한 기벽이 아니라 이 작품 구성의 기둥이라고 하겠다.

  2막 2장에서 감옥에 있는 헤르미오네가 공주를 '예정일보다 앞당겨 출산했다는' 사실이 밝혀진다. 헤르미오네의 절친한 친구인 귀부인 파울리나가 흠 잡을 데 없는 아기의 모습을 보고 돌처럼 굳은 왕의 마음이 풀어지기를 바라면서 레온테스에게 갓난아기를 데려간다. 하지만 그러기는커녕 왕은 아기가 헤르미오네와 폴릭세네스의 사생아라고 불같이 화를 내며 믿음직스러운 안티고누스 경(하필이면 파울리나의 남편이다)에게 다음과 같은 명령을 내린다.

> 그대가 나의 충성스러운 신하이니
> 그대에게 명하겠소.
> 이 사생아 계집아이를 얼른 데리고 나가
> 과인의 영토에서 멀리 떨어진
> 황막한 들판에 버리고 오시오.
> 비바람에 내맡겨 스스로 살게 하는 것 외에
> 절대로 다른 자비를 베풀어서는 아니 되오.

3막 3장으로 건너뛰면 황량한 바닷가가 배경이다. 왕의 명령에 순종하는 안티고누스가 품에 갓난아기를 안고 서 있다. 그 옆에 방금 타고 온 배의 선원이 함께 있다. 안티고누스가 묻는다. "그러니까, 우리 배가/ 보헤미아의 황무지에 도착한 게 분명하렷다?" 선원이 그렇다고 대답한다. 여기에는 의문의 여지가 있을 수 없다. 작가가 이미 보헤미아의 해안선을 설명했기 때문이다.

폭풍이 다가오는 가운데 안티고누스는 선원을 배로 돌려보내면서 그도 곧 뒤따라가겠다고 말한다. 슬픔과 죄책감에 사로잡힌—헤르미오네가 아기 이름을 '페르디타'라고 지어 달라고 부탁하는 꿈을 꾼—안티고누스는 아기의 짐 보따리 속에 금화가 든 상자와 함께 그 이름을 넣어둔다. 천둥이 울리자 그가 탄식한다. "폭풍이 몰아치는구나!" 그 뒤로 짤막한 대사가 이어진 다음 그가 큰소리로 외친다. "이제 난 끝장이구나!" 그가 무대에서 퇴장할 때 무대 지시문은 이렇다. '그는 곰에게 쫓겨 퇴장한다.'

바로 그때, 바닷가에서 담쟁이덩굴을³ 뜯는 양을 찾아 양치기가 등장한다. 곧 이어 양치기 아들이 등장해 아버지에게 배가 '물거품 속으로 사라지고', '바다가 그것을 송두리째 집어삼키는 것'을 보았다고 전한다. 또 어떤 남자가 곰에게 물어뜯기는 것도 보았다고 하면서 "곰이 그 사람의 어깨뼈를 물어뜯자 (……) 그가 나를 보고 도와달라고 외치면서 자기는 귀족인 안티고누스라고 했어요"라고 전한다. 그러면서 "물에 빠진 사람들은 아직 죽지 않았을 거고 곰도 그 나리를 절반도 못 먹었을 거야. 지금 신나게 먹고 있을걸" 하고 덧붙인다. 우아한 담요에 싸인 예쁜 갓난아기와 금붙이를 발견한 양치기는 아기를 자기 자식으로 키우기 위해 집으로 데려온다.

2막 3장의 배경은 다시 시칠리아의 왕궁이다. 레온테스가 헤르미오네의 절친한 친구이자 옹호자인 파울리나와 언쟁을 벌인 데 이어 자신의 몇몇 신하들과도 언쟁을 벌인다. 이 장이 거의 끝날 무렵 시종이 들어와 기쁜 소식을 전한다.

시종 : 아뢰옵니다, 폐하.
>신탁을 받으러 갔던 사절이
>한 시간 전에 귀국했다고 하옵니다.
>클레오메네스와 디온이 델피에서 무사히 도착해 상륙해서
>서둘러 궁전으로 오고 있다 하옵니다.

귀족1 : 무척 다행스럽게도
>전례 없이 속히 귀환한 것 같습니다.

레온테스 : 23일 만인가.
>무던히도 빨랐군.

델피로 파견한 사절의 여행 일수를 그토록 정확하게 계산하는 왕의 대사로 미루어볼 때, 작가는 직접 이 코스로 여행해서 그 여정을 알고 있었던 게 분명하다. 여정을 알기 때문에 시간이 얼마나 걸릴지도 아는 것이다. 열흘간 배를 타고 가서 사흘간 델피에 머물렀다가 다시 열흘 동안 배를 타고 왕궁으로 돌아오면 23일이 걸린다. 보름이나 20일 또는 40일이 아니라 딱 23일이다.

클레오메네스와 디온의 왕복 항해과정은 자신 있게 지도에 그릴 수 있다. 지중해 항로는 수천 년 동안 거의 변하지 않았다. 팔레르모 항구를 출발해 동쪽 항로로 가면, 배는 동쪽으로 잔잔히 흐르는 수면 위로 바람을 등진 채 들쭉날쭉한 시칠리아 해안을 따라가게 될 것이다. 얼마 후 우측으로 급하게 150도가량 꺾어 남쪽을 향하면 곧장 메시나 해협을 통과하게 된다. 그러면 왼쪽으로는 유럽 본토의 스킬라 Scylla 입구를 지나고, 오른쪽으로는 시칠리아 해안에서 가까운 카리브디스 Charybdis의 소용

돌이를 지나게 된다. 이들 지명과 그에 대한 설명은 베르길리우스의 『아이네이스』⁴에 나와 있는데, 오디세우스 역시 이 항로를 통과했다.

일단 해협을 통과해서 이탈리아의 발가락 부근까지 오면, 다시 아치형을 그리며 동쪽으로 향하게 된다. 그렇게 계속 해안선을 바라보며 항해하다보면 이윽고 이탈리아의 발꿈치에 다다르게 된다. 거기서부터는 상서로운 새벽에 떠오르는 태양을 향해 똑바로 키를 조종하면 된다. 얼마 후 남쪽으로 돌

델피(그리스)에 있는 아폴로 신전 뒤로 파르나수스 산이 솟아 있다. 클레오메네스와 디온이 유명한 신탁을 받아 오도록 파견된 곳이 바로 이곳이다.

아서 해안에 인접해 항해하다보면 기다란 케르키라(코르푸) 섬을 지나 이타카 바로 다음에 나오는 파트라스 만으로 미끄러져 들어가게 된다. 거기에서 레판토를 지나 조금만 더 북쪽으로 가면 이내 이테아Itea라는 작은 해안에 닻을 내리게 될 것이다.

클레오메네스와 디온이 이테아에 배를 정박하고 파르나수스 산의 울퉁불퉁한 기슭에 난 꾸불꾸불한 오솔길을 한참 오르면, 드디어 델피의 아폴로 신전에 도착하게 된다. 여기에서 그들은 사흘 남짓 시간이 필요했을 것이다. 필요한 준비를 하고 적당한 제물을 구입하고 차례를 기다리고 그 유명한 사제에게 헤르미오네의 정절에 관해 질문을 해야 하기 때문이다. 델피까지 가는 데 열흘 걸리고 델피에서 사흘을 보낸 시칠리

아 왕의 사자는 다시 팔레르모로 돌아오는 데 열흘이 더 필요했을 것이다. 그러니까 23일, 바로 레온테스가 말한 것과 똑같은 기간이다.

❧

이탈리아 선원들과 달리 영국 선원들은 밤낮으로 항해했다. 그렇게 하기 위해 그들은 북극성의 도움을 받으며 천연 자석을 이용했다. 지중해의 선원들도 그렇게 할 수 있었겠지만 그러지 않았다. 또 날이 어두워지면 항해하려 하지도 않았다. 그들은 해안선 가까이 붙어서 항해하다가 밤이 되면 가까운 항구에 입항해 식사를 하고 잠을 잤다. 전 역사상 모든 지중해 사람들이 그랬던 것처럼 클레오메네스와 디온 역시 이런 식으로 항해했을 것이다. 이것을 '연안 항행coasting'이라고 하는데, 페르낭 브로델은 지중해의 역사에서 이것을 명쾌하게 설명해놓았다.

16세기 [지중해] 바다는 광활한 망망대해였다. 인간의 노력으로는 기껏해야 약간의 해안 지역과 직선 항로와 기항할 수 있는 작은 항구들을 개척했을 뿐이다. 끝없이 펼쳐진 망망대해는 사하라 사막처럼 텅 비어 있었다. 해운업은 겨우 해안선을 따라 활성화되어 있을 뿐이었다. 그 당시 항해술이란 바위에서 바위로 비스듬히 이동하며 해상 운송을 하던 아주 먼 옛날과 똑같이 '곶에서 섬으로, 섬에서 곶으로 얼마나 해안선을 잘 따라가느냐의 문제였다. 이것을 일러 외해外海를 피하는 연안 항행이라고 했다.'

클레오메네스와 디온의 귀국 길은 이탈리아 장화의 코끝에 올 때까지는 갈 때의 여정을 그대로 되풀이하는 것이었을 것이다. 지도상으로는 거기에서 팔레르모로 향하는 게 훨씬 짧은 여정으로 보이지만, 그들은 북쪽으로 돌아 메시나 해협으로 들어가지는 않을 것이다. 그렇게 하는 사람은 아무도 없었다. 지중해의 선원들이 북쪽으로 항해해 메시나 해협으로 진입한다는 것─거대한 시칠리아 섬을 시계 반대 방향으로 돌아 팔레르모에 도착하는 것─은 상상도 할 수 없는 일이었다. 현대의 요트 조종자들이 메시나 해협을 통과하긴 하지만, 그들도 강력한 엔진이 달린 요트가 아니라면 삼가라는 충고를 듣는다. 오늘날에도 이 해협에는 6시간 15분마다 밀물과 썰물이 바뀌면서 정신이 아찔할 정도로 거센 조류가 흐른다. 한사리 때에는 약 4.5노트로, 조금 때는 2.5노트로 흐르면서 북쪽으로 가는 속도를 상당히 떨어뜨린다. 게다가 해협에 변덕스러운 강풍이 불어올 수도 있다.

레온테스 사절이 탄 배는 시라쿠사 방향의 남서쪽 항로를 택했을 것이다. 거기서부터 그들은 거대한 섬 주변을 시계 방향으로 돌면서 전진했을 텐데, 『아이네이스』에도 나왔듯이 '머나먼 길'이었으리라. 그러므로 앞서 말한 기간 안에 돌아오기 위해서는 '무던히 빠른 속도'를 요했을 것이다. 제때에는 이 시계 방향 코스에 대체로 순풍이 분다. 게다가 시칠리아 남쪽 해안선을 따라 4노트의 속도로 서쪽으로 흐르는 해류 덕분에 항해 속도를 높일 수도 있다. 베르길리우스가 『아이네이스』를 쓰기 전부터도 그러했던 상황은 시칠리아의 이 두 귀족에게도 해당되었을 것이다.

오래된 관례대로 클레오메네스와 디온은 시칠리아 남쪽 해안을 따라 계속 항해했을 것이다. 마침내 시칠리아 서쪽 해안에 상륙하면 거기서부터는 파발마를 이용해 팔레르모까지 좀 더 속도를 낼 수 있었으리라. 서해안의 상륙 지점은 트라파니Trapani 항구일 텐데, 로마 방언으로는 드레파눔Drepanum이다.

트라파니 항구는 일부 영국 사람들도 알고 있었을 것이다. 1272년, 에드워드가 십자군 전쟁을 마치고 영국으로 돌아가던 중, 그의 앞에 무릎을 꿇고 있는 신하들을 발견한 곳이 바로 이곳이기 때문이다. 그들은 에드워드에게 이제 그가 영국의 에드워드 1세가 되었다고 알려준다.[5] 한편 학자들에게는 트라파니 하면 떠오르는 것이 또 하나 있다. 드레파눔은 『아이네이스』 3권 마지막 부분에서 아이네이스와 그의 트로이 전사들이 상륙한 항구다. 또 사랑하는 아버지가 아이네이스의 품에 안겨 세상을 뜨는 바람에 그에게 영원한 슬픔을 가져다 준 곳이기도 하다.

트라파니는 클레오메네스와 디온에게는 왕실의 보호 아래 적절한 파발마를 제공받고 팔레르모까지 수월하게 갈 수 있는 로마 가도—비아 발레리아Via Valeria—가 이어지는 안전한 항구일 것이다. 왕의 사자는 날마다 바다를 훑어보면서 두 귀족이 도착한다는 신호인 깃발이 날리는 돛대를 기다리고 있었을 것이다. 그러다가 그 흥분되는 광경을 목격하자마자 왕에게 그 소식을 전하기 위해 서둘러 팔레르모로 달려갔을 것이다.

※

이 로마 가도로 트라파니 부두에서 팔레르모의 노르만 궁까지는 약 90마일(150킬로미터)이다. 이 길을 파발마를 이용해 육로로 가자면 세 구간으로 나뉘는데, 각 구간은 30마일 내외이다. 느린 구보나 그보다 약간 빠른 속도로 달린다면, 절대로 귀리를 먹지 않는 시칠리아의 파발마는 비아 발레리아 같은 도로에서 두세 시간이면 나가떨어진다. 따라서 트라파니 동쪽 30마일쯤 되는 곳에서 첫 번째로 말을 갈아타야 한다. 클레오메네스와 디온은 잠시 서성거리면서 몸을 푼 다음 새 말로 갈아타고 얼추 30마일쯤 되는 두 번째 구간을 달렸을 것이다. 다음에 말을 갈아탈 장소를 찾는 것은 어렵지 않다. 시칠리아 지도에 파르티니쿠Partinico 읍, 즉 로마시대의 파르티니쿰Partinicum이 나와 있기 때문이다. 파르티니쿠에서부터 마지막 구간을 달려 팔레르모에 도착해 레온테스의 왕궁까지는 별 어려움 없이 갈 수 있을 것이다.

3막 1장은 22행밖에 되지 않는데, 두 귀족이 왕이 오매불망 기다리고 있는 신성한 신탁을 들고 서둘러 왕에게 가는 장면이다. 깜짝 놀랄 만한 무대 장치를 보일 수 있는 기회임에도 이 짧은 장은 대개 무대의 막 앞에서 이루어진다. 클레오메네스와 디온이 파발마를 타고 비아 발레리아를 달리면서 이야기를 나누고 있다. 그들이 어디에 있고, 어디에 다녀왔으며, 그들이 수행한 임무의 결과에 대한 희망사항 따위들이다. 클레오메네스가 먼저 말문을 여는데, 그의 멋진 대사가 그들의 정확한 위치를 설명해준다.

> 기후도 온화하고 공기도 정말 향긋하고
> 섬은 풍요롭고, 신전은 사람들이 흔히 칭찬하는 것보다
> 훨씬 더 훌륭한 곳이오.

그들은 지중해 일대에서 가장 풍요로운 섬인 시칠리아에 도착했다. 그

세제스타 신전으로 가는 길. 비록 지금은 포장되었지만 멀리 바르바로산 서편 기슭에 자리 잡은 신전의 장관이 바라보이는 아주 오래된 길이다.

들이 말을 타고 지나가는 주변 시골에서는 무화과, 아몬드, 사탕수수, 사과, 서양자두, 멜론, 석류를 계속 생산하고 있고, 군데군데 포도밭과 각종 채소밭이 펼쳐져 있다. 탁 트인 들판과 길가에는 토종 블랙베리, 라벤더,

물푸레나무, 수선화, 미나리아재비, 금송화 등이 도로를 아름답게 꾸며 준다. 그러니 공기가 '정말 향긋하다'는 말이 절로 나올 수밖에.

그런데 트라파니에서 26마일만 가면 나오는 곳으로, 비아 발레리아에서 여행자를 흥분시키는 것은 무엇일까? 바로 세제스타Segesta 신전이다. 그것은 보는 이의 눈앞에서 당당한 위용을 자랑하며 홀로 햇빛 아래 눈부시게 빛나면서

높다란 산을 영광스럽게 장식하고 있다. 지중해 일대에서 가장 웅장한 도리아 양식의 건축물 가운데 하나로 유명한 이 신전이 서른여섯 개나 되는 모든 기둥과 도리아 양식으로 장식된 높다란 상인방을 본래대로 고스란히 간직한 채 말없이 서 있는 것이다. 신전의 정면과 후면도 원래 자리 그대로인 가운데 모든 것이 완벽한 우아함과 완벽한 비율을 자랑하고 있다. 클레오메네스도 말했듯이 세제스타 신전은,

사람들이 흔히 칭찬하는 것보다
훨씬 더 훌륭한 곳이오.

팔레르모 출신의 열성적인 학자이자 역사가인 토마소 파첼로Tomasso Fazello는 그 자신 또한 사제였는데, 최초로 이 웅장한 신전에 대해 정밀한 고고학적 연구를 수행한 사람들 중 하나이다. 그가 사망하기 직전 팔레르모에서 출판된 그의 연구결과는 세제스타 신전의 역사를 최초로 정확하게 기술한 책으로 평가받는다. 파첼로의 책이 출판되자 팔레르모 지식인 사회가 신전에 지대한 관심을 갖기 시작했고, 신전의 아름다움에 대한 그의 예찬은 동시대 시칠리아 사람들의 자부심과 호기심을 불러일으키는 데 크게 기여했다. 16세기 사람들은 집에서 멀리 떨어진 곳을 관광하는 일이 드물었다. 그런 연유로 오랫동안 방치되어 있던 세제스타 신전이 파첼로 덕에 마침내 그 존재가치를 인정받게 되었다. 이미 2천 년부터 이 섬에 문명이 존재했다는 사실을 보여주는 명백한 증거물로 비로소 인정받은 것이다. 사람들은 신전을 보고 나서 그 위용에 감탄했고, 그 소문은 다시 더 많은 방문객을 불러들였다. 그 결과 웅장하고 화려한 세제스타 신전은 정말로 '사람들이 흔히 칭찬하는' 명소가 되었다.

이 짧은 장에서, 두 사람은 말을 타고 가며 끊임없이 대화를 나눈다. 먼저 디온이, 이어서 클레오메네스가 사제를 만나러 아폴로 신전을 방문했던 일을 떠올린다.

디온 : 특히 나를 홀딱 반하게 만든 건

　　　아름다운 천상의 사제복과

　　　(그렇게 말해야 될 것 같소)

　　　그 옷을 입고 있는 사제들의 엄숙한 거동이었소.

　　　오, 희생 제물을 바치는 의식도 그렇고!

　　　참으로 장중하고 엄숙하고 이 세상 것이라고는 할 수 없는

　　　신성한 의식이었소!

클레오메네스 : 그중에서도 신탁을 알리는

　　　귀청이 떨어질 듯한 우렁찬 소리는

　　　마치 제우스 신의 천둥소리 같아서

　　　그만 정신을 잃고 어쩔 줄 몰랐다니까.

그들의 대화는 그들이 수행한 임무의 결과가 헤르미오네 왕비에게 유리하게 나오기를 바라면서 끝난다.

디온 : 이번 여행이 우리에게 신기하고 유쾌하고 순조로웠던 것처럼

　　　왕비마마께도 행운이 되어준다면,

　　　오, 그러기만 한다면!

　　　그러면 여행한 시간도 보람 있을 텐데.

클레오메네스 : 위대한 아폴로 신께서

세제스타 신전. 현존하는 도리아 식 건물 가운데 가장 중요한 본보기이자 이탈리아에서 가장 보존이 잘된 것 가운데 하나로 기원전 5세기 후반에 지어졌다. 다행히 이 사진은 관광객을 위한 편의시설과 기념품 가게가 생기고 전망을 가리는 서양협죽도를 심기 전에 찍은 것이다. [시칠리아의 예술과 역사(영어판), 카사 에디드리체 보네치 (Casa Editrice Bonechi), 66쪽]

    최선의 결과를 가져다주시겠지!
    헤르미오네 왕비마마께 억지로 죄를 뒤집어씌우는 행동은
    영 맘에 안 든단 말이오.
 디온 : 이렇게 성급하게 몰아치니
    어쨌든 조만간 판가름 나겠지요.
    (아폴로 신전 사제의 손으로 밀봉된) 이 신탁이
    개봉될 때야말로
    놀라운 일이 일어나겠지요.
    자, 새 말을 가져오너라!
    제발 일이 잘 끝났으면.

3막 2장은 레온테스가 왕비를 기소하기 위해 소집한 법정에서 시작된다. 마침내 헤르미오네는 잃어버린 그녀의 소중한 행복 세 가지를 말하며 자신을 위해 연설한다. 레온테스의 사랑, 아들, 그리고 사랑스러운 아기 공주와의 이별이 바로 그것이며, 그것들을 잃어버린 지금 자신은 더 이상 살고 싶지 않다고 말한다. 그러면서 러시아의 황제[6]였던 친정아버지가 살아 있어서 그녀를 동정해준다면 얼마나 좋을까 탄식한다.

관리들이 클레오메네스와 디온을 법정으로 안내해 신탁을 발표하도록 준비시킨다.

관리 : 이 정의의 칼을 걸고 맹세하십시오.
    클레오메네스 님과 디온 님은
    델피에 가서
    위대한 아폴로 사제의 손으로 밀봉한
    이 신탁을 가져왔습니다.
    가져오는 도중에 이 성스러운 봉인을 절대로 뜯거나
    읽지 않았음을 맹세하십시오.
클레메네오스와 디온 : 예, 맹세합니다.
레온테스 : 봉인을 뜯고 읽도록 하라.
관리 : 헤르미오네는 순결하다. 폴릭세네스는 죄가 없다.
    카밀로는 충신이며 레온테스는 질투가 많은 폭군이다
    그의 죄 없는 아기는 진정 왕의 자식이다.
    버린 자식을 찾지 못할 경우 왕은 후계자가 없을 것이다.

깜짝 놀란 레온테스는 신탁이 '순전히 거짓말'이라고 주장하며 그 판결을 인정하지 않는다. 그 순간 시종이 황급하게 들어온다.

> 시종 : 폐하, 폐하!
> 레온테스 : 어인 일이냐?
> 시종 : 오, 폐하, 이 사실을 아뢰면 소인을 증오하실 것이옵니다!
> 　　　아드님이신 왕자님께서
> 　　　왕비마마의 신상을 염려하신 나머지
> 　　　돌아가셨습니다.
> 레온테스 : 무엇이! 죽었다고?
> 시종 : 예, 돌아가셨습니다.

그 순간 레온테스는 불현듯 자신의 비극적인 오해를 깨닫고 걷잡을 수 없는 후회에 빠진다. 기절한 헤르미오네는 사망 판정을 받는다. 사실 그녀는 죽지 않았지만, 마침내 진실이 밝혀질 때까지는 16년이라는 긴 세월을 기다려야 한다.

가장 긴 막인 4막은 '시간'이라는 제목의 코러스로 시작된다. 이 코러스를 통해 이제 배경이 16년이 흐른 뒤의 보헤미아라는 것과 폴릭세네스에게 플로리젤이라는 아들이 있고, 양치기의 딸 페르디타도 잘 자랐다는 사실이 드러난다.

폴릭세네스는 여전히 충실한 친구인 카밀로를 동반하고 변장한 모습으로 양치기의 목장으로 간다. 플로리젤이 걸핏하면 왕자로서의 임무를 내팽개친 채 그곳에 가서 시간을 보내는 이유를 알기 위해서이다. 그들은 양털 깎기 축제 기간중에 그곳에 도착한다.

이 막에서 아우토리쿠스라는 불한당이 새로운 등장인물로 합류해 작품이 끝날 때까지 나온다. 그는 양털 깎기 축제 내내 어수룩한 양치기 부자에게 사기를 치더니, 결국 그들을 위협해 페르디타의 신분을 밝혀줄 증거물 보따리를 그에게 맡기도록 한다.

또 폴릭세네스와 아들의 대결 장면도 나온다. 아들은 사랑스러운 페르디타와 결혼하겠다는 확고한 의지를 밝히면서, 설사 평민과의 결혼으로 보헤미아 왕위를 포기해야 한다 하더라도 그렇게 하겠다고 선언한다. 화가 머리끝까지 치민 아버지가 두 젊은 연인을 위협한다.

그러자 플로리젤이 페르디타를 자기 배에 태워 시칠리아로 데려가는데, 카밀로가 은밀하게 항해에 관해 알려주며 레온테스에게 보내는 소개 편지를 쥐여준다.

아우토리쿠스는 플로리젤의 배가 출발하기 직전, 그 자신과 양치기 부자가 배를 타도록 주선한다.

그들 다섯 명은 폴릭세네스와 카밀로보다 한 발 앞서 팔레르모에 있는 레온테스의 궁에 도착한다. 플로리젤과 페르디타가 어디로 가는지 알게 된 폴릭세네스가 배를 타고 그들을 뒤쫓아온 것이다. 하나밖에 없는 아들과 천한 출신으로 오해하고 있는 처녀의 결혼을 막기 위해서였다.

결국 다들 화기애애하게 인사를 나눈 뒤, 확실한 증거물과 함께 페르디타의 진짜 신분이 밝혀진다. 그 뒤로 이어지는 더할 나위 없이 행복하고 즐거운 장면에 대해서는 궁정의 세 귀족이 기꺼이 설명해준다. 그런 다음 마지막으로 파울리나가 아직도 살아 있는 헤르미오네를 극적으로 소개하는 절정의 장면이 이어진다.

이 작품을 통해 우리는 우리 작가로부터 수많은 진기한 것들을 배웠으며, 그의 등장인물들은 한없는 기쁨과 행복을 누렸을 것이다.

템페스트

"바람과 불의 섬"

처음에는 공포의 이야기로 시작했다가 이어 마법의 이야기가 펼쳐지는 『템페스트』는 시칠리아 북쪽 해변에서 몇 마일 떨어지지 않은 티레니아 해의 실제 섬에서 벌어지는 이야기이다. 이 섬은 지구 어디에서도 찾아볼 수 없는 독특한 특징들이 어우러진 아주 특이한 장소이다. 이 섬의 방문객들은 그 남다른 특색에 깜짝 놀라면서 강렬한 호기심을 느끼는데, 우리의 창의적인 작가 역시 그것을 발견하고 깊은 감명을 받았다. 그와 같은 특징 때문에 20세기가 밝아올 때까지 아무도 이 섬을 사람이 살기에 적합하다고 생각하지 않았다.

『템페스트』와 또 다른 이탈리아 희곡[1] 하나만 빼면, 다른 모든 작품들의 실제 배경이 되는 장소는 정식 이름을 통해 확인된다. 하지만 『템페스트』의 경우 작가는 공간적 배경에 대해 간접적인 실마리만 제시할 뿐이며 그나마 그것도 등장인물의 대사에 따라 여기저기 흩어져 있다. 그 대사들을, 즉 등장인물들이 살고 있는 세계의 다채로운 모습과 그에 대한 시적 표현 및 독특하고 놀라운 지리적, 지형적 특질, 식물상과 동물상을 주의 깊게 살펴보면, 그곳이 티레니아 해상의 특정한 작은 섬이라는 사실이 뚜렷해진다.

위대한 걸작 가운데 하나인 이 작품의 첫 장면은 비바람에 갇힌 배와 함께 시작된다. 이 모진 비바람은 너무나 갑작스럽고 워낙 맹렬해서 '폭풍'이라는 단어만큼 딱 어울리는 표현도 없다. 성난 바람과 무시무시한 파도가 지나가던 왕실 함대에서 이탈한 일엽편주를 험악하기 짝이 없는 섬의 울퉁불퉁한 절벽 가까이 위험스레 몰고 간다. 사관과 선원들은 배가 침몰하거나 좌초되지 않도록 필사적인 노력을 기울인다. 온통 혼란과 공포의 도가니이다. 시간이 지날수록 소동은 한층 더 극심해진다.

이 일엽편주는 한때 커다란 왕국이었던 나폴리 왕국의 가상의 군주, 알론소 왕의 배이다. 배 안에는 우리도 아직 만나지 않은 그의 선원들 외에 곧 알게 될 사람이 몇 명 더 있다. 알론소 왕의 아들 페르디난도 왕자, 그의 정직한 조언자인 늙은 곤찰로, 나폴리 왕궁을 방문한 귀족이나 그 이상의 존재로 밝혀질 귀족 안토니오가 바로 그들이다. 그 밖에도 배 안에는 두 명의 나폴리 귀족과 아랫사람 둘이 더 있는데 하나는 어릿광대 트린쿨로이고 또 하나는 술고래 집사 스테파노이다.

・

이 작품은 일반적인 관례와 달리, 1장이 아닌 2장에서 사건의 극적 긴장이 드러난다. 아울러 이 섬에 거주하는 네 사람이 등장해 자신의 개인사를 들려주는 부분도 바로 이 2장이다.

첫 번째 사람은 이 작품의 가장 중요한 인물인 '밀라노 대공' 프로스페로로, 유명한 토스카나 공국의 합법적인 통치자이나 지금은 자리에서 물러난 상태이다. 프로스페로와 함께 있는 처녀는 온실 속의 화초처럼 보호받으며 자라는 사랑스러운 그의 열다섯 살 난 딸, 미란다이다. 다음으로 마법의 능력을 지닌, 날아다니고 잠수하는 장난꾸러기 요정 에어리얼이 등장한다. 마지막으로 등장하는 프로스페로의 노예 캘리반은 비뚤어지고 야비하고 위협적인 시골뜨기이다.

프로스페로 역시 막강한 마술사로 조만간 깜짝 놀랄 만한 마술을 선보일 것이다. 그는 2장이 시작되면서 무대에 등장하는데 미란다가 그에게 애원하는 걸로 보아 아무래도 그가 이 폭풍우를 불러온 게 분명하다.

사랑하는 아버지, 만일 아버지가 마법의 힘으로 이렇게 바다를 성나게 했다면 이제 그만 가라앉혀주세요.

그녀는 바다에 몰아치는 폭풍우가 몹시 두려웠지만, 프로스페로는 조금도 걱정할 게 없다고 딸을 안심시킨다.

진정해라.
이제 놀랄 것 없다.
네 착한 마음에 일러줘라. 아무 일도 없을 거라고.

잠시 딸에게 별일 없을 것이라고 약속한 다음, 프로스페로는 다시 그들 부녀가 어떻게 이 외딴 섬으로 오게 되었는지 설명하기 시작한다. 그는 미란다에게 자신이 '권력의 왕자'요 '밀라노 대공'으로서 다른 모든 일을 거의 등한시할 정도로 '교양 과목'과 '비학秘學'(마술과 점성술)에 몰두했다고 말한다. 그렇게 자신의 취미에 푹 빠져 지내던 그는 동생 안토니오에게 공국의 운영을 맡겼다고 한다. 좀 전에 나왔던, 폭풍우를 맞아 사투를 벌이고 있는 왕실 선박에 타고 있던 안토니오가 바로 그 동생이다.

프로스페로의 설명에 따르면, 그들 부녀가 아직 '밀라노'에 있을 때 야심만만한 안토니오가 그를 따르는 충성스러운 부하들을 모아 반란을 일으키고 그를 추방했다고 한다. 그 결과 그와 세 살 난 딸이 쫓겨났다는 것이다.

결국 그놈들은 허겁지겁 우리를 배[2]에 태우고
20킬로미터쯤 떨어진 바다 한가운데로 데리고 갔단다.
그곳에 닻줄도 돛도 돛대도 없는
썩은 배[3] 한 척이 대기하고 있더구나.
(……)
거기서 그놈들은 우릴 그 썩은 배에 태웠지.[4]
성난 파도에 대고 울부짖으면 파도도 울부짖고
한숨을 쉬면 바람이 한숨 쉴 뿐,
다행과 불행이 함께했다.

'다행과 불행이 함께했다'는 건 한편으로는 프로스페로와 미란다의 목숨을 살려주었다는 뜻이고, 또 한편으로는 그들이 아무도 살지 않는 이 섬에 내던져진 채 오랫동안 추방 생활을 해왔다는 뜻으로 여겨진다.

༄

　그런데 프로스페로의 설명에 잘못된 부분이 있다. 그의 말 가운데 옳지 않거나 불가능해 보이는 것이 있다. 이미 앞에 나온 이탈리아 희곡들에서도 보았듯이 작가는 그가 제시한 장소나 사실들에 대한 세부 사항이 정확했고 지리적으로도 옳았다. 실제로, 프로스페로가 미란다에게 설명한 '항로'대로 배를 타고 '밀라노'를 출발해 현재 그들이 있는 이 섬으로 항해했다면, 그들은 아마 지중해의 엉뚱한 내포內浦로 들어갔을 것이다. 그러니까 이탈리아 반도 동쪽의 아드리아 해로 흘러들어갔을 것이라는 말이다. 그런데 이미 1장에 현재 알론소 일행이 폭풍을 피해 상륙한 이 섬이 이탈리아 서쪽 티레니아 해상에 있다고 설정되어 있다.

　이게 무슨 일일까? 무언가 앞뒤가 맞지 않는다.

　이탈리아 반도 역사상 밀라노와 지중해 사이를 연속해서 항해할 수 있는 항로는 어디에도 존재하지 않았다. 이탈리아의 등뼈를 이루면서 밀라노와 지중해 사이에 우뚝 솟아 있는 거대한 아펜니노 산맥이 훼방을 놓기 때문이다.

　프로스페로와 미란다의 불카노Vulcano 행 해상여행은 만일 밀라노에서 출발했다면 가능하긴 했을 것이나 매우 복잡하고 극도로 긴 여정이었을 것이다. 귀족인 곤찰로가 '동정심에서' 제공한 '약간의 음식'과 '약간의 신선한 물'로는 그렇게 시간도 많이 걸리고 위험한 항해여행이 끝날 때까지 계속 버틸 수 없었을 것이다. 밀라노에서 그런 여행에 나서려면 프로스페로와 미란다는 먼저 '배'를 타고 운하를 통과해서 굽이쳐 흐르는 기나긴 아다Adda 강으로 나가야 한다. 이어 좀 더 긴 포 강으로 넘어가 끝까지 간 다음, '썩은 배'로 옮겨진 채 드디어 아드리아 해로 진입하게 된다. 그제야 비로소 그들의 지중해 항해도 시작되었을 것이다. 그들은 '시궁쥐들이 본능적으로 버리고 떠날' 배를 타고 이탈리아 반도를 따라 아래로 내려온 다음 이윽고 시칠리아 섬 주위를 떠돌다가 불카노 섬의 '노란 모래사장'에 좌초되었을 것이다. 이 같은 여정은 프로스페로가 말한 대사에 정확하게 들어맞지 않는다. 그의 설명이 훨씬 간단하다.

그보다는 그들 부녀가 취한 항로가 피렌체의 아르노 강에서 시작되었으리라는 게 더 믿음직스럽다. 그들은 '배'를 탄 채 16세기에 메디치 가의 코시모 1세가 아르노 강과 리보르노 항구[5]를 연결하기 위해 건설한 운하를 이용해 쉽사리 '바다 한가운데로 들어갔을 것이다.' 이어 리보르노에서 '썩은 배'로 갈아 탄 두 사람은 곧장 티레니아 해로 밀려들어갔을 것이다. 거기에서 해류에 끌리고 바람에 밀려 남쪽으로 흘러가다가 '바닷바람이 동정하듯 스산하게 불어와' 그들 부녀를 곧장 불카노의 모래사장으로 데려갔을 것이다. 이 모든 여정에 필요한 날짜는 며칠 되지 않는다.

그런데 왜 이렇게 뒤죽박죽 섞여 있을까? 프로스페로와 미란다의 항해 여정이 왜 문제가 될까? 왜 그들은 피렌체가 아닌 밀라노에서 출발했을까?

∽

가장 그럴듯한 대답은 당시 시행중이던 영국과 토스카나 사이의 무역

협정⁶에서 찾을 수 있는데, 당시 토스카나의 권력 중심지는 피렌체였다. 밀라노 출발 노선은 이 작품의 초벌 원고가 쓰이고 나서 이윽고 제1이절판으로 처음 출판되기 전에 고위층이 '손을 본' 결과가 아닐까 하는 의심이 새록새록 든다.

༄

인기가 높았던 작가의 희곡들은 엘리자베스 1세의 궁정에서 자주 연극으로 상연되었다. 그런데 여왕과 신하들만 연극을 보는 게 아니라, 우호적인 토스카나 사절이나 피렌체 공작 같은 외국 고위 외교 사절들도 초대되었을 것이다. 그런데 이 작품의 원본으로 추정되는 연극 내용이 토스카나 사절을 섬뜩하게 했을 가능성이 있다. 『템페스트』의 가상 인물인 프로스페로 공작의 유감스러운 특징들은 아직 살아 있는 토스카나의 통치자로 문제가 다분한 메디치 가의 프란체스코 1세(1541-1587)와 상당히 비슷했다. 따라서 이 작품을 원래대로 무대에 올렸다가는 정치적으로 불행한 사태가 발생할 수도 있었다. 그와 같은 내용은 토스카나(어쩌면 영국에서도)에서 자칫하면 프란체스코 1세와 프란체스코의 뒤를 이어 토스카나 공작이 된 그의 동생 페르디난도 1세에 대한 모욕으로 받아들여질 수 있을 테니까.

그와 같은 사태를 예방하기 위해 원작에 손을 대는 조치를 취한 결과 '토스카나'가 '밀라노'로 바뀐 것이다. 특히 영국은 합스부르크 가문인 밀라노의 필립 대공에게 아무런 호감도 갖지 않았기에 별로 거리낄 것이 없었을 것이다.

비록 지리적으로는 큰 오류를 범했지만, 이 간단한 손질 덕에 이 작품이 영국에서 대성공을 거두자 그 후로 영국이든 어디든 다들 손질한 부분을 그냥 눈감아버렸다. 그동안 줄곧 그 실수가 용납되고 그에 대해 아무런 의문도 제기하지 않는 까닭은 작가가 한 번도 영국을 떠난 적이 없다는 확신에서 비롯된 것이었다. 말하자면 그것을 작가가 만들어낸, 작가 나름의 '이탈리아'로 받아들인 것이다.

～

졸다가 잠이 들어버린 미란다에게 애통한 가족사를 털어놓은 후, 프로스페로는 섬의 다른 마술사인 에어리얼을 부른다. 그리고 그 공기의 요정에게 위태로운 배에 타고 있는 사람들이 어떻게 하고 있는지 묻는다. 왜 그런지는 잘 모르겠지만(하지만 곧 알게 될 것이다) 아무튼 에어리얼이 프로스페로에게 갚아야 할 모종의 의무가 있는 것만큼은 확실하다. 1막 2장에서 에어리얼이 상전에게 자신의 성공적인 활약상을 설명하는 소리를 들어보자.

    에어리얼 : 안녕하세요, 주인님, 무슨 분부이신지요?
            명령만 내리십시오, 하늘을 날고
            물속을 헤엄치고 불 속에 뛰어들고
            뭉게구름을 타고 내려올 테니 뭣이든 분부만 하세요.
            이 에어리얼이 있는 힘을 다해 수행하겠습니다.
    프로스페로 : 그래, 요정아,

지시한 대로 폭풍우를 일으켰느냐?

에어리얼 : 분부대로 빈틈없이 거행했죠.

왕의 배에 뛰어오른 저는 무서운 불길[7]이 되어

뱃머리와 중갑판과 후갑판,

또 선실마다 나타나서 간담을 서늘하게 해줬지요.

때로는 이 몸을 여러 조각으로 나누어

중간돛대와 돛가름대와 제1기움돛대에서 동시에 타오르다가

다시 한덩어리가 되어 타올랐답니다.

무시무시한 천둥번개의 신 제우스의 번갯불이

제아무리 날쌔도 어림 반푼어치도 없었죠.

광활한 바다도 천둥과 번개의 공격을 받아

사나운 파도가 부들부들 떨고, 정말이지 바다의 신 넵튠의 세발 작살 까지도

겁을 잔뜩 먹고 흔들렸다니까요.

프로스페로 : 잘했다, 용감한 요정아.

제아무리 침착하고 냉정한 인간이라도

이런 난리 속에선 흔들리지 않을 수 없었겠지.

에어리얼 : 모두가 미친 듯이 날뛰었고 ……

선원들 외에는 모두 배를 포기하고

거친 파도에 뛰어들었어요. ……

프로스페로 : 잘했다. 과연 내 요정이다!

그런데 이 해안 가까운 곳 아니었느냐?

에어리얼 : 바로 이 근처예요, 주인님.

프로스페로 : 그나저나 에어리얼, 다들 무사하겠지?

에어리얼 : 머리카락 한 올 다치지 않았어요.
　　　　　파도에 흠뻑 젖은 옷은 더러워지기는커녕
　　　　　전보다 더 깨끗해졌는걸요.

　　　　　　　　　　⁓

　이 모든 사실로—에어리얼과 나중에 2막 1장에서 곤찰로에게서 전해 들은—미루어볼 때 알론소와 그의 일행이 튀니스에서 나폴리로 항해하고 있었다는 사실을 알 수 있다. 에어리얼이 프로스페로에게 보고하는 말을 들어보자.

　그리고 제가 뿔뿔이 흩어지게 만든 나머지 배들은
　다시 집결해서
　나폴리를 향해
　슬픔 속에서 지중해를 항해중이랍니다.
　다들 왕의 배가 난파된 걸 보았기에
　왕이 죽은 줄로만 알고 있지 뭡니까.

　곤찰로의 말은 이렇다.

　우리 옷이
　클라리벨 공주님과 튀니스 왕[8]의 혼례식 날
　아프리카에서 처음 입었을 때처럼

새 옷 같지 뭡니까?

게다가 곤찰로가 왕을 돌아보며 "전하, 방금 소신들은 소신들의 옷이 이제는 왕비가 되신 공주님의 혼례식 날 튀니스에서 입었던 것처럼 새 옷 같다고[9] 이야기하던 참이었습니다"라고 말하는 걸 보면 나폴리 왕실 함대가 튀니스에 갔었다는 게 아주 분명해진다. 알론소 왕 일행은 클라리벨 공주의 결혼식에 참석하기 위해 튀니스에 갔다가 나폴리로 돌아오는 길에 무시무시한 폭풍우를 만나 이 섬으로 오게 된 것이다.

튀니스에서 나폴리로 가는 알론소 왕의 항로[10]에 관해 가장 놀라운 점은 똑같은 항로가 과거 문학 작품에도 나왔다는 사실이다. 1,500년 전 베르길리우스의 아이네이스도 이와 똑같은 항로로 여행하는데, 아이네이스가 상심한 카르타고의 여왕 디도를 버리고 로마로 항해할 때의 일이다. 2막 1장에서 시배스천, 곤찰로, 안토니오, 에이드리언의 대화를 통해 작가는 우리에게 두 여행의 출발 지점이 같은 도시라는 사실을 알려 준다.

시배스천 : 튀니스에서 그렇게 훌륭한 왕비를 맞이한 건 이번이 처음이지요.
곤찰로 : 미망인 디도 왕비 이후엔 없었지.
안토니오 : 미망인? 염병할 놈. 왜 미망인은 들먹이는 거야? 미망인 디도라니!
시배스천 : 홀아비 아이네이스까지 들먹였다면 어쩌시겠습니까? 제발, 쓸데없

는 일에 신경 쓰지 마십시오.

에이드리언: 미망인 디도라고요? 그러고 보니 생각나는군요. 디도는 카르타고의 여왕이지 튀니스의 여왕이 아닙니다.

곤찰로: 그 튀니스가 옛날엔 카르타고였어요.

에이드리언: 카르타고였다고요?

곤찰로: 그렇대도, 카르타고라니까.[11]

이 대화에 '디도'가 세 번 나왔는데 더 중요한 것은 '튀니스'와 '카르타고' 역시 각각 세 번이나 나왔다는 점이다. 관객들은 이제 카르타고와 튀니스가 실질적으로 서로 바꿔 부를 수 있는 곳이라는 사실을 알게 되었다. 두 도시는 '카르타고 만', '튀니스 만' 등 다양한 이름으로 불리는 같은 만을 이용하고 있다. 만일 어떤 두 사람이 잘 알려지고 정비되고 여행하기 쉬운 항로를 이용해 제각기 배를 타고 북아프리카를 출발해 이탈리아로 간다면, 1,500년이라는 시차에도 불구하고 두 사람 모두 카르타고-튀니스 만에서 승선할 것이다. 박학다식한 작가가 이 작품을 쓰는 데 영감을 준, 가장 중요한 소재 가운데 하나가 베르길리우스의 『아이네이스』라는 사실은 의심할 여지도 없다.

∽

이제 알론소와 아이네이스 두 사람의 이탈리아 행 바다 여행길을 좀 더 자세히 살펴보자. 필요한 물품을 배에 싣고 출발하기 좋은 길일을 택한 뒤, 아이네이스와 알론소의 선원들 모두 튀니스 만에 여명이 밝아올 때 닻을 올렸을 것이다. 두 배는 시칠리아 섬 서해안을 향해 북동쪽 외해를 직선으로 가로지르며 110마일쯤 가다가 초저녁쯤 시칠리아의 항구로 미끄러져 들어갔을 텐데, 알론소에게는 트라파니이고 아이네이스 시대 사람들에게는 드레파눔이라는 이름의 항구였다.

이 여행자들의 다음 무대는 트라파니/드레파눔을 빠져나온 뒤 계속해서 시칠리아 북쪽 해안을 시계 방향으로 항해하는 장면이다. 팔레르모에서 출발한 배가 시칠리아 해안을 감싸며 항해하다보면 곧 그들 눈앞에 정면으로 이탈리아 본토가 나타날 것이다. 거기에서 왼쪽으로 돌아 장화의 해안선을 따라 북쪽으로 가면 마침내 이탈리아 반도에 있는 각자의 목적지에 도착하게 된다.

알론소는 자기 왕국의 수도인 나폴리에서 여행을 마무리하는 반면, 아이네이스는 로마 정복 작전을 개시하기 위해 좀 더 북쪽으로 올라갈 것이다. 그런데 『아이네이스』 3권을 보면 아이네이스가 항해하던 도중에 쿠마이Cumae라는 바닷가 마을에서 멈추라는 지시를 받는다.

항해하는 도중 신성한 호수와 아베르누스라는 숲이 있는 쿠마이라는 마을에 이르면, 광포한 무녀를 볼 것이다. 그녀는 바위 동굴 깊숙이 들어 앉아 사람들의 운명을 작성한 다음 그 예언과 상징을 나뭇잎에 담아놓는다.[12]

그렇다면 이 쿠마이는 어디일까? 카르타고가 튀니스에서 얼마 떨어지지 않은 것처럼 쿠마이 역시 나폴리 서쪽으로 25킬로미터 정도밖에 떨어지지 않은 곳이다. 따라서 알론소 왕과 아이네이스의 항로는 완전히 일치한다. 우리 작가는 자신의 머리로 알론소 왕의 여정을 생각해내지 않았다. 그 부분은 별 고민 없이 이미 결정되어 있었다. 전부 다, 정확하게

그리고 직접적으로 위대한 『아이네이스』에서 '표절하겠다고.'

알론소 왕/아이네이스의 귀국 항로에 대해 말하면, 양쪽 다 시칠리아 해안과 울퉁불퉁한 바위 섬 일곱 개로 이루어진 에올리에 제도[13] 사이를 통과할 것이다. 이 제도는 변덕스럽고 사나운 바람의 신, 에올루스의 본거지이다. 아이네이스와 알론소가 느닷없이 무시무시한 폭풍우를 만난 지점도 바로 여기이다.

&

『아이네이스』 1권에서 아이네이스가 이탈리아에 도착하는 것을 필사적으로 방해하는 유노 여신은 에올루스에게 그의 배를 난파시키고 선원들을 죽이라는 명령을 내린다. 점점 극심해지는 대혼란을 머리털이 곤두설 만큼 매혹적으로 묘사한 감동적인 베르길리우스의 시야말로, 2천 년 뒤에 『템페스트』의 대사에서 읽게 될 격렬한 드라마의 선구자라고 아니 할 수 없다.

폭풍우의 고향이요, 미쳐 날뛰는 남풍을 잔뜩 품고 있는 자궁이다.
에올루스 왕은 그의 어마어마한 동굴에
미쳐 날뛰는 바람과 요란한 폭풍을 가두어놓는다.
그런 다음 쇠사슬로 묶고 감금해서 그들을 길들이고 다스린다.
우리에 갇힌 그들이 씩씩거리며 사납게 날뛰면 산은 무시무시한 포효로 장단을 맞춘다.
에올루스 왕은 자신의 높다란 성채에 앉아 있다

(……)
그때 탄원자인 유노가 그에게 호소한다. "에올루스 님이여,
인간들의 왕이자 신들의 아버지인 분께서 일찍이 에올루스 님에게
파도를 달래고 바람으로 파도를 불러일으키는 능력을 주셨소.
지금 티레니아 해 너머로 내 원수가 항해하고 있소. …
… 그대가 바람을 성나게 해서 바람으로 하여금 물에 빠진 배들을 깨부수거나
그것들을 사방으로 내던지고 선원들은 산산조각을 내 바다에 날려버리도록
해주시오.

작가는 베르길리우스가 어디에서 그 대사들을 생각해냈는지 정확히 알고 있었다. 역사상 느닷없이 몰아닥치는 사나운 폭풍우로 악명 높은 지점이 있었으니, 바로 에올리에 제도와 시칠리아 해안 사이의 바다였다. 이제 작가가 해야 할 다음 단계는 유노와 에올루스의 자리에 프로스페로와 에어리얼을 들어앉혀 작품을 만드는 일이었다. 『아이네이스』에 묘사된 바로 그 여정인, 튀니스-이탈리아 항로의 무시무시한 진실을 직접 경험한 작가 아니던가.

한편 『템페스트』에는 또 하나의 흥미로운 사실이 연관되어 있는데, 등장인물 가운데 하나가 작가와 동시대를 살고 있던 실제 인물과 유사하다는 점이다. 바로 메디치 가 출신의 토스카나 대공 프란체스코 1세가 작가가 프로스페로의 모델로 삼은 사람이었다.

16세기 이탈리아 도시 국가들은 부유하고 힘 있는 가문의 지배를 받았다. 많은 사람들이 마키아벨리의 『군주론』의 화신이라고 여겼던 메디

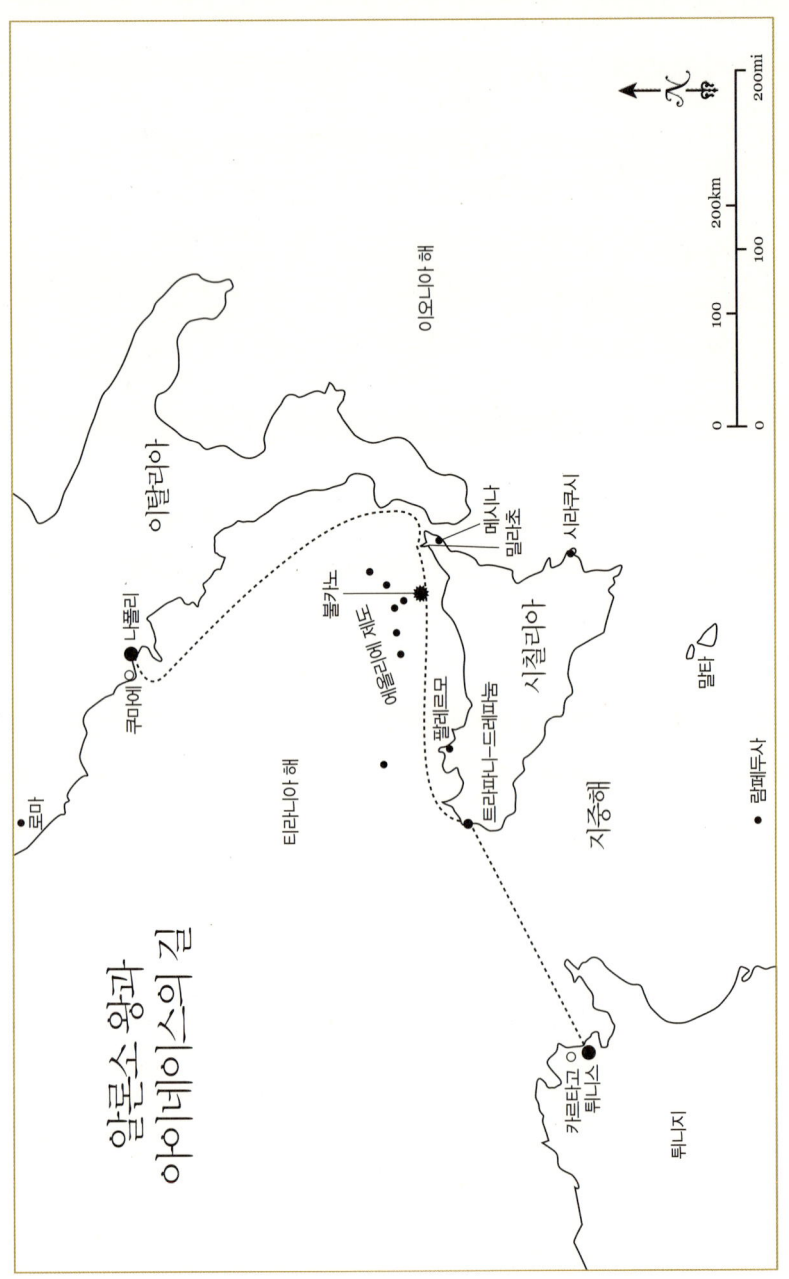

치 가의 코시모 1세는 가장 잔인한 통치자 중의 한 사람이었다. 1564년, 그의 통치가 끝날 무렵 코시모 1세는 장남인 프란체스코에게 피렌체의 행정권을 주었고 작은아들인 페르디난도는 추기경을 만들었다.

은둔 생활을 하던 프란체스코는 좀 기이하고 불안정한 인물이었다. 그는 많은 시간을 실험실에 틀어박혀 지내는 바람에 아버지에게 자주 질책을 당했다. 거기에서 그는 연금술과 마술 공부에 심취한 채 비금속을 금으로 바꾸는 방법에 대해 실험했다. 프란체스코는 밤중에 혼자 시내를 산책했다는데, 남의 눈에 띄지 않고 돌아다닐 수 있도록 거처에 비밀 통로와 방을 만들도록 했다고 알려져 있다. 머리 위로 지나가는 특이한 통로 덕분에 프란체스코는 도시 밖에 있는 그의 궁에서 시내에 있는 자기 궁으로 아무도 모르게 이동할 수 있었다고 한다. 아직도 그 통로 일부가 유명한 폰테 베키오 다리 위로 아르노 강을 지나간다.

1565년, 프란체스코는 오스트리아의 공주 요한나Johanna와 결혼했다. 하지만 결혼 생활은 순탄하지 못했고, 프란체스코는 부정한 남편으로 악명이 높았다. 그러던 중 1572년경 프란체스코는 눈부시게 아름다운 비안카 카펠로를 보고 홀딱 빠졌는데, 베네치아 귀족의 딸인[14] 그녀는 빈털터리 토스카나 남자와 눈이 맞아 피렌체에서 베네치아로 도망쳐 온 터였다. 비안카의 출중한 미모 중에서도 특히 꿰뚫을 듯한 푸른 눈이 유명했는데, 마치 상대방에게 최면을 거는 듯한 눈이었다고 한다. 프란체스코를 홀린 그녀의 막강한 매력 때문에 사람들은 비안카를 프란체스코의 의지를 좌우할 수 있는 마녀라고 믿었다. 사람의 마음을 마음대로 조종하는 푸른 눈의 마녀 비안카. 프란체스코가 비안카를 정부情婦로 삼은 지 얼마 안 돼 비안카의 젊은 남편이 피렌체 거리에서 살해된 채 발견되자, 프란체스코가 연루되었다는 소문이 떠돌았다.

1574년 코시모 1세가 사망하자 프란체스코에게 권력이 넘어왔다. 프란체스코 1세가 된 그는 1574년부터 사망할 때인 1587년까지 나라를 다스렸다. 1578년, 불쌍한 요한나 대공비가 아기를 낳다가 사망하자 프란체스코 1세는 즉시 비안카 카펠로와 재혼했다. 하지만 최근의 이 만행이 있기 전부터 피렌체 전체가 프란체스코의 기행에 분개하고 있었다. 그는 포학하고 음흉하고 수상쩍을 뿐만 아니라 점차 공적 활동에도 거의 참석하지 않았다. 사람을 홀리는 비안카와 함께 있지 않지 않을 때면 줄곧 비밀스러운 기술에 몰두했다.

형과 아름다운 형수를 자주 방문하던 프란체스코의 동생 페르디난도 추기경 역시 불안한 마음을 감출 수 없었다. 또한 프란체스코의 품위 없는 행동과 장난삼아 하는 괴이한 놀이도 걱정스럽기 짝이 없었다. 게다

프로스페로의 섬인 불카노. 기원전 183년에 일어난 수중 폭발로 불카노는 해면 위로 솟아올랐다. 이탈리아의 화산학자인 프랑코 이탈리아노 박사는 이 섬을 가리켜 "사람들로 하여금 생명력이 흘러넘치는 이 섬에 대해 경외심을 갖게 하는 (……) 상상할 수 없는 세계"라고 말한다.

가 최근 들어 프란체스코와 비안카가 추진하고 있는 아들 입양 계획도 못내 신경이 쓰였다. 양자는 프란체스코의 예측할 수 없는 통치 기간을 연장할 뿐만 아니라 페르디난도의 상속 가능성을 차단하고 좀 더 분별 있는 페르디난도가 메디치 가의 권력에 접근하는 것도 완전히 배제하게 될 터였다.

    1587년 10월 초, 페르디난도 추기경은 피렌체 외곽의 포조 아 카이아노Poggio a Caiano에 있는 공작의 저택을 방문했다. 손님으로 머무르던 그는 그 달 18일, 프란체스코 내외와 함께 만찬을 들었다. 그날 저녁 공작 부부가 앓기 시작했는데 말라리아가 발병한 게 틀림없었다. 이틀날 두 사람은 다시 페르디난도와 만찬을 들 수 있을 만큼 회복된 듯했다. 하지만 그날 밤 늦게 '말라리아'가 악화되면서 결국 프란체스코가 세상을 뜨고 말았다. 이틀날인 10월 20일 첫새벽에 비안카도 남편을 따라 저세상으로 갔다.
    페르디난도는 프란체스코의 후계자인 페르디난도 1세가 되어 즉시 모든 국정을 맡았고, 아울러 신속하게 두 사람의 부검을 지시했다(이탈리아에서 군주나 통치자에 대한 부검은 흔한 일이었으나, 그 아내까지 부검하는 경우는 드물었다). 프란체스코와 비안카가 정말로 말라리아로 사망한 게 틀림없다는 부검 결과가 담긴 급송 공문서와 함께 부검은 완료되었다. 그렇다고 두 사람이 페르디난도에게 독살되었을지도 모른다는 의심이 완전히 사라진 것은 결코 아니었다. 그러니 우리 작가가 온 세상에 퍼질 대로 퍼진 의구심과 뒷공론과 충격의 물결을 모르는 채 넘어갔을 리가 없다.

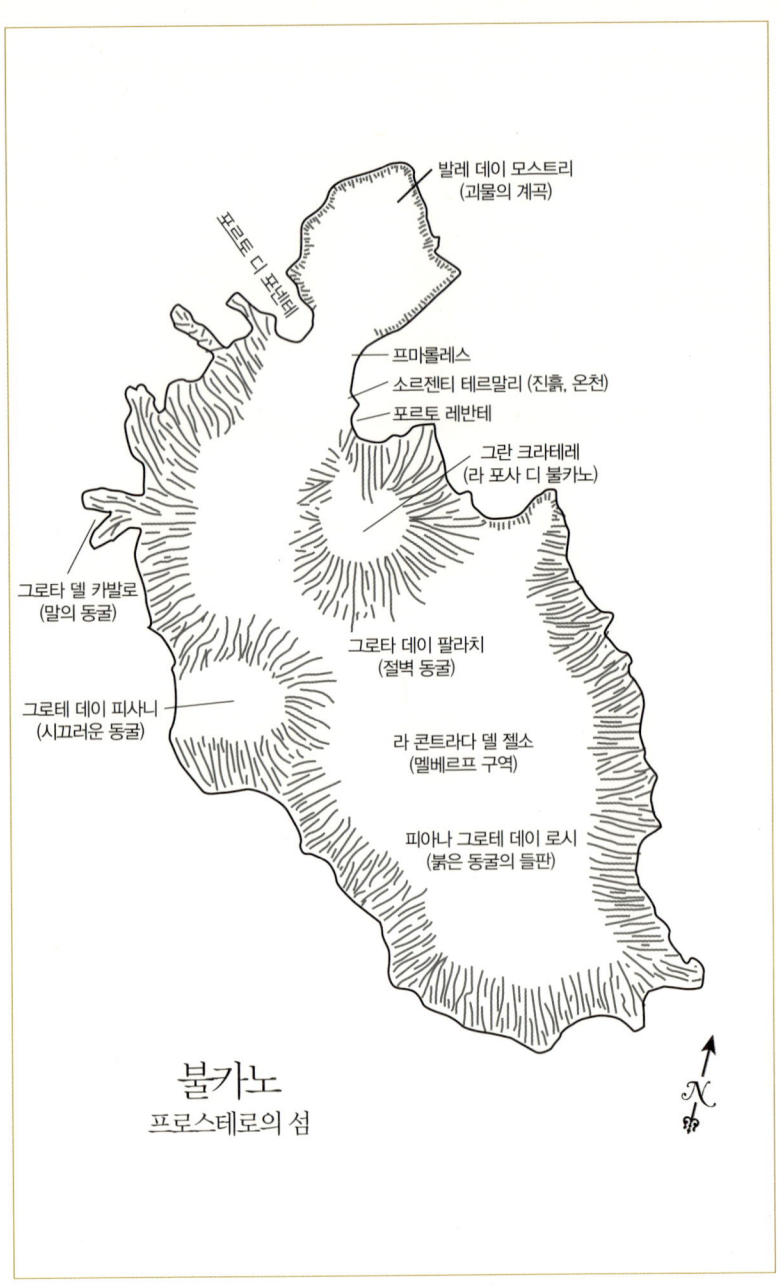

프란체스코 1세와 경국지색의 미모를 지닌 비안카의 사망을 놓고 이탈리아에서는 400년도 넘게 온갖 억측이 난무했다. 1857년, 두 사람의 유골이 발굴되었다가 메디치 가의 납골당에 도로 매장되었다. 1945년 다시 한 번 그들의 유골 검사가 실시되었다. 하지만 아무것도 해결되지 않았고, 사람들은 여전히 그들의 죽음에 의문을 제기했다.

마침내 2007년, 또 한 번의 조사가 이루어졌다. 다시 한 번 프란체스코와 비안카의 관 뚜껑이 열리고 권위 있는 전문가가 그들의 유해를 상대로 정밀 검사를 실시했다. 그 결과 역사상 처음으로 프란체스카와 비안카가 둘 다 독살되었다는 과학적 판정이 내려졌다. 물론 이는 충분히 예상된 결과였다. 그들의 유골에서 높은 지수의 비소가 발견되었던 것이다. 그제야 비로소 이른바 메디치 프로젝트가 종결되었다. 오늘날 이 소름끼치는 사건의 전모는 누구나 인터넷에서 찾아볼 수 있다.

∽

지금 알론소 왕은 이상한 섬에 좌초되었지만 그래도 안전하기는 하다. 『아이네이스』 8권에서 베르길리우스는 그 섬을 '불카니아'라고 부르면서 2천 년이 흐른 지금까지도 생생하게 살아 있는 언어로 그 모습을 묘사했다.

바람의 신 에올루스의 리파레Lipare 제도가 누워 있는 쪽의 시칠리아 섬 곁에, 연기를 뿜어대는 가파른 바위들로 이루어진 섬이 하나 우뚝 솟아 있다. 그 아래는 에트나 동굴들의 본거지로, 키클롭스의 용광로 때문에 움푹 꺼져 있다. 그 공

불카노의 뜨거운 진흙 웅덩이는 '더럽게 뒤덮인 지저분한 웅덩이'로 술에 취한 트린쿨로가 술자루를 잃어버린 곳이다.

동洞 위로 들려오는 으르렁거리는 소리, 두들기고 때리는 메아리 소리, 신음소리. 칼리브Chalyb의 쇠지레들은 동굴들 사이로 쉿쉿거리고, 사나운 불길은 용광로 안에서 거친 숨을 몰아쉬며 헐떡거린다. 불카노의 집인 이 나라의 이름은 불카니아. 저 높은 하늘에 거하던 불의 왕이 여기로 내려온 것이다.

로마 방언 '불카니아Vulcania'는 이탈리아어로는 '불카노Vulcano'이다. 섬의 이름이 불과 용광로와 화산의 신 이름을 따서 지어졌다는 건 조금도 놀라운 일이 아니다.[15]

자매섬인 스트롬볼리Stromboli와 마찬가지로 불카노(첫 음절에 강세가 있음)에도 활화산이 하나 있다. 그란 크라테레Gran Cratere 혹은 라 포사 디 불카노La Fossa di Vulcano라고 불리는데 유난히 독성이 강하고 치명적이다. 그 바람에 아주 최근까지도 불카노에서 사람이 살 수 있다고 확신하는 사람이 아무도 없을 정도였다.[16] 시칠리아 내륙에서 12마일밖에 떨어지지 않아 작은 배로도 쉽게 갈 수 있고, 여러 세기 동안 사람들이 배를 타고 그 섬에 들락날락했음에도 불구하고.

그란 크라테레의 분화구와 갈라지고 균열된 틈, 가장자리의 분연구를 통해 고온의 가스가 끊임없이 배출된다. 가스에는 증기와 이산화탄소, 황(용해된 것과 밝은 노란색의 미립자 상태인 것 둘 다), 이산화황이 섞여 있다. 이산화황은 자극적이면서 썩은 달걀 냄새 같은 불쾌한 냄새 때문에 누구나 쉽게 금방 알아챌 수 있다. 이 혼합된 유독 성분 또한 화산 기슭에 나 있는 이른바 '분기구'를 통해 밖으로 배출된다. 그란 크라테레가 줄기차게 뿜어대는 악취와 증기와 토사물은 드라마틱한 장면을 연출하는 동시에 항상 불쾌한 냄새를 동반한다.

"이 노란 모래사장으로 오세요" 오늘날에도 불카노의 방문객들은 에어리얼이 노래했던 노란 모래사장의 환영을 받는다. 왼쪽. 에올리에 섬, 『아르테 포토 그라픽 오레스테 라구시』에서 인용한 사진. 밀라초(메시나), 68쪽
오른쪽. 『지중해의 진주, 에올리아 제도』에서 인용한 사진.

반도를 불카노로 만든 것은 불카넬로Vulcanello, 즉 '작은 불카노'이다. 그것은 기원전 183년에 그 자체가 하나의 작은 섬의 상태로 바다에서 솟아오른 뒤 점차 커지다가 어느 순간 불카노와 합쳐지면서 더 큰 하나의 섬을 형성했다. 불카넬로에는 두 개의 만이 있다. 얕은 것이 포르토 디 포넨테Porto di Ponente로 수면에 암초가 있어 배들이 좌초할 수 있는 반면, 포르토 레반테Porto Levante는 좀 더 크고 깊고 안전한 만이다. 오랫동안 사람들은 포르토 레반테 앞바다에 배를 정박시킨 뒤 좀 더 작은 배를 이용해 섬에 들어가곤 했다. 19세기 후반에 가서야 포르토 레반테는 제대로 된 부두를 갖게 되었다.

포르토 레반테의 최적의 상륙 장소는 고르지 못한 넓은 언덕배기 근처이다. 그 바로 북쪽에 뜨거운 진흙 웅덩이들이 있는데 특히 좀 더 큰 것들이 아주 인상적이다. 광물이 혼합된 질척거리는 진창 사이로 이산화탄소와 이산화황이 부글부글 끓어오른다. 끈적거리는 갈색 진창들이 거품을 일으키고 증기를 뿜어대고 지독한 냄새를 풍긴다. 화산에서 배출된 황 먼지가 일 년 중 몇 달은 노란 층을 이루며 이 뜨거운 진흙 웅덩이를 '뒤덮는다.'

캘리반, 스테파노, 트린쿨로가 프로스페로를 살해할 음모를 꾸미는 4막 1장에서 이 뜨거운 웅덩이가 언급된다. 그를 위한 작은 가면극 공연이 끝날 무렵 프로스페로는 흉악한 음모의 실행이 임박했음을 깨닫는다. 그래서 상황을 파악하기 위해 에어리얼을 부른다.

프로스페로 : 그 악당들을 어디에 두고 왔다고 했지?

분기구. 육지에서는 지표의 작은 균열을 통해 배출되는 가스로 인해 증기가 발생하고 쉿쉿 소리가 요란하게 나는 반면, 습지에서는 진흙이 간헐천으로 흩뿌려진다. 해변 근처 암초 주변의 해저에서는 수중 분기구가 빠른 속도로 거품을 뿜어대면서 콸콸거리는 독특한 소리를 낸다. 『지중해의 진주 에올리아 제도』에서 인용한 사진.

에어리얼 : 아까도 말씀드렸습니다만, 그놈들은 술에 만취해 얼굴이 붉게 타

오르고 (……)

그래서 제가 작은북을 치니까 그놈들은 길들지 않은 망아지처럼

귀를 곤두세우고 눈썹을 치켜 올리는가 하면

코를 씰룩거리며 마치 음악소리를 냄새 맡으려는 것 같았습니다.

그래 제가 그놈들의 귀에 마법을 걸었기 때문에

어미 소를 따르는 송아지처럼 제 음악소리에 이끌려

찔레, 가시금작화, 바늘금작화, 가시나무[8] 따위 사이로 끌려다니며

부드러운 정강이가 가시에 찔려 온통 엉망이 되었습지요.

결국 그놈들을 이 바위굴 저쪽에 있는

더럽게 뒤덮인 웅덩이 속에 패대기를 쳤습지요.

에올리에 섬, 『아르테 포토 그라픽 오레스테 라구시』에서 인용한 사진. 밀라초(메시나), 68쪽.

그놈들의 더러운 발 못지않게 썩은 냄새가 코를 찌르는 지저분한 웅덩이 속에 턱 밑에까지 빠져 있습니다요.

곧 캘리반과 스테파노와 트린쿨로가 '더럽게 뒤덮인 웅덩이 (……) 지저분한 웅덩이'의 물에 흠뻑 젖은 채 지독한 냄새를 풍기며 입장한다.

트린쿨로 : 괴물아, 내 몸에서 온통 말 오줌 냄새가 나. 그 바람에 내 코가 문드러지겠어.
스테파노 : 나도 그래, 내 말 듣고 있니? 이 괴물아.

나중에 트린쿨로가 술에 취해 탄식한다. "제길, 웅덩이에 우리 술자루만 빠뜨렸잖아." 실제로 질척거리는 진흙 웅덩이 속에 빠진 물건을 찾기란 도저히 불가능하다.

　스테파노, 트린쿨로, 에어리얼의 대사에 묘사된 '지저분한 웅덩이', '말 오줌', '더러운 웅덩이'라는 공간적 배경은 불카노의 악취와 거품과 뜨거운 진흙 웅덩이를 정확하게 표현한 말이다. 그렇다면 에어리얼이 웅덩이를 가리켜 '더럽게 뒤덮여 있다'고 한 말은 무슨 뜻일까?

　작가가 살던 시대에 불카노의 뜨거운 진흙 웅덩이는 떠다니는 마른 유황 껍질로 일 년 내내 '뒤덮여' 있었을 것이다. 이 신기한 자연 현상은 위쪽 분화구에서 흘러내려온 밝은 노란색의 유황 미립자가 웅덩이의 표면에 모이면서 일어나는 것이다. 현재 진흙 웅덩이가 이렇게 노란 찌꺼기로 덮여 있는 모습은 '관광 비수기'에만 볼 수 있다. 즉, 건강을 찾는 관광객들이 웅덩이의 표면을 건드리지 않을 때에만 볼 수 있다는 말이다. 그래도 그란 크라테레의 가장자리나 기슭에 건드리지 않은 채 남아 있는 노란 찌꺼기를 통해 그것이 일 년 내내—오랜 세월 저편에서도—어떻게 보였을지 상상할 수 있다. 작가가 살던 시대에도 뜨거운 진흙 웅덩이 위에 그렇게 노란 찌꺼기가 덮여 있었을 것이다.

　그러므로 1막 2장 마지막 부분에서 에어리얼이 "이 노란 모래사장으로 오세요."라고 노래하는 걸로 보아 작가는 이 놀라운 자연 현상을 직접 본 게 틀림없다. 『템페스트』의 등장인물이 부르는 노래를 통해, 작가는 머나먼 영국 관객들에게 이탈리아 해안선 바깥쪽에 있는 이 에올리에 제도의 아주 진기한 특징을 설명해주었다. 공기의 요정은 그냥 '모래사장'이 아니라 '노란 모래사장'이라고 노래한다. 오늘날에도 불카노의 포르토 레반테에 상륙하는 순간, 에어리얼이 노래한 특이한 노란 모래사장을 보고 깜짝 놀라는 사람들이 있다.

∽

포르토 레반테의 드넓은 해변을 따라, 바닷속이든 해변에 인접한 곳이든 대부분 온천과 분기공이 있는데, 한데 뭉뚱그려 소르젠티 테르말리Sorgenti Termali, 즉 '파도치는 온천'이라고 부른다. 일부는 유황 온천이고 일부는 진흙 온천인데, 그중 일부는 여전히 악취가 심한 이산화황을 내뿜고 있다. 수중 온천에서 솟는 이산화탄소가 그 위의 바닷물을 거품이 부글거리는 뜨거운 물로 만든다. 얼마나 뜨거운지 온천욕을 하기 위해 바닷물에 들어가려는 사람들에게 보호용 신발을 신으라고 충고할 정도이다. 바닷가의 드라마틱한 자연 현상과 더불어, 해안을 따라 분기공에서 간헐천처럼 증기와 물이 맹렬하게 분출되는 것도 이 섬의 또 다른 특징이다.

1막 2장 처음 부분에서 작가는 미란다의 대사를 통해 불카노의 수중 분기공이 활동하는 모습을 묘사했다.

> 하늘에서 악취가 나는 검은 찌꺼기라도 퍼부을 것만 같아요.
> 그런데 파도가 치솟아 하늘의 뺨[18]을 때리면서
> 저 번갯불을 꺼버리네요.

바닷가의 분기공을 보고 있노라면 자연이 만든 한 편의 웅장한 드라마라는 생각이 든다. 분기공이 분출하기 시작하면 물과 수증기가 하늘을 찌를 것처럼 맹렬하게 솟아오른다. 파도가 '하늘의 뺨까지 치솟는' 것 같다고 한 미란다의 말은 이 현상을 정확하게 표현한 것이다. 구름 가장

에올리에 섬, 『아르테 포토 그라픽 오레스테 라구사』에서 인용한 사진. 밀라초(메시나), 68쪽.

자리까지 혹은 하늘 한복판까지 치솟고 있다는 말이다.

수중 분기공은 활동하지 않을 때는 바닷물로 가득 차 있다가, 일단 열리기 시작하면 순식간에 불타오르는 간헐천의 모습을 보인다. 타는 듯한 녹은 유황이 위로 분출돼 공기와 만나면 불길로 변한다. 그러나 그 불길은 뜨거운 바닷물과 수증기 때문에 금방 꺼지고 만다. 타다 남은 찌꺼기가 해변에 떨어진 걸 보면 이산화황 냄새가 나기는 해도 꼭 역청처럼 보인다. 그러니 미란다가 깜짝 놀랄 수밖에.

섬의 진기한 특징은 눈에 보이는 장관만이 아니다. 철썩거리고 신음하고 한숨짓고 두드리는 소리처럼 끊임없이 들려오는 '음악'도 있다. 3막

2장에는 섬에서 가장 오래 산 덕분에 이 음악을 잘 아는 캘리반이 스테파노와 트린쿨로에게 설명하는 장면이 나온다.

> 이 섬에선 별별 소리가 다 나는데
> 기분이 좋으면 좋았지 해가 될 건 없는 아름다운 음악소리지요.
> 어떤 땐 오만가지 악기소리가 귓가에 울리는가 하면
> 어떤 땐 아름다운 노랫소리가 귓전에 들리지 뭡니까.

베르길리우스 역시 캘리반보다 한참 옛날에 불카노가 신음하고 쉿쉿거리고 사정없이 두들기고 숨이 차서 헐떡거리는 소리를 그려놓았다.

캘리반은 불카노의 수많은 독특한 특징들—그 식물상과 동물상—을 대사 속에 잘도 엮어 넣는다. 예를 들면 2막 2장에서 그는 뱀에 대해 불평하는데 특히 '고슴도치urchin 장난'에 대해 투덜거린다.

> 고슴도치hedgehogs로 둔갑해서
> 내가 맨발로 가는 길에 자빠져 있다가 발을 디디려 하면
> 바늘로 내 발바닥을 찌르질 않나.

'Urchin'과 'hedgehogs'는 단어만 다를 뿐 똑같이 고슴도치를 이르는 말들이다. 25센티미터 정도의 작은, 야행성 잡식 동물인 고슴도치는 에올리에 제도 전 지역에서 발견된다. 현재 불카노 주민들, 특히 섬의 외딴 곳에서 작은 부락을 이루며 살고 있는 사람들은 밤마다 자기 집 정원에 이 가시투성이의 작은 동물이 침입하는 것을 보고 한탄한다.

고슴도치의 두드러진 특징은 딱딱하고 날카롭고 유연한 등뼈로 된 보

호 장치이다. 몸에 뭐가 닿거나 놀랄 때면 고슴도치는 등뼈—살에 박히면 몹시 아프다—를 사방으로 내밀면서 제 몸을 공처럼 만든다. 프로스페로도 캘리반을 협박하면서 고슴도치에 대해 말한 적이 있다.

> 고슴도치가
> 네놈을 콕콕 찔러버릴걸.
> 그럼 너는 여기저기 찔려서 벌집처럼 될 텐데
> 찔린 자국 하나하나가 벌한테 물린 것보다 훨씬 더 아플 거다.

캘리반은 불카노에 서식하는 또 다른 거주자인 흑꼬리도요새에 대해서도 말한다. 2막 2장 마지막 부분에서 그는 스테파노와 트린쿨로와 동맹을 맺고 그가 그들에게 제공할 서비스를 일일이 나열하는데, 그중 하나가 이 섬의 진미를 조달하는 것이다. "가끔 바위에서 흑꼬리도요새 새끼도 잡아다 드리죠."

흑꼬리도요새는 막대기 같은 꼬리가 달린 철새로, 늪이나 해변에 서식하는데 이따금 이탈리아의 티레니아 해와 이오니아 해에서도 발견되며 영국이나 다른 북쪽 지방에서 발견될 때도 있다. 아직 멀리 날지 못하는 어린 암놈은 맛있는 단백질 공급원으로 환영받는다.

캘리반은 또 불카노의 열매들에 대해서도 언급한다. 1막 2장에서 캘리반이 이제는 가혹해진 프로스페로의 대접에 투덜거리면서 처음에는 그도 자신에게 친절했었다고 말하는 대목이다.

> 처음엔 제 머릴 쓰다듬고 귀여워해주시며
> 열매를 넣은 물도

주시곤 했잖아요.

그 열매들[19]의 속성이 또 여러 가지 생각을 불러일으킨다. 캘리반이 말한 열매는 분명 뽕나무 열매인 오디로, 작가가 섬을 방문했을 때도 불카노의 황무지에 서식하고 있었을 것이다. 뽕나무 씨앗은 이탈리아 본토에서 새가 물어온 것인데, 15세기에 이탈리아 사람들이 처음으로 비단 잣는 비법을 알고 나서 뽕나무를 수입하기 시작했다. 뽕나무는 누에의 번식을 위해 절대적으로 필요한 나무이다. 누에가 가장 신선하고 부드러운 뽕잎만 먹기 때문이다. 오늘날에도 불카노의 어떤 지역은 그 고장의 성격에 따라 라 콘트라다 델 젤소La Contrada del Gelso, 즉 오디 지구라고 불린다.

그런데 이 섬에 대해 이렇게 속속들이 알고 있는 캘리반이라는 이 이상한 인물은 도대체 뭘 하는 어떤 존재일까?

중세와 르네상스 시대를 통틀어 에스파냐의 카탈로니아 사람들은 지중해 일대에서 가장 유능한 선원으로 평가되었다. 카탈로니아 사람들은 에스파냐와 시칠리아, 나폴리의 통치자들에게 고용되었는데 여기에는 신성로마제국 황제 카를 5세와 에스파냐의 펠리페 2세, 또 그의 출중한 동생인 돈 후안이 포함된다. 엘리자베스 시대 관객들은 『템페스트』를 보면서 알론소 왕의 선원들이 카탈로니아 사람들이라는 사실을 쉽게 짐작했을 것이다.

이베리아 반도 일부와 발레아레스 제도로 구성된 카탈로니아는 아직도 그 이름을 그대로 간직하고 있는, 반半자치적인 현대 에스파냐의 카탈로니아 주와 어느 정도 일치한다. 또 그제나 이제나 카탈로니아 주의 수도는 바르셀로나이다.[20]

카탈로니아어는 아주 독특한 언어이다. 오늘날에도 800만 명이나 되는 사람들이 자랑스럽게 모국어로 사용하는[21] 이 말은 에스파냐어의 방언이 아니다. 확실한 라틴계 언어로, 프랑스 남부 프로방스 지방 사투리와 유사한 편인데, 1609년까지는 카탈로니아어 역시 시칠리아의 공식어였다. 작가가 남쪽 여행을 하면서 얼마나 많은 카탈로니아어를 배웠는지는 짐작하는 수밖에 없다. 그래도『템페스트』를 통해 분명히 알 수 있는 사실은 그가 적어도 몇몇 두드러진 어휘를 이해할 만큼 카탈로니아 사람들을 사귀었다는 사실이다. 당시에는 카탈로니아 사람들이 나폴리, 트라파니, 메시나, 팔레르모 같은 도시에 아직 많이 살고 있었는데, 그동안 이 주목할 만한 사실은 철저히 간과되었다.

무수한 책, 기사, 논평, 심지어 논문까지도 이 잔인하고 기형적인 노예의 이름인 캘리반Caliban이 '카니발cannibal'의 변형이라고 단호하게 주장한다. 카니발은 16세기에 에스파냐어 카니발Canibal이 영어로 유입된 단어이다.『옥스퍼드 영어사전』에는 이 단어가 '원래는 식인종이었다는 기록이 남아 있는, 서인도제도의 흉포한 민족인 카리브Carib 또는 카리베스Caribes라는 소수 민족의 이름 중 하나'라고 설명되어 있다.

『오셀로』1막 3장에서는 카니발이 인육을 먹는 사람이라는 뜻으로 쓰인다. 서인도제도가 아니라 극동이나 아프리카 사람을 가리키긴 하지만. 그 단어의 어원이야 어쨌든 작가는 카니발이 무엇이고 무엇을 했는지 몰랐던 건 아닌 것 같다.

『템페스트』의 캘리반은 인육을 먹는 데 전혀 관심이 없다.[22] 캘리반 자신도 그런 관심을 전혀 드러내지 않을 뿐 아니라 다른 등장인물들도 그에 대해 그렇다는 말을 하지 않는다. 그럼 캘리반이 식인종도 아니고 카리브 종족의 아메리카 인디언도 아니라면, 그는 과연 누구일까?

작가가 하는 말에 좀 더 주의를 기울인다면 『템페스트』의 대사를 통해 그 대답을 알 수 있을 것이다. 1막 2장에서 프로스페로가 에어리얼에게 다그치는 내용이 나온다. "너는 그 고약한 마녀 시코락스를[23] 감쪽같이 잊었느냐? 그 여자를 잊어버렸느냐고?"

이 끔찍한 마녀 시코락스는
온갖 포악질에다 듣기에도 끔찍한 마술을 쓴 죄로
너도 알다시피 아르지에 Argiers[24]에서 추방되었단 말이다.
한 가지 일 덕분에[25] 목숨만은 살려줬지.
그게 사실이 아니란 말이냐?
(……)
눈자위가 푸른 임신중인 마녀는
선원들에게 끌려와서 이 섬에 버려졌다.

캘리반의 어머니는 시코락스 Sycorax로 작가가 지어낸 이름인데, 특별한 재미를 지닌 언어의 유희로 그리스어 단어에서 빌려온 두 개의 뜻으로 이루어졌다. 'psycho'는 '마음'이라는 뜻이고, 'rax'는 '비틀다' 또는 '구부리다'라는 뜻인데, 두 단어를 합치면 '회유하는 사람' 또는 '마음을 왜곡시키는 사람'이라는 말이 된다. 그러니까 시코락스는 마음을 왜곡시키는 사람이면서 사람을 회유하는 파란 눈의 마녀이다. 그런데 푸른 눈을 가지고 있으면서 사람의 마음을 회유하는 또 하나의 마녀가 있었으니 바로 요 앞에 나왔던 비안카 카펠로이다.

계속되는 프로스페로의 말을 통해 시코락스가 언제 죽었는지 밝혀진다.

> 그 당시 이 섬에는
> 마녀가 낳은 주근깨투성이인
> 괴물딱지 아들 한 놈 외에는
> 사람의 그림자라고는 눈을 씻고 찾아보아도 없었다.

마녀의 자식으로 태어난, '주근깨투성이 개구쟁이' 캘리반은 프로스페로와 미란다가 이 섬에 오기 전까지 이 섬의 유일한 거주자였다. 캘리반처럼 혐오스러운 인물을 창조할 경우, 작가는 그에게 어울리는 이름을 어떻게 지어줘야 할까?

그것은 별로 어렵지 않은 일이었다. 작가는 시칠리아를 여행하는 동안 카탈로니아어를 알게 되었기 때문에 캘리반에게 '안성맞춤'인 완벽한 이름을 골랐다. 카탈로니아어로 '칼리반'은 추방당한 사람, 또는 부랑자라는 뜻을 지니고 있다.[26]

그 밖에도 작가는 카탈로니아 이름을 하나 더 빌려왔으니, 바로 에어리얼이다. 그런데 이 작품이 쓰이기 수천 년 전부터 '아리엘'이라는 이름이 구약성서에 나온다. 에즈라서 8장 16절로, 거기에서 아리엘은 에즈라의 명령을 따르는 지도자들 가운데 하나인데, 이스라엘 민족을 바빌론에서 예루살렘으로 도로 인도해온 사람도 아리엘이다.

하지만 카탈로니아어로 아리엘에는 두 가지 뜻이 있다. 그러니까 '전통적인 헤브라이어의 용법에서 아리엘은 천사의 이름이나, [반면] 대중적인 카탈로니아어의 전통에서 아리엘은 흔히 장난스러운 공기와 물의 요정 이름이다'del nom de l'angel Ariel, de la tradicio rabinica,' or 'en la tradicio popular, espirit, generalment malefic, de l'aire i de l'aigua'.[27] 프로스페로는 시코락스에 의해 12년간이나 갇혀 있던 '갈라진 소나무'에서 공기의 요정을 구해낸 다음 자신의 것으로 만들었는데, 이것이 바로 그 '에어리얼'이 아닐까?

ӝ

1막 2장에서 프로스페로가 에어리얼에게 알론소 왕의 배가 어디 있느냐고 묻자 에어리얼이 대답한다.

> 왕의 배는 무사히 항구에 대놓았습지요.
> 언젠가 주인님께서 한밤중에 절 부르셔서 (……)
> 바로 그 섬 깊숙한 곳에
> 잘 감추어두었답니다.

현재 불카노 주변을 도는 대부분의 관광 유람선에서 수많은 바다 동굴을 볼 수 있다. 섬의 서해안 중간쯤에 엄청난 동굴이 있는데 그로타 델 카발로Grotta del Cavallo라는 아주 독특한 동굴로, 말의 동굴이라는 뜻이다. 굉장히 높고 넓고 움푹 팬 어마어마한 동굴이라 오늘날에도 16세기 배

에올리에 섬, 『아르테 포토 그라픽 오레스테 라구시』에서 인용한 사진. 밀라초(메시나), 68쪽.

만 한 크기의 관광선이 거뜬히 그 안으로 들어갈 수 있다.

'깊숙한 곳'에 대한 에어리얼의 설명은 구체적이다. 알론소 왕의 배는 프로스페로가 일으킨 폭풍우에 난파되지 않았다. 에어리얼은 자고 있던 선원들과 함께 그 배를 말의 동굴에 정박시킨 뒤, 다들 무사하고 안전하다고 프로스페로를 안심시켰다. 말의 동굴은 알론소 왕의 배가 나폴리를 향해 다시 항해에 나서기 전에 한동안 숨어 있기에는 아주 이상적인 은신처였다.

비평가들은 '깊숙한 곳'에 대한 에어리얼의 날카로운 언급은 간과한 반면, 에어리얼의 같은 대사에 나오는 '베르무테스Bermoothes'라는 단어는 끈질기게 물고 늘어졌다. 오랫동안 이 단어는 셰익스피어 작품에 관심이 많은 사람들 사이에서 뜨거운 논쟁을 불러일으켰다. 사람들은 '베르무테스'를 둘러싸고 순전히 제멋대로 소설을 썼다.

1막 2장에서 에어리얼이 장황하게 늘어놓는 자화자찬에 딱 한 번 베르무테스가 나온다.

언젠가 주인님께서 한밤중에
그 섬 그 깊숙한 곳에 있던 절 부르셔서
일 년 내내 폭풍이 부는 베르무테스에서 이슬을 따오라고 하셨는데,

프로스페로가 에어리얼에게 이곳으로 가라고 명령했을 때 에어리얼은 깊숙한 곳에 있었다. 에어리얼의 대사로 보아 베르무테스가 깊숙한 곳에서 멀리 떨어진, 전혀 다른 곳이라는 건 분명하다. 하지만 공기의 요정에게 거기가 어디냐는 별로 문제되지 않을 것이다. 번개처럼 순식간에 날아갔다 올 수 있을 테니까. 에어리얼은 여기에서 재미있는 사실을 폭로하고 있다. 그렇다면 이 장난꾸러기 요정이 폭로할 수 있는 게 무엇일까?

어떤 사람들은 베르무테스가 『템페스트』와 같은 섬의 어딘가라고 주장했다. 다른 사람들은 프로스페로의 섬이 대서양에 있는 버뮤다 제도 중의 하나라고 주장한다. 16세기나 17세기 문학 작품 어딘가에서 버뮤다 제도가 '베르무테스'라고 나온 것을 읽은 결과이다.[28] 하지만 무엇 때문에 프로스페로가 에어리얼에게 수천 마일이나 떨어진 버뮤다 제도로 가서 금방 증발해버릴 아침 '이슬'을 모아 다시 이탈리아의 불카노로 가지

고 오라고 하겠는가?

물론 그는 그러지 않았다. 작가는 『템페스트』의 여기, 바로 이 대목에서 런던 관객들을 위해 에어리얼에게 재치 있고 익살스러운 역할을 맡겨야 한다고 결정했다. 잠시 경박하게 촐싹거리며 분위기를 띄워 주어야 할 대목이었다. 따라서 에어리얼은 런던에 어울리는 농담을 해야 했다. 런던 사람들이 금방 이해할 수 있고 런던 특유의 의미로 똘똘 뭉쳐 있는 농담을.

이 익살스러운 휴식의 순간을 위해 작가는 버뮤다 제도 또는 베르무테스라고 일컬어지는 런던의 지독한 소굴을 선택했다. 면적이 약 40에이커쯤 되는 런던의 이 끔찍한 구역은 대충 북쪽으로는 케리Carey 로, 남쪽으로는 스트랜드 로, 동쪽으로는 챈서리 소로, 서쪽으로는 클레멘트 여인숙이 경계를 이룬다. 이 구역은 작은 도로와 좁은 뒷골목으로 이루어져 있는데, 낡아빠진 건물에서는 매춘과 도박이, 수많은 비밀 증류주 제조장에서는 불법적인 술 제조, 즉 '밀주 제조'가 성행하고 있었다.

런던의 베르무테스는 불량배, 도둑, 술주정뱅이, 파산한 채무자들로 넘쳐 나는 곳이었다. 하나같이 가난과 절망, 체포와 투옥을 피해 은신처를 찾아 들어온 사람들이다. 프로스페로가 에어리얼에게 가라고 지시한 곳은 바로 거기, 런던의 베르무테스였다. 한밤중에 아주 특별한 종류의 '이슬'을 가져오라고 에어리얼을 보낸 곳도 바로 그곳이었다.

'베르무테스' 또는 '버뮤다 제도'가 런던 사람에게 전혀 다른 두 곳을 가리키는 것처럼, '이슬' 또한 하늘과 땅만큼이나 차이가 나는 두 가지 유형의 액체를 의미한다. 그리고 저질 알코올로 만드는 불법적인 양조—밀주 제조—는 전 세계적인 문제이다. 이제 이와 같은 배경을 알고 나면 에어리얼의 말장난이 한결 재미있게 느껴질 것이다. 대사를 다시 한 번

들어보자.

> 언젠가 주인님께서 한밤중에 절 부르셔서
> 일 년 내내 폭풍이 부는 베르무테스에서 이슬을 따오라고 하셨는데,

작가와 동시대인 16세기 런던 관객들은 대부분 에어리얼의 가벼운 농담을 알아듣고 킬킬거렸을 것이다.[29] 그런데 세월이 흐르면서 에어리얼의 대사가 지닌 익살맞은 의미는 사라지고 말았다. 그 결과 오늘날 영국 관객들은 『템페스트』를 보러 온 다른 나라 관객들과 마찬가지로 바로 자기네 동네에 관한 에어리얼의 재치 있는 말장난을 듣고도 근엄한 얼굴로 앉아 있을 것이다.

༄

이 지구상의 어떤 곳도 『템페스트』에 묘사되고 불카노 섬에서 발견할 수 있는 독특한 특징들을 다 가진 곳은 없다. 노란 모래사장, 뜨거운 진흙 웅덩이, 화산, 온천, 분기공, 유황과 역한 냄새, 소나무, 참나무, 히스, 스페인 금작화, 절벽, 동굴, 오디, 고슴도치 등. 실제로 시칠리아 해안 바깥쪽에 있는 이 매혹적인 섬을 방문하는 사람이라면 누구든지 이 작품의 등장인물이 말한 모든 것을 쉽사리 보고 만지고 냄새 맡고 느낄 수 있을 것이다.

작가의 드라마틱한 희곡 『템페스트』의 공간적 배경은 또 하나의 이탈리아 배경으로 사람들의 주목을 끌고 있다. 이 희곡에서는 불카노 섬만

작품 줄거리의 뼈대를 제공한 게 아니다. 그가 만든 가상의 이야기 또한 고대 로마의 전설에 당시 이탈리아 현실을 접목시킨 것이다. 이탈리아, 그 나라와 그 역사와 그곳에서 일어난 유명한 사건들이야말로 작가에게 영감을 준 바로 그 원천이라고 하겠다.

에필로그

이 책의 앞 장에서 살펴보았듯이, 셰익스피어의 이탈리아 희곡 열 편에 등장하는 '가상의' 배경은 이탈리아에 대해 독특하면서도 놀랍도록 정확한 구체적 사실들을 보여주었다. 이는 특정한 목적을 위해 작가가 그 나라에 체류한 데서 비롯된 결과이다. 작가는 알프스 기슭에서부터 이탈리아 반도 끄트머리까지 여행했을 뿐 아니라, 시칠리아 섬을 종횡으로 누비고 인접한 아드리아 해와 티레니아 해를 항해하는 것도 마다하지 않았다. 그런데도 지난 400년 동안 그가 작품 속에 설명하고 묘사해놓은 이탈리아의 여러 지역과 보물들은 아무도 사실임을 알아보지 못한 채 그냥 간과되거나 작가의 실수로 치부되기 일쑤였다.

여러 가지 사실을 연구 조사한 끝에 내가 이 책을 쓰게 된 이유는, 이런 뿌리 깊은 그릇된 믿음을 재검토하고 그것이 우리 영국 작가의 실제 대사와 얼마나 다른지 그 정확성을 대조하기 위해서였다.

해설

 이탈리아의 존경받는 셰익스피어 학자인 에르네스토 그리요Ernesto Grillo는 그의 인기 저서 『셰익스피어와 이탈리아Shakespeare and Italy』—그의 사후인 1949년에 그의 강의 자료를 모아 출판한—에서 다음과 같이 선언한다. 셰익스피어는 경직된 전통에 사로잡힌 '무식한 배우이거나 (……) 시 작법의 규칙을 모르는' 게 아니라, 오히려 그 반대로 노련하고 박학다식하고 여러 나라 말을 아는 예술가로, 그가 창작한 위대한 작품들은 '시적 기교를 깊이 연구한 끝에 얻어진 산물이다. (……) 이는 그리스와 로마 작품에 매우 정통한 작가들에게서 흔히 찾아볼 수 있는 것과 같은 종류이다.' 그리요는 셰익스피어가 '별똥별처럼 하늘에서 거저 떨어진 (……) 무식한 천재가 절대로 아니다'라고 반박한다.
 그 뒤로 앤드루 워스(「Shakespeare's 'Lesse Greek」[2002])나 얼 샤워먼(「부활의 신화 짓기:헤시오도스에서 셰익스피어까지Mythopoesis of Resurrection: Hesiod to Shakespeare」[2009]) 같은 학자들이 그리요의 주장을 폭넓게 확인해주었다. 즉 셰익스피어 생전에 '그가 작품의 원 소재로 활용했던 일부 책들은 영어로 번역된 적이 없었다'는 사실을. 따라서 그들은 셰익스피어 자신이 그의 희곡이나 시에 활용하고 싶은, 번역되지 않은 많은 자료들을 직접 번역했다고 확신했다. 그리요는 "이탈리아어로 된 내용을 조금도 건드리지 않고 전체를 글자 그대로 번역한 대사를 [셰익스피어 희곡에서] 자주 볼 수 있다. (……) 우리 시인은 틀림없이 이탈리아어로 된 기억 장치에 의존했을 것이다"라고 결론을 내리고 있다. 그리요의 견해는 시대를 건너뛰며 처턴 콜린스J. Churton Collins(『셰익스피어 작품 연구Studies in Shakespeare』 [1904])나 헐Hull 대학교의 제이슨 로렌스Jason Lawrence("'그 이야기는 현존하며 대단히 우수한 이탈리아어로 쓰였다': 「셰익스피어의 친티오 설화 극화Shakespeare's dramatizations of Cinthio」[2004])와 같은 학자들의 지지를 받고 있다.

그렇다고 해서 셰익스피어가 그저 이탈리아 문학의 열렬한 애독자요, 번역가만은 아니었다. 바이얼릿 제프리(「셰익스피어의 베니스Shakespeare's Venice」[1932])나 루이스 아인슈타인Lewis Einstein(『영국에서의 이탈리아 르네상스The Italian Renaissance in England』 [1902])과 같은 학자들과 더불어 그리요는 셰익스피어가 이탈리아 반도에서의 삶과 생활에 대해 해박한 지식을 갖고 있다고 굳게 믿었다. 그것도 작가가 '이탈리아를 방문했던 것만 확실한' 게 아니라 '그가 밀라노, 베로나, 베니스, 파도바, 만토바를 방문했던 것도 분명하다'는 것이다. 그리요는 또 이탈리아는 '교양과 지성을 갖춘 셰익스피어 같은 사람에게 매혹적인 손짓을 보냈을 것이다. (……) 그 시대에 문학과 예술의 세계에서 이탈리아는 (……) 학문과 고전문화의 원천이었기 때문이다'라고 지적한다. 이와 같은 그리요의 결론은 조금도 놀라운 것이 아니다. 머리 레비스Murray Levith가 『셰익스피어의 이탈리아 배경과 희곡Shakespeare's Italian Settings and Plays』 [1989]에서도 지적하듯이 '이탈리아를 배경으로 하는 거의 모든 작품들은 학습과 교육이 가장 중요한 주제'이기 때문이다.

　이제 그리요와 똑같은 시각에서 쓰인 리처드 폴 로의 『셰익스피어의 이탈리아 기행』이 출간되었다. 예를 들면 그리요의 다음과 같은 주장에 대해 로는 진심으로 동의를 표한다. "『말괄량이 길들이기』에는 작가가 이탈리아의 생활양식과 관습뿐 아니라 가정생활의 자질구레한 사항들까지 잘 알고 있다는 사실이 드러나 있다. 이런 것들은 책을 통해서나 파도바를 여행한 사람들과 이야기하다 얻을 수 있는 것들이 아니다." 그 자신 저명한 저술가, 학자, 변호사인 로는 언젠가 나와 이야기를 나누다 레이 브래드버리Ray Bradbury를 인용한 적이 있었다. '훌륭한 작가는 틈만 나면 삶을 접한다. 평범한 작가는 삶에 손만 댔다가 재빨리 뗀다.' 그러면서 로는 만일 엘리자베스 시대 영국 작가 중에 이탈리아의 문학과 삶에 몰두한 사람이 있다면 그가 바로 셰익스피어라고 주장했다.

　영국 역사를 다룬 열세 편의 희곡을 제외하고 나면 셰익스피어 희곡의 대다수가 이탈리아를 배경으로 한다. 아직도 셰익스피어를 영국에 콕 들어박힌 채 돈 버는 데만 급급했던 부르주아라고 생각하는 사람들이 많다. 그런 그가 이렇게 외국 문화를 탐험하고 그것을 자신의 작품 속에 묘사했다는 것은 대단히 주목할 만한 일이다. 사람들은 그가 고대 언어, 시, 역사, 정치, 법률 및 고대의 고전문학을 배우고 익히기에 몰두하는 지적인 삶을 살았다고 생각하지 않는다. 당연히 그가 역사적으로 유서 깊은 피렌체, 메시나 같은 도시나, 상업의 도시 베니스, 유명한 지성의 수도인 파도바 같은 도시들을 직접 여행했다고 생각하는 일도 없다.

　셰익스피어가 자기 작품을 위해 바친 온갖 것들의 비중을 따질 때, 이탈리아를 하찮게 취급하거나 간과해서는 안 될 것이다. 오히려 그처럼 열성적이고 외곬에 가까운 이탈리아 사랑에 적합한 반응이라면, 그에 상응하는 연구 조사일 것이다. 그런데 그러기는커녕 많은 사람들이 작가의 몰두를 시답잖은 관심으로 치부하고 간단히 무시해버리기 일쑤였다. 만일 위대한 궁정 시인 초서가 그의 작품의 많은 배경을 14세기 스칸디나비아 반도로 설정했거나, 이디스 워턴이 19세기 유카탄 반도 사람들로 그녀의 책을 가득 채웠다면, 그것에 대한 연구 조사를 쓸데없는 일이라고 생각할 독자는 아무도 없을 것이다. 만일 로라 잉걸스 와일더 Laura Ingalls Wilder가 미국 중서부 개척 당시의 삶을 쓰지 않고 미시시피나 앨라배마 또는 조지아 주 농장의 삶을 썼다면, 학자들은 작가의 삶이나 관련 사항의 족적을 찾기 위해 과거 남부 연방 지역을 뒤지고 다닐 것이다. 요컨대 작가들은 그들이 잘 아는 것에 대해 쓴다. 디 스티플러 Dee Stiffler도 말했듯이 작가는 자신의 삶을 '잡아먹는다'.

『셰익스피어의 이탈리아 기행』에서 로가 이룬 획기적인 성과는 수십 년 동안 계속된 방대한 독서와 연구결과에 다시 오랫동안 이탈리아 현지에서 실시한 탐구 조사가 더해진 산물이다. 셰익스피어 연구에 한 획을 그은 이 책에서 로는 이탈리아에 홀딱 빠진 셰익스피어가 제기한 문제에 답하면서, 더할 나위 없는 권위로 다음과 같은 사실을 증명한다. 다른 위대한 작가들과 마찬가지로 셰익스피어도 자신이 살았기 때문에 잘 알고, 거기에서부터 영감의 불꽃을 끌어왔던 세계를 작품으로 승화시켰다는 사실을. 이탈리아는 그가 선택한 세계였고, 역사상 가장 위대한 문학적 성과인 '이탈리아 희곡'을 창작하기 위해 그가 잡아먹은 것은 거기에서 보고 들은 그 자신의 경험이었다.

이것을 의심하는 사람이 있을 수 있느냐고? 물론 의심하는 사람이 있다. 왜일까? 왜 그토록 많은 사람들이 셰익스피어가 이탈리아에 갔었다는 사실을 마뜩찮게 여기는 걸까? 이 발견이 함축하고 있는 진실은 무엇일까?

정말로, 왜, 무엇 때문일까?

상당히 안목이 높은 독자들은—셰익스피어가 이탈리아에 갔었는가에 대한 모든 논란은 제외하고—오랫동안 논란이 되었던 많은 문제들을 알고 있다. 셰익스피어의 작품 세계(오리건 출신 편집자 하비 스코트 Harvey Scott 도 인정했듯이 '그 시대의 풍부한 지식을 섭렵한', 타의 추종을 불허하는 장인에 의해 지어진)와 워릭셔 Warwickshire 주 출신 윌리엄 셰익스피어(그의 작품들의 원작자로 인정받고 있는)의 대개 추측에 불과한, 의문투성이인 삶의 편차에서 비롯된 의문들이다. 이들 독자들은 스트랫퍼드의 셰익스피어가 그에게 수여된 영광의 수상자로 그리 설득력이 없다는 것을 알고 있다. 그럼에도 그는 오랫동안 후보자로서의 영광을 누려왔다. 따라서 로의 저서의 중요성을 강조하는 '분리'는 이탈리아 탐험가인 셰익스피어와 우리가 오랫동안 알고 있던 셰익스피어를 비교할 때 일어난다. 셰익스피어에 대한 오래된 선입관은 골수 셰익스피어 신봉자들에 의해 제공되었다. 그들은 호통치는 도살업자이자 장난스러운 사슴 밀렵꾼으로 신화 속의 뽕나무처럼 영국 중부지방에 군건하게 뿌리를 내리고 살았다는 셰익스피어에 관한 전설을 무조건적으로 경건하게 신봉하는 사람들이다. 그들은 셰익스피어가 한 번도 여행한 적이 없는 머나먼 세계에 대해서도 전혀 허술하지 않게 완벽하게 쓸 수 있는, 불세출의 천재라고 입에 침이 마르도록 예찬한다. 그런 전설을 충성스럽고 엄숙하게 옹호하는 사람들은 필연적으로 셰익스피어가 이탈리아어를 공부하고 유럽 대륙에서 부유한 귀족들과 함께 머물렀다는 주장을 부인하거나 비웃을 수밖에 없다.

로 덕분에 우리는 셰익스피어를 더 잘 이해하려고 연구하고 싶어도,

둔하고 무식한 사람의 삶은 자세히 조사할 수 없다는 사실을 깨닫게 된다(스트랫퍼드의 셰익스피어는 평생 편지 한 통도 주고받아본 적이 없으며 그의 자식들 또한 아무도 글을 쓸 줄 아는 사람이 없었다). 말하자면 정밀조사 할 거리가 없는 것이다. 로는 특히 믿을 만한 전기가 없는 상황에서 저자를 확실하게 밝혀내는 올바른 과정은 작가의 문학적 지문指紋에 해당하는 작품을 검토하는 길뿐이라는 사실을 잘 알고 있었다. 작품 안에서 또 작품에 의해서 셰익스피어의 삶이(그리고 문학적 지문이 변함없이 제공하는 신원이!) 밝혀질 것이다. 물론 그것은 불규칙한 삶의 편린을 문학적 퍼즐에 억지로 꿰맞춤으로써, 작품을 창조하는 데 필수적인 준비와 경험을 전혀 갖추지 못한 남자의 삶과 이 작품들의 기원을 일치시키려는 잘못된 노력과는 거리가 먼 것이다.

    셰익스피어 신봉자들이 독자들 앞에 쳐놓은 연막을 걷어내기 위해 로가 착수한 연구 조사 작업은 문학과 역사 연구 원칙에 부합하는 것이다. 물론 작가의 생활과 작품 연구에 관한 표준적인 방법에도 어긋나지 않는다. 결국 '번버리Bunbury와 같은 황당무계한' 오스카 와일드의 갈등 많은 이중생활을 보다 잘 이해하기 위해서는 『진지함의 중요성The Importance of Being Earnest』 같은 그의 희곡에 의지해야 하는 법이다(언젠가 와일드는 '어떤 사람에게 가면을 주면 그가 당신에게 진실을 말해줄 것이다'라고 대놓고 말한 적이 있다). 『밤으로의 긴 여로』나 『아이스맨이 온다The Iceman Cometh』 와 같은 희곡이야말로 유진 오닐을 괴롭혔던 지옥 같은 알코올중독을 이해하는 데 필요한 통찰력을 제공하는 으뜸가는 자료이다. 연극에 의한 포장이란, 사실 알고 보면 얇은 베일에 불과하다. 로의 『셰익스피어의 이탈리아 기행』은 문학의 역사상 좀 더 중요한 베일 가운데 하나를 걷어낸 책이다. 그 베일 때문에 사람들은 여러 세기 동안 셰익스피어의 진면목을 보지 못했다.

　로의 책이 출판된 데 대해 '정말 시의적절한 책이로군!'이라든지 '마침내!'라고 반길 사람도 있을 것이다. 특히 자칭 셰익스피어의 안내자인 에마 존스Emma Jones나 리애넌 가이Rhiannon Guy 같은 사람들이 그들의 최근 저서 『셰익스피어의 길동무The Shakespeare Companion』[2005]에서 '우리가 셰익스피어에 대해 알고 있는 확실한 사실이란 운율이 맞는 한 쌍의 대구 이상도 못 된다'라고 맥없이 인정했다는 사실을 감안할 때, 더 반갑다. 존스와 거이가 좌절의 행렬에 동참하면서 내뱉은 비탄의 말은 우리가 오랫동안 들어온 탄식의 합창에 가담하는 소리이다. 마크 트웨인(『셰익스피어는 죽었는가?Is Shakespeare Dead?』[1909]), 조지 그린우드 경(『셰익스피어에게 문제가 있는가?Is There a Shakespeare Problem?』[1916]), 다이애나 프라이스(『이단적 셰익스피어 전기: 저자 문제에 대한 새로운 증거Shakespeare's Unorthodox Biography: New Evidence of an Authorship Problem』[2000])와 같은 작가들은 유명 비극 배우 마크 라일런스(셰익스피어 세계의 초대 예술 감독), 오슨 웰스, 마이클 요크, 제레미 아이언스, 그리고 타의 추종을 불허하는 연기자 데릭 저코비 경 등과 함께 다른 많은 사람들이 소심한 나머지 입도 뻥긋하지 못한 사실을 오랫동안 주장해온 수많은 셰익스피어의 열성 팬들 중 극히 일부에 불과하다. 그 주장이란, 스트랫퍼드어폰에이번의 윌리엄 셰익스피어가 역사상 가장 뛰어난 문장가요, 극작의 대가이며 시대를 초월한 시인이라는 명제를 도저히 지지할 수 없다는 것이다. 그것이 증거나 논리, 과학적 방법이 아니라 감상적인 전설, 허황한 소문, 낭만적인 우화, 말도 안 되는 난센스를 바탕으로 형성된 믿음에 기초한 확신이기 때문이라는 게 그 이유이다.

　"집 안에만 죽치고 있으면 우물 안 개구리일 뿐이지." 이는 셰익스피어의 비교적 덜 알려진 이탈리아 희곡 가운데 하나인 『베로나의 두 신사』에 나오는 대사이이다. 채프먼Chapman, 말로Marlowe, 로지Lodge, 먼데이Munday, 색빌Sackville, 존슨Jonson과 같은 엘리자베스 여왕과 제임스 1세 시대의 군소 극작가들은 세계를 돌아다닌 여행가들이었다. 이제 우리가 셰익스피어라고 알게 된 작가가 그렇지 않았다고 생각하는 건 불가능한 일이다. 다행히 리처드 폴 로의 책이 나온 덕분에 우리는 더 이상 추측만 할 필요가 없게 되었다. 이제는 그렇다는 사실을 분명히 알게 되었으니 말이다.

대니얼 L. 라이트
(오리건 주 포틀랜드 컨커디아 대학교
셰익스피어 저작물 연구센터 소장)

저자 주석

| 2장 |

1 이 멋진 그림은 부두의 비율까지 그려져 있는데, 지금도 에든버러에 가면 볼 수 있다.
2 Facts on File 출판사, 1996년.
3 『옥스퍼드 영어사전』에서는 'tide'의 다양한 의미를 일곱 단에 걸쳐 설명하고 있다.

| 3장 |

1 올리버 로건Oliver Logan은 저서 『1470년부터 1790년까지 베네치아의 문화와 사회Culture and Society in Venice 1470~1790』에서 다음과 같이 말했다. "군대 경력을 쌓으려는 많은 지방 귀족들이 흔히 다른 유럽 국가의 군대에서, 특히 황제의 군대에서 경력을 쌓았다. 또 지방 귀족 사회는 대체로 합스부르크 왕가에 대해 호의적이었으며 인접한 영지에 살 경우 좀 더 나은 대우를 받는다고 생각했다."
2 『겨울 이야기』 5막 2장.
3 『아고스티니-밀라노 여행안내Guide de Agostini-Milan』, 아고스티니 지리 연구소, 1990.
4 1576~77년도에 유행한 전염병이 아니라, 1630년도의 것을 가리킨다.
5 줄리엣과 실비아 둘 다 연인을 만나기 위해 가출하면서 수도원에 간다는 핑계를 댄다. 신교도 국가인 영국에서는 통하지 않는 수법이지만 이탈리아에서는 젊은 처녀들에게 효과적인 책략인 게 분명하다.
6 『국가 전기傳記 사전Dictionary of National Biography』. 앤서니 먼데이Anthony Munday 역시 『영국 로메인의 일생The English Romayne Life』, 1582에서 오힐리에 대해 논평했다.
7 밀라노 사람들은 성 그레고리 교회 묘지의 거대한 매장 구덩이를 두 가지 이름으로 불렀다. 즉, 포초 디 산 그레고리오와 함께 포폰네 델 라차레토Foppone del Lazzaretto라고도 불렀는데 옛날 밀라노 방언으로 된 이 이름에서 포폰네는 '커다란 구덩이'라는 뜻이다.

| 4장 |

1 많은 현대인들은 딸들이 나이순으로 결혼해야 한다는 옛날 관습을 불합리한 것으로 생

각한다. 창세기 29장에서 라반Laban이 이것을 요구했던 걸로 보아 이 같은 관습은 적어도 성서 시대부터 존재했다. 거기에서 야곱이 라반의 큰딸인 레아Leah가 아니라 동생인 라헬Rachel과 결혼하려고 하자, 라반은 야곱에게 "우리 고장에서는 작은딸을 큰딸보다 먼저 시집보내는 법이 없네"라고 말한다.

2 환어음은 약속어음과 달리 대부나 이자 징수를 필요로 하지 않았다. 그 당시 이자를 받고 돈을 빌려주는 것은 처벌해야 할 중죄이고 종교적으로도 죄악이었으나, 환어음은 비록 재정적인 최종 결과는 완전히 똑같았지만 그 어느 쪽에도 해당되지 않았다. 굉장한 마법이 아닐 수 없다.

| 5장 |

1 이 Argosie라는 단어는 영어로 '라구사Ragusa'를 발음하기 힘들었던 데서 비롯되었다. 16세기 영국의 선적船積 원장을 보면 라구사에 온 상선을 'Ragusye, Arguze, Argose, Argosea' 등등으로 다양하게 불렀음을 알 수 있다.(The New English Dictionary, 1888, Clarendon Press.) 손쉽게 찾아볼 수 있는 『옥스퍼드 영어사전』에 이 단어는 '라구사의 배 또는 무장武裝 상선으로 철자의 위치가 바뀐 것 … 16세기 영어에 라구사가 aragouse, arragouese, arragosa로 나타난 사실 때문에 전치轉置된 게 확실하다'라고 설명되어 있다.

2 『베네치아의 세계The World of Venice』, 제임스 모리스James Morris, 1960, 1974.

3 줄리아 쿨리 알트로치Julia Coolie Altrocchi, 「제노바의 선박과 창Ships and Spears in Genoa」, 『셰익스피어의 출처 비평Shakespearian Authorship Review』, 1959년 봄호.

4 셰익스피어 작품에 나오는 유대인들과 관련해 이른바 그들의 초상화라고 할 만한 부분을 찾기 위해서는 『베니스의 상인』 전체를 주의 깊게 살펴봐야 한다. 아래 다섯 가지의 특별한 경우를 빼고 셰익스피어의 다른 작품에는 '유대인'이라는 단어가 나오지 않는다. "우리가 떠나는 걸 보고 유대인이 울었을 것이다."와 "당신은 헤브라이 사람, 곧 유대인이므로 기독교도의 이름을 가질 자격이 없다."는 『베로나의 두 신사』에 나오는 대사이다. 또 "달콤한 인간의 살점이여! 훌륭한 유대인이여!"는 『사랑의 헛수고』에 나온다. "무성한 장미 덤불 위에 붉은 장미꽃같이 화사한 볼,/ 패기 넘치는 젊은이, 사랑스럽기 그지없는 유대인이여."는 『한여름 밤의 꿈』에, "만일 내가 그녀를 사랑하지 않는다면, 나는 유대인이다."는 『헛소동』에 나온다. '헤브라이'라는 단어는 세 번밖에 나오지 않는다. 하나는 위에 인용된 『베로나의 두 신사』이고, 나머지 두 번은 『베니스의 상인』에서 '유대인'의 별칭으로 나오는데 그중 하나는 샤일록이 투발에 대해 언급할 때이다.

5 브로델, 『지중해The Mediterranean』 2권, 814~821쪽.

| 6장 |

1 아이러니하게도 샤일록은 현금이 부족했기 때문에 그들에게 돈을 빌려주기 위해 투발에게 돈을 빌려야 했다.
2 3막 2장에서 바사니오가 벨몬트에 도착할 때, 이 대목을 기억하고 있는 독자나 관객이라면 이 '비밀스러운 순례'—작품에 두 번 다시 언급되지 않는다—가 당연히 그들의 장래를 약속하고 어느 상자를 골라야 하는지 알아내기 위해 벨몬트의 포샤에게 가는 것이라고 추측하게 된다.
3 이탈리아어로 '검은 것'이나 '암흑'에 해당하는 말이 네레차nerezza이다.
4 이탈리아 희곡에서 그는 시종일관 '공작'이라고 불린다. '도제doge'라는 말이 베네치아와 제노바의 통치자에게만 붙이는 특별한 직함이기 때문이다. 작가는 '도제'를 '공작'으로 대체했는데, 이는 영국인들에게 '공화국'의 통치자로서 그의 높은 지위를 이해시키기 위해서였다. 물론 이 두 가지 직함은 서로 매우 다른 권력과 권위를 상징한다.
5 H.신스하이머Sinsheimer, 『샤일록Shylock』, p. 139.

| 7장 |

1 '야간경비대'는 공인된 자산 경비대였는데 이따금 개인을 위해 활동하는 경우도 있었다. 이 인용 구절은 제1이절판에 들어 있으며 요즘 출판되는 대부분의 판본에서 사용되는데, 극소수의 판본은 사절판의 표현을 따르기도 한다. 거기에는 '권력이 있는 특별경비대some special officers of might'라고 잘못 나와 있다. 셰익스피어 연구가들은 베네치아의 이 독특한 경비대에 대한 설명을 『베네치아 공화국 정부The Commonwealth and Government of Venice』에서 찾아냈다. 1599년 영국에서 출판된 이 책은 루이스 루케너Lewis Lewkenor 경이 『베네치아 공화국과 행정Della Republica et Magistrati de Venetia』을 번역한 것으로, 가스파로 콘타리니Gasparo Contarini 추기경이 그보다 훨씬 이전에 집필하여 베네치아에서 출판한 책이다. 이 경비대는 야간에 베네치아의 6개 구역에 배치돼 시민들의 재산—부수적으로 개인도—을 보호했다.
2 『현대 언어 비평』, 27권.
3 앞의 주장에 대한 제프리의 각주를 통해 다음 사실을 알 수 있다. "마르코 안토니오 코초 사벨리코 다 비코바로Marco Antonio Coccio Sabellico da Vicovaro가 1487년에 베네치아의 역사를 썼다……", 1560년도 판 『전집Opera Omnia』, 바실레아, 4권에서 인용.
4 의원의 하인들이 휘두르려고 가져온 무기들은 아주 이상한 것들이었다. 작가는 『베니스의 상인』에서도 포샤가 베네치아에 머물 동안 단도만 지니게 할 정도로 유난히 신경을 썼

다. 따라서 『베니스의 상인』에서 포샤가 안토니오를 변호하러 갈 때 그렇게 하도록 한 것처럼, 작가는 『오셀로』에서도 베네치아에서 칼을 소지하는 문제에 대해 시종일관 똑같이 유의했을 것이다.
5 데스데모나의 화려한 감옥과는 대조적으로, 『베니스의 상인』 2막 5장에서 샤일록은 저녁을 먹으러 가면서 딸 제시카에게 집 열쇠를 건네주며 말한다. "문단속 잘 하고 있어." 그런데 나중에 밝혀졌듯이 제시카는 데스데모나만큼 믿을 수 없는 딸이었으니, 그녀 자신이 아버지의 돈을 훔쳤던 것이다.

| 8장 |
1 물론 그는 역사상 주로 회화를 통해 기억되는 인물이지만, 생전의 줄리오 로마노는 만토바의 저명한 조각가이자 건축가이기도 했다. 이 또한 작가가 정통 학계에서 인정되고 있는 것보다 더 많은 사실을 알고 있음을 다시 한 번 입증하는 것이다.
2 초서는 『기사 이야기The Knight`s Tale』에서 테세우스에게 '공작'이라는 작위를 부여했는데, 물론 다른 이유 때문이었다.

| 9장 |
1 피레네 협정에 의함.
2 제1이절판에 실린 『끝이 좋으면 다 좋아』의 경우, 그녀를 헬레나Helena로 한 번, 헬렌Hellen으로 한 번 부르고 나머지 열네 번의 경우는 모두 헬렌Hellen으로 부른다. 현대에 출판된 것들은 거의 대부분 Hellen을 Helen으로 바꾸는 경우는 있어도, Helena로 바꾸는 경우는 없다. 반면 학술 비평이나 평론의 경우에는 텍스트에 단 한 번밖에 나오지 않았음에도 시종일관 그녀를 Helen이 아닌 Helena로 부른다. 내가 아는 한, 뉴 폴저 라이브러리 셰익스피어 판 『끝이 좋으면 다 좋아』의 편집자인 바버라 모왓과 폴 워스틴만이 유일하게 그녀를 Helen으로 부른다. 내 생각에는 현대화된 'Helen'이 좀 더 타당한 이름인 것 같다. 그녀는 『한여름 밤의 꿈』에 등장하는 헬레나와는 아주 다른 유형의 인물이다.
3 1556년 에스파냐의 펠리페 2세가 됨.
4 앙리 2세가 누瘻에 걸린 적이 있느냐에 대해서는 많은 의문이 제기되고 있다.
5 '기병대cavalry'라는 단어는 셰익스피어의 작품에 나오지 않는다. 여기서 쓰인 군사 용어는 그냥 '기병horse'이었다.
6 '투시tucket'는 이탈리아 단어 토카타toccata의 영어식 표현으로, 토카타는 toccare에서 온 것이고 악기를 연주한다는 뜻이다. 르네상스 시대 이탈리아의 '토카타' 역시 왕족이나 귀족의 등장을 선포하는 것이었다. 매우 아름답고 매력적인 선율로 사람들의 주의를 끄는

이 방식은 17세기 들어 곧 음악을 작곡하는 데에도 적용되었으니, 코렐리나 바흐의 작품들이 그 예이다.

7 셰익스피어의 대사에서 '투시'라는 단어는 『헨리 5세』의 4막 2장에 딱 한 번 나온다. 프랑스군 막사 장면으로 프랑스 황태자를 비롯한 지휘관들이 참석한 가운데 총사령관이 두 번 연달아 트럼펫 취주를 명령한다. "그럼 트럼펫을 울리도록 하라 / 투시(듣는 이에게 왕실이나 귀족과 관련된 일을 선포하는 트럼펫 선율)를 울리고 [다음에는] 말을 타라는 신호를 보내도록 하라."『헨리 5세』에서 이 대사는 두 가지가 아니라 한 가지 사실을 나타내는 것으로 해석되었던 것 같다. 『옥스퍼드 영어사전』의 '투시'에 대한 정의도 이것을 바탕으로 내려진 것 같다. 총사령관이 나팔수에게 내린 지시는 투시(이어지는 군령을 내릴 왕족이나 귀족을 나타내는)에 이어 기병대에게 말을 타라는 특정한 명령이었다. 말을 타라는 신호는 기병대의 무수한 지시 가운데 특정한 하나였을 것이다. 『끝이 좋으면 다 좋아』에서 이 차이는 분명하다. 투시와 명령—이 경우에는 말을 타라는—이 서른 줄이나 떨어져 있기 때문이다. 제1이절판에서 『베니스의 상인(5막 1장)』의 경우는 무대 지시문을 통해 구별해놓는다. '투시 울림'이라는 지문에 따라 로렌초가 포샤에게 말한다. "당신 남편이 가까이 왔군요. 그분이라는 것을 알리는 트럼펫 소리가 들려요." 이것은 통지일 뿐 어디에도 지시 같은 것은 없다. 이는 『끝이 좋으면 다 좋아』의 3막 5장 처음에 나오는 지문도 마찬가지이다.

8 귀족의 수행원으로 선발대가 필수적이라고 여겨진 예이다. 17대 옥스퍼드 백작인 에드워드 드 비어Edward de Vere가 1575년 1월 파리에 갔을 때, 그는 그렇게 부유한 귀족치고는 놀랄 만큼 일행이 적었다. 신사 둘, 말구종 둘에 가정부, 식객, 선발대가 각각 한 명씩이었다. 이것은 종자從者로서는 최소한의 숫자였다.

9 『블루 가이드-북부 이탈리아』에 따르면 코시모 1세는 '시에나 사람들에 대한 최종 진압을 잔인한 마리냐뇨Marignano 후작에게 맡겼다. 그는 18개월 동안 끔찍한 포위 공격을 감행한 끝에 마침내 1555년 도시를 접수했다.' 작가가 베트람에 대한 과부의 대사를 쓸 때 이 후작을 염두에 두고 있었을까? 과부가 여기서 말하는 사람은 피렌체 공작의 동생이 아니라 시에나 공작의 동생이다.

10 오늘날에는 골도니 광장을 지나는 강변을 따라 룽가르노 아메리고 베스푸치Lungarno Amerigo Vespucci라는 현대적인 대로가 있지만, 그 시대에는 룽가르노라는 대로가 없었다. 아르노 강 북쪽을 따라 서 있는 골도니 광장의 건물 벽들은 강가까지 튀어나와 있다. 만일 폰테 알라 카라이아 다리 건너편에서 다가오고 있는 행진을 공공장소에서 보려면, 가능한 곳은 골도니 광장뿐이다. 과부가 왜 그렇게 행진을 보려고 안달했는지 궁금하다면 피렌체의 몬투기 구에 있는 스티베르트 박물관의 중앙 전시장을 가보면 이해가 될 것이다. 실물 크기로 제작된 16세기 기병들과 말들이 완전무장을 하고 장식 깃털까지 꽂은 채 전시되어 있

는 모습이 참으로 인상적이다. 이 장에도 그 사진이 실려 있다.

11 여기에는 그 이상의 것이 있다. '생 자크 르 그랑Saint Jaques le Grand'의 순례자로 등장한 헬렌의 모습을 보고 이 여자들 중 누군가는 한층 더 큰 신뢰감을 느꼈을 것이다. 골도니 광장에서 왼쪽(남남동쪽)으로 아르노 강 건너편을 바라보면 강가에 로마네스크식 교회의 쑥 내민 반원이 보인다. 강을 내려다보고 있는 커다란 두 개의 창문은 유명한 '생 자크 르 그랑'의 조가비 형태로 만들어져 있는데, '생 자크 르 그랑'의 이탈리아식 이름은 산 '자코보'이다. 산 자코보 소프라르노San Jacopo sopr'Arno라는 딱 맞는 이름을 가진 이 교회 건물은 순례자의 교회였다. 1526년에 증축된 건물의 앞쪽 현관은 비아 산 자코보에 면해 있다.

12 16세기까지 'palmer'와 'pilgrim'은 동의어로 사용되었다.

13 'port'라는 단어는 셰익스피어 정전正典에 스무 번 나온다. 일곱 번은 개인적 행동거지, 태도, 행실, 몸가짐 등을 나타내고 다섯 번은 확실하게 항구나 그 비슷한 것을 의미한다. 또 다른 다섯 번은 항구라는 뜻일 수도 있으나, 해석에 따라 입구나 문을 의미할 수도 있다. 마지막 두 번은 도시 성문이라는 뜻이다.

14 '없어서는 안 될 수많은 직공과 그들의 일터가 시내(피렌체) 거리에 그 이름을 남겼다. 이를테면 라바토이, 사포나이, 틴토리, 시마토리(세탁소, 비누 제조자, 염색공, 털을 깎는 사람) 등이다.' 보숙Borsook, 『피렌체 여행안내The Companion Guide to Florence』

산 자코보 소프라르노('아르노 강을 내려다보는 야고보') 교회. 이곳은 피렌체에 있는 성 야곱 순례자를 위한 교회이자 숙소로 이탈리아 남부에서 에스파냐나 로마로 가는 순례자들을 위한 곳이었다. 사진에 보이는 조가비 모양 창문은 교회 뒤편에 있는데, 골도니 광장에서 대각선 방향으로 아르노 강 건너편을 바라보면 이 창문이 뚜렷하게 보인다. 조가비는 성 야고보의 상징이다. 오늘날까지도 에스파냐의 산티아고 데 콤포스텔라의 기나긴 순례여행을 걸어서 한 사람만이 자신들 옷에 그것을 달 권리를 갖는다. 작가는 틀림없이 피렌체의 어떤 여관이 어떤 유형의 순례자를 선호했는지 알았을 것이다. (실비아 홈스 사진)

| 10장 |

1 페드로 3세의 아라곤과 카탈로니아 왕국에는 발렌시아, 몽펠리에 및 발레아레스 제도가 포함되어 있다. 그가 시칠리아 왕 자격을 얻은 것은 콘스탄차Constanza와의 결혼을 통해서였다. 그녀는 호엔슈타우펜의 마지막 자손으로 잠시 시칠리아 왕이었던 만프레드의 딸이고, 시칠리아 왕이자 신성로마제국의 황제였던 유명한 프리드리히 2세의 손녀였다.

2 1282년부터 1713년까지 에스파냐 통치 기간 동안 메시나는 시칠리아의 다른 지방과 달

리 유별난 특권을 누렸다. 메시나의 돈 벌리는 색다른 업무 덕분이었다.
3 지사의 사무실과 공관을 의미한다.
4 이와 관련해 메시나 대학교 중앙도서관 관장인 산티노 부온템포 신부와 메시나 지방 박물관장인 프란체스카 캄파냐 시칼라 박사께 감사드린다.
5 '아라곤의 돈 페드로'는 작가가 영국 관객들을 즐겁게 해주기 위해 만들어낸 직함이다. '돈Don'은 고관이나 공훈을 세운 사람에게 두루 붙는 에스파냐어 명칭이고 '페드로Pedro는 중세의 왕 페드로를 연상시키는 이름이다. 하지만 여기서의 페드로는 전 세계적으로 막대한 영토를 지배하면서 영국에게는 두려움과 동시에 경멸의 대상이었던 펠리페 2세를 모델로 한 인물이다.
6 나중에 나오는 장의 첫 번째 대사에서 베아트리체는 '이번 전투'를 '전쟁'이라고 말한다. 그런데 2부에서도 거론되었듯이 이 전투가 어떤 것이었나를 감안할 때, 그녀가 그것에 대해 빈정거리고 있음을 알 수 있다.
7 『베로나의 두 신사』에서 판시노도 말했고, 『끝이 좋으면 다 좋아』의 버트람이나 다른 젊은 귀족들의 행동에서도 알 수 있듯이 외국 전쟁에 참전하는 것은 젊은이들이 흔히 품는 소망이었다. 또한 젊은이들이 귀국할 때는 그들의 영주를 좀 더 잘 받들고 자신들의 야망을 추진하기 위해 전투 경험이 있어야 했다.
8 pleach는 얽히다, 엉키다, 엮다, 라는 뜻이다.
9 작가가 등장인물에게 왜 보라치오Borachio, 즉 술고래라는 이름을 지어주었는지 알고 나면 웃음이 나온다. 에스파냐어로 술고래는 '보라초borracho'이기 때문이다.
10 『베니스의 상인』 2막 1장에서 '신전'은 일반명사로 사용된 것으로, 항상 소문자로 쓰였다. 『겨울 이야기』에서는 복수이기는 하지만 아폴로 신전과 세제스타 신전이라는 특정 신전을 가리키는 관계로 대문자로 쓰였다. 『한여름 밤의 꿈』의 경우, 소문자로 쓰인 경우는 2막 1장에서 일반명사로 쓰일 때 딱 한 번뿐이며, 4막 180행과 197행 및 4막 2장 15행처럼 작가가 염두에 두고 있는 특정 장소를 가리킬 경우, 고유명사이므로 대문자로 써야 한다.
11 따라서 교회 이름은 일 템피오 디 산 조반니 바티스타 데토 디 피오렌티니Il Tempio di San Giovanni Battista detto di Fiorentini이다. 피렌체 대성당은 '산타 마리아 델 피오레Santa Maria del Fiore'이지만, 피렌체 사람들은 세례를 주는 교회인 '산 조반니 바티스타San Giovanni Battista'를 그들의 영혼이 태어난 곳으로 여긴다.
12 5막 3장에서 클라우디오, 돈 페드로, 밸서자 및 다른 사람들은 무덤에 있다. 리버사이드 셰익스피어에는 이 장면이 '교회 묘지'로, 1989년 시그넷 판에는 '교회'로 나와 있다. 1981년도 아든 판에는 통찰력 있는 각주가 붙어 있다. "비록 [때로는 명백하게 그것이] 실외에 있는 무덤을 가리키기도 하지만, 전통적으로, 교황 [알렉산드르]를 따라서 교회를 가리킨다. 어디에 위치하든 간에 인상적인 무덤이 … 필수적이다. …"

13 제1이절판과 사절판의 1막에는 그가 '사생아 존'이라고 나온 데 이어 '사생아 존 경'이라고 나와 있다. 제1이절판과 사절판 2막에는 무대 입장 지시문에서 이상하게도 '벨서자, 또는 벙어리 존'(그가 말을 할 텐데도 불구하고)이라고 서술한데 이어, 그를 그냥 '존'이라고 부른다. 1이절판 제2막에서는 그가 다시 '사생아 존'으로 나온다. 그리고 4막에서는 그냥 '사생아'라고 나오는데, 사절판 역시 마찬가지이다.

14 '화해했다'는 것은 물론 '우호관계나 공존 가능성을 회복했다'는 뜻인데, 이는 이 작품에서 돈 페드로가 시종일관 동생을 대하는 태도와는 정반대이다.

15 『브리태니커 백과사전』, 1962. 5권, 264쪽.

16 전투 이름은 당시 오스만제국 해군 함대가 집결해 있던 항구 이름에서 비롯되었다. 항구는 현재 나우팍토스Navpaktos라고 불리며, 아드리아 해의 내포內浦인 파트라스Patras 만에 있다. 전투는 만의 입구인 스크로파Scropha 곶 동쪽으로 1, 2마일밖에 떨어지지 않은 곳에서 일어났다. 이슬람 연합 함대는 273척의 갤리선으로 이루어져 있으며 돈 후안이 이끄는 신성동맹 함대는 208척의 갤리선, 여섯 척의 세대박이 군함 및 24척의 선박으로 구성되어 있었다. 단 하루 동안의 전투로 오스만제국 해군은 갤리선 113척이 침몰했고 117척이 나포되었다. 신성동맹 측의 손실은 갤리선 12척이 침몰하고 단 한 척이 나포되었을 뿐이다. 전투는 다섯 시간 동안 계속되었다. 그 와중에 포로로 붙잡혀 노를 젓는 노예로 일하던 1만2천 명의 기독교도들이 구조되었다.

17 두 번째 동상은 그의 출생지 옆인 레겐스부르크Regensburg의 텐더가세Tendergasse에 세워져 있다.

18 찰스 페트리Charles Petrie 경, 『오스트리아의 돈 후안Don John of Austria』, 221~222쪽.

19 찰스 페트리 경, 『오스트리아의 돈 후안』, 233~234쪽.

20 사전에서는 '경우occasion'를 '특별한 사건'이라고 정의한다. 따라서 존이 서출인 것과 같은 항구적 상황과는 정반대이다. 여기서의 경우란 튀니스의 왕이 되고 싶다는 그의 희망을 무너뜨린, 한꺼번에 몰락한 상황을 말한다.

21 이 말은 그가 서자라는 사실을 언급하는 것으로 해석된다. 하지만 그의 형의 애매한 태도에도 불구하고, 그도 자신이 입증된, 영웅적인 정복자이고 충분히 보상받을 만한 사람이라는 사실을 알고 있고, 다른 사람들도 다 알고 있다. 그는 또 펠리페 2세의 궁정에서 아첨하는 조신들이 그가 진작부터 왕에게 감사할 줄도 모르는 사람이라고 '넌지시 말했다'는 사실도 알고 있었다.

22 canker는 사람의 손을 거치지 않고 피는 들장미를 가리킨다.

23 『브리태니커 백과사전』 11판, 28권, 293쪽.

| 11장 |

1 노르만 궁은 원래 사라센인들에 의해 지어졌는데 후에 시칠리아의 노르만 왕들이 증축하면서 매우 아름답게 장식했다고 한다. 특히 1132년에서 1140년에 걸쳐 공사를 실시한 오트빌Hautevill의 로저Roger 2세가 유명하다.

2 역사상 그의 이름은 여러 가지로 표기되는데, Otakar, Otacar, 또 단테의 『연옥』 7권에는 Ottacchero로 나온다. 프리미슬라우스Primislaus 역시 그를 부르는 또다른 이름이다(오토카르 1세는 그의 조부였다).

3 유럽과 북아프리카의 여러 해안 지방에는 다양한 종류의 담쟁이덩굴이 자란다. 먹을 수 있는 것과 관련해 옛날 유행가 구절을 떠올리는 사람도 있다. "암말은 자꾸자꾸 귀리를 먹네. 하지만 어린 양은 담쟁이덩굴을 먹지." 땅에서 자라는 담쟁이덩굴은 양에게는 괜찮지만 말과 일부 사슴 종류에게는 독성을 발휘한다.

4 "카리브디스의 소용돌이는 양양한 물을 목구멍 깊이 삼켰다가 그 물로 하늘을 채찍질하며 다시 위로 뿜어낸다. 스킬라는 제 은신처인 동굴에 숨어 있다가 입을 앞으로 내민 채 배를 바위로 끌고 간다. (……) 무시무시한 동굴 속에 사는 기괴한 스킬라와 그녀의 허리에 달린 시퍼런 개가 짖어대는 소리를 메아리치는 암초들을 보느니, 아무리 시간이 많이 걸려도 트리나크리안 파키누스(Trinacrian Pachynus, 세모난 시칠리아)를 향해 배를 돌리는 편이 훨씬 낫다."

5 별명이 '긴 다리'인 이 에드워드는 영국의 가장 위대한 왕 가운데 하나이다. 비록 서른세 살이던 1272년에 가서야 왕이 되었지만 부왕인 헨리 3세의 정신이 오락가락했던 탓에 그는 그 전부터 사실상 왕 노릇을 했다. 그는 35년간 재위하면서 선정을 베푼 왕으로 오래오래 기억되었는데, 그 가운데 하나가 영국 입헌 의회의 설립이다.

6 1570년, 러시아 황제가 엘리자베스 여왕에게 청혼한 사건은 충분히 그럴 만한 이유 때문에 영국 국민들을 불안에 빠뜨렸다. 그 황제란 바로 폭군 이반으로, 사악하고 포학한 통치자였다.

| 12장 |

1 『한여름 밤의 꿈』을 가리킨다.

2 'bark : 작은 배. 과거에는 소형 어선, 지벡(xebec, 세대박이 작은 범선/옮긴이), 피니스(pinnace, 두 대박이 작은 배/옮긴이) 등 모든 소규모의 배를 가리키는 용어였으나, 현대 용법에서는 시적으로 또는 비유적으로 모든 배에 다 적용된다.' 『옥스퍼드 영어사전』.

3 butt를 글자 그대로 해석할 경우 '큰 술통'은 많은 양의 와인을 운반할 때 담는 커다란 나무통이다. 여기에서는 크고 둔하고 느릿느릿 움직이는 배를 가리키는 은어로 사용되었다.

4   여기서 '태웠다'는 '호이스트Hoist'가 정확한 단어임이 틀림없다. 프로스페로는 여기에서 이 버려진 배에는 보도판(步道板, 선수루와 후갑판을 잇는 좁은 통로/옮긴이)이 없다고 말한다. 그 시절의 선박들은 해적들이 배에 올라오는 것을 막기 위해 뱃전이 매우 높았다.

5   아르노 강의 원래 코스는 피사를 지나 티레니아 해로 흘러들어가는데, 너무 얕아서 원양 화물선은 다닐 수 없었다.

6   페르낭 브로델의 『지중해』 62쪽에도 나왔듯이, 번영하는 토스카나의 리보르노 항구를 찾아오는 영국 상인들과의 교역이 증가한 데는 다 특별한 이유가 있었다. '영국인들이 지중해로 돌아온 것은 무엇보다도 토스카나 대공 같은 사람들의 명백한 초대에 대한 응답이었던 것으로 보인다'.

7   에어리얼은 작가도 목격했을지 모르는 현상인 '성 엘모의 불'을 설명했던 것 같다. 정전기가 고체에 닿으면 불가사의한 새빨간 불빛이 타오르면서 해롭지 않은 방사물이 발생한다. 지중해에서 처음 항해가 시작된 이래 그곳 선원들은 늘 그 가물거리는 불빛을 보았다. 그 불빛의 이름은 선원들의 수호성인인 성 에라스뮈스St. Erasmus의 이름을 따서 지어졌는데 줄여서 성 엘모라고 한다. 에라스뮈스는 나폴리 바로 북쪽에 있는 항구도시의 주교로 서기 304년에 순교했다. 에어리얼이 프로스페로에게 하는 설명 역시 폭풍 속의 맹렬한 번개에 대해 말하는 것이다. 번개가 치면서 공기 중에 전기를 흐르게 하면 다량의 오존이 발생한다.

8   『헛소동』에서 튀니스 왕좌에 대한 야망이 좌절된 오스트리아의 돈 후안 이야기의 배경 역할을 한 역사적 사건과 펠리페 2세의 질투어린 우유부단한 태도에 비추어 볼 때, 이 '튀니스 왕'의 결혼이 그런 것들에 대한 조롱이라는 생각을 떨칠 수 없다.

9   이 특이한 에피소드는 바다에 폭풍이 치고 전기가 흐르면서 발생한 다량의 오존 때문이라고 할 수 있다. 오존은 가장 불안정한 세 번째 산소 분자로 산소 원자 두 개가 아니라 세 개로 이루어져 있다. 오존은 바다 표면과 반대의 냄새를 일으키는 작용을 하기 때문에 의복의 '신선함'을 회복시켰을 것이다.

10 시칠리아를 돌아가는 이 항로는 『겨울 이야기』에서 클레오메네스와 디온이 그리스에서 돌아올 때 이용했다.

11 기원전 3~2세기에 걸쳐 로마와 카르타고 사이에서 벌어졌던 전쟁으로 말미암아 카르타고는 멸망했다. 튀니스 시는 그 폐허로부터 6마일쯤 떨어진 곳에 세워졌다. 따라서 이 작품을 통해 아드리아 사람들과 관객들 모두 약간의 고대사를 배우게 될 것이다.

12 알렌 만델바움Allen Mandelbaum 번역, 캘리포니아 대학교 출판사, 1982.

13 리파리Lipari 제도라고도 불린다.

14 비안카는 베네치아 최고 귀족이자 갑부 가문의 일원인 바르톨로메오 카펠로의 딸이었다.

15 고대 문학 작품에서 불카노는 다른 이름들로 나온다. 뜨거운 진흙과 짠 웅덩이 때문에 붙은 테르메사Thermessa, 신성하다는 의미의 히에라Hiera 또는 이에라Iera, 뜨거운 땅이라는 의미의 테라시아Therasia 등이다.

16 피에트로 보롤리Pietro Boroli, 『시칠리아의 고고학Sicilia Archeologica』, 아고스티니Agostini 지리학 연구소, 노바라, 1989.

17 이처럼 가시가 많은 식물들은 불카노 황야에서 자라는 전형적인 것들이다. 그중 가장 불쾌한 식물은 도처에 서식하는 노란 금작화로, 이 작품에도 규칙적으로 언급된다.

18 '하늘의 뺨'에서 'Welkin'은 고어古語로 'sky'의 동의어이다. 문맥상 '뺨'은 구름이나 구름이 이는 모습을 형상화한 것이다.

19 이 열매에 대한 언급이 2막 1장에도 나온다.

20 한때 카탈로니아가 북쪽 인접 지역을 포함해 독립 국가였던 시기가 있었는데, 오늘날의 프랑스 남부 일부가 거기에 해당된다.

21 이 언어는 아주 잘 보존되어 있다. 즉, 현대 카탈로니아어 사용자들도 13세기에 레이몽 룰Raimon Lull이 쓴 글을 대체로 이해할 수 있을 정도이다.

22 칼리반이 식인종이라는 견해는 1767년, 케임브리지 학자 파머Farmer 박사의 『셰익스피어 지식에 대한 소고Essays on the Learning of Shakespeare』에서 최초로 제기되었던 것 같다. 이어 새뮤얼Samuel과 조지 스티븐스George Steevens의 편집으로 1778년에 출판된(2판) 『템페스트』에 이 견해가 인용되었다. 그 후로 이 주장은 셰익스피어 연구자들에 의해 마치 사실인 양 잘못 받아들여졌고, 셰익스피어가 아메리카 대륙에 관심이 있었다는 것을 입증하기 위한 노력도 끊임없이 행해졌다.

23 여러 세기에 걸쳐 그녀 이름 sycorax에 관한 의견이 분분한데, 나도 그것이 그리스어라는 내 의견을 보탠다. 앞부분은 'psycho'의 축약으로, 영혼, 정신, 마음 또는 정신적 과정이라는 뜻인데 이것이 그리스어로 독거미라는 뜻인 'rax'와 결합되었거나, 혹은 o 영혼-정신-마음을 회유하는 사람이라고 번역되는 'psychorrhax'의 이형태異形態로 보인다.

24 알제Algiers를 가리키는 16세기 영어.

25 아든 셰익스피어에 달린 각주 [226]. 『템페스트』: '한 가지 문제'에 대한 논란이 활발해졌다. 찰스 램Charles Lamb은 존 오길비John Ogilvy의 『아프리카 정밀 묘사Accurate Description of Africa』, (1670)』를 인용해 셰익스피어가 1541년 카를 5세의 해군에게 포위당한 도시를 구한 알제리의 마녀 전설을 끌어들였다고 주장했다. 마녀는 배들을 멀리 쫓아 보낼 만큼 맹렬한 폭풍우를 일으키며 함대에 저주를 퍼부었다고 한다. 자세한 설명은 찰스 램의 『비평 에세이Critical Essays』와 에반젤린 M. 오코너Evangeline O'Connor의 『셰익스피어 작품의 인물과 사건Who's Who and What's What in Shakespeare』을 참고하기 바란다. 그 전설에 마녀 이름은 나오지 않는다. 시코락스라는 이름이 작가가 지어낸 것인가 하는 문제는 아직 분명하게 밝

혀지지 않았다. 이상하게도 이 문제가 작품 속에 설명된 경우를 찾을 수 없는데, 관객은 말할 것도 없고 학자들도 이것에 대해 조금이라도 관심을 표명하는 사람이 거의 전무하다.

26 Caliban, m. mena de paria de los llegendes escoceses, 『카탈로니아어 백과사전Diccionari Enciclopedia de la Llengua Catalonia』, 제1권(1930), 509쪽, 바르셀로나, 살바트 에디토레 Salvat Editores, S.A.에는 'mena: 종류 또는 부류, paria: 추방당한 사람, 부랑자'라고 실려 있다.

27 『카탈로니아어 대사전Gran Diccionari de la Llengua Catalana』, 바르셀로나, 카탈로니아 백과사전Enciclopedia Catalana, S.A. 바르셀로나, 1997년.

28 그 시절에는 사전도 없었고 맞춤법도 통일되어 있지 않았다. 따라서 모든 단어들이 제각기 다른 방식으로 표기되었는데, 그 단어를 기록하는 사람 귀에 어떻게 들리느냐에 따라 철자가 결정되었다.

29 현대인들에게 그 농담은 이런 식으로 들릴 것이다. "주인님께서 베르무테스에 있는 그 빌어먹을 양조장에 가서 밀주를 가져오라고 한밤중에 저를 깨우셨잖아요!"

참고문헌

Acton, Harold, and Edward Chaney, eds. Florence: A Traveler's Companion. New York: Athenaeum, 1986.

Amphlett, Hilda. Who Was Shakespeare?. London: William Heinemann Ltd., 1955.

Andrews, Mark Edwin. Law Versus Equity in the Merchant of Venice. Boulder: University of Colorado Press, 1965.

Attwater, Donald. The Penguin Dictionary of Saints. New York: Penguin Books, 1965, 1981.

Avery, Catherine B., ed. The New Century Handbook of Classical Geography. New York: Appleton-Century-Crofts Inc., 1972.

Azienda di Promozione Turistica del Montovano. La Piccola Atene.

Bacon, Delia. The Philosophy of the Plays of Shakespeare Unfolded. London: Groombridge and Sons, 1857.

Banchard, Paul. Blue Guide Southern Italy: From Rome to Calabria. 5th ed. London: Ernest Benn Ltd., New York: W.W. Norton & Co., 1984.

Bandello, Matteo. La Prima Parte de la Nouvelle del Bandello. Lucca: 1554.

Barkan, Leonard. "'Living Sculptures': Ovid, Michelangelo and The Winter's Tale," English Literary History. Vol. 48, pp. 639-667, 1908.

Barron, Robert. Decorative Maps. New Jersey: Crescent Books, 1989.

Barzini, Luigi. The Italians. London: Hamish Hamilton Ltd., 1964.

Bate, Jonathan. The Genius of Shakespeare. Oxford: Oxford University Press, 1998.

———. Shakespearean Constitutions: Politics, Theater, Criticism, 1730-1830. Oxford: Clarendon Press, 1989.

Benson, P.J. The Invention of the Renaissance Woman: The Challenge of Female Independence in the Literature and Thought of Italy and England. Penn State Press, Pennsylvania: 1992.

Bergamo and Its Land. Bergamo: Publishers Bolis, 1970.

Bertrand, Louis. The History of Spain (Part I). New York: Collier Books, The Macmillan Company, 1971.

Bewes, Wyndham Anstis. The Romance of the Law Merchant. London: Sweet and Maxwell Ltd., 1923.

Biddulph, William. The Travels of a Certaine Englishman. 1609.

Black, C.E., et al. Chronicles of the High Renaissance. London: Angus Books, Ltd.

Boccaccio, Giovanni. The Decameron. 2nd ed. G.H. McWilliam, trans. London: Penguin Books, New York: 1995.

Bonomi, Sandro, et al. Le Mura Ritrovate – Fortificazioni di Padova in Eta Comunale e Carrarese. Panda Edizioni. Comitato Mura di Padova.

Borsook, Eve. The Companion Guide to Florence. Harper & Row, 1966.

Boyce, Charles. Shakespeare A to Z. New York: Dell Publishing, 1990.

Bradford, Ernle. Drake, England's Greatest Seafarer. Dorset Press, 1965.

Brandes, George. William Shakespeare: A Critical Study. William Archer and Dana White, trans. New York: Frederick Ungar Publishing Co., 1898. Republished 1963.

Brandi, Karl. The Emperor Charles V. C.V. Wedgwood, trans. Alfred A. Knopf, 1939.

Braudel, Fernand. Civilization and Capitalism 15th–18th century. Vol. 1: The Structures of Everyday Life. Vol. 2: The Wheels of Commerce. Vol. 3: The Perspective of the World. Sian Reynolds, trans. Harper & Row, 1981.

———. The Mediterranean and the Mediterranean World in the Age of Philip II. 2 Vols. Sian Reynolds, trans. Los Angeles, London: University of California Press, 1966.

———. Out of Italy: 1450–1650. Sian Reynolds, trans. Flammarion, 1991.

Braun, Georg, and Franz Hogenberg. Civitates Orbis Terrarum Cities of the World. Vol. 1: Europe-Africa-Asia. Vol. 2: Europe and America. Torriana, FO, Italy: Orsa Maggiore, SpA. English Edition: Leicester, England: Magna Books, 1990.

———. Braun & Hogenberg's — The City Maps of Europe – A Selection. John Goss, trans. London: Studio Editions, 1991.

Brown, C.A. Shakespeare's Autobiographical Poems. 1838.

Brown, Horatio. Studies in Venetian History. 2 Vols. London: John Murray, 1907.

Brown, Ivor, and George Fearon. This Shakespeare Industry. New York, London: Harper and Brothers, 1939.

Brown, Lloyd A. The Story of Maps. Dover Publications, Inc., 1949, 1977.

Brown, Patricia Fortini. Venice and Antiquity. New Haven, London: Yale University Press, 1996.

Bucciotti, Achille, ed. Milan. Novara: Istituto Geografico de Agostini, 1990.

Burke, Peter. The Italian Renaissance. Princeton University Press, 1986.

Burman, Edward. Italian Dynasties, England: Thorson Publishing Group, 1981.

Cambridge Medieval History, The. Vol. VI. "Victory of the Papacy," Map 59: Germany in the 13th Century. (Ottocar II–Domains). Reprint 1980.

Campbell, Tony. Early Maps. Abbeville Press, 1980.

Camuso, Lorenzo. Travel Guide to Europe 1492—Ten Itineraries in the Old World.

New York: Henry Holt and Company, 1992.

Cantor, Paul A. Shakespeare's Rome. Ithaca, N.Y.: Cornell University Press, 1976.

Caprolingua, Massimo. Sicilia Archeologica. Novara: Istituto Geografico de Agostini, 1989.

Carli, Enzo. The Cathedral of Siena and the Cathedral Museum. Florence: Edizioni Scala, 1976.

Carr, R.H. Plutarch's Life of Coriolanus in North's Translation. Oxford Clarendon Press, 1906.

Carter, Alison J. Costume Society Journal, "Mary Tudor's Wardrobe," pp. 9-28. 1984.

Castiglione, Baldassare. The Book of the Courtier. London: Everyman, J.M. Dent & Sons. Vermont, and Charles E. Tuttle, 1994.

Cavallaro, Carmelo, and Vittorio Famularo. Le Isole Eolie. The Aeolian Islands. Chieti: SAMBUCETO, 1996.

Cecchi, Dario. Titian. Farrar, Straus and Cudahy, 1958.

Celona, Torti. I Navigli Milanesi: Storia e Prospettive. Milan: Silvana Editoriale, 1982.

Chambers, D.S. The Imperial Age of Venice 1380-1580. History of European Civilization Library. London: Harcourt Brace Javonovich, Inc., Thames and Hudson, Ltd., 1970.

Chapman, George. Bussy D'Amboise. Robert J. Lordi, ed. University of Nebraska Press, 1964.

Chapman, William H. William Shakespeare and Robert Greene: The Evidence. New York: Haskell House Publishers Ltd., 1974.

Chiarelli, Renzo. Get to Know Milan. Susan Glasspool, trans. Florence: Bonechi Editore, 1979.

―――. Strolling through Verona. Susan Glasspool, trans. Florence: Bonechi Editore, 1971.

Chiljan, Katherine V. Book Dedications to the Earl of Oxford. Private Printing, 1994.

Clark, Eva Lee Turner. Hidden Allusions in Shakespeare's Plays. Jennings, La.: Minos Publishing Co., 1974.

Clark, Kenneth. Civilisation. New York: Harper & Row, 1969.

Clark, Sydney. All the Best in Italy. Dodd, Mead & Company, 1963-1964 ed.

Clarke, Charles Cowdan. Shakespeare's Contrasted Characters, Chiefly Those Subordinate. London: 1863.

Cleugh, James. The Medici. New York: Dorset Press, 1975, 1990.

Clubb, Louise George. Italian Drama in Shakespeare's Time. Yale University Press, 1989.

Comines, Philippe de. The History of Comines. Thomas Danett, trans. 2 Vols. The Tudor Translations. New York: AMS Press, Inc., Vols. 17 & 18, 1967.

Coryat, Thomas. Coryat's Crudities: Hastily Gobled Up in Five Moneth's Travels. 1611.

Craig, E.G. The Mask. "The Theater of Sabbioneta." IX, p. 24, 1923.

Crawford, Francis Marion. Salve Venetia. 2 Vols. London: The Macmillan Company, 1905.

Crowl, Philip A. The Intelligent Traveller's Guide to Historic Britain. New York: Congdon & Weed, 1983.

Cunningham, J.V., ed. In Shakespeare's Day. Fawcett Publications, 1970.

Cunnington, C. Willett, and Phillis Cunnington. Handbook of English Costumes in the Sixteenth Century. Plays, Inc., 1970.

Curiel, R. and B.D. Cooperman. The Ghetto of Venice. London: Clare Books, 1990.

D'Amico, Jack. Shakespeare and Italy. University Press of Florida, 2001.

Da Porto, Luigi. Romeo and Juliet: A Photographic Reproduction of Luigi da Porto's version of Romeo and Guilietta dated 1535 Being the Original Source of Shakespeare's Romeo and Juliet. With a Letter of Translation into English from the Italian. Also a Photographic Reproduction of the 1539 Edition. Maurice Jones, trans. London: Davis and Orioli, 1921.

Davis, Robert C. and Benjamin Ravid, eds. The Jews of Early Modern Venice. Johns Hopkins Press, 2001.

De Grazia, Margreta. Shakespeare Verbatim: The Reproduction of Authenticity and the 1790 Apparatus. Oxford: Clarendon Press, 1991.

Demetz, Peter. Prague in Black and Gold. New York: Hill and Wang, division of Farrar, Straus and Giroux, 1997.

Denham, H.M. The Tyrrhenian Sea – A Sea Guide to its Coasts and Islands. New York: W.W. Norton Company Inc., 1969.

De Wolf, I. The Architectural Review. "Italian Townscape, Sabbioneta," CXXXI, No. 784, pp. 420–426, 1962.

Dickinson, Warren. The Wonderful Shakespeare Mystery. Nashville, Tenn.: OMNI Publish XPress, 2002.

Dobson, Michael. The Making of the National Poet Shakespeare, Adaptation and Authorship 1660-1769. Oxford: Clarendon Press, 1992.

Douglas, Montagu W. Lord Oxford and the Shakespeare Group. Oxford: Alden Press Ltd., 1952.

Dunn, Richard S. The Age of Religious Wars 1559-1689. W.W. Norton & Company, Inc., 1970.

Du Perac, Etienne. Vedute di Roma nel 1500. Roma: Dino Audino Editore, 1988.

Durning-Lawrence, Edwin. Bacon is Shake-speare. (Includes a reprint of "Bacon's Formularies and Elegancies"). London: Gay & Hancock, Ltd., 1910.

Durrell, Lawrence. Sicilian Carousel. Penguin Books, 1978.

Elton, G.R. England: 1200–1640. Cornell University Press, 1969.

Elze, Karl. Essays on Shakespeare. L. Dora Schmitz, trans., London: Macmillan and Co., 1874. Reissued Jennings, La.: Kennikat Press, 1970.

Emmison, F.G. Elizabethan Life: Morals & The Church Records. Chelmsford-Essex City Council, 1973.

Englebert, Omer. The Lives of the Saints. Christopher & Anne Fremantle, trans., New York: Collier Books, 1951, 1964.

Erlanger, Philippe. The Age of Courts and Kings—Manners and Morals, 1558–1715. Anchor Books, Doubleday & Company, 1970.

Evans, G. Blakemore, ed. The Riverside Shakespeare. New York: Houghton Mifflin Company, 1974.

Evelyn, John. The Diary of John Evelyn. 2 Vols. William Bray, ed. New York: Everyman's Library, Dutton, 1966.

Fantelli, Pier Luigi. Padua: The Basilica, Giotto and the Euganean Hills. Padua: Ghedina & Tassotti Editore, 1990.

Feist, Aubrey. The Lion of St. Mark. The Bobbs-Merrill Company, Inc., 1971.

Felperin, Howard. Shakespeare and the Question of Theory, Chapter 1, "Tongue-tied Our Queen?: the deconstruction of presence in The Winter's Tale." Patricia Parker and Geoffrey H. Hartman, eds. New York: Methuen, Inc., 1985.

Ferguson, George. Signs and Symbols in Christian Art. Oxford University Press, 1966.

Fields, Bertram. Players: The Mysterious Identity of William Shakespeare. Harper Collins, 2006.

Fleet, Preston M. Hue & Cry. Templeton, California, 1987.

Fleming, J. The Architectural Review. "History of Sabbioneta," CXXXI, No. 784, pp. 63–67, 1962.

Forster, K.W. L'Arte. "From Rocca to Civitas: Urban Planning at Sabbioneta," No. 5, pp. 15–40, 1969.

———. Opposition. "Stagecraft and Statecraft: the Architectural Integration of Public Life and Theatrical Spectacle in Scamozzi's Theater at Sabbioneta," No. 9, pp. 63–87, 1977.

Fortis, Umberto. The Ghetto on the Lagoon. Venice: Storti Edizioni, 1993.

———. Jews and Synagogues. Venice: Storti Edizioni, 1973.

Fowler, William Plumer. Shakespeare Revealed in Oxford's Letters. Peter E. Randall, Publisher. Portsmouth, N.H.: 1986.

French, Peter J. John Dee – The World of an Elizabethan Magus. New York: Dorset Press, 1989.

Freuchin, Peter. Peter Freuchin's Book of The Seven Seas. New York: Julian Messner, Inc., 1957.

Friedman, William F. and Elizabeth S. The Shakespearean Ciphers Examined. Cambridge University Press, 1957.

Furness, Horace Howard, ed. Much Ado About Nothing. A New Variorum

Edition of Shakespeare. New York: Dover Publications, 1899. Republished 1964.

Gallo, Domenico. Apparato Agli Annali del Gallo. Messina: 1755.

Galuppini, Gino. Warships of the World. New York: Military Press, Crown Publishers, 1986.

Gasparotto, Cesira. Fonti a Recherche di Storia Ecclesiastica Padovana. "Padua Ecclesiastica 1239." Padua: 1967.

———. Padua – Its Monuments and Art Treasures. Bryn Brooks, trans. Edition Manfrini.

Gentili, Augusto. Venice Art and Architecture. "Between Humanism and Renaissance (1450-1515)," 2 Vols. Cologne: Konemann, 1997.

Gibson, Walter S. Bruegel. London: Thames and Hudson, 1977.

Gies, Frances & Joseph. Marriage and the Family in the Middle Ages. New York: Harper & Row, 1989.

Giubelli, Giorgio. Segesta, Milano: Co. Graf.

Gohm, D.C. Maps & Prints. London: John Gifford, 1978.

Goodspeed, Edgar J., trans. The Apochrypha. "The Story of Bel and the Dragon." New York: Vintage Books, Random House, 1959.

Gracian, Baltasar. Gracian's Manual. Martin Fischer, trans., Springfield, Ill.: Charles C. Thomas, 1934.

Grant, Michael. The Ancient Mediterranean. New York: Penguin Books, 1969.

———. The Classical Greeks. London: Phoenix Press, 1989.

Grebanier, Bernard. The Great Shakespeare Forgery. London: William Heinemann Ltd., 1966.

Greene, Robert. Greene's "Pandosto" or "Dorastus and Fawnia," being the Original of Shakespeare's "Winter's Tale" Newly Edited by P.G. Thomas. New York: Duffield and Company, 1907.

Gregory, Tappan, ed. Shakespeare Cross-Examination. American Bar Association, 1961.

Grillo, Ernesto. Shakespeare and Italy. Glasgow: Robert Maclehose, The University Press, 1949.

Grillparzer, Franz. King Ottacar and His Rise and Fall. Henry H. Stevens, trans. Yarmouth Port, Mass.: The Register Press, 1938.

Grun, Bernard. The Timetables of History. New York: Simon and Schuster, 1979.

Guarda, Guido. La Lunga Storia di Giulietta. Vicenza: Egida, 1994.

Guazzo, Steven. The Civile Conversation. George Pettie, trans., 1581. Intro. by Sir Edward Sullivan, 2 Vols., The Tudor Translations, Second Series, Vol. 7 & 8. New York: AMS Press, Inc., 1967.

Guicciardini, Francesco. The History of Italy. Florence: 1561. Sidney Alexander, trans. Princeton University Press, 1969.

Gurr, Andrew. Playgoing in Shakespeare's London. Cambridge University Press, 1987.

Guttman, Selma. The Foreign Sources of Shakespeare's Works. King's Crown Press, 1947.

Hakluyt, Richard. A briefe relation of the shipwrake of Henry May 1593. Reprinted in The principal navigations, voiages, traffiques and discoveries, etc. 1598–1600, Vol. 3, pp. 571–574. London: 1594.

Hale, John R. Age of Exploration. Time-Life Books, 1966.

———. England and the Italian Renaissance: The Growth of Interest in Its History and Art. USA: Blackwell Publishers, 2005.

———. Florence and the Medici. Thames and Hudson, 1977. London: Phoenix Press, 2001.

———. Renaissance. Time-Life Books, 1965.

Hale, Sheila. Verona. London: Tauris Parke Books, 1991.

Hamilton, Edith. The Roman Way. W.W. Norton and Company, 1964.

Hare, Augustus J.C. Walks in London. London: Daldy, Isbister & Co., 1878.

Harrison, Barbara Grizzuti. The Island of Italy. Boston: Houghton Mifflin Company, 1991.

Haydn, Hiram, ed. The Portable Elizabethan Reader. Penguin Books, 1946.

Hellenga, Robert. The Sixteen Pleasures. New York: Delta Book, Dell Publishing, 1995.

Herodotus. The Histories. Robin Waterfield, trans. Oxford University Press, 1998.

———. The Histories. Aubrey de Selincourt, trans. Penguin Books, 1954.

Hibbert, Christopher. The House of Medici: Its Rise and Fall. New York: Harper Collins, 1980, 2003.

Hill, Gillian. Cartographical Curiosities. The British Library, 1978.

Hindley, Geoffery. A History of Roads. The Citadel Press, 1972.

Hoby, Thomas. The Travels and Life of Sir Thomas Hoby 1547–1564. Edgar Powell, ed. London: Camden Society, 1902.

Hodgkiss, Alan G. Discovering Antique Maps. 4th ed. Shire Publications Ltd., 1981.

Holdsworth, Sir William. A History of English Law. Vol. 1.

Holler, Anne. Florencewalks. Holt, Rinehart and Winston, 1982.

Homer. The Odyssey. E.V. Rieu, trans. London: Penguin Books, 1991.

Homer, Sidney. A History of Interest Rates. Rutgers University Press, 1963.

Honan, Park. Shakespeare: A Life. Oxford University Press, 1998.

Honigmann, E.A.J. Shakespeare: The 'Lost Years.' Barnes & Noble Books, 1985.

Hope, Warren, and Kim Holston. The Shakespeare Controversy. Jefferson, N.C.: McFarland & Company, 1992.

Hughes, Stephanie Hopkins. The Relevance of Robert Greene to the Oxfordian Thesis. Portland, Ore.: Paradigm Press, 1998.

Hulme, Peter, and William H. Sherman, eds. "The Tempest" and Its Travels. Philadelphia: University of Pennsylvania Press, 2000.

Humphreys, A.L. Antique Maps and Charts. Dorset Press, 1989.

Huston, Craig. The Shakespeare Authorship Question, Evidence for Edward de Vere. Philadelphia: Dorrance & Company, 1971.

Irvine, Theordora. A Pronouncing Dictionary of Shakespeare Proper Names. Barnes & Noble, 1944.

Jackson, W.T.H. The Literature of the Middle Ages. Columbia University Press, 1960.

Jeffery, Violet M. The Modern Language Review. "Shakespeare's Venice." Vol. 27, No. 1, pp. 24-35. London: Modern Humanities Research Assocation, 1932.

Johnson, Paul. A History of Christianity. New York: Athenaeum, 1977.

Jones, Charles W. Medieval Literature in Translation. New York: David McKay Company, Inc., 1970.

Kann, Robert A. A History of the Habsburg Empire 1526-1918. University of California Press Ltd., 1974.

Kay, Richard. The Broadview Book of Medieval Anecdotes. Peterborough, Canada: Broadview Press, Ltd.

Kelly, Henry Ansgar. The Matrimonial Trials of Henry VIII. Stanford University Press, 1976.

Kelly, J.N.D. The Oxford Dictionary of Popes. Oxford University Press, 1986.

Kendall, Alan. Medieval Pilgrims. London: Wayland Publishers, 1970.

King, Dean. Harbors and High Seas. 3rd ed. New York: Henry Holt and Company, 2000.

King, Ross. Brunelleschi's Dome. Penguin Books, New York: 2000.

Kinney, Arthur F. Modern Philology. "Revisiting The Tempest," 93, pp. 161-177, 1995.

Kittredge, George Lyman, ed. The Complete Works of Shakespeare. Ginn and Company, 1936.

Klein, Holger and Michele Marrapodi, eds. Shakespeare and Italy, Shakespeare Yearbook. Vol. 10. Lewiston, New York: The Edwin Mellen Press.

Klier, Walter. Das Shakespeare – Komplott. Gottingen: Steidlverlag, 1941.

La Duca, Rosario. Il Castello a Mare di Palermo. Palermo: Edizioni Popolari Siciliane, 1980.

Lambin, Georges. Voyages de Shakespeare en France et en Italie. Geneva: Librarie E. Droz, 1962.

Lane, Frederic Chapin. Andrea Barbarigo, Merchant of Venice 1418-1499. Baltimore, Maryland: The Johns Hopkins University Press, 1944.

―――. Venetian Ships and Shipbuilders of the Renaissance. The Johns Hopkins University Press, 1934.

Laughlin, Clara E. So You're Going to Italy. London: Methuen & Co. Ltd., 1925.

Laurence, Ray. The Roads of Roman Italy. London: Routledge, 1999.

Lawner, Lynne. I Modi – The Sixteen Pleasures: An Erotic Album of the Sixteenth Century. L. Lawner, Trans., Northwestern University Press, 1988.

―――. Lives of the Courtesans: Portraits of the Renaissance. New York: Rizzoli, 1987.
Lee, Sidney. A Life of William Shakespeare. 1898. Oracle Publishing Ltd., 1996.

―――. Great Englishmen of the Sixteenth Century. London: 1904.

Levin, Michael J. Agents of Empire: Spanish Ambassadors in Sixteenth-Century Italy. Cornell University Press, 2005.

Levith, Murray J. Shakespeare's Italian Settings and Plays. St. Martin's Press, 1989.

Liberati, Alfredo. Accademia dei Rozzi in Siena (Ricordi e Memorie). Siena: U. Periccioli, 1966.

Lievsay, John L. The Elizabethans Image of Italy. Cornell University Press – for the Folger Shakespeare Library, 1964.

Lister, Raymond. Old Maps & Globes. London: Bell & Hyman, 1965.

Logan, Oliver. Culture and Society in Venice 1470-1790. New York: Charles Scribner's Sons, 1972.

Looney, J. Thomas. "Shakespeare" Identified, and the Poems of Edward de Vere. Vols. 1 & 2. Ruth Loyd Miller, ed. Jennings, La.: Minos Publishing Co., 1975.

Lorenzetti, Giulio. Venice and its Lagoon. John Guthrie, trans. Trieste: Edizione Lint, 1975.

Macadam, Alta. Blue Guide Florence. 4th ed. London: A & C Black. New York: W.W. Norton, 1988.

―――. Blue Guide Northern Italy: From the Alps to Rome. 8th ed. London: A & C Black. New York: W.W. Norton, 1985.

―――. Blue Guide Rome and Environs. 2nd ed. London: Ernest Benn Ltd. USA: Rand McNally, 1975.

―――. Blue Guide Sicily. 2nd ed. London: Ernest Benn Ltd. USA: Rand McNally, 1981.

―――. Blue Guide Venice. 4th ed. London: A & C Black. New York: W.W. Norton, 1989.

Magi, Giovanna. All Verona. Florence: Bonechi Editore, 1990.

Magri, Gino. Ostiglia Napoleonica. Ostigilia: Stranieri Editore, 1982.
Magri, Noemi. The de Vere Society Newsletter. "Places in Shakespeare: Belmont and Thereabouts." June 2003.

———. The de Vere Society Newsletter. "Italian Art in Shakespeare: Giulio Romano." p. 12. July 2000.

Magris, Claudio. Danube. Patrick Creagh, trans. New York: Farrar Straus and Giroux, 1989.

Makower, Joel, ed. The Map Catalog. New York: Tilden Press Book, Vintage Books, Random House, 1986.

Malynes, Gerard di (1586–1641). Consuetudo, Vel, Lex Mercatorio or The Ancient Law Merchant.

Marani, Ercolano. Mantova – An Artistic and Illustrated Guide Book. Milan: Moneta Editore.

Marlowe, Christopher. The Famous Tragedy of the Rich Jew of Malta. 1633.

Marqusee, Michael. Venice – An Illustrated Anthology. London: Conran Octopus, 1988.

Marrapodi, Michele, A.J. Hoenselaars, and L. Falzon Santucci, eds. Shakespeare's Italy: Functions of Italian Locations in Renaissance Drama. St. Martin's Press, 1997.

Marsh, A.H. The History of the Court of Chancery. Toronto: Carswell & Co., 1890.

Matthew, Donald. Atlas of Medieval Europe. New York: Facts on File, Inc., 1984.

Maurer, Margaret. Style, "Figure, Place, and the End of The Two Gentlemen." Vol. 23, No. 3, pp. 405–29. Fall, 1989.

Maurice, C. Edmund. The Story of Bohemia from the Earliest Times to the Fall of National Independence in 1620. New York: Putnam. London: Fisher Unwin, 1908.

Mola, Luca. The Silk Industry in Renaissance Venice. The Johns Hopkins University Press, 2000.

Montaigne, Michel de. The Complete Essays. M.A. Screech, trans. Penguin Books, 1991.

———. The Diary of Montaigne's Journey to Italy. E.J. Trechmann, trans. & notes. Harcourt Brace & Company, 1929.

Montobbio, Luigi, et al. Padova: Storia – Arte – Cultura. Padova: Editoriale Programma, 1990.

Moreland, Carl and David Bannister. Antique Maps. Oxford: Phaidon-Christies Limited, 1986.

Morris, Christopher. The Tudors. Fontana/Collins, 1955 (1982).

Morris, James. The World of Venice. New York: Harcourt Brace Jovanovich, 1960.

Morton, H.V. A Traveler in Italy. New York: Dodd Mead and Co., 1964.

Moryson, Fynes. Itinerary. 1617.

Moschini, Gianntonio. Guida per la Città di Padova. Venezia: Fratelli Gamba, 1817. Reprint, Arnaldo Forni Editore.

Muller, Adalbert. Venice, Her Art-Treasures and Historical Associations, A Guide to the City and the Neighboring Islands. Venice: H.F. & M. Munster, 1864.

Muraro, Michelangelo and Paolo Marton. Venetian Villas. Peter Lauritzen, trans.

Udine, Italy: Magnus Edizioni SpA., 1986.

Murray, Peter. The Architecture of the Italian Renaissance. New York: Schocken Books Inc., 1963.

Nagel's Encyclopedia Guide: Italy. Geneva: Nagel Publishers, 1975.

Nagel's Encyclopedia Guide: French and Italian Riviera. Geneva, New York, Toronto, London: Nagel Publisher, 1964.

Natkiel, Richard & Antony Preston. Atlas of Maritime History. New York: Gallery Books, W.H. Smith, 1987.

Norwich, John Julius. A History of Venice. Vintage Books, Random House, 1982.

Nutall, A.D. A New Mimesis. Shakespeare and the Representation of Reality. London: Methuen & Co., 1983.

O'Connor, Evangeline M. Who's Who and What's What in Shakespeare. New York: Avenel Books, 1978 reprint of 1887.

Ogburn, Charlton. The Mysterious William Shakespeare – The Myth & the Reality. McLean, Va.: EPM Publications, Inc., 1984.

Ogburn, Dorothy and Charlton. This Star of England. New York: Coward-McCann, Inc., 1952.

Onions, C.T. A Shakespeare Glossary. Oxford: Clarendon Press, 1986.

Panthon, Patrick de. Sicily. Frommer's Touring Guides. Penelope Poulton, trans. New York: Prentice Hall, 1991.

Partridge, Eric. A Dictionary of Slang and Unconventional English. 7th ed. New York: Macmillan Publishing Co., Inc., 1976.

———. Shakespeare's Bawdy. 3rd ed. Routledge & Kegan Paul, 1968.

Peloubet, F.N., ed. The International Bible Dictionary. Philadelphia: The John C. Winston Company, 1912.

Pereira, Anthony. Naples, Pompeii & Southern Italy. London: B.T. Batsford Ltd., 1977.

Petrie, Charles. Don John of Austria. W.W. Norton & Co., 1967.

———. The History of Spain. Part II. New York: Collier Books, The Macmillan Company, 1971.

Pevsner, Nikolaus. An Outline of European Architecture, Penguin Books, 1985.

Phillips-Watlington, Christine. Bermuda's Botanical Wonderland. London: Macmillan Education, Ltd., 1996.

Pignatti, Terisio. The Golden Century of Venetian Painting. Los Angeles County Museum of Art, 1979.

Plutarch. Plutarch's Lives. "Antony." Modern Library Edition, Random House, 2001.

Pollard, Alfred W. Shakespeare's Fight with the Pirates. London: A. Moring, 1937.

Putnam, Robert. Early Sea Charts. Abbeville Press, 1983.

Ragusi, Oreste, ed. Isole Eolie. Milan: Arte Photo Graphic Oreste Ragusi.

Renaissance, The. National Geographic Society Story of Man Library, 1970.

Renault, Mary. The Mask of Apollo. Longmans, Green and Co., Sceptre Edition, 1986.

Rorimer, James J. The Cloisters. Metropolitan Museum of Art, 1963.

Rossiter, Stuart. Blue Guide Greece. 3rd ed. London: Ernest Benn Ltd. USA: Rand McNally, 1980.

Roth, Cecil. The Jews in the Renaissance. Philadelphia, 1956.

Rowse, A.L. William Shakespeare. Barnes & Noble Books, 1995.

Ruggiero, Guido. The Boundaries of Eros: Sex Crime and Sexuality in Renaissance Venice. Oxford University Press, 1984.

Sammartino, Peter. The Man Who Was William Shakespeare. New York: Cornwall Books, 1990.

Sampieri, Placido. Iconologia della Beata Vergine Maria Protettrice di Messina. "Delle Imagini delle Madonna dell' Annuntiata di Fiorenza nel Tempio di S. Giov. Battista detto de Fiorentini e Sua Origine." Lib. V., Chap. XXVII, pp. 622–624. Messina, 1644.

Saperstein, Marc. Jewish Preaching 1200–1800. New Haven: Yale University Press, 1989.

Schevill, Ferdinand. Medieval and Renaissance Florence. Vol. 1. New York: Harper & Row, 1961.

Schoenbaum, S. William Shakespeare: A Compact Documentary Life. Oxford University Press, 1977.

Seragnoli, Daniele. Il Teatro a Siena nel Cinquecento. Roma: Bulzoni Editore, 1980.

Sereni, Emilio. History of the Italian Agricultural Landscape. R. Bruce Litchfield, trans. Princeton University Press, 1961.

Serra, Vittorio. New Practical Guide of Milan. Florence: Bonechi, 1990.

Shaheen, Naseeb. Biblical References in Shakespeare's Plays. University of Delaware Press, 1999.

Shakespeare, William. Mr. William Shakespeare's Comedies, Histories & Tragedies – A Facsimile Edition Prepared by Helge Kokeritz – First Folio 1623. Yale University Press, Oxford University Press, 1954.

Shewmaker, Eugene F. Shakespeare's Language: A Glossary of Unfamiliar Words in Shakespeare's Plays and Poems. New York: Facts On File, Inc., 1996.

Shulvass, Moses A. Jews in the World of the Renaissance. Chicago: Leiden, 1973.

Simeti, Mary Taylor. On Persephone's Island. New York: Vintage Books, Random House, 1986.

Simon, Kate. Italy – The Places in Between. New York: Harper & Row, 1970.

———. A Renaissance Tapestry – The Gonzaga of Mantua. New York: Harper & Row, 1988.

Sinsheimer, Hermann. Shylock: The History of a Character or The Myth of The Jew. First Edition. 1947.

Skeat, Walter W. An Etymological Dictionary of the English Language. Oxford: Clarendon Press, 1974.

Skempton, A.W. A History of Technology. Vol. III. From the Renaissance to the Industrial Revolution c. 1500-1750. Part IV. Chapter 17 "Canals and River Navigation Before 1750." Oxford: Clarendon Press, 1957.

Slater, Gilbert. Seven Shakespeares. London: Cecil Palmer, 1931.

Smith, Denis Mack. A History of Sicily, 2 Vols. Medieval Sicily: 800-1713. Modern Sicily: After 1713. New York: Dorset Press, 1968.

Società Editrice Affinita Elettive. The Eolian Islands, Pearls of the Mediterranean. Nicholas Whithorn, trans. Messina: Edizioni Affinita Elettive, 1997.

Spevack, Marvin. The Harvard Concordance to Shakespeare. Cambridge, Mass.: Belknap Press of the Harvard University Press, 1973.

Stanghellini, Enzo, and Gianni Ainardi. Verona nei Secoli — A Stroll Through the Centuries. Verona: Espro di E. Stanghellini & C.

Starr, Chester G. A History of the Ancient World. New York: Oxford University Press, 1965.

Stillinger, Jack. Multiple Authorship and the Myth of Solitary Genius. Oxford University Press, 1991.

Stokes, Francis Griffin. Who's Who in Shakespeare. Crescent Books, 1989.

Storti, Amedeo, ed. You in Venice. 1967-68.

Strode, Hudson. The Story of Bermuda. New York: Harcourt Brace & Company, 1946.

Stuard, Susan Mosher. A State of Deference: Ragusa-Dubrovnik in the Medieval Centuries. University of Pennsylvania Press, 1992.

Sugden, Edward H. A Topographical Dictionary to the Works of Shakespeare and His Fellow Dramatists. Manchester University Press, 1925.

Sullivan, Edward. The Nineteenth Century and After. "Shakespeare and Italy." pp. 138-153. Jan., 1918.

———. The Nineteenth Century and After. "Shakespeare and Italy II." pp. 323-339. Feb., 1918.

———. The Nineteenth Century and After. "Shakespeare and the Waterways of Northern Italy." pp. 215-232. Aug., 1908.

Sutherland, John, and Cedric Watts. Henry V, War Criminal? & Other Shakespeare Puzzles. Oxford University Press, 2000.

Sweet, George Elliot. Shake-Speare: The Mystery. Vantage Press, 1956, 1985 edition.

Symonds, John Addington. Renaissance in Italy. New York: The Modern Library.

Sypher, Wylie. Four Stages of Renaissance Style. Doubleday & Company, 1956.

Talvacchia, Bette. Journal of the Warburg and Courtauld Institutes. "Giulio Romano's Hall of Troy." Vol. 51, pp. 235-242. 1988.

Tenenti, Alberto. Naufrages, Corsaires, et Assurances Maritimi a Venise 1592–1609. Paris: S.E.V.P.E.N., 1959.

Thomas, Keith. Religion and the Decline of Magic. New York: Charles Scribner's Sons, 1971.

Ticknor, George. History of Spanish Literature. Vol. 1, p. 252. New York: Harper and Brother, 1854.

Tieto, Paolo. Riviera del Brenta. Padova: Panda Edizioni, 1987.

Tooley, R.V. Maps & Map-Makers. B.T. Batsford Ltd., 1978.

Tooley, R.V. and Charles Bricker. Landmarks of Mapmaking. Dorset Press, 1976, 1989.

Treharne, R.F. and Harold Fullard. Muir's Atlas of Ancient and Classical History. 6th ed. George Philip and Son, Ltd.

Treves, Sir Frederick. The Riviera of the Corniche Road. Cassell and Company, Ltd., 1923.

Turnbull, Patrick. Provence. B.T. Batsford Ltd., 1972.

Van de Gohm, Richard. Antique Maps. The Macmillan Company, 1972.

Van Dorn, William G. Oceanography and Seamanship. Dodd, Mead & Company, 1974.

Vickers, Robert H. History of Bohemia. Chicago: Charles H. Sergel Co., 1894.

Virgil. The Aeneid. Robert Fitzgerald, trans. New York: Random House, 1981 & 1990.

———. The Aeneid. Allen Mandelbaum, trans. University of California Press, 1971–1981.

———. The Aeneid of Virgil. Rolfe Humphries, trans. Scribner's Sons, 1951.

———. The Aeneid, Ecologues, Georgics. J.W. Mackail, trans. The Modern Library, Random House, 1934.

Viviani, Giuseppe Franco. Verona – Guide to the City. Udine: Magnus Edizioni, 1990.

Viviani, Lorenzo. A Day In Verona. Florence: Bonechi Edizioni, 1969.

Waern, Cecilia. Medieval Sicily, Aspects of Life and Art in the Middle Ages. London: Duckworth & Co., 1910.

Ward, Bernard Mordaunt. Introduction to "A Hundreth Sundrie Flowers." Ruth Loyd Miller, ed. Minos Publishing Co.

Ward, W.H. The Architecture of the Renaissance in France. Vol. 1. The Early Renaissance (1475–1640). Charles Scribner's Sons, 1911.

Watt, Homer, Karl V. Holzknecht and Raymond Ross. Outlines of Shakespeare's Plays. Barnes & Noble, 1941.

Webb, Judge. The Mystery of William Shakespeare. London: Longmans, Green and Co., 1902.

Webbe, Edward. Edward Webbe, Chief Master Gunner, His Travails 1590. English Reprints. Edward Asher, ed., London: Alex Murray and Son, 1869.

———. The Rare and Most Wonderful Things Which Edward Webbe an

Englishman Borne, Hath Seen and Passed in His Troublesome Travails. 1590.

Webster, John. The White Devil. Lincoln, London: University of Nebraska Press, 1969.

Wells, Stanley & Gary Taylor. Modernizing Shakespeare's Spelling. Oxford: Clarendon Press, 1979.

Whalen, Richard F. Shakespeare: Who Was He? The Oxford Challenge to the Bard of Avon. Westport, Conn.: Praeger, 1994.

Wheatcroft, Andrew. The Habsburgs: Embodying Empire. Penguin Books, 1995.

Wilford, John Noble. The Mapmakers. New York: Alfred A. Knopf, 1981.

Yates, Frances Amelia. Charles V and the Idea of Empire, Astrea: The Imperial Theme in the Sixteenth Century. London: 1975.

———. John Florio. Cambridge University Press, 1934.

———. The Occult Philosophy in the Elizabethan Age. Ark Paperbacks, Routledge & Kegan Paul, 1983.

Young, Alan. Tudor and Jacobean Tournaments. Dobbs Ferry, New York: Sheridan House, 1987.

Yriarte, Charles. Florence. Philadelphia: The John C. Winston Co., 1897.

Zenfell, Martha Ellen, ed. Insight Guides. "Bermuda." Singapore: Apa Publications, 1991.

Zoppe, Leandro. Itinerari Gonzagheschi. Milano: Itinera Edizioni, 1988.

Zorzi, Alvise. La Repubblica del Leone. "Cronologia Veneziana." Milan: Rusconi Libri, SpA., 1979.

Zucchini, M. Bonifica Padana. "Notizie Storiche." Rovigo Istituto Padano de Arte Grafiche, 1967.

셰익스피어의 이탈리아 기행

초판 1쇄 인쇄 2013년 4월 5일
초판 1쇄 발행 2013년 4월 15일

지은이 리처드 폴 로
옮긴이 유향란
펴낸이 김선식

Editing creator 박여영
Design creator 이나정
Marketing creator 이주화

2nd Creative Story Dept. 김현정 박여영 최선혜 유희성 백상웅
Creative Marketing Dept. 이주화 백미숙
    Online Team 김선준 박혜원 전아름
    Public Relation Team 서선행
    Contents Rights Team 김미영
Creative Management Dept. 김성자 송현주 권송이 윤이경 김민아 한선미

펴낸곳 (주)다산북스
주소 경기도 파주시 회동길 37-14 3층
전화 02-702-1724(기획편집) 02-6217-1726(마케팅) 02-704-1724(경영관리)
팩스 02-703-2219
이메일 dasanbooks@hanmail.net
홈페이지 www.dasanbooks.com
출판등록 2005년 12월 23일 제313-2005-00277호

종이 한솔피엔에스
인쇄 · 제본 (주)현문자현

ISBN 978-89-6370-949-9 03840

· 책값은 뒤표지에 있습니다.
· 파본은 구입하신 서점에서 교환해 드립니다.
· 이 책은 저작권법에 의하여 보호를 받는 저작물이므로 무단 전재와 복제를 금합니다.